Martin Zwickel, Eva Julia Lohse, Matthias Schmid
Kompetenztraining Jura – Leitfaden für eine juristische Kompetenz- und Fehlerlehre

De Gruyter Studium

Martin Zwickel, Eva Julia Lohse, Matthias Schmid

Kompetenztraining Jura

Leitfaden für eine juristische Kompetenz- und Fehlerlehre

DE GRUYTER

ISBN 978-3-11-031236-2
e-ISBN 978-3-11-031243-0

Bibliografische Information der Deutschen Nationalbibliothek
Die Deutsche Nationalbibliothek verzeichnet diese Publikation in der Deutschen
Nationalbibliografie; detaillierte bibliografische Daten sind im Internet
über http://dnb.d-nb.de abrufbar.

© 2014 Walter de Gruyter GmbH, Berlin/Boston
Einbandabbildung: Wavebreakmedia Ltd/Wavebreak Media/Thinkstock
Datenkonvertierung und Satz: jürgen ullrich typosatz, Nördlingen
Druck und Bindung: CPI buch bücher.de GmbH, Birkach
♾ Gedruckt auf säurefreiem Papier
Printed in Germany

www.degruyter.com

Vorwort

Die bayerische JAPO[1] fordert in § 16 Abs. 1 S. 3 von den Klausurbearbeitern, dass sie „das Recht mit Verständnis erfassen und anwenden können und über die hierzu erforderlichen Kenntnisse in den Prüfungsfächern verfügen" müssen. Ähnliche Bestimmungen finden sich in fast allen juristischen Prüfungsordnungen. In den Anfangssemestern wird sehr viel juristisches Wissen vermittelt. Rechtskenntnisse in den Prüfungsfächern haben Sie daher mit Sicherheit relativ zügig gelernt. Die juristische Arbeitsweise, die Ihnen hilft, „das Recht mit Verständnis erfassen und anwenden zu können", wird aber an vielen juristischen Fakultäten in Deutschland nicht in besonderem Maße vermittelt. Vielmehr erwerben die Studierenden „nebenbei" und zusätzlich zum Stoff automatisch die juristische Anwendungskompetenz,[2] ohne dass diese Kompetenzen jemals thematisiert werden. Gleiches gilt für viele Tipps zur Studienorganisation. Die Tipps kursieren in Studentenkreisen, ohne dass ein Dozent sie jemals aussprechen würde.

Unser Einführungswerk soll diese Lücke in der juristischen Ausbildung schließen. Es versteht sich ausdrücklich als „juristisches Kompetenztraining" zur Vermittlung der in den ersten Semestern gefragten Rechtsanwendungskompetenz.[3]

Ohne zahlreiche überlegte Ratschläge, Erfahrungsberichte und Hilfen bei der Erstellung des Manuskripts von mehreren Studierenden hätte dieses Werk nicht entstehen können. Unser Dank dafür gilt insbesondere Corinna Blum, Alexander Gold, Bastian Lämmermann und Luisa Schmaus.

Über Ihre Anregungen zu diesem Buch und über Ihre Erfahrungen mit dem Werk per E-Mail an kompetenztraining-jura@martin-zwickel.de freuen wir uns sehr!

Erlangen im Mai 2014

Eva Lohse
Matthias Schmid
Dr. Martin Zwickel

---

1 Ausbildungs- und Prüfungsordnung für Juristen (Bayern), http://www.justiz.bayern.de/media/pdf/ljpa/japo.pdf (Stand: 4.4.2014).
2 Ähnlich *Rüthers*, JuS 2011, 865; *Schlieffen*, in: *Hof/Olenhusen* (Hrsg.), Rechtsgestaltung – Rechtskritik – Konkurrenz von Rechtsordnungen, Baden-Baden 2012, S. 169 (169); *Forgó*, in: *Wolf/Kudlich/Muckel* (Hrsg.), JA Sonderheft für Erstsemester, München 2011, S. 44 (44); *Schlieffen*, ZDRW 2013, 44.
3 Zu diesem Begriff sh. *Schlieffen*, in: *Hof/Olenhusen* (Hrsg.), Rechtsgestaltung – Rechtskritik – Konkurrenz von Rechtsordnungen, Baden-Baden 2012, S. 169 (169).

Inhaltsverzeichnis

Literaturverzeichnis

Arnold, Rolf (Hrsg.), Von der Handlungsorientierung zur Kompetenzentwicklung, Ansätze und Konzepte zur Berufs- und Erwachsenenbildung, Kaiserslautern 2011

Arnold, Rolf, Was Begriffe begreifen, und was Nichtbegriffe nicht begreifen. Anmerkungen und Illustrationen zu einer berufspädagogischen Theorie des Sprachlichen, in: *Arnold, Rolf* (Hrsg.), Von der Handlungsorientierung zur Kompetenzentwicklung, Ansätze und Konzepte zur Berufs- und Erwachsenenbildung, Kaiserslautern 2011, S. 11–24

Avenarius, Hermann, Bildungsstandards auf dem rechtlichen Prüfstand, RdJB 2005, 423

Bachmann, Heinz (Hrsg.), Kompetenzorientierte Hochschullehre, Die Notwendigkeit von Kohärenz zwischen Lernzielen, Prüfungsformen und Lehr-Lern-Methoden, Bern 2011

Braun, Johann, Einführung in die Rechtswissenschaft, 4. Aufl., Tübingen 2011

Braun, Johann, Der Zivilrechtsfall, 5. Aufl., München 2012

Bringewat, Jörn, Klausuren schreiben leicht gemacht, 17. Aufl., Berlin 2010

Bringewat, Peter, Methodik der juristischen Fallbearbeitung, 2. Aufl., Stuttgart 2013

Brox, Hans/Walker, Wolf-Dietrich, Allgemeiner Teil des BGB, 37. Aufl., München 2013

Caspary, Ralf, Nur wer Fehler macht, kommt weiter, Wege zu einer neuen Lernkultur, Freiburg im Breisgau 2008

Chott, Peter O., Ansätze zur Forderung einer „Fehlerkultur", PÄDForum 1999, 238

Christensen, Ralph, Konkretisierung des Gesetzes – linguistisch betrachtet, in: *Gabriel, Gottfried/Gröschner, Rolf* (Hrsg.), Subsumtion, Schlüsselbegriff der juristischen Methodenlehre, Bd. 7, Tübingen 2012, S. 281–310

Christensen, Ralph/Pötters, Stephan, Methodische Fehler in juristischen Prüfungen, JA 2010, 566

Creifelds, Carl/Cassardt, Gunnar, Rechtswörterbuch, 21. Aufl., München 2013

Czerny, Olivia/Freiling, Tino, Meine erste Zivilrechtsklausur: Die vier Phasen der Klausurerstellung, JuS 2012, 879

DAAD (Hrsg.), Wege ins Auslandspraktikum, 4. Aufl., Bonn, Siegburg 2013

Dauner-Lieb, Barbara, Juristische Lehre und Prüfung – Skizze eines Forschungsprogramms, in: *Griebel, Jörn/Gröblinghoff, Florian* (Hrsg.), Von der juristischen Lehre, Erfahrungen und Denkanstöße, 1. Aufl., Baden-Baden 2012, S. 41–57

Degenhart, Christoph, Klausurenkurs im Staatsrecht, 2. Aufl., Heidelberg 2012

Degenhart, Christoph, Staatsrecht I, 28. Aufl., Heidelberg 2012

Deppner, Thorsten/Lehnert, Matthias/Rusche, Philip/Wapler, Friederike, Examen ohne Repetitor, 3. Aufl., Baden-Baden 2011

Eltzschig, Jan/Wenzel, Jens (Hrsg.), Die Anfängerklausur im BGB, 3. Aufl., Berlin 2008

Forgó, Nikolaus, Juristische Methodenlehre: Zur Gesetzesauslegung, in: *Wolf, Christian/Kudlich, Hans/Muckel, Stefan* (Hrsg.), JA Sonderheft für Erstsemester, München 2011, S. 44–47

Franck, Jens-Uwe, Zur Verwendung des Konjunktivs für den Lösungsansatz in einem Gutachten, JuS 2004, 174 ff.

Gierke, Katrin von, Fall- und problembasiertes Lernen im Vergleich: Theoretische Hintergründe und praktische Anwendung, in: *Brockmann, Judith/Dietrich, Jan-Hendrik/Pilniok, Arne* (Hrsg.), Methoden des Lernens in der Rechtswissenschaft, Bd. 3, Baden-Baden 2012, S. 196–219

Gounalakis, Georgios, „Soldaten sind Mörder", NJW 1996, 481

Gramm, Christof, Kleine Fehlerlehre für Juristen nach Dr. Julius Knack, Baden-Baden 1989

Gramm, Christof/Wolff, Heinrich Amadeus, Jura – erfolgreich studieren, 6. Aufl., München 2012

Grosch, Olaf, Studienführer Jura, 6. Aufl., Eibelstadt 2010

Großfeld, Bernhard/Vieweg, Klaus/Beneyto Pérez, José-Maria, JuS-Auslandsstudienführer, Jurastudium und Wahlstation im Ausland, 2. Aufl., München 1991

Grundmann, Matthias, Sozialisation – Erziehung – Bildung: Eine kritische Begriffsbestimmung, in: *Becker, Rolf* (Hrsg.), Lehrbuch der Bildungssoziologie, 2. Aufl., Wiesbaden 2011, S. 63–86

Grüning, Christian, Garantiert erfolgreich lernen, 2. Aufl., Nördlingen 2006

Haft, Fritjof, Einführung in das juristische Lernen, 5. Aufl., Bielefeld 1991

Haft, Fritjof, Juristische Rhetorik, 8. Aufl., Freiburg, Br., München 2009

Hattenhauer, Christian, Ausgewählte lateinische Rechtsregeln und Fachausdrücke, in: *Wolf, Christian/Kudlich, Hans/Muckel, Stefan* (Hrsg.), JA Sonderheft für Erstsemester, München 2011, S. 76–86

Hesse, Jürgen/Schrader, Hans Christian, Jura, Berufsorientiert studieren; Studienplanung, Arbeitsfelder, Berufseinstieg, Bewerbungsstrategien, Frankfurt am Main 1997

Horn, Norbert, Einführung in die Rechtswissenschaft und Rechtsphilosophie, 5. Aufl., Heidelberg 2011

Hufen, Friedhelm, Perspektiven des rechtswissenschaftlichen Studiums, ZDRW 2013, 5

Isay, Hermann, Die Willenserklärung im Thatbestande des Rechtsgeschäfts nach dem Bürgerlichen Gesetzbuch für das Deutsche Reich, Jena 1899

Jaensch, Michael, Grundzüge des Bürgerlichen Rechts, 3. Aufl., Heidelberg 2012

Jestaedt, Matthias, Perspektiven der Rechtswissenschaftstheorie, in: *Jestaedt, Matthias/ Lepsius, Oliver* (Hrsg.), Rechtswissenschaftstheorie, Bd. 2, Tübingen 2008, S. 185–206.

Joerden, Jan C. (Hrsg.), Logik im Recht, 2. Aufl., Berlin 2010

Kaiser, Gisbert, Bürgerliches Recht, 11. Aufl., Heidelberg 2007

Kerbein, Björn, Darstellung eines Meinungsstreits in Klausuren und Hausarbeiten, JuS 2002, 353

Kiesselbach, Matthias, Was sagt das Gesetz?, in: *Bäcker, Carsten/Klatt, Matthias/Zucca-Soest, Sabrina* (Hrsg.), Sprache – Recht – Gesellschaft 2012, S. 233–253

Kiiver, Philipp, Problembasiertes Jurastudium in Maastricht: Praxis seit 30 Jahren, in: *Brockmann, Judith/Dietrich, Jan-Hendrik/Pilniok, Arne* (Hrsg.), Methoden des Lernens in der Rechtswissenschaft, Bd. 3, Baden-Baden 2012, S. 160–170

Kindl, Johann/Bendtsen, Ralf (Hrsg.), Gesamtes Recht der Zwangsvollstreckung, 2. Aufl., Baden-Baden 2013

Klaner, Andreas, Richtiges Lernen für Jurastudenten und Rechtsreferendare, 4. Aufl., Berlin 2011

Köbler, Gerhard, Juristisches Wörterbuch, 15. Aufl., München 2012

Koczwara, Werner, Am achten Tag schuf Gott den Rechtsanwalt, München 2012

Köhler, Helmut, Bürgerliches Gesetzbuch, 70. Aufl., München 2012

Kramer, Ernst A., Juristische Methodenlehre, 4. Aufl., Bern 2013

Kudlich, Hans/Christensen, Ralph, Wortlaut, Wörterbuch und Wikipedia – wo findet man die Wortlautgrenze?, JA 2011, 146

Kühl, Kristian/Reichold, Hermann/Ronellenfitsch, Michael, Einführung in die Rechtswissenschaft, München 2011

Kuhn, Thomas, Analyse von Fehlern in juristischen Prüfungsleistungen, in: *Kramer, Urs/Kuhn, Thomas/Putzke, Holm* (Hrsg.), Fehler im Jurastudium, Ausbildung und Prüfung, Stuttgart 2012, S. 21–32

Kuhn, Thomas, Konsequenzen aus Fehlern in Klausurbearbeitungen für die juristische Lehre, in: *Griebel, Jörn / Gröblinghoff, Florian* (Hrsg.), Von der juristischen Lehre, Erfahrungen und Denkanstöße, Baden-Baden 2012, S. 105–115

Kühne, Aline, Erfolg im Ersten Staatsexamen: 4 goldene Regeln vom obersten Prüfer, http://www.lto.de/persistent/a_id/6598/ (Stand: 13.11.2013)

Kultusministerkonferenz, Bildungsstandards der Kultusministerkonferenz, Erläuterungen zur Konzeption und Entwicklung, Neuwied 2005

Lagodny, Otto, Gesetzestexte suchen, verstehen und in der Klausur anwenden, 2. Aufl., Berlin 2012

Lange, Barbara, Jurastudium erfolgreich, (mit Examensvorbereitung), 7. Aufl., München 2012

Leenen, Detlef, Anspruchsaufbau und Gesetz: Wie die Methodik der Fallbearbeitung hilft, das Gesetz leichter zu verstehen, JURA 2011, 723

Lepsius, Oliver, Themen einer Rechtswissenschaftstheorie, in: *Jestaedt, Matthias / Lepsius, Oliver* (Hrsg.), Rechtswissenschaftstheorie, Bd. 2, Tübingen 2008, S. 1–50

Mager, Ute, „Ist die Jurisprudenz eine Wissenschaft?!", in: *Wolf, Christian / Kudlich, Hans / Muckel, Stefan* (Hrsg.), JA Sonderheft für Erstsemester, München 2011, S. 32–35

Maunz, Theodor / Dürig, Günter / Herzog, Roman (Hrsg.), Grundgesetz, Kommentar, München 2009 (zitiert: *Maunz / Dürig / Herzog*)

Maurer, Hartmut / Manssen, Gerrit, Staatsrecht, 7. Aufl., München 2010

Medicus, Dieter / Lorenz, Stephan, Schuldrecht I, 20. Aufl., München 2012

Medicus, Dieter / Petersen, Jens, Grundwissen zum Bürgerlichen Recht, 9. Aufl., München 2011

Medicus, Dieter / Petersen, Jens, Bürgerliches Recht, 24. Aufl., München 2013

Michael, Lothar / Morlok, Martin, Grundrechte, 3. Aufl., Baden-Baden 2012

Mix, Christine, Schreiben im Jurastudium, Klausur – Hausarbeit – Themenarbeit, Paderborn 2011

Möllers, Thomas M. J., Juristische Arbeitstechnik und wissenschaftliches Arbeiten, 6. Aufl., München 2012

Musielak, Hans-Joachim / Hau, Wolfgang, Grundkurs BGB, 12. Aufl., München 2011

Musumeci, Lukas, Studieneingangsphase in der Rechtswissenschaft: Jahrestagung des Zentrums für rechtswissenschaftliche Fachdidaktik Hamburg, ZDRW 2013, 98

Muthorst, Olaf, Grundlagen der Rechtswissenschaft, Methode – Begriff – System, München 2011

Naucke-Merschel, Jutta, Tagungsbericht: „Studieneingangsphase in der Rechtswissenschaft", Jahrestagung 2013 des Zentrums für rechtswissenschaftliche Fachdidaktik der Fakultät für Rechtswissenschaft der Universität Hamburg am 26./27.3.2013, ZJS 2013, 534

Neumann, Ulfrid, Juristische Logik, in: *Kaufmann, Arthur / Hassemer, Winfried / Neumann, Ulfrid u.a.* (Hrsg.), Einführung in Rechtsphilosophie und Rechtstheorie der Gegenwart, Bd. 593, 7. Aufl., Heidelberg 2004, S. 256–292

Neumann, Ulfrid, Theorie der juristischen Argumentation, in: *Kaufmann, Arthur / Hassemer, Winfried / Neumann, Ulfrid u.a.* (Hrsg.), Einführung in Rechtsphilosophie und Rechtstheorie der Gegenwart, Bd. 593, 7. Aufl., Heidelberg 2004, S. 340

Oser, Fritz / Hascher, Tina / Spychiger, Maria, Lernen aus Fehlern. Zur Psychologie des „negativen Wissens", in: *Althof, Wolfgang / Oser, Fritz* (Hrsg.), Fehlerwelten, Vom Fehlermachen und Lernen aus Fehlern : Beiträge und Nachträge zu einem Interdisziplinären Symposium aus Anlaß des 60. Geburtstags von Fritz Oser, Opladen 1999, S. 11–42

Pense, Uwe, Methodik der Fallbearbeitung, Juristische Klausurtechik für Studium und Examen, 2. Aufl., Münster 2009

Petersen, Jens, Die Entstehung und Prüfung von Ansprüchen, JURA 2008, 180

Petersen, Jens, Einwendungen und Einreden, JURA 2008, 422

Petersen, Jens, Die mündliche Prüfung im ersten juristischen Staatsexamen, Zivilrechtliche Prüfungsgespräche, 2. Aufl., Berlin 2012

Pieroth, Bodo/Schlink, Bernhard, Grundrechte, 28. Aufl., Heidelberg 2012

Putzke, Holm, Juristische Arbeiten erfolgreich schreiben, Klausuren, Hausarbeiten, Seminare, Bachelor- und Masterarbeiten, 4. Aufl., München 2012

Radtke, Dieter, Zur Bewertung von Prüfungsklausuren, Verwaltungsrundschau 1981, 195

Reinhardt, Tobias, Marcus Tullius Cicero, Topica, Oxford 2003

Rengier, Rudolf, Strafrecht Besonderer Teil I, Vermögensdelikte, 15. Aufl., München 2013

Rhein, Rüdiger, Kompetenzorientierung im Studium?!, in: *Jahnke, Isa/Wildt, Johannes* (Hrsg.), Fachübergreifende und fachbezogene Hochschuldidaktik, Bielefeld 2011, S. 215–226

Rixecker, Roland/Säcker, Franz Jürgen/Oetker, Hartmut (Hrsg.), Münchener Kommentar zum BGB, 6. Aufl., München 2010 ff. (zitiert: *MüKo BGB*)

Rohpeter, Gerhard/Pinski, Monika, Zur Korrektur und Bewerung von Klausuren, Deutsche Verwaltungspraxis 2001, 311

Rüthers, Bernd, Wozu auch noch Methodenlehre?, JuS 2011, 865

Rüthers, Bernd/Fischer, Christian/Birk, Axel, Rechtstheorie, 7. Aufl., München 2013

Rüthers, Bernd/Stadler, Astrid, Allgemeiner Teil des BGB, 17. Aufl., München 2011

Schabe, Jürgen, Erbarmen mit den Jura-Studenten, JZ 2000, 32

Schimmel, Roland, Juristische Klausuren und Hausarbeiten richtig formulieren, 10. Aufl., München 2012

Schimmel, Roland, Fehler im Jurastudium: Was ist eigentlich „nicht vertretbar"?, http://www.lto.de/persistent/a_id/4540/ (Stand: 29.11.2013)

Schlieffen, Katharina von, Bottom Up! Rechtskompetenz Lernen! Ein Konzept auf rhetorischer Grundlage, ZDRW 2013, 44

Schlieffen, Katharina von, Methode und Rechtsdidaktik, in: *Hof, Hagen/Olenhusen, Götz von* (Hrsg.), Rechtsgestaltung – Rechtskritik – Konkurrenz von Rechtsordnungen, Neue Akzente für die Juristenausbildung, Baden-Baden 2012, S. 169–173

Schlieffen, Katharina von, Subsumtion als Darstellung der Herstellung juristischer Urteile, in: *Gabriel, Gottfried/Gröschner, Rolf* (Hrsg.), Subsumtion, Schlüsselbegriff der juristischen Methodenlehre, Bd. 7, Tübingen 2012, S. 379–420

Schnapp, Friedrich E., Warum können juristische Laien Gesetze nicht „verstehen"?, JURA 2011, 422

Schuhr, Jan C., Zur Vertretbarkeit einer rechtlichen Aussage, JZ 2008, 603

Schwab, Dieter/Löhnig, Martin, Einführung in das Zivilrecht, 19. Aufl., Heidelberg 2013

Schwacke, Peter, Juristische Methodik, Mit Technik der Fallbearbeitung, 5. Aufl., Stuttgart 2011

Schwerdtfeger, Gunther, Öffentliches Recht in der Fallbearbeitung, 14. Aufl., München 2012

Spreng, Norman M./Dietrich, Stefan, Studien- und Karriere-Ratgeber für Juristen, Berlin 2006

Stark, Ralf, Die Rechtsprechung des BVerfG zum Spannungsverhältnis von Meinungsfreiheit und Ehrenschutz – BVerfG, NJW 1994, 2943, JuS 1995, 689

J. von Staudingers Kommentar zum Bürgerlichen Gesetzbuch, Berlin 1993 ff.

Steffahn, Volker, Lerntipps für das Jurastudium, in: *Wolf, Christian/Kudlich, Hans/Muckel, Stefan* (Hrsg.), JA Sonderheft für Erstsemester, München 2011, S. 87–91

Ter Haar, Philipp/Lutz, Carsten/Wiedenfels, Matthias, Prädikatsexamen, Der selbstständige Weg zum erfolgreichen Examen, 3. Aufl., Baden-Baden 2012

Tettinger, Peter J./Mann, Thomas, Einführung in die juristische Arbeitstechnik, 4. Aufl., München 2009

Valerius, Brian, Einführung in den Gutachtenstil, 3. Aufl., Berlin 2009

Valerius, Brian, Der Gutachtenstil in der juristischen Fallbearbeitung, in: *Wolf, Christian/ Kudlich, Hans/Muckel, Stefan* (Hrsg.), JA Sonderheft für Erstsemester, München 2011, S. 48–53

Vester, Frederic, Denken, Lernen, Vergessen, 34. Aufl., München 2011

Walter, Tonio, Kleine Stilkunde für Juristen, 2. Aufl., München 2009

Weirauch, Carolin, Juristische Rhetorik, Berlin 2005

Wertenbruch, Johannes, BGB Allgemeiner Teil, 2. Aufl., München 2012

Wessels, Johannes/Beulke, Werner/Satzger, Helmut, Strafrecht, Allgemeiner Teil, 43. Aufl., Heidelberg 2013

Wieduwilt, Hendrik, Die Sprache des Gutachtens, JuS 2010, 291

Wissenschaftsrat, Perspektiven der Rechtswissenschaft in Deutschland, Situation, Analysen, Empfehlungen, http://www.wissenschaftsrat.de/download/archiv/2558-12.pdf (Stand: 28.11.2013)

Wörlen, Rainer, BGB AT, 12. Aufl., München 2012

Zenthöfer, Jochen, Zusatzqualifikationen als Teil des Jura-Studiums, JuS 1999, 1143

Zippelius, Reinhold, Juristische Methodenlehre, 11. Aufl., München 2012

Zumbach, Jörg/Moser, Stephanie, Problembasiertes Lernen: Ein Fall für die Rechtsdidaktik?, in: *Brockmann, Judith/Dietrich, Jan-Hendrik/Pilniok, Arne* (Hrsg.), Methoden des Lernens in der Rechtswissenschaft, Bd. 3, Baden-Baden 2012, S. 125–136

Zwickel, Martin, Effektive Examensvorbereitung ab dem 1. Semester: Strategien zur Optimierung, JuS 2012 (Heft 10), LX

Zwickel, Martin, Klausuren schreiben lernt man nicht in der Theorie, JA 2008 (Heft VI), VIII

Einführung

In diesem Teil des Buches erhalten Sie Hinweise zu seiner Benutzung sowie einige Informationen zur Entstehung sowie zu den fachdidaktischen Hintergründen des Werkes.

A. Was leistet dieses Buch? Wie sollten Sie dieses Buch nutzen?

Der Titel des Buches „Kompetenztraining Jura – Leitfaden für eine juristische Kompetenz- und Fehlerlehre" wirft zwei Fragen auf:

1. Warum soll man in einem Buch trainieren? Aus der Schule kennen Sie vielleicht die Erfahrung, dass es dann zu guten Klausurergebnissen kommt, wenn Sie viel lernen. Dieser Zusammenhang besteht im Jura-Studium nicht unbedingt.[1] Das hat mehrere Gründe:
   - Es gibt im juristischen Bereich eine spezielle Arbeitstechnik, den Gutachtenstil. Die Beherrschung dieser Arbeitstechnik (Gutachtenstil) ist wichtiger als abstraktes Detailwissen. Die Darstellung der Probleme und die Argumentation sind wichtiger als die genaue Kenntnis von Dogmatik und Rechtsprechung zum jeweiligen Problem.[2]
   - In Klausursachverhalten treten die gleichen Probleme wiederholt zu Tage. Diese werden aber in unterschiedliche Sachverhalte „verpackt" und müssen erkannt werden. Das Erkennen dieser Probleme erfordert eher Übung als Lernfleiß. Übung hat daher im Jurastudium einen besonderen Stellenwert.[3] Dieses Buch soll Ihnen dabei helfen, die juristische Arbeitstechnik einzuüben.
   - Kompetenzen lassen sich nicht in der Theorie lernen. Vielmehr werden sie durch die fachliche Arbeit nach und nach mit erworben. Wir können daher nur Übungen präsentieren, mit denen bestimmte Kompetenzen trainiert werden.
2. Warum ein Buch über Fehler im Jurastudium? Macht man dann nicht die Fehler nach, die man eigentlich vermeiden sollte? In der Didaktik ist aner-

---

1 Siehe hierzu *Zwickel*, JA 2008 (Heft VI), VIII.
2 *Lohse/Zwickel*, in Brockmann/Dietrich/Pilniok, Tagungsband zur Tagung „Studieneingangsphase in der Rechtswissenschaft", im Erscheinen.
3 *Pense*, Methodik der Fallbearbeitung, 2. Aufl., Münster 2009, S. 169.

kannt, dass Lernen aus Fehlern nicht zielführend ist.[4] In diesem Buch werden die Fehler dagegen dazu eingesetzt, um vor dem eigentlichen Kompetenztraining eine Analyse der Bereiche zu ermöglichen, die Sie besonders trainieren sollen. Das Buch beruht auf einer Sammlung von häufigen Klausurfehlern in der Klausurwerkstatt an der Friedrich-Alexander-Universität Erlangen-Nürnberg und ist damit der Ansatz einer juristischen „Fehlerlehre". Wir haben uns nach Erfassung der maßgeblichen Fehler überlegt, wie man die Fehler vermeiden kann. Dementsprechend finden Sie zu Beginn eines jeden Kapitels die Fehler, die Sie nicht machen sollten. Im Kapitel selbst geht es dann um Techniken zur Vermeidung dieser Fehler und um das Kompetenztraining. Mit anderen Worten: Die in diesem Buch dargestellten Fehlerquellen sind keine „Schmach", sondern werden Ihnen vorgestellt, damit Sie davon lernen können.

Das Buch bietet Ihnen folglich eine Analyse zur Ermittlung der Gebiete, die sie noch trainieren müssen. Mit einem **Analysebogen** (S. 272) können Sie bereits jetzt überprüfen, wo Sie noch Nachholbedarf haben und in welchen Bereichen unseres Kompetenztrainings Sie besonders intensiv arbeiten sollten.

Anschließend erfolgt ein praktisches Training der juristischen Kompetenzen. Nutzen Sie dieses Buch deshalb als Übungsbuch. Schreiben Sie in die vorgesehenen Felder, nehmen Sie Übungsanregungen wahr! Obwohl ein Buch keinen Präsenzkurs ersetzen kann, da die spontane Rückmeldung der Dozenten fehlt, können Sie mit dem Ausfüllen der Übungen und der Überprüfung der Ergebnisse im **Lösungsteil** (S. 187) und über mehrere **Checklisten** (S. 272) so nah wie möglich an ein direktes Feedback herankommen.

Zahlreiche **Links und Verweise** (z.B. auf Lehrvideos) mit **QR-Codes** erleichtern Ihnen die Arbeit mit diesem Buch und unterstützen Sie beim Training. Alle **Links** finden Sie auch auf der Homepage zum Buch unter

http://kompetenztraining-jura.martin-zwickel.de

---

4 *Oser/Hascher/Spychiger*, in: *Althof/Oser* (Hrsg.), Fehlerwelten, Wiesbaden 1999, S. 11; a.A. jüngst *Schimmel*, Fehler im Jurastudium: Was ist eigentlich „nicht vertretbar"?, http://www. lto.de/persistent/a_id/4540/(Stand: 29.11.2013); *Kuhn*, in: *Griebel/Gröblinghoff* (Hrsg.), Von der juristischen Lehre; Baden-Baden 2012, S. 105 (111).

B. Was kann dieses Buch nicht leisten?

Dieses Buch macht Sie nur fit für das Klausurschreiben, es ist kein Buch zur Stoffvermittlung. Vielmehr vermittelt Ihnen das Buch die Kompetenzen, die ein Studierender der Rechtswissenschaft von Anfang an braucht, um den Stoff richtig anwenden zu können. Deshalb sind die Fälle z.T. auch kürzer als die Fälle, die Sie in den Klausuren bearbeiten müssten.

Zudem ersetzt das Buch nicht die selbständige Einübung des Klausurschreibens anhand so vieler Klausuren wie nur möglich.[5] Solche Übungsklausuren finden Sie in der Ausbildungsliteratur[6] und vielleicht bietet Ihre Universität sogar Übungskurse oder Probeklausuren an. Nehmen Sie diese Möglichkeiten wahr, um die Erkenntnisse aus diesem Buch ohne Prüfungsdruck umsetzen und ausprobieren zu können!

C. Eine kleine juristische Kompetenz- und Fehlerlehre

Das Buch „Kompetenztraining Jura" arbeitet mit zwei wichtigen Komponenten. Es möchte juristische Kompetenzen trainieren. Gleichzeitig arbeitet es auf Basis von Fehlern in Studienorganisation und juristischer Arbeitsmethodik.

Was meint nun das Buch, wenn von juristischen Kompetenzen die Rede ist? „**Kompetenz**" wird in ihrem eigentlichen Wortsinn verstanden. Dieser ist die „Fähigkeit zur Anwendung",[7] das „juristische Können".[8] Kompetenzen meinen dagegen keine „messbaren Lernergebnisse".[9] Diese Kompetenzen erlangt der/die Studierende nicht sofort; der Erwerb erfordert neben der Eigenleistung auch die Anleitung durch erfahrene Rechtsanwender. Zu Recht fordert der Wissenschafts-

---

5 *Schwerdtfeger*, Öffentliches Recht in der Fallbearbeitung, 14. Aufl., München 2012, S. 8; *Pense*, Methodik der Fallbearbeitung, 2. Aufl., Münster 2009, S. 169.
6 Viele hilfreiche Bücher und Fallsammlungen finden Sie im nach Kompetenzen geordneten Literaturverzeichnis in Teil 6 dieses Buches.
7 So im bildungssoziologischen Kontext *Grundmann*, in: *Becker* (Hrsg.), Lehrbuch der Bildungssoziologie, Wiesbaden 2011, S. 63 (71).
8 Kompetenz als „Befähigung, in konkreten, situationsspezifischen Kontexten Fragestellungen zu lösen" (*Bachmann* (Hrsg.), Kompetenzorientierte Hochschullehre, Bern 2011, S. 18; *Rhein*, in: *Jahnke/Wildt* (Hrsg.), Fachübergreifende und fachbezogene Hochschuldidaktik, Bielefeld 2011, S. 215 (217)).
9 Zu diesem erziehungswissenschaftlichen Kompetenzbegriff vgl. *Avenarius*, RdJB 2005, 423 (424); *Kultusministerkonferenz*, Bildungsstandards der Kultusministerkonferenz, Neuwied 2005, S. 9 f.; vgl. hierzu ausführlich *Lohse/Zwickel*, in Brockmann/Dietrich/Pilniok, Tagungsband zur Tagung „Studieneingangsphase in der Rechtswissenschaft", im Erscheinen.

rat für das juristische Studium die stärkere Förderung von Methodenkompetenz „zur Erfassung von strukturellen und systemischen Zusammenhängen" im Sinne einer „umfassenden juristischen Bildung".[10] Dieses Buch soll eine solche Anleitung sein, beruhend auf didaktischen Grundanforderungen an die Vermittlung von derart umfassend verstandenen juristischen Kompetenzen.[11] Der Einstieg in das juristische Studium bereitet, nach einer an der Universität Hamburg durchgeführten Studie,[12] in zwei unterschiedlichen Bereichen „Schwierigkeiten": In der Studieneingangsphase müssen Sie sich mit der neuen Lernumgebung der Universität und mit dem rechtswissenschaftlichen Studium als solches vertraut machen. Es kommt, anders als an der Schule, nunmehr auf Ihre Fähigkeit zur Selbstorganisation an. Probleme bereitet auch der Zugang zum Fach Rechtswissenschaft in Form eines „mangelnden Zugangs zur juristischen Methode".[13] Dieses Buch zum Kompetenztraining bietet Ihnen Übungen in beiden Bereichen, d.h. zu Fragen der Studierkompetenz sowie zu Fragen der juristischen Methodenkompetenz.

Juristische Kompetenzen unterliegen einigen Besonderheiten: Kompetenzen können kaum theoretisch vermittelt, sondern nur selbst erlernt werden.[14] Juristische Kompetenz hat wenig mit fachlichem Wissen und materiell-rechtlichen Besonderheiten der Rechtsgebiete oder Fachsäulen zu tun. Wer einmal gelernt hat, Gesetzestexte zu lesen, einen Fall strukturiert zu analysieren oder die richtigen Fragen zur Problemlösung zu stellen, kann dies in allen Gebieten.[15] In Examensklausuren wird zunehmend verlangt, in unbekannt(er)en Rechtsgebieten jenseits der Standardprobleme durch Gesetzeslektüre und sichere Anwendung juristischer Methoden Sachverhalte zu bearbeiten.[16] Diese Fähigkeiten versuchen wir Ihnen hier zu vermitteln. Dies ist leichter möglich, wenn Sie nicht gleichzeitig durch die komplizierten dogmatischen Fragestellungen, Aufbaufragen und speziellen Entscheidungen der Obergerichte verwirrt werden, sondern sich auf methodische Fragen, v.a. anhand von Gesetzestext und Auslegungsmethoden, konzentrieren können.

---

10 *Wissenschaftsrat*, Perspektiven der Rechtswissenschaft in Deutschland, http://www.wis senschaftsrat.de/download/archiv/2558-12.pdf (Stand: 28.11.2013); *Hufen*, ZDRW 2013, 5 (10).
11 Zu dieser Anforderung einer kompetenzorientierten Hochschullehre sh. *Bachmann* (Hrsg.), Kompetenzorientierte Hochschullehre, Bern 2011; *Arnold* (Hrsg.), Von der Handlungsorientierung zur Kompetenzentwicklung, Kaiserslautern 2011.
12 Zu dieser Studie von *Broemel* und *Stadler* vgl. *Musumeci*, ZDRW 2013, 98 (99).
13 *Naucke-Merschel*, ZJS 2013, 534 (534); *Musumeci*, ZDRW 2013, 98 (99).
14 *Lange*, Jurastudium erfolgreich, 7. Aufl., München 2012, S. 285 f.
15 *Lohse/Zwickel*, in Brockmann/Dietrich/Pilniok, Tagungsband zur Tagung „Studieneingangsphase in der Rechtswissenschaft", im Erscheinen.
16 Vgl. nur § 16 Abs. 2 S. 2 JAPO (Bayern); § 7 Abs. 2 S. 2 JAPrO (Baden-Württemberg); § 2 Abs. 2 JAG (NRW); § 1 Abs. 2 S. 1 HmbJAG (HH); § 14 Abs. 1 S. 2 JAPO (Sachsen).

Juristische Kompetenz bedeutet auch, sich schwierigere Rechtsfragen selbst erschließen zu können mit dem Selbstvertrauen, dass es selten „eine" richtige Lösung, sondern meist nur überzeugendere und weniger überzeugendere Lösungen und Argumentationsansätze gibt.[17] Dieses Vertrauen sollen Sie erwerben, indem wir Sie immer wieder zum Nachdenken und Argumentieren, zum Hinterfragen vorgefertigter Lösungen herausfordern – sozusagen die Kernkompetenz eines jeden Juristen. Das Erlernen von Argumentationstechniken und das Bewusstsein, dass es nicht auf die Kenntnis der fertigen Lösung eines Problems, sondern auf das Verständnis der zugrunde liegenden Fragestellung, des systematischen Widerspruchs oder der unklaren Formulierung eines Gesetzestextes ankommt, sind gerade zu Studienbeginn die größten Herausforderungen. Diese Kompetenz erlangt man nur, indem man mit unbekannten Problemen konfrontiert wird, eigene Lösungsansätze entwickelt und auch versucht, zur Übung eine andere als die herrschende Meinung in Literatur und Rechtsprechung zu vertreten. Gerade die kleinen, scheinbar einfachen tatsächlichen Konstellationen fordern häufig das meiste juristische Geschick und ein schrittweises, strukturiertes Herangehen, um keinen Haken zu übersehen. Auch hierzu wollen wir Sie anhalten, denn juristische Kompetenz bedeutet präzises und strukturiertes Arbeiten.

Sie wissen nun aber immer noch nicht genau, welche Kompetenzen in diesem Buch trainiert werden. In der Didaktik anderer Fächer richten sich die zu vermittelnden Kompetenzen nach Lernzielen. Kompetenzen sind, anders als Lernziele stets *outcome*, also ergebnisorientiert.[18] Im juristischen Bereich sind (Lern-)Ziele ausschließlich für den zu beherrschenden Rechtsstoff des Zivilrechts, des Öffentlichen Rechts und des Strafrechts formuliert. Für den Bereich der juristischen Methodenkompetenz existiert nur die vage Vorgabe, dass Verständnis und Arbeitsmethode im Studium mit vermittelt werden sollen.[19] Für Studienorganisation und juristische Arbeitstechnik stehen also weder Kompetenzdefinitionen noch klare Lernziele zur Verfügung. Wir müssen uns daher mit einem anderen Vorgehen behelfen: In der juristischen Ausbildung spielen Fehler nach wie vor eine gewichtige Rolle.[20] Anhand dieser Fehler wird Ihre Stu-

---

17 Über die Entwicklung eines Lösungsansatzes: *Lange*, Jurastudium erfolgreich, 7. Aufl., München 2012, S. 251 ff.; *Möllers*, Juristische Arbeitstechnik und wissenschaftliches Arbeiten, 6. Aufl., München 2012, S. 41.
18 *Bachmann* (Hrsg.), Kompetenzorientierte Hochschullehre, Bern 2011, S. 18 ff.; *Arnold*, in: *Arnold* (Hrsg.), Von der Handlungsorientierung zur Kompetenzentwicklung, Kaiserslautern 2011, S. 11 (17).
19 *Dauner-Lieb*, in: *Griebel/Gröblinghoff* (Hrsg.), Von der juristischen Lehre, Baden-Baden 2012, S. 41 (44); ähnlich *Schlieffen*, ZDRW 2013, 44 (45).
20 *Gramm*, Kleine Fehlerlehre für Juristen nach Dr. Julius Knack, Baden-Baden 1989, S. 9; *Kuhn*, in: *Griebel/Gröblinghoff* (Hrsg.), Von der juristischen Lehre, Baden-Baden 2012, S. 105 (105 ff.).

dienleistung in Klausuren und Hausarbeiten bemessen. Glaubt man den Aussagen erfahrener Korrektorinnen und Korrektoren, erfolgt jedenfalls die idealtypische Korrektur nahezu ausschließlich in Bezug auf Kompetenzen, d.h. auf die Beherrschung des Rechtsstoffes und die korrekte juristische Arbeitsmethodik. Das Ergebnis sei eher zweitrangig.[21]

Wir haben daher Korrekturen aus der Klausurwerkstatt der Friedrich-Alexander-Universität Erlangen-Nürnberg auf Fehler im Bereich „Methodenkompetenz" analysiert und im Rahmen der Studienfachberatung geführte Gespräche ausgewertet. Auf diese Weise ist es gelungen, die besonders trainingsbedürftigen und damit klausurrelevanten Kompetenzen im Bereich Studienorganisation und Klausurtechnik herauszuarbeiten. Das vorliegende Werk vollzieht diese Schritte nach, indem die Fehler zugrunde gelegt und darauf ein Training der Handlungskompetenzen entwickelt wird. Die hierdurch erfassten Kompetenzen weisen, durch den vom Korrektor vollzogenen Perspektivenwechsel (Korrektur aus Sicht eines Klausurschreibers)[22] die erforderliche *outcome*-Orientierung auf. Dieser Ansatz eines Lernens aus einer Zusammenstellung von typischen Fehlern ist nicht neu. Vielmehr hat *Knack* in seiner Fehlerlehre die Bedeutung von Fehlern für das juristische Lernen schon erkannt.[23] Innovativ ist der Ansatz dieses Buches durch eine Kombination aus Fehlerlehre und Training von Selbstorganisations- und Methodenkompetenz.

Die Befassung mit Fehlern erfolgt in diesem Buch nicht nur zur Ermittlung der Einzelkompetenzen, die zusammen genommen die Methodenkompetenz ausmachen. Vielmehr sollen Sie durch dieses Buch auch in die Lage versetzt werden, aus Ihren eigenen Fehlern zu lernen.[24] Fehler sind, nach dem hier zugrunde gelegten Verständnis übrigens kein Hinweis auf „kognitive Defizite", sondern grundsätzlich Hilfen zum verstehenden Lernen.[25] Fehler können dazu dienen, die Situation aufzuzeigen, in der man sie macht. Fehler stellen, wenn man auch die Strategien zu ihrer Vermeidung kennt, Lern- und Übungsanreize dar.[26]

---

21 *Radtke*, Verwaltungsrundschau 1981, 195 (196); a.A. *Dauner-Lieb*, in: *Griebel/Gröblinghoff* (Hrsg.), Von der juristischen Lehre, Baden-Baden 2012, S. 41 (51).
22 *Rohpeter/Pinski*, Deutsche Verwaltungspraxis 2001, 311 (321).
23 *Gramm*, Kleine Fehlerlehre für Juristen nach Dr. Julius Knack, Baden-Baden 1989, S. 5; 11.
24 Einen solchen Ansatz verfolgt auch *Gramm*, Kleine Fehlerlehre für Juristen nach Dr. Julius Knack, Baden-Baden 1989, S. 11.
25 *Caspary*, Nur wer Fehler macht, kommt weiter, Freiburg im Breisgau 2008, S. 7, 49.
26 Mit ähnlichem Ansatz *Gramm*, Kleine Fehlerlehre für Juristen nach Dr. Julius Knack, Baden-Baden 1989; *Kuhn*, in: *Kramer/Kuhn/Putzke* (Hrsg.), Fehler im Jurastudium, 2012, S. 21; *Christensen/Pötters*, JA 2010, 566; für den schulischen Bereich *Chott*, PÄDForum 1999, *238*.

Wir versuchen in diesem Buch daher, Ihnen mögliche Fehler bewusst zu machen und mit Ihnen gleichzeitig die Vermeidung zu trainieren, damit Sie Ansatzpunkte erhalten, um Ihre Studier-, Lern- und v.a. Klausurtechnik zu verbessern.

D. Fehler im Jura-Studium – Aufbau des Buches

Unsere kompetenzorientierte Fehleranalyse hat mehrere Kategorien an Fehlern ergeben, die Studierende zu Beginn des Studiums machen. Diese Fehlerkategorien spiegeln sich im Aufbau dieses Buches wieder.

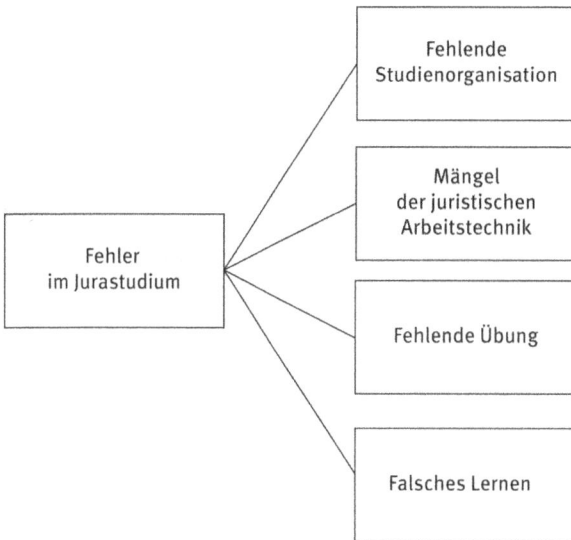

Fehlende
Studienorganisation

Mängel
der juristischen
Arbeitstechnik

Fehler
im Jurastudium

Fehlende Übung

Falsches Lernen

Für viele beginnt das juristische Studium unmittelbar nach der schulischen Ausbildung. Gerade in dieser Phase des Übergangs von der schulischen zur universitären Ausbildung entstehen Schwierigkeiten,[27] die sich aber durch gelungene Studienorganisation leicht in den Griff bekommen lassen. Mehr zu Fehlern, die Sie in der Organisation Ihres Jurastudiums nicht machen sollten, erfahren Sie in **Teil 1** dieses Buches (S. 9 ff.).

In Teil 2, dem Kernteil des Buches (S. 24 ff.), geht es um die Fehler, die weit häufiger als fehlendes Wissen zum Scheitern in Klausuren führen: Die feh-

---

[27] *Kühl/Reichold/Ronellenfitsch*, Einführung in die Rechtswissenschaft, München 2011, S. 30 f.

lende Beherrschung des „juristischen Handwerkszeugs" – sowohl bei der Fallbearbeitung als auch bei der Vorbereitung durch Lernen.

Teil 3 (S. 134 ff.) dieses Kompetenztrainings bietet Ihnen, durch mehrere Klausuren, die als schrittweise Klausuranalysen aufbereitet sind, viele Übungsgelegenheiten.

Vielleicht haben Sie beim Lesen von Broschüren zum Jura-Studium oder in einer Ihrer ersten Veranstaltungen schon gehört, dass die Stofffülle in Jura nahezu unbeschränkt ist und dass das Lernen und das Üben der Fallbearbeitung teils zu Problemen führen. In **Teil 4** dieses Buches (S. 178 ff.) finden Sie einige Lern- und Übungsbiographien sowie Tipps und Übungen dazu, wie Sie diese immense Stofffülle gut bewältigen können. Es wurde bereits angesprochen, dass Sie dieses Buch beim Kompetenztraining unterstützen soll. Dem eigenständigen Üben kommt daher besondere Bedeutung zu. In **Teil 5** (S. 187 ff.) finden Sie Lösungsvorschläge zu allen Übungsaufgaben des Buches.

In **Teil 6** (S. 272 ff.) schließlich finden Sie einige wichtige Hilfsmittel (wie z.B. Checklisten zur Verwendung beim Klausurschreiben, Links zu Lehrvideos) und Literaturtipps. Die Hilfsmittel und Literaturhinweise haben wir nach den in diesem Buch vorgestellten juristischen Kompetenzen geordnet. Stoßen Sie also z.B. bei der Analyse mit unserem Analysebogen auf Trainingsbedarf zum Thema „Üben", so können Sie in Teil 6 beim Thema „Fehlende Übung" wertvolle Hinweise auf Trainingsmöglichkeiten erhalten.

Teil 1: Fehler in der Studienorganisation

Beim Lesen der Überschrift dieses Kapitels haben Sie sich möglicherweise gedacht: „Wieso Studienorganisation? Organisation ist doch die Sache der Uni."

Sie irren. Der Erfolg im Jurastudium hängt wesentlich von Ihrer Fähigkeit zur eigenverantwortlichen Studienorganisation ab.[28]

Folgende Fehler treten, nach unseren Erfahrungen, in der Studienorganisation immer wieder auf:

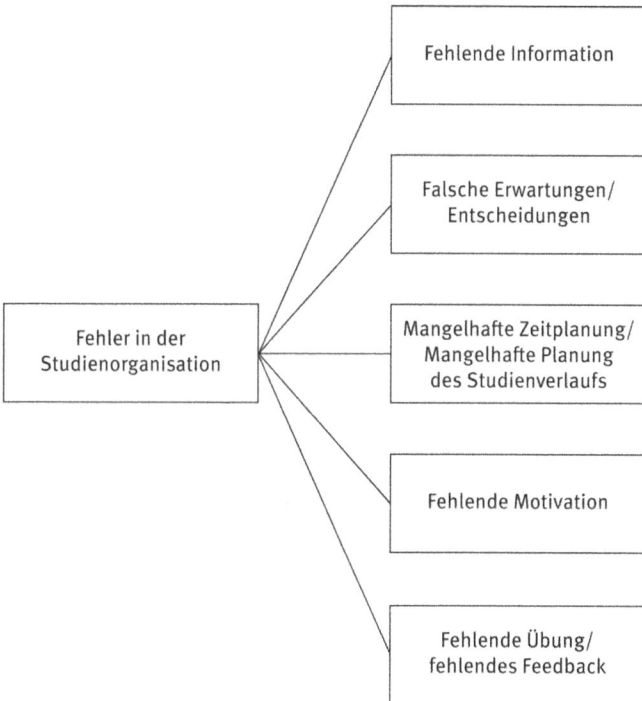

```
                                    ┌─────────────────────────┐
                                    │  Fehlende Information    │
                                    └─────────────────────────┘

                                    ┌─────────────────────────┐
                                    │  Falsche Erwartungen/    │
                                    │  Entscheidungen          │
                                    └─────────────────────────┘
┌──────────────────┐                ┌─────────────────────────┐
│  Fehler in der   │                │  Mangelhafte Zeitplanung/│
│ Studienorganisation│              │  Mangelhafte Planung     │
└──────────────────┘                │  des Studienverlaufs     │
                                    └─────────────────────────┘

                                    ┌─────────────────────────┐
                                    │  Fehlende Motivation     │
                                    └─────────────────────────┘

                                    ┌─────────────────────────┐
                                    │  Fehlende Übung/         │
                                    │  fehlendes Feedback      │
                                    └─────────────────────────┘
```

---

28 Grundlegend zum Studium: *Lange*, Jurastudium erfolgreich, 7. Aufl., München 2012, S. 3 ff.; Zur Examensvorbereitung *Ter Haar/Lutz/Wiedenfels*, Prädikatsexamen, 3. Aufl., Baden-Baden 2012, S. 14.

A. Fehlende Information

Machen Sie nicht den Fehler,
- Jura nur wegen der vielen Berufsmöglichkeiten zu studieren,
- Jura (nur) auf Empfehlung von Bekannten und Verwandten zu studieren,
- einen Studienort auf Empfehlung Dritter auszuwählen,
- nicht zu wissen, welche Fächer Sie im juristischen Studium erwarten,
- mit zu hohen Erwartungen an das juristische Studium heranzugehen,
- die ersten Semester zu locker oder zu verbissen anzugehen,
- zu Studienbeginn zu viel auswendig zu lernen,
- zu hohe Gerechtigkeitsanforderungen oder zu hehre Ziele zu verfolgen.

B. Falsche Erwartungen/Entscheidungen

I. Falsche Erwartungen an die Studieninhalte

Wurden Ihnen (vor Studienbeginn) auch schon einmal folgende Fragen gestellt:
- Ist Jura nicht sehr trocken?
- Ist das ständige Streiten um das Recht wirklich etwas für Dich?
- Kannst Du denn das alles auswendig lernen?

Bevor wir zu diesen Fragen Stellung nehmen, erwarten wir von Ihnen etwas Aktivität:

Notieren Sie, was für Sie „Rechtswissenschaft" ausmacht! Schreiben Sie stichpunktartig auf, welche Erwartungen Sie an das Studium haben!

_____

_____

_____

_____

Wie Sie sich bereits denken können, haben viele Studienanfänger im Fach Rechtswissenschaft zu Beginn keine oder unzutreffende Vorstellungen von ihrem Fach.

Vergleichen Sie daher die nachfolgenden Ausführungen mit Ihren (notierten) Vorstellungen!

1. Das Fach Recht und die Rechtswissenschaft

Die Rechtswissenschaft als Universitätsfach ist eine auf die Praxis bezogene Wissenschaft.[29] Ihr Ziel ist es, die Rechtsanwendung zu ermöglichen und damit zum „Funktionieren" von Recht beizutragen.

Lesen Sie den nachfolgenden Text aus der Methodenlehre von Zippelius,[30] einem Standardwerk der Rechtswissenschaft, durch und finden Sie heraus, mit welchem Gegenstand sich die Rechtswissenschaft beschäftigt!

„Das Recht regelt, ebenso wie die Normen der Sitte und der Sittlichkeit, das menschliche Verhalten. Eine solche Verhaltenssteuerung unterscheidet sich grundsätzlich von allen natürlichen Regelungsprozessen, mit denen sich etwa die Biologie oder die Technik befassen. Diese bedienen sich natürlicher Kausalitäten, die Gegenstand theoretischer Betrachtung sind. Normative Regelungen dagegen gebieten ein bestimmtes Tun oder Unterlassen und motivieren dadurch menschliche Willensentscheidungen; mit ihnen befassen sich die Wissenschaften von der „Praxis", zu denen auch die Rechtswissenschaft zählt. Diese Unterscheidung zwischen Theorie und Praxis – zwischen einer auf Erkenntnis gerichteten Betrachtung und der Ordnung des Handelns – war schon in der Antike geläufig."

Der Text lässt sich wie folgt zusammenfassen:

Recht ist Verhaltensregelung. Dabei besteht die Gesamtheit des Rechts nicht nur aus Gesetzen, sondern auch aus Sittenrecht und Gewohnheitsrecht.

Recht lässt sich als der Inbegriff der von einem Staat in seinem Herrschaftsbereich als verpflichtend gehandhabten Normen zur Verhaltensregelung bezeichnen.

Das Recht erfüllt u.a. folgende Funktionen:

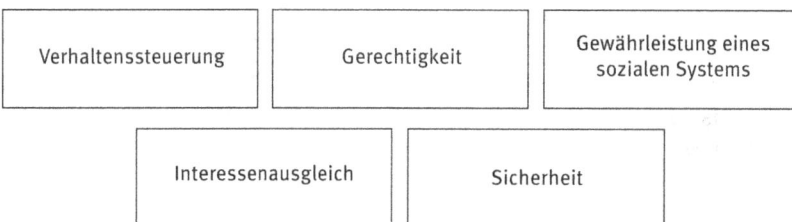

Verhaltenssteuerung	Gerechtigkeit	Gewährleistung eines sozialen Systems
Interessenausgleich	Sicherheit	

---

29 *Kühl/Reichold/Ronellenfitsch*, Einführung in die Rechtswissenschaft, München 2011, S. 39 ff.; *Muthorst*, Grundlagen der Rechtswissenschaft, München 2011, S. 29; *Mager*, in: *Wolf/Kudlich/Muckel* (Hrsg.), JA Sonderheft für Erstsemester, München 2011, S. 32.
30 *Zippelius*, Juristische Methodenlehre, 11. Aufl., München 2012, S. 2.

Die Rechtswissenschaft betrifft „als eigenständige Wissenschaft" unter anderem die Kunst der Anwendung der Rechtsregeln, ist also Normwissenschaft im Gegensatz zu einer klassischen Sozial- oder Geisteswissenschaft. Die methodische Beschäftigung mit der Systematik der Rechtsregeln wird auch als „Dogmatik" bezeichnet, während daneben die – nicht positivrechtliche gebundene – Rechtstheorie steht.[31]

? Vergleichen Sie nun Ihre Überlegungen mit denen verschiedener Rechtswissenschaftler über Gegenstand und Aufgabe der Rechtswissenschaft

- „Aufgabe der Rechtswissenschaft ist die Erforschung des Rechts mit dem Ziel der erläuternden Darstellung und Kritik durch Interpretation (Auslegung) und Argumentation".[32]
- „die Gesetzesabhängigkeit der modernen Rechtswissenschaft. (…) Die Rechtswissenschaft würde es auf Dauer nicht vermeiden können, sich zur Gesetzeswissenschaft, zur Wissenschaft von dem Inhalt und der Handhabung der vom jeweiligen Gesetzgeber erlassenen Vorschriften also, zu wandeln."[33]
- „(…) an sich gehe Jurisprudenz in den Rechtsanwendungswissenschaften, also zuvörderst der Rechtsdogmatik (ergänzt um die Rechts[anwendungs]methodik) auf. Alle übrigen juridischen Perspektiven, namentlich also die sogenannten Grundlagenfächer, seien eher schmückendes Beiwerk, keineswegs aber wirklich ernstzunehmende, gar disziplinbestimmende Faktoren."[34]
- „Rechtswissenschaftler dagegen machen keine Experimente, schreiben keine Modelle, nutzen keine Statistiken, falsifizieren keine Hypothesen. (…) Sie ziehen aus ihren Erkenntnissen regulative Folgerungen in Gestalt von autoritativen Texten – sie sind damit „Quellenforscher und Pragmatiker" zugleich. (…) Es handelt sich kurz gesagt um eine höchst praktische Normwissenschaft mit eigenständiger, von den empirischen (beschreibenden) Sozial- und Wirtschaftswissenschaften im Kern unabhängiger Methodik."[35]
- „Das tägliche Leben wirft immer wieder Fragen auf, die schon bei ihrer praktischen Bewältigung (und nicht erst bei ihrer theoretischen Reflexion) einer wissenschaftlichen Behandlung bedürfen. Schon der Rechtspraktiker kann sie nur ordnend und erklärend, methodisch, reflektiert und kritisch bewältigen. Die Bearbeitung dieser Fragen ist Sache der rechtswissenschaftlich ausgebildeten Juristen."[36]

Wie Ihnen sicher aufgefallen ist, ist hier von „Gerechtigkeit" nicht die Rede. Tatsächlich ist die wissenschaftliche Beschäftigung mit der Gerechtigkeit der (Rechts-)Philosophie und Ethik vorbehalten, im täglichen Jurastudium beschäf-

---

31 Vgl. u.a. *Lepsius*, in: *Jestaedt/Lepsius* (Hrsg.), Rechtswissenschaftstheorie, Tübingen 2008, S. 1 (4–6).

32 *Horn*, Einführung in die Rechtswissenschaft und Rechtsphilosophie, 5. Aufl., Heidelberg 2011, § 2, Rn. 40.

33 *Braun*, Einführung in die Rechtswissenschaft, 4. Aufl., Tübingen 2011, S. 354.

34 *Jestaedt*, in: Jestaedt/Lepsius (Hrsg.), Rechtswissenschaftstheorie, Tübingen 2008, S. 185 (196).

35 *Kühl/Reichold/Ronellenfitsch*, Einführung in die Rechtswissenschaft, München 2011, S. 22.

36 *Muthorst*, Grundlagen der Rechtswissenschaft, München 2011, S. 29.

tigt man sich nur selten mit Gerechtigkeitsfragen. Die universitäre Juristenausbildung hat ihren Schwerpunkt vielmehr in der Rechtsdogmatik, d.h. der Lehre
von der systematischen Rechtsanwendung.[37] Unterteilen lässt sich die Rechtsdogmatik dabei in einen praktischen Teil (= Verständnis der Vorgaben des
Rechts für den Einzelfall)[38] und einen theoretischen Teil (= Erhaltung des Rechts
in einem widerspruchsfreien Gesamtzusammenhang). Ergänzt wird die Rechtsdogmatik durch die für das Verständnis des Rechts ebenso wie für die Erweiterung der argumentativen Perspektiven wichtige Rechtsgrundlagenforschung
(Grundlagenfächer!) sowie durch Gesetzeskunde. Als Grundlagenfächer dienen
der Rechtsdogmatik insbesondere Rechtsgeschichte, Rechtsvergleichung,
Rechtstheorie und Rechtsphilosophie sowie Rechtsökonomie und Rechtssoziologie.

Die Rechtswissenschaft ist zugleich „Handwerk" und „wissenschaftliche
Aufgabe":

- **Rechtswissenschaft als „Handwerk":** In einem ersten Schritt versucht der
  Jurist, die Rechtsfrage anhand des Gesetzes und darauf bezogener Literatur
  (Rechtsprechung, Kommentare, wissenschaftliche Abhandlungen) zu lösen.
  Dies setzt Gesetzeskenntnis und Systemverständnis voraus und lässt sich
  auch mit Rechtskunde umschreiben.[39]
  **Sie sehen also, dass Sie im Studium der Rechtswissenschaft nur zu ei-
  nem geringen Teil auswendig lernen müssen.** Die richtige Technik der
  Rechtsanwendung und des Auffindens von Gesetzes- und Literaturquellen
  zu beherrschen und einen Überblick über die Systematik des Rechtsgebiets
  zu haben, ist ungleich wichtiger.[40]

- **Rechtswissenschaft als wissenschaftliche Aufgabe:** Dies reicht aber
  nicht aus, um in jedem Fall gute und angemessene Lösungen für Rechts-
  probleme zu finden. Der Jurist geht mit seiner wissenschaftlichen Grund-
  ausbildung an einen Fall heran. Hieraus können sich – wissenschaftlich
  gefiltert, systematisiert und methodisch untersucht – neue rechtliche Erwägungen, rechtspolitische Forderungen oder sogar eine neue Systematik eines bestimmten Gebiets ergeben.

Rechtsanwendung und Rechtswissenschaft bedingen und ergänzen sich wechselseitig.
Beide Komponenten erlernen Sie im Studium!   **!**

---

37 *Kühl/Reichold/Ronellenfitsch*, Einführung in die Rechtswissenschaft, München 2011, S. 23.
38 Vgl. auch *Muthorst*, Grundlagen der Rechtswissenschaft, München 2011, S. 29.
39 Zu diesem Begriff auch *Muthorst*, Grundlagen der Rechtswissenschaft, München 2011,
S. 30.
40 Vgl. auch *Grosch*, Studienführer Jura, 6. Aufl., Eibelstadt 2010, S. 11.

2. Untergliederungen des „Rechts" als Gegenstand des Studiums

In Ihrer juristischen Ausbildung beschäftigen Sie sich mit vier verschiedenen Gebieten:

– **Privatrecht (Zivilrecht)**

Das Privatrecht regelt die Rechtsbeziehungen zwischen einzelnen Personen.

– **Öffentliches Recht**

Das Öffentliche Recht regelt Rechtsbeziehungen zwischen Bürger und Staat. Zudem behandelt es auch die Beziehung der staatlichen Organe untereinander.

– **Strafrecht**

Auch das Strafrecht befasst sich mit den Rechtsbeziehungen zwischen Bürger und Staat. Es regelt die Voraussetzungen der Strafbarkeit und droht Strafen an.

– **Grundlagenfächer**

Die Grundlagenfächer betreffen historische (Rechtsgeschichte, Verfassungsgeschichte), theoretische (Rechtstheorie), soziologische (Rechtssoziologie) oder methodische Grundlagen des Rechts, die Ihnen beim Verständnis des Rechts helfen.

Überlegen Sie sich die Konsequenzen für das jeweilige Rechtsgebiet anhand des folgenden Falles:

a) A fährt mit dem Auto von der Erlanger Bergkirchweih nach Hause. Leider hat er etwas zu viel Bier getrunken und übersieht an einem Zebrastreifen in der Hauptstraße den Fußgänger B, der gerade die Straße überquert. Der Alkoholtest ergibt einen Wert von 1,9 Promille. Welche Konsequenzen hat das Verhalten des A in zivilrechtlicher Hinsicht?

b) in strafrechtlicher Hinsicht?

c) in öffentlich-rechtlicher Hinsicht?

Sie sehen, dass die Rechtsgebiete nicht isoliert nebeneinander stehen. Vielmehr formen sie zusammen das Recht.

Achten Sie daher immer auch auf die Bezüge eines Falles zu anderen Rechtsgebieten!

Das Recht ist „erst mit der Anwendung am Ziel".[41] Die Rechtsanwendung wird in den Klausuren des juristischen Studiums als vorrangige Prüfungsleistung verlangt.

---

41 *Zippelius*, Juristische Methodenlehre, 11. Aufl., München 2012, S. 1.

II. Falsche Erwartungen an sich selbst

Überlegen Sie, bevor Sie mit der Lektüre dieses Abschnitts beginnen, welche Erwartungen Sie an sich selbst in Bezug auf das Studium haben! **?**

Oft kommen Studierende mit der Erwartung an die Universität, es gehe wie in der Schule weiter. Sie erwarten, dass sich ihr Lernen unmittelbar in den Klausurerfolgen niederschlägt. Dabei wird übersehen, dass Lernen und vor allem Verstehen an der Universität Prozesse sind, die durchaus länger dauern können. Zudem unterscheidet sich das Notensystem des juristischen Studiums deutlich von dem der Schule.

Bereits mehrfach wurden Sie von uns mit der juristischen Arbeitstechnik konfrontiert. Um diese Arbeitstechnik zu beherrschen, sind Geduld und auch Übung erforderlich. Es kann daher am Anfang durchaus etwas dauern, bis Sie in das Studium hineinfinden. Dies ist aber kein Grund zur Sorge!

In die Studienberatung kommen immer wieder Studierende, die in den ersten Studiensemestern sehr enttäuscht sind, da ihre Noten nicht wie erhofft ausfallen. Das liegt an den Besonderheiten des juristischen Notensystems und auch an der Praxis der Notenvergabe.

Die **Notenskala** der Juristen ist folgendermaßen aufgebaut:

Notenstufen in Punkten (Prüfungsgesamtnoten):

14,00 – 18,00: sehr gut

11,50 – 13,99: gut

9,00 – 11,49: vollbefriedigend

6,50 – 8,99: befriedigend

4,00 – 6,49: ausreichend

0 – 3,99: nicht bestanden

Die Klausur einer unserer letzten Übungen hat folgende Ergebnisse (**Statistik**) erbracht:

Note (in Punkten)	Anzahl der Noten
0	0
1	4
2	7
3	15
4	13
5	15
6	30
7	21
8	13

Note (in Punkten)	Anzahl der Noten
9	19
10	18
11	7
12	5
13	7
14	2
15	3
16	2
17	0
18	0

Gesamtzahl: 181 Klausuren; **Durchschnittsnote:** 7, 21 Punkte

Sie sehen an der Statistik, dass es keine Seltenheit ist, dass ein Großteil der Bearbeiter einer Klausur ein Ergebnis im ausreichenden Bereich erzielt. Noten im zweistelligen Bereich sind der Spitzengruppe vorbehalten. Das geht aber allen Juristinnen und Juristen so. Dementsprechend ist auch allen Juristen in Deutschland System und Praxis der Notengebung bekannt. Sie persönlich dürfen nicht erwarten, für etwas Lernaufwand umgehend mit Spitzennoten belohnt zu werden.

Auch ist, wie bereits mehrfach angedeutet wurde, das juristische Studium ein ständiger Lernprozess. Es ist nicht möglich, alle Zusammenhänge auf Anhieb zu verstehen. Sie sollten daher etwas Geduld mit sich haben und beständig weiterüben. **Zu hohe Erwartungen führen zu Frustration!**

Umgekehrt sind **zu niedrige Erwartungen** und **Selbstzweifel** dem Studienerfolg abträglich: Möglicherweise stellen Sie sich die Frage „Kann ich das überhaupt?".[42] Folgende Fähigkeiten spielen für das Jurastudium eine Rolle:
– Fähigkeit zu analytischem Denken
– mündliche und schriftliche Ausdrucksfähigkeit
– Genauigkeit
– Fleiß und Selbstdisziplin
– gutes Gedächtnis

All diese Fähigkeiten haben Sie in Ihrer schulischen Ausbildung bereits erworben und auch einsetzen müssen. Zu Selbstzweifeln besteht also kein Grund! Stellen Sie sich aber gleichzeitig darauf ein, dass der Start in das Jurastudium etwas schwieriger sein kann als in der Schule.

Generell gilt: Mit dem Jurastudium trifft man in aller Regel keine falsche Wahl, sofern die Studienwahl tatsächlich aus eigenem Antrieb (und nicht nur

---

42 Zu dieser Frage sh. auch *Grosch*, Studienführer Jura, 6. Aufl., Eibelstadt 2010, S. 13.

aufgrund des Wunsches von Eltern, Verwandten und Bekannten) erfolgt ist.[43] Interesse für das Fach ist die beste Voraussetzung für das Studium!

III. Falsche Wahl des Studienortes

Überlegen Sie, nach welchen Kriterien Sie Ihren Studienort ausgewählt haben! `?`

Bei Ihren Überlegungen haben Sie vielleicht gerade festgestellt, dass Sie die Wahl Ihres Studienortes auf Basis sehr individueller Kriterien getroffen haben. Folgende Kriterien können für die Wahl des Studienortes maßgeblich sein:
– Wohnmöglichkeiten
– Heimatnähe
– Besonderheiten der Hochschule (z.B. spezielle Studienprogramme)
– Interessengebiete (z.B. parallel angebotene Fachsprachausbildung)
– Größe und Lage der Uni (z.B. Groß- oder Kleinstadt)
– Ranking[44]

Den richtigen Studienort für sich haben Sie gewählt, wenn Sie sich an dem Studienort wohlfühlen. Oft sind eine gute Betreuung und besondere Angebote für die Studienanfänger wichtiger als der „gute Ruf", das „gute Ranking" oder „die Größe" einer Universität.[45] Testen Sie daher die Bedingungen an Ihrem künftigen Studienort vor einer Entscheidung!

IV. Falsche Auswahl der Veranstaltungen

Zu Beginn Ihres ersten Semesters haben Sie wahrscheinlich einen Stundenplan mit Ihren Veranstaltungen erhalten. Die Studien- und Stundenpläne sind aber keine Angabe der verpflichtenden Anwesenheitszeiten, sondern nur ein Vorschlag. Grundsätzlich gilt: Sie genießen im Studium eine deutlich größere Frei-

---

43 So auch *Gramm/Wolff*, Jura – erfolgreich studieren, 6. Aufl., München 2012, S. 20 ff.; *Grosch*, Studienführer Jura, 6. Aufl., Eibelstadt 2010, S. 13.
44 Zur Bedeutung von Rankings im juristischen Bereich sh. ausführlich *Gramm/Wolff*, Jura – erfolgreich studieren, 6. Aufl., München 2012, S. 64 ff.; *Spreng/Dietrich*, Studien- und Karriere-Ratgeber für Juristen, Berlin 2006, S. 23.
45 Ähnlich *Gramm*, Kleine Fehlerlehre für Juristen nach Dr. Julius Knack, Baden-Baden 1989, S. 9 mit der Empfehlung eines „kleineren Studienortes".

heit als in der Schule. Sie können selbst entscheiden, ob und welche Veranstaltungen Sie besuchen. Viele Studierende verkennen leider, dass die im Studium gewährte Freiheit mit Eigenverantwortung einhergeht. Sie sollten daher zu Studienbeginn unbedingt alle Veranstaltungen besuchen. Im weiteren Semesterverlauf können Sie dann entscheiden, welche Veranstaltungen für Sie den meisten Nutzwert bringen, und wenig lohnenswerte Veranstaltungen durch Selbststudium ersetzen.

? Gehen Sie beim Lesen der nachfolgenden Beschreibungen gedanklich die von Ihnen belegten Veranstaltungen durch und versuchen Sie eine Einordnung nach dem Lernerfolg!

Hier einige Bemerkungen allgemeiner Natur zu den verschiedenen Arten von Veranstaltungen, die Sie besuchen können, damit Sie wissen, was auf Sie zukommen kann:

- **Vorlesung:**
  Dabei handelt es sich um eine Veranstaltung, die sich an eine unbestimmt große Anzahl von Hörern richtet; daher ist hierfür keine gesonderte Anmeldung erforderlich. Die Vorlesung wird im Wesentlichen im Vortragsstil abgehalten und ist daher für die umfangreiche Vermittlung von Wissen an eine große Anzahl von Zuhörern geeignet. Wie eine Vorlesung im Einzelnen ausgestaltet ist, hängt vom jeweiligen Dozenten ab, ob also beispielsweise Fragen an die Zuhörer gerichtet werden oder nicht.
  In jedem Fall ist es nicht ausreichend, die Vorlesung zu besuchen und dem Dozenten mehr oder weniger aufmerksam zuzuhören! Der behandelte Stoff muss vielmehr selbständig vor- und nachbereitet und im Selbststudium mit Hilfe von Fachliteratur vertieft werden.
- **Propädeutische Übung/Kolloquium/Arbeitsgemeinschaft:**
  Die Propädeutische Übung (an manchen Fakultäten auch Kolloquium oder Arbeitsgemeinschaft) ist eine Veranstaltung, bei der im Fachgespräch zwischen Dozent und Student theoretisch – z.B. in der Vorlesung – erlerntes Wissen auf konkrete Rechtsfälle angewandt wird. Es geht in der Propädeutischen Übung um zwei Dinge: Zum einen muss abstraktes Wissen im konkreten Fall angewendet werden. Dabei steht die Falllösung im Vordergrund. Theoretisches Wissen kann nur nachrangig vermittelt werden. Zum anderen soll diese Veranstaltung allen Teilnehmern die Möglichkeit geben, sich zu äußern und Fragen zu stellen. Anders als in der Vorlesung mit einer großen Teilnehmerzahl besteht für alle Teilnehmer die Möglichkeit, sich selbst in der Falllösung zu versuchen. Wir empfehlen Ihnen, diese wie auch jede andere Möglichkeit der aktiven Teilnahme an einer Veranstaltung zu nutzen.

- **Grundkurs:**
An vielen juristischen Fakultäten werden mittlerweile Grundkurse angeboten. Grundkurse sind eine Kombination aus Vorlesung und Propädeutischen Übungen. Diese Veranstaltungsform ist speziell auf die Bedürfnisse der Studienanfänger zugeschnitten. Der Vorlesungsstoff soll dabei anhand kleiner Beispielsfälle erläutert und anschaulich gemacht werden.
- **Übung:**
Wenn bei den Juristen das Wort Übung verwendet wird, heißt das im Regelfall, dass Leistungsnachweise – meist in Form von Klausuren und/oder Hausarbeiten – zu erbringen sind. Ganz wichtig erscheint es uns, Sie darauf hinzuweisen, dass Sie die Klausuren und Hausarbeiten nicht nur mitschreiben, sondern auch zu den Besprechungen gehen sollten. Nur so können Sie lernen, welche Fehler Ihnen unterlaufen sind, bzw. wo Sie noch Defizite haben und gezielt – auch durch Änderung Ihrer Lernstrategien – die nächste Klausur vorbereiten.
- **Tutorium:**
Bei den Tutorien handelt es sich zumeist um Veranstaltungen von Studenten für Studenten. Studierende in höheren Semestern leiten diese Kleingruppen.

Hinweise zur Auswahl der Lehrveranstaltungen:
Welche Veranstaltungen für Sie den erwünschten **Lernerfolg** bringen oder welche Sie ggf. durch Selbststudium ersetzen können, müssen Sie natürlich selbst entscheiden.[46] Anhaltspunkte für die Wahl der Veranstaltungen können sein:
- Muss ich am Ende des Semesters eine Prüfung im jeweiligen Fach schreiben?
- Weckt der Dozent Interesse für das Fach?
- Wird auch die Anwendung des erlernten Stoffes durch Fälle trainiert?
- Gibt es Materialien für die Vor- und Nacharbeit?

C. Mangelhafte Zeitplanung/falsche Planung des Studienverlaufs

Ihr Ziel des juristischen Studiums ist sicherlich, später als Volljuristin oder Volljurist tätig zu sein. Dieses Ziel haben, nach unseren Erfahrungen, nahezu alle Studierenden klar vor Augen. Problematisch daran ist, dass es sich um ein der-

---

46 *Tettinger/Mann*, Einführung in die juristische Arbeitstechnik, 4. Aufl., München 2009, § 1 Rn. 5.

zeit noch wenig greifbares Fernziel handelt.[47] Vor Erreichen dieses Zieles sind einige Zwischenetappen erforderlich. Das Studium und das Rechtsreferendariat sind an jeder Universität derzeit ungefähr folgendermaßen aufgebaut:

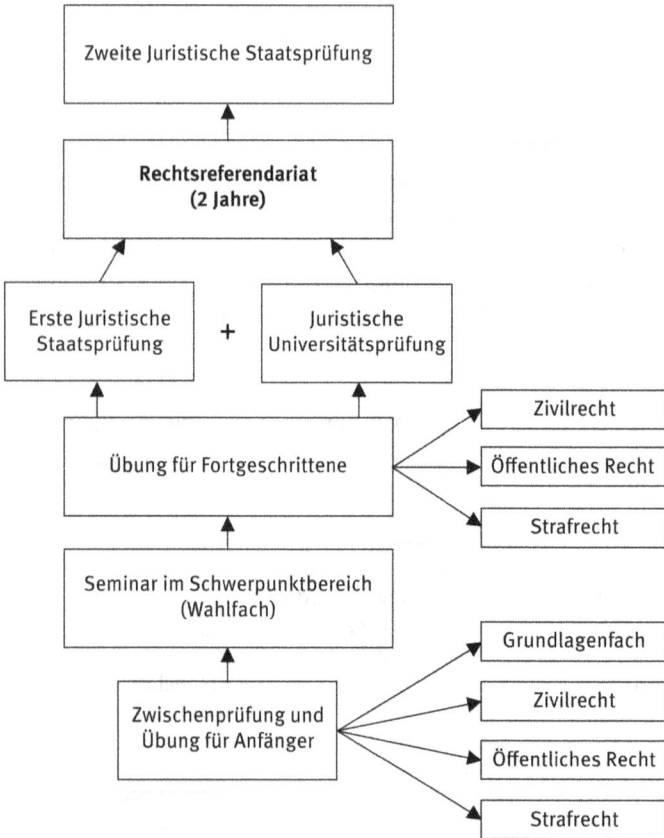

Aus diesem Aufbau können Sie nun unschwer Zwischenziele entnehmen, die für Sie wichtig sind. Für die Zeitplanung während des gesamten Studiums und auch in der Examensvorbereitung sollten Sie sich möglichst präzise (aber nicht zu kleinteilige) Zwischenziele setzen, wie z.B. „das Bestehen der Abschlussklausur im Zivilrecht des 1. Semesters". Wichtige Anhaltspunkte für Ihre Zielplanung bietet der Studienplan Ihrer juristischen Fakultät. Für das 1. Fachsemester könnte dieser etwa so aussehen:

---

47 *Gramm/Wolff*, Jura – erfolgreich studieren, 6. Aufl., München 2012, S. 98 f.

Grundlagen
- Verfassungsgeschichte (mit *Zwischenprüfungsklausur*)   2 Std.
- Bürgerliches Recht
- Grundkurs I (mit *Abschlussklausur* und Propädeutischer Übung)   5+2 Std.

Öffentliches Recht
- Grundkurs I (mit *Abschlussklausur* und Propädeutischer Übung)   4+2 Std.

Strafrecht
- Grundkurs I (mit *Abschlussklausur* und Propädeutischer Übung)   4+2 Std.

Ziele könnten im Beispiel dieses Studienplanes das Bestehen aller kursiv gedruckten Klausuren sein. Im Laufe Ihres Studiums können sich die Ziele auch verändern bzw. verschieben. Das ist z.b. dann der Fall, wenn Sie einzelne Klausuren nicht bestehen und diese dann in einem späteren Semester nachholen müssen. Sie müssen sich dann stets neue Zwischenziele stecken.

Nehmen Sie einen Stift zur Hand und schreiben Sie die Ziele auf, die Sie im aktuellen Semester erreichen wollen.

Diese Ziele müssen anschließend in einen Zeitplan umgesetzt werden. Planen Sie jede Woche verschiedene Elemente (Übung, Wissensaneignung, usw.; siehe hierzu näher S. 178 ff.) für jede Zielvorgabe in Ihren Veranstaltungsplan mit ein. Die einzelnen Aufgaben müssen dabei nicht immer sehr zeitaufwändig sein. Vielmehr reichen kurze Lerneinheiten, die auch durch Pausen unterbrochen werden, zu Studienbeginn meist aus.

Lesen Sie schon jetzt den Teil „Fehler beim Wissenserwerb und beim Lernen" (S. 178 ff.) und versuchen Sie, die empfohlenen Elemente in Ihrem Stundenplan unterzubringen.
    Viele weitere Hinweise zur Zeitplanung erhalten Sie bei *Gramm/Wolff*, Jura – erfolgreich studieren, 6. Aufl., München 2012, S. 97 ff. (mit Zeithaushaltsbuch) und *Lange*, Jurastudium erfolgreich, 7. Aufl., München 2012, S. 358 ff. (mit zahlreichen Checklisten).

D. Fehlende Motivation

Die oben angesprochenen Ziele hängen eng mit Motivation zusammen.[48] Bei ausschließlicher Motivation über die studienbezogenen Ziele geht nicht weni-

---

48 *Lange*, Jurastudium erfolgreich, 7. Aufl., München 2012, S. 362.

gen Studierenden der Rechtswissenschaft nach einiger Zeit des Studiums die für den Selbstlernprozess zwingend erforderliche Motivation verloren. In einem solchen „Motivationstief", das jeden von uns einmal ereilt, sollten Sie Ihren Blick deutlicher auf die Fernziele schweifen lassen. So ist es vielfach nützlich, sich mit den Berufsperspektiven auseinanderzusetzen. Geeignete Gelegenheiten hierfür können etwa Karriere- und Berufsmessen, Veranstaltungen mit Berichten von Praktikern, Veranstaltungen zu den Schlüsselqualifikationen[49] oder aber auch Schilderungen juristischer Berufswege[50] sein. Auch Auslandsaufenthalte,[51] Praktika bei besonderen Stellen,[52] eine intensive Auseinandersetzung mit Studienschwerpunkten und der Erwerb weiterer Zusatzqualifikationen[53] können die Motivation zur Zielerreichung deutlich verstärken.

E. Fehlende Übung/fehlendes Feedback

„Auffällig ist, dass viele Bearbeiter (auch in einer Examensklausur), Unsicherheiten hinsichtlich der juristischen Arbeitsmethodik zeigen." Derartige Stellungnahmen durchziehen die Korrekturberichte von Examensaufgaben wie von Übungsklausuren. Die Unsicherheiten der Bearbeiter hängen zu einem großen Teil mit der fehlenden Nutzung von Übungsmöglichkeiten und mit fehlendem Feedback der Universität an ihre Studierenden zusammen. Die Hemmschwelle, sich zur Übung in eine Klausursituation zu begeben, liegt für viele Studierende hoch. Übungsgelegenheiten wie z.B. Probeklausuren in den Grundkursen bleiben daher oft ungenutzt.

! Üben Sie daher das Klausurenschreiben so oft Sie können!

Hinzu kommt, dass Korrekturen oft unter großem Zeitdruck entstehen und daher wegen der knappen Anmerkungen Studierenden keine ausreichende Erläuterung der Fehler ermöglichen. Vielleicht haben Sie in Ihren ersten Klausuren

---

49 D.h. insbesondere Verhandlungsmanagement, Rhetorik, Vernehmungslehre, Mediation, usw.
50 Sh. hierzu etwa *Grosch*, Studienführer Jura, 6. Aufl., Eibelstadt 2010, S. 194; *Hesse/Schrader*, Jura, Frankfurt am Main 1997.
51 *Großfeld/Vieweg/Beneyto Pérez*, JuS-Auslandsstudienführer, 2. Aufl., München 1991; *Grosch*, Studienführer Jura, 6. Aufl., Eibelstadt 2010, S. 158.
52 DAAD (Hrsg.), Wege ins Auslandspraktikum, 4. Aufl., Bonn, Siegburg 2013; *Grosch*, Studienführer Jura, 6. Aufl., Eibelstadt 2010, S. 157.
53 Sh. hierzu *Zenthöfer*, JuS 1999, 1143.

Randbemerkungen des Korrektors wie z.B. „OK", „zu knapp" oder „falsch" entdeckt und sich gefragt, was Sie denn nun überhaupt falsch gemacht haben.

Wenngleich es schade ist, dass der Korrektor Ihnen keine ordentliche und verwertbare Rückmeldung geliefert hat, so ist dies dennoch kein unlösbares Problem. Sie können Ihre Klausur anhand der Anmerkung des Korrektors nämlich auch selbst analysieren. Zu diesem Zweck finden Sie im Anhang (Teil 6, S. 273 f.) einen **Analysebogen für Klausuren (Checkliste „Fehleranalyse in der Klausur")**, den Sie selbst zu jeder Klausur ausfüllen können. Sie finden auf diese Weise die schwerwiegenden Fehler selbst heraus. Zudem können Sie, wenn Sie den Bogen regelmäßig benutzen, leicht nachvollziehen, ob Sie Fortschritte machen oder nicht.

Schauen Sie die Checkliste (S. 273 f.) im Überblick durch und überlegen Sie zu jedem Punkt, was Sie sich darunter vorstellen können!

Legen Sie Wert auf die Auswertung korrigierter Klausuren durch Teilnahme an Besprechungen und genaues Durchgehen der Klausur. Das bloße Abholen der Klausuren nützt Ihnen für Folgeklausuren nicht! Stellen Sie dem Dozenten oder seinen Mitarbeitern in und nach der Klausurbesprechung Fragen zu unklaren Korrekturbemerkungen! Nutzen Sie den Analysebogen auf S. 273 f.!

Teil 2: Fehler der juristischen Arbeitstechnik

A. Einleitung – Welche Fehler kann man bei der juristischen Arbeit machen?

Im Bereich der juristischen Arbeitstechnik („Methodenkompetenz") sind folgende Fehlerkategorien denkbar:

Fehler in der juristischen Arbeitstechnik

Fehler bei der Anfertigung juristischer Gutachten	Fehler beim Normverständnis	Systematische Fehler	Darstellungs- und Gewichtungsfehler sowie Zeitprobleme	Sprachliche Fehler

Diese Fehlerkategorien bilden die Grundlage für die nachfolgenden Ausführungen.

B. Fehler bei der Rechtsanwendung I: Anfertigung eines juristischen Gutachtens – Einfache und komplexe Texte im Gutachtenstil

Machen Sie nicht den Fehler,
- Ihre juristische Klausur nicht im richtigen Stil (dem Gutachtenstil) zu schreiben,
- den Unterschied zwischen Gutachten- und Urteilsstil nicht zu kennen,
- die Schritte eines juristischen Gutachtens nicht zu kennen,
- vor lauter Subsumieren die Schlussfolgerung zu vergessen,
- keine klaren Obersätze zu bilden,
- Ihre Klausur als Aneinanderreihung von Lösungen ohne Lösungsweg zu schreiben,
- nicht zu subsumieren, sondern den Sachverhalt „nachzuerzählen",
- aus „Angst" vor falschen Ergebnissen problematische Rechtsfragen zu ignorieren,
- Ihr gelerntes Wissen in abstrakten Abhandlungen unterzubringen,
- gelernte Lösungsansätze der Fragetechnik und eigener Argumentation vorzuziehen bzw. deswegen das eigentliche Problem nicht zu erkennen.

I. Was ist der Gutachtenstil?

Häufig hört und liest man: „Der Gutachtenstil ist eine Form der juristischen Fall-bearbeitung.“[54] In der Literatur findet man auch folgende Definitionen: Somit ist er „Teil der juristischen Fachsprache“,[55] genauer gesagt „der rote Faden dem wir unsere Gutachten folgen lassen müssen.“[56] Der Gutachtenstil dient dazu, „sprachlich genau den Denkprozess zum Ausdruck [zu bringen], mit dem der Verfasser zur Beantwortung einer bestimmten Frage gelangt.“[57] Hierbei bedient er sich des „syllogistischen Weg(s) der Herstellung der Entscheidung.“[58]

Wir würden sogar sagen, er ist die Form der juristischen Arbeit bzw. sogar des juristischen Denkens. Oder: Er ist der Stil in dem ein juristisches Gutachten geschrieben wird, v.a. jedoch die Denkweise, mit der jeder Jurist an die Falllösung herangehen sollte und muss.

II. Wozu braucht man den Gutachtenstil?

Der Gutachtenstil steht nicht im Gesetz und vermittelt auch keinen rechtlichen Inhalt. Gutachtenstil ist *„nur"* eine Technik bzw. die Vorgehensweise, die sich von selbst ergibt, wenn man das tun will, was ein Jurist tut. Er ist also keine „Form" wie z.B. ein Sonett. Der Gutachtenstil ist nichts, was man macht, weil es schon immer so gemacht wurde. Gutachtenstil wendet man nicht an, wenn man den ersten Satz eines Abschnitts in den Konjunktiv setzt. Gutachtenstil ist mehr: Der Gutachtenstil ist die Form, die juristische Arbeit und juristisches Denken annimmt, wenn sie erfolgreich sein will. Sozusagen: *„form follows function".*[59]

Das Ergebnis der Beschäftigung mit der Herangehensweise des Gutachten-stils wird folgendes sein: Der Gutachtenstil wird keine Form und kein Korsett (mehr) sein, in das Sie Ihre Gedanken pressen müssen. Sie müssen sich nicht in der Klausur hinsetzen, nachdem Sie den Fall durchgegliedert haben, und sich

---

54 Ähnlich: http://de.wikipedia.org/wiki/Gutachtenstil (Stand: 28.11.2013).
55 *Möllers*, Juristische Arbeitstechnik und wissenschaftliches Arbeiten, 6. Aufl., München 2012, Rn. 460.
56 *Mix*, Schreiben im Jurastudium, Paderborn 2011, S. 42.
57 *Möllers*, Juristische Arbeitstechnik und wissenschaftliches Arbeiten, 6. Aufl., München 2012, Rn. 461.
58 *Schimmel*, Juristische Klausuren und Hausarbeiten richtig formulieren, 10. Aufl., München 2012, Rn. 16.
59 Teilweise wird der Gutachtenstil als bloße Präsentationstechnik angesehen (so etwa *Schlieffen*, in: *Gabriel/Gröschner* (Hrsg.), Subsumtion, Tübingen 2012, S. 379 (379 ff.); *Schlieffen*, ZDRW 2013, 44 (47)). Richtigerweise ist aber der Gutachtenstil „eine Methode zur Strukturie-rung von Stoffmengen und hochkomplexen Sachverhalten" (*Hufen*, ZDRW 2013, 5 (10)).

dann fragen, wie Sie daraus ein Gutachten machen sollen, so als ob Sie sich hinsetzten und beschlössen, Ihre Gedanken jetzt gereimt und im Hexameter auszuschreiben. Gutachtenstil wird (mit etwas Übung und Reflexion) automatisch „passieren" und wird Ihnen in der Klausur erlauben, einfach drauf los zu schreiben. Unmöglich?

Lassen Sie uns zunächst erklären, was wir damit meinen, dass die Funktion die Form bestimmt:

> Beispiel: Ein Bekannter kommt zu Ihnen mit folgendem Anliegen: „Du sag mal, wie ist denn das eigentlich? Ich habe mir da eine Digitalkamera gekauft, aber die macht keine guten Bilder. Ich wollte die zurückgeben, aber der Typ, bei dem ich sie gekauft habe, will das nicht. Was kann ich tun?"

Was werden Sie antworten?

---

i Schreiben Sie – ähnlich wie in einem Brainstorming – auf, was Ihnen zur Lösung des Falles in den Sinn kommt:

_____

_____

_____

_____

Reflektieren Sie, was Sie gerade aufgeschrieben haben: Haben Sie an bestimmte Vorschriften aus dem BGB gedacht, z.B. Sachmängelgewährleistung, Widerruf, Rücktritt, Anfechtung? Haben Sie versucht, die Voraussetzungen der Vorschriften mit denen des geschilderten Falls abzugleichen? Haben sich dabei neue Fragen aufgedrängt – z.B. danach, wo der Fragesteller die Kamera gekauft hat, warum sie schlechte Bilder macht, was der Händler versprochen hatte? Sind Sie gleich auf eine Antwort gesprungen, die aus Ihren bisherigen juristischen Kenntnissen richtig erschien?

Was würde ein Jurist an dieser Stelle machen? Er muss die Frage beantworten. Dies wiederum kann er nur mit Hilfe des Gesetzes tun. Das Gesetz ist abstrakt formuliert. Mit diesem abstrakten Gesetz muss er eine konkrete Frage lösen.

Vereinfacht ausgedrückt muss der Jurist, ausgehend von der konkreten Frage, in unserem Fall also:
- eine Rechtsnorm finden, die eine Rückgabe der Digitalkamera ermöglicht,
- die Voraussetzungen, die diese Rechtsnorm aufstellt, herausarbeiten,
- prüfen, ob die Voraussetzungen vorliegen,
- hierbei evtl. noch Rückfragen stellen
- und am Ende das Ergebnis präsentieren, d.h. klarstellen, ob die Digitalkamera zurückgegeben werden kann oder nicht.

Diese Arbeitsschritte spiegeln sich, in dieser Reihenfolge, in einem juristischen Gutachten wieder. Genauer werden wir Ihnen das gleich noch erklären.

Die Funktion „Von der Frage zur Antwort" bestimmt die Form „Gutachten".

Bevor wir jedoch den Grundstein für die Arbeit im Gutachtenstil legen und uns mit seinen Grundlagen beschäftigen, möchten wir Ihnen noch zeigen, dass juristisches Denken auch dann funktioniert, wenn Sie vom „Fall" und von den „Problemen" keine Ahnung haben.

Lösen Sie folgenden Fall:

Ein döddeliger Zapper eines rohen Knuts kann den Knut flanschen. Alle kantigen Laschen sind döddelig. Ein mälziger Knut ist roh.

Der A ist Zapper des Gosch. A ist ein Lasch und der Gosch ist ein Knut. A ist kantig. Der Gosch ist mälzig.

Kann A den Gosch flanschen?

Nicht aufgeben! Auch wenn Sie kein Wort verstehen – Sie verstehen die grammatikalische Struktur der Sätze. Wenn Sie sich den Text genauer anschauen, wird Ihnen auch auffallen, dass Ihnen verschiedene Arten von Informationen gegeben werden, die Sie für die Lösung zusammenfügen müssen (hierzu gleich, S. 27 – Syllogismus). Betrachten Sie den Fall als Knobel- oder Logikaufgabe – juristische Falllösung ist gerade am Anfang nicht viel anders. Und viele Begriffe, z.B. „Eigentum", „Freizügigkeit", „Sache", haben Sie vielleicht auch schon gehört, Sie wissen aber nicht, was diese im speziellen rechtlichen Kontext bedeuten. Der Fall will Ihnen zeigen, dass das für die Falllösung manchmal gar nicht so wichtig ist, wenn man die richtigen Informationen hat – oder weiß, wie man sie findet (hierzu unten, S. 82 ff. – wie finde ich Normen?).

III. Grundlagen des Gutachtenstils

1. Syllogismus

Grundlage der juristischen Herangehensweise an Fälle ist der aus der Logik stammende *„Syllogismus"*.[60] Mit seiner Hilfe ist juristisches Schlussfolgern

---

60 Spaßeshalber wird der Vorgang des Subsumierens auch als „Justizsyllogismus" bezeichnet, da für die juristische Arbeit der klassische Syllogismus angepasst wird, vgl. *Neumann*, in:

möglich, er gibt den Weg vor, um vom Abstrakten (die Welt in der Norm) zum Konkreten (die Welt in der Wirklichkeit) zu kommen. Der Syllogismus ist also *„[ein logischer] Schluss, bei dem aus zwei Prämissen (Praemissa maior und Praemissa minor) eine Konklusion folgt.“*[61] Ziel ist es, *„durch Argumentations- und Schlussverfahren ein für den jeweiligen Bereich höchstmögliches Maß an begründeter Gewissheit zu schaffen [...]“.*[62] Diese Struktur *„entspricht dem traditionellen juristischen Methodenschema, aus einem allgemeinen Sollenssatz (Norm) über eine konkrete Ergebnisdarstellung (Fall) zur Entscheidung (dem Urteil) zu kommen.“*[63] Der Vorteil dieser Form des Schlussfolgerns ist ihre Formalisierung, d.h. es lassen sich Aussagen über den Wahrheitsgehalt eines Schlusses ziehen, ohne dass es auf den Inhalt der verknüpften Aussagen ankommt: Sobald beide Aussagen wahr (= zutreffend) sind, ist auch der Schluss wahr (= zutreffend).[64]

> **!** Was heißt das konkret? Auch wenn er auf den ersten Blick trivial scheint und das gewählte Beispiel vielfach in Vorlesungen, Übungen und in der Ausbildungsliteratur bemüht wird – Sie müssen diesen „Dreischritt" sicher beherrschen, um ihn dann auch in der eigenen Falllösung anwenden und niederschreiben zu können.

Zur Illustration dient deshalb folgendes Beispiel:

> Fallfrage: Ist Sokrates sterblich?
> „Norm": Alle Menschen sind sterblich.

Um die Frage beantworten zu können, braucht man einen allgemeinen Satz (**Obersatz**), der die allgemeinen Voraussetzungen aufstellt; hierunter kann man den konkreten Fall subsumieren (**Untersatz**) und anschließend die **Schlussfolgerung** ziehen:[65]

Kaufmann/Hassemer/Neumann u.a. (Hrsg.), Einführung in Rechtsphilosophie und Rechtstheorie der Gegenwart, Heidelberg 2004, S. 256 (290).

61 *Joerden* (Hrsg.), Logik im Recht, 2. Aufl., Berlin 2010, S. 327.

62 *Weirauch*, Juristische Rhetorik, Berlin 2005, S. 70.

63 *Haft*, Juristische Rhetorik, 8. Aufl., Freiburg, Br., München 2009, S. 76.

64 *Neumann*, in: *Kaufmann/Hassemer/Neumann u.a.* (Hrsg.), Einführung in Rechtsphilosophie und Rechtstheorie der Gegenwart, Heidelberg 2004, S. 256 (300 f.) zu logischen Kalkülen.

65 Vgl. *Schimmel*, Juristische Klausuren und Hausarbeiten richtig formulieren, 10. Aufl., München 2012, Rn. 15 ff.; Ähnlich *Valerius*, Einführung in den Gutachtenstil, 3. Aufl., Berlin 2009, S. 10 ff.; *Walter*, Kleine Stilkunde für Juristen, 2. Aufl., München 2009, S. 127 ff.

Wenn A, dann B.	Wenn Sokrates ein Mensch ist, dann ist er sterblich.	(Obersatz)
C entspricht A.	Sokrates ist ein Mensch.	(Untersatz/Subsumtion)
C bewirkt B.	Deshalb ist Sokrates sterblich.	(Schluss)

Achten Sie dabei weniger auf die genaue Formulierung des Obersatzes. Sehr viel wichtiger ist, dass dieser Satz (alle) Voraussetzungen für das Eintreten der Rechtsfolge nennt und sich deshalb in das „Wenn – Dann"-Schema umformulieren lässt. Juristisch gesprochen:

1. Tatbestand führt zur Rechtsfolge (= Obersatz).
2. Sachverhalt entspricht Tatbestand (= Untersatz/Subsumtion).
3. Sachverhalt entspricht Rechtsfolge (= Schlussfolgerung).

Die Informationen für Ihren Obersatz finden Sie immer und ausschließlich im Gesetz. Die Informationen für Ihre Subsumtion finden Sie immer und ausschließlich im Sachverhalt. Machen Sie sich dies deutlich, auch wenn Sie kleine Fälle lösen und überlegen Sie bewusst, ob Sie gerade an der richtigen Stelle nach der Lösung suchen.

Aus dem Syllogismus ergibt sich der Grundaufbau eines Gutachtens. In der Klausur schreiben Sie ausschließlich Gutachten, d.h. Sie arbeiten sich nach und nach zur Antwort auf die gestellte Frage vor.

Alternative Erklärungsmöglichkeit:

1. Der Obersatz macht die Klammer auf: (
2. Der Untersatz füllt die Klammer aus: (...
3. Der Schlusssatz schließt die Klammer: (...)

Nun verstehen Sie sicher auch, wie man den oben gestellten „Phantasie"-Fall lösen muss:

a) Betrachtet man den Text genauer, entdeckt man zunächst die (Fall-)Frage – es geht um A und den Gosch (Subjekt und Objekt) und eine Tätigkeit, nämlich „flanschen".
   Kann A den Gosch flanschen?
b) Im Text finden sich sowohl „A" als auch „Gosch" nur im zweiten Abschnitt.
   Ein döddeliger Zapper eines rohen Knuts kann den Knut flanschen. Alle kantigen Laschen sind döddelig. Ein mälziger Knut ist roh.
   *Der **A** ist Zapper des **Gosch**. A ist ein Lasch und der **Gosch** ist ein Knut. A ist kantig. Der **Gosch** ist mälzig.*

i Wenn Sie sich diesen Abschnitt noch einmal anschauen, werden Sie merken, dass sich dieser vom ersten Abschnitt unterscheidet. Worin?

_____

_____

_____

_____

_____

Richtig! Anders als der erste Abschnitt enthält er keine allgemeinen oder abstrakten Begriffe und Begriffsbestimmungen („ein Zapper", „alle Laschen", „ein Knut"), sondern erzählt etwas über die konkreten Beziehungen und Eigenschaften von „A" (welcher Zapper des Gosch, ein Lasch und kantig ist) und dem „Gosch" (welcher ein Knut und mälzig ist). Kennen Sie das aus Jurafällen?

Selbstverständlich: Der erste Abschnitt ist das **Gesetz**, die Norm, die Regel: Sie bestimmt **abstrakt und allgemein**, wer was mit wem tun (oder nicht tun) kann (z.B. flanschen), welche Eigenschaften das Recht bestimmten Personen zuweist (z.B. roh oder döddelig) und welche Folgen sich wiederum aus den Eigenschaften ergeben (eben z.B. die Fähigkeit des Flanschens). Da „flanschen" allein ein Rechtsbegriff ist, findet er sich auch nicht im Sachverhalt, sondern nur in der Fallfrage und dem „Gesetz".

Der zweite Abschnitt ist der **Sachverhalt**. Er beschreibt einen **konkreten** Einzelfall, der der rechtlichen Beurteilung harrt – eben bestimmte Eigenschaften und Tätigkeiten bestimmter Personen.

Mit Hilfe eines oder in diesem Fall mehrerer Syllogismen können Sie den Fall Schritt für Schritt lösen – auch wenn Sie weiterhin genauso wenig wie wir wissen, was „flanschen" etc. bedeutet.

Wir demonstrieren es Ihnen zunächst mit einer Teilfrage (probieren Sie es ruhig selbst aus):

Ist der Gosch roh?

Ein döddeliger Zapper eines rohen Knuts kann den Knut flanschen. Alle kantigen Laschen sind döddelig. <u>Ein mälziger Knut ist **roh.**</u>

Norm (passende Folge „roh" im ersten Abschnitt): Ein mälziger Knut ist roh. (→ Wenn etwas ein mälziger Knut ist (A), dann ist es roh (B)).

Informationen im Sachverhalt:

Der A ist Zapper des Gosch. A ist ein Lasch und der **Gosch** ist ein **Knut.** A ist kantig. Der **Gosch** ist **mälzig.**

Obersatz:	Wenn der Gosch ein *mälziger* Knut ist, ist er roh.	(Wenn A, dann B)
Subsumtion:	Der Gosch ist ein *mälziger* Knut.	(C entspricht A)
Schlussfolgerung:	Der Gosch ist roh.	(C entspricht B)

2. Grundaufbau Gutachten

Juristen „denken" in Syllogismen, d.h. sie kommen von der allgemeinen Aussage, die in Gesetzen zu finden ist, und fragen sich, ob diese auf den konkreten Sachverhalt Anwendung finden kann.

Mit Hilfe des Gutachtens kann man jeden Fall „Von der Frage zur Antwort" aufbauen, also das „Problem" an den Anfang stellen und daraus die Antwort entwickeln. Das Grundschema besteht aus drei Schritten, die in einem „richtigen" Gutachten miteinander und ineinander verknüpft werden müssen.

Obersatz (Aufstellen der Voraussetzungen: Wenn es so und so ist, dann tritt die und die Rechtsfolge ein. Überleitende Frage: Ist es so?)

Untersatz (Feststellen des Vorliegens der Voraussetzungen im konkreten Fall).
1. Definition/Auslegung der Voraussetzungen (Kann auch z. T. entfallen)
2. Subsumtion (Sind die Voraussetzungen im Sachverhalt gegeben?)

Schlussfolgerung (Beantwortung der eingangs gestellten Frage).

Die Subsumtion ist dabei der wichtigste Teil. Einfach gesprochen bedeutet subsumieren festzustellen, ob im konkret zu überprüfenden Fall die für die angestrebte Rechtsfolge erforderlichen Voraussetzungen vorliegen.[66]

Übertragen auf unser eingangs erwähntes Beispiel heißt das: Müsste Sokrates nach dem Obersatz ein Mensch sein, um sterblich zu sein, muss in der Subsumtion festgestellt werden, dass er ein Mensch ist. Stellt sich nach Lektüre des Sachverhalts heraus, dass es sich um ein Pferd oder einen Halbgott namens Sokrates handelt, so kann die gefundene Norm („Alle Menschen sind sterblich.") nichts zur Lösung des Falles beitragen, man muss also eine Norm über die Sterblichkeit von Pferden, Göttern etc. finden.

---

66 Vgl. z.B. auch *Möllers*, Juristische Arbeitstechnik und wissenschaftliches Arbeiten, 6. Aufl., München 2012, Rn. 461; *Mix*, Schreiben im Jurastudium, Paderborn 2011, S. 43; *Kramer*, Juristische Methodenlehre, 4. Aufl., Bern 2013, S. 36.

In einfachen Fällen genügt für die Subsumtion eine kurze Wiedergabe des Sachverhaltes mit Bezug zur allgemeinen Norm. (Beispiel: Frage: Ist ein Kaufvertrag zwischen A und B zustande gekommen? → Dazu müsste A dem B ein Angebot gemacht haben. A hat B vorgeschlagen, sein Fahrrad für 30 Euro zu kaufen. Darin ist ein Angebot zu sehen.).

Juristisch interessanter (und punktetechnisch entscheidend) sind die Fälle, in denen die abstrakte Norm nicht eindeutig auf den Sachverhalt passt, man also zum Beispiel erst definieren oder auslegen muss, was ein „Irrtum" i.S.v. § 119 BGB ist. (Beispiel: Dafür müsste R sich geirrt haben. Ein Irrtum ist das Auseinanderfallen von Vorstellung und Gesagtem. R hat 30 gesagt, aber 13 gemeint. Damit liegt ein Irrtum vor.) Allein das Abschreiben oder Nacherzählen des Sachverhaltes genügt nicht – Sie müssen immer den Bezug zu den Voraussetzungen herstellen (Kontrollfrage: „Ist das so?")!

3. Übungen zum Syllogismus
Sie wissen nun, wie ein juristisches Gutachten aufgebaut ist.

---

i Bevor es weitergeht, haben Sie die Möglichkeit, das bisher Erlernte an einfachen Fällen auszuprobieren. Zunächst sollten Sie sich folgendes Beispiel genau ansehen.

Aufgabe:
A (Verkäufer) und B (Käufer) schließen einen wirksamen Kaufvertrag über den Verkauf eines Fahrrades für 50,00 Euro. Kann B von A die Übereignung des Fahrrades verlangen?

Hinweis: Die für die Lösung maßgebliche Vorschrift ist § 433 I BGB:

---

§ 433 Vertragstypische Pflichten beim Kaufvertrag
(1) Durch den Kaufvertrag wird der Verkäufer einer Sache verpflichtet, dem Käufer die Sache zu übergeben und das Eigentum an der Sache zu verschaffen. Der Verkäufer hat dem Käufer die Sache frei von Sach- und Rechtsmängeln zu verschaffen.

Warum? § 433 Abs. 1 BGB nennt als Rechtsfolge „Verpflichtung des Verkäufers zur Verschaffung von Eigentum". Gefragt ist danach, ob B von A die **Übereignung verlangen** kann. § 433 Abs. 1 BGB normiert damit die richtige Rechtsfolge für die Fallfrage.

Wie Sie die richtigen Normen finden (können) und wie Sie so lernen, dass Sie beim Lesen der Fallfrage die richtigen Assoziationen haben, zeigen wir Ihnen in Abschnitt C, D und E (S. 82ff.).

Lösung:

Obersatz (Umformulierung der Fallfrage und Darstellung der Voraussetzungen)

B kann von A die Übereignung des Fahrrades verlangen, wenn ein wirksamer Kaufvertrag zustande gekommen ist.

Untersatz (Prüfung, ob die Voraussetzungen erfüllt sind)

A und B haben einen wirksamen Kaufvertrag abgeschlossen. Ein wirksamer Kaufvertrag liegt vor.

Schlusssatz (Ergebnis für den konkreten Fall)

B kann von A die Übereignung des Fahrrades verlangen.

Und noch ein Beispiel – diesmal zum Ankreuzen:

> T, U, S und L möchten sich auf einer Parkbank im Schlossgarten friedlich und ohne Waffen versammeln, um der freien Liebe zu frönen. Können sie sich gegenüber dem Polizisten Grünspan auf ihre grundrechtliche Versammlungsfreiheit berufen?

Überlegen Sie jeweils, welcher der Sätze richtig ist und kreuzen Sie an!   *i*

Hinweis: Maßgebliche Vorschrift ist Art. 8 GG:

> (1) Alle Deutschen haben das Recht, sich ohne Anmeldung oder Erlaubnis friedlich und ohne Waffen zu versammeln.
> (2) Für Versammlungen unter freiem Himmel kann dieses Recht durch Gesetz oder auf Grund eines Gesetzes beschränkt werden.

Obersatz

Welcher Obersatz ist richtig?

☐ T, U und S können sich gegenüber dem Polizisten Grünspan auf ihre Versammlungsfreiheit berufen, wenn Art. 8 Abs. 1 GG eingreift.

☐ T, U und S können sich gegenüber dem Polizisten Grünspan auf ihre Versammlungsfreiheit berufen, wenn es sich bei ihrer Zusammenkunft um eine Versammlung i.S.d. Art. 8 GG handelt.

☐ Möglicherweise handelt es sich um eine Versammlung.

Untersatz (Subsumtion)
Welcher Untersatz ist richtig?

☐ Es müsste eine Versammlung vorliegen. Eine Versammlung ist eine Zusammenkunft von mindestens zwei Personen zur gemeinschaftlichen, überwiegend auf die Teilhabe an öffentlicher Meinungsbildung bezogenen Meinungskundgabe.

☐ T, U uns S haben sich im Schlossgarten versammelt. Eine Versammlung liegt vor.

☐ Eine Versammlung liegt vor.

Schlusssatz
Welcher Schlusssatz ist richtig?

☐ Möglicherweise können sich T, U und S gegenüber dem Polizisten Grünspan auf ihre Versammlungsfreiheit berufen.

☐ Die Versammlungsfreiheit (Art. 8 GG) greift ein.

☐ T, U und S können sich gegenüber dem Polizisten Grünspan auf ihre Versammlungsfreiheit berufen.

---

i In den folgenden Übungsaufgaben sollen Sie jeweils den Obersatz, Untersatz und die Schlussfolgerung formulieren. Nehmen Sie ein Gesetz zur Hand und suchen Sie die Vorschrift, die die gesuchte Rechtsfolge normiert. Überlegen Sie immer, ob Sie gerade im Gesetzesteil (Suche nach den abstrakten Voraussetzungen für den Eintritt einer Rechtsfolge) sind oder im Sachverhaltsteil (Subsumtion; Suche danach, ob im konkreten Fall die Voraussetzungen erfüllt sind). Entsprechend sollte Ihr Blick zwischen Sachverhalt und Gesetz hin- und herwandern.
Lösungen zu allen Fällen finden Sie im Lösungsteil: LÖSUNG 1, S. 187.

---

1. R möchte seine Meinung über die ihm verhasste Bundeskanzlerin in einem von ihm verfassten Pamphlet öffentlich äußern. Hat er ein (grundrechtlich geschütztes) Recht dazu?
   Obersatz:
   Untersatz:
   Schlusssatz:

2. A (Verkäufer) und B (Käufer) schließen einen wirksamen Kaufvertrag über den Verkauf eines Fahrrades für 50,00 Euro. Kann B von A die Übereignung des Fahrrades verlangen?

3. A ist sturzbetrunken, so dass sie nicht weiß, wo oben und unten ist. Ist ihre Willenserklärung wirksam?

4. A versteht, dass B das Fahrrad für 30 Euro kaufen will. B hatte aber 13 Euro gesagt. Kann A den Kaufvertrag anfechten?

5. A und B haben 1990 einen wirksamen Kaufvertrag geschlossen. Kann A sich weigern, B das Fahrrad jetzt (2014) zu übereignen?

6. Der Bund hat von seiner Gesetzgebungskompetenz auf dem Gebiet des bürgerlichen Rechts in vollem Umfang Gebrauch gemacht. Hat das Bundesland L noch die Befugnis zur Gesetzgebung auf diesem Gebiet? (Art. 72 Abs. 1 GG)

7. Ein Antrag der Bundeskanzlerin, ihr das Vertrauen auszusprechen, findet nicht die Zustimmung der Mehrheit der Mitglieder des Bundestages. Kann der Bundespräsident den Bundestag auflösen? (Art. 68 GG)

8. Der Bundestag erlässt ein Gesetz, das den in Art. 20 GG niedergelegten Grundsatz der Gewaltenteilung verändert. Ist die Änderung verfassungskonform? (Art. 79 GG)

9. Ein Gesetz ist nicht nach den in Art. 76 GG niedergelegten Grundsätzen zustande gekommen. Kann der Bundespräsident B die Ausfertigung verweigern? (Art. 82 GG)

10. Die verfassungswidrige Partei P soll verboten werden. Ist das BVerfG hierfür zuständig?

11. R legt seine Verfassungsbeschwerde 3 Monate nach Zustellung der Entscheidung ein. Ist sie noch fristgemäß eingelegt? (§ 93 BVerfGG)

12. L nimmt S seinen Laptop weg, um ihn selbst zu benützen und zu behalten. Hat L den Tatbestand des Diebstahls erfüllt?

13. F wehrt eine mit Sicherheit tödliche Messerattacke der O dadurch ab, dass er ihr das Messer aus der Hand schlägt und sie dabei selbst erheblich verletzt. Ist das Handeln des F gerechtfertigt?

14. Der 12-jährige T hat eine CD im Laden mitgehen lassen. Kann er strafrechtlich belangt werden?

15. K hat B ein Handy ohne Klingeltöne verkauft. Ist das Handy mangelhaft?

16. W hatte vor drei Monaten bei U einen grün karierten Maßanzug bestellt. U hat nicht geleistet. Kann W zurücktreten?

17. Grünspan hat den Grenzstein seiner verhassten Nachbarin Bölle-Nöhlke nachts heimlich 5 cm zu seinen Gunsten verschoben. Kann die Nachbarin von Grünspan verlangen, dass er den Grenzstein wieder zurück rückt? (§ 919 I BGB)

18. Die Nachbarin Bölle-Nöhlke vergräbt aus Rache im Garten des Grünspan ihren stinkenden Abfall. Ist der Müll wesentlicher Bestandteil des Grundstücks des Grünspan geworden?

19. Grünspan hat Bölle-Nöhlke vorsätzlich mit dem Hammer auf den Kopf geschlagen. Ist er strafbar?

20. Grünspan hat durch den Schlag den Tatbestand des § 823 Abs. 1 BGB erfüllt. Kann Bölle-Nöhlke von Grünspan ihren Schaden (die Kosten von 5,72 € für den zur Heilung notwendigen Ice-Pack) ersetzt verlangen?

21. Vom Schlag – des Hammers – getroffen, erinnert sich Bölle-Nöhlke plötzlich wieder daran, dass Grünspan ihr vor 62 Jahren in der Schule einen

Radiergummi gestohlen hatte. Ist der Herausgabeanspruch nunmehr verjährt?

22. Grünspan hat einen Buckel. Er ruft Bölle-Nöhlke über den Zaun, sie könne ihm mal den Buckel runterrutschen. Hat Grünspan ein wirksames Angebot auf Abschluss eines Vertrages abgegeben, der Bölle-Nöhlke berechtigen würde, ihm den Buckel herunterzurutschen?

23. Bölle-Nöhlke ist passionierte Imkerin. Ihr Lieblingsbienenschwarm mit Königin Gertrude ist empörenderweise in den extra zu diesem Zweck von Grünspan auf seinem Grundstück aufgestellten leeren Bienenkorb umgezogen. Darf Bölle-Nöhlke den Bienenkorb öffnen, um Gertrude und ihr Volk heimzuführen? (§ 962 S. 2 BGB)

24. Bei der Bienenheimholaktion ist Bölle-Nöhlke versehentlich auf Grünspans Dackel getreten. Hat sie sich strafbar gemacht?

Nach so viel praktischer Übung können wir nun zur „Theorie" zurückkehren. Der klassische Dreischritt des Syllogismus klappt ja nun schon recht gut.

> **Weiterführende Literatur zum Syllogismus und zum Grundaufbau eines Gutachtens:** *Czerny/Freiling*, JuS 2012, 879; *Lange*, Jurastudium erfolgreich, 7. Aufl., München 2012, S. 252 ff.; *Schimmel*, Juristische Klausuren und Hausarbeiten richtig formulieren, 10. Aufl., München 2012; *Wieduwilt*, JuS 2010, 291; *Tettinger/Mann*, Einführung in die juristische Arbeitstechnik, 4. Aufl., München 2009, S. 126 ff.; *Bringewat*, Methodik der juristischen Fallbearbeitung, 2. Aufl., Stuttgart 2013, S. 34 ff.; *Valerius*, Einführung in den Gutachtenstil, 3. Aufl., Berlin 2009, S. 10 ff.; *Valerius*, in: *Wolf/Kudlich/Muckel* (Hrsg.), JA Sonderheft für Erstsemester, 2011, S. 48.

IV. Einstieg in eine gutachterliche Prüfung – „Schachteln" von Syllogismen

1. Grundlagen des „Schachtelns"

Ein Gutachten besteht normbedingt aus mehreren Fragen bzw. Syllogismen, die sich daraus ergeben, dass die Anspruchsgrundlage (bzw. Rechtsnorm) mit der richtigen Rechtsfolge mehrere Tatbestandsvoraussetzungen hat, die alle geprüft werden müssen und innerhalb derer dann wieder Unterfragen stehen. Diese Fragen werden mit einzelnen Syllogismen beantwortet. Es wird also alles im Gutachten „zusammengefügt": Das Gutachten ist eine Aneinanderreihung von einzelnen Syllogismen durch fragende Überleitungs(ober)sätze, die von der Frage zur Antwort leiten.

Das Grundschema (sh. oben S. 27 ff.) bleibt dabei bestehen:

Grundschema = 3 Schritte: Obersatz – Untersatz (Definition und Subsumtion) – Schlussfolgerung. !

→ Durch die Aneinanderreihung von Syllogismen entstehen **„Schachteln"**: Die Normen „greifen ineinander" (siehe Normarten S. 84 ff.), indem eine Norm – z.B. für eine Definition – auf eine andere Norm verweist oder weitere Normen notwendig werden, um weitere Obersätze aufzustellen. In Bildern sieht das folgendermaßen aus:

Obersatz (neue Schachtel wird geöffnet).

Subsumtion (Untersatz, neue Schachtel wird gefüllt).

Schlusssatz (Deckel kommt auf die Schachtel).

Dieses Aneinanderreihen von Obersätzen solange, bis die Frage aus dem Sachverhalt beantwortet wird, schauen wir uns anhand eines berühmten Tucholsky-Zitats genauer an.[67]

Hinweis zum verwendeten Beispiel:

    Die Aussage „Soldaten sind Mörder" stammt ursprünglich aus der Glosse „Der bewachte Kriegsschauplatz", die *Kurt Tucholsky* 1931 in der Zeitschrift „Die Weltbühne" publizierte. Unter dem Pseudonym *Ignaz Wrobel* schrieb er: „Da gab es vier Jahre lang ganze Quadratmeilen Landes, auf denen war der Mord obligatorisch, während er eine halbe Stunde davon

---

67 Das Beispiel ist (weitgehend wörtlich) übernommen aus *Schimmel*, Juristische Klausuren und Hausarbeiten richtig formulieren, 10. Aufl., München 2012, Rn. 11 und 12.

entfernt ebenso streng verboten war. Sagte ich: Mord? Natürlich Mord. Soldaten sind Mörder."[68]

Weitere Details zu den beiden Entscheidungen des BVerfG (BVerfG, 2 BvR 1423/92; BVerfG, NJW 1994, 2943 f. und BVerfGE 93, 266 = NJW 1995, 3303 ff.– *Soldaten I und II*) finden Sie bei *Gounalakis*, NJW 1996, 481 und *Stark*, JuS 1995, 689.

Ausgangsnormen sind das genannte *Tucholsky*-Zitat sowie die vereinfachten §§ 212, 211 StGB: „Jeder Mörder ist strafbar".

Sachverhalt: M ist Berufsoffizier.

Frage: Ist M strafbar?

Bringen Sie die nachfolgenden Sätze in die richtige Reihenfolge und überlegen Sie dabei, warum diese Technik, die man (jedenfalls in Gedanken) bei jedem Gutachten anwendet, als „Schachteln" bezeichnet werden kann. Kennzeichnen Sie außerdem bei jedem Satz, ob es sich um einen Obersatz, einen Untersatz oder einen Schlusssatz handelt.

☐ M ist strafbar.
☐ Demnach ist M Soldat.
☐ Alle Soldaten sind Mörder.
☐ M ist Berufsoffizier.
☐ Alle Berufsoffiziere sind Soldaten.
☐ Demnach ist M Mörder.
☐ (M ist Soldat.)
☐ Alle Mörder sind strafbar.
☐ (M ist Mörder.)

Betrachtet man die Lösung, dann wird deutlich, wie die einzelnen Antworten in der Weise miteinander verknüpft sind, dass man solange neue Fragen aufwerfen muss, bis man eine beantworten kann und diese Lösung (das Ergebnis des Schlusssatzes) wiederum als Antwort in die nächsthöhere Frage einsetzen kann usw.

---

68 Kurt Tucholsky unter dem Pseudonym „Ignaz Wrobel", Die Weltbühne, 4.8.1931, Nr. 31, S. 191.

Obersatz 1: Wenn jemand ein Mörder ist, ist er strafbar.
→ Ob M ein Mörder ist, kann noch nicht beantwortet werden. Deshalb:
　　Obersatz 2: Wenn jemand ein Soldat ist, ist er ein Mörder.
　　　　→ Ob M ein Soldat ist, kann noch nicht beantwortet werden. Deshalb:
　　　　Obersatz 3: Wenn jemand Berufsoffizier ist, ist er Soldat.
　　　　　　→ Subsumtion möglich. Deshalb:
　　　　　　Untersatz 3: M ist Berufsoffizier.
　　　　　　Schlusssatz 3: Damit ist M Soldat.
　　　　→ *Einsetzen in Obersatz 2:*
　　　　Untersatz 2: M ist Soldat.[69]
　　　　Schlusssatz 2: Deshalb ist M ein Mörder.
→ Einsetzen in Obersatz 1:
Untersatz 1: M ist ein Mörder.[70]
Schlusssatz 1: Damit ist M (als Mörder) strafbar.

Wenn Sie das System des „Schachtelns" von Syllogismen verstanden haben, können Sie ein Gutachten jedenfalls durchdenken bzw. (bis auf die Formulierungen, hierzu unten S. 49 ff.) auch schreiben.

Zur Verdeutlichung hier noch einmal die Arbeitsweise jedes Juristen beim Denken im Gutachtenstil:

Obersatz: Aussage, dass bei Vorliegen bestimmter Voraussetzungen bestimmte Rechtsfolgen eintreten werden. (**Klammer wird geöffnet**)

　　Untersatz (meist Untersätze, die ihrerseits wieder zu Unter-Obersätzen führen können): Unterordnung des konkreten Sachverhalts unter die abstrakte Norm bzw. (als Unter-Obersatz) Konkretisierung der Tatbestandsmerkmale, die vorzuliegen haben durch (gesetzliche) Definitionen, weiterführende Verweisungen, Wirknormen oder Aufgliederung des Obersatzes. (**Klammer wird gefüllt**)

　　Hierdurch ergibt sich der typische „Schachtelaufbau".

　　Konkretisierungen, Subsumtion, Verweisungen in Gesetzen etc. führen zu neuen Fragen, die wiederum beantwortet werden müssen, also sozusagen zu „Unter-Obersätzen", „Unter-Untersätzen" und „Unter-Schlussfolgerungen", die wie Schachteln oder Matrjoschka-Puppen ineinander gestapelt werden. Erst wenn die letzte Frage beantwortet ist, kann diese Antwort wieder in die nächste Subsumtion eingebaut werden und so weiter.

69　Die Verdopplung kann in einem „echten" Gutachten in der Ausformulierung weggelassen werden.
70　Die Verdopplung kann in einem „echten" Gutachten in der Ausformulierung weggelassen werden.

Schlusssatz: Immer wenn eine aufgeworfene Frage durch Subsumtion beantwortet ist, wird festgestellt, dass die Rechtsfolge eintritt oder nicht (je nach Ergebnis der Subsumtion). (**Klammer wird geschlossen**)

Wichtig ist, dass jede Klammer, die durch einen Obersatz geöffnet wird, wieder durch eine Schlussfolgerung geschlossen wird, da sonst die gestellte Frage nicht beantwortet ist. Das gilt natürlich erst recht, wenn auf den Obersatz lange Erörterungen eines juristischen Problems folgen. Gerade dann muss dem Leser am Ende zusammenfassend deutlich gemacht werden, ob das subsumierte Tatbestandsmerkmal nun vorliegt oder nicht.

Andererseits darf nirgends in einem Gutachten ein Ergebnis, eine Schlussfolgerung oder eine abstrakte Darstellung eines Problems stehen, wenn sie nicht durch einen Obersatz und dadurch eine konkrete Frage, auf die hier die Antwort gegeben wird, veranlasst wurde.

2. Erstellung einer Lösungsskizze

Am Anfang jeder Falllösung steht die Erstellung einer (schriftlichen) Lösungsskizze, in der das „Schachteln" gedanklich und nach Möglichkeit auch in der Darstellung vollzogen wird. An einem juristischen Fall sieht das Schachteln dann wie folgt aus:

Sachverhalt: In einer Vorlesung empfiehlt der Dozent ein Buch zur Methodenlehre und bietet an, für alle Interessen eine Sammelbestellung durchzuführen. Hierzu gibt er eine Bestellliste herum, in die sich alle Interessenten verbindlich eintragen sollen. Studentin S, die zu spät kommt, hat dies nicht mitbekommen und setzt unbesehen ihren Namen auf die Liste, da sie diese für die Anwesenheitsliste hält.

Fallfrage: Muss sie die vom Dozenten geforderten 17,95 € Kaufpreis bezahlen?

Schrittweise Lösungshinweise:
1. Schritt: Der Einstieg in die gutachterliche Prüfung erfolgt (v.a. im Zivilrecht, häufig etwas abgeändert auch im Öffentlichen Recht) über eine Frage, mit deren Hilfe man meist den Obersatz herausfinden kann. Diese lautet:

Wer will was von wem woraus?

Zur Illustration: Anna kauft beim Bäcker 2 Brezeln für 1,20 €.

Die Information lässt sich anhand der Frage in folgendes Schema eintragen:

Wer?	Anna	Bäcker	Anspruchsteller
Was?	Eigentum Brezeln	Geld	Anspruchsziel
Von Wem?	Bäcker	Anna	Anspruchsgegner
Woraus?	**§ 433 I 1 BGB**	**§ 433 II BGB**	**Anspruchsgrundlage**

→ Hieraus ergibt sich die **Anspruchsgrundlage**: immer nur mit dieser anfangen!

→ wenn gefunden, darunter Lebenssachverhalt subsumieren. Meistens braucht man dazu weitere Normen (Definitionen, manchmal bereits Wirknormen), ansonsten Argumente, Meinungsstreitigkeiten, Analogien, Rechtsgedanken etc., um die gestellte Frage beantworten zu können (hier kann man Wissen, Problembewusstsein und Argumentationstechnik zeigen).

Daraus ergibt sich, dass idealerweise in einem Obersatz Anspruchsteller, Anspruchsgegner, Anspruchsziel und Anspruchsgrundlage genannt werden sollten, also z.B. Anna könnte gegen den Bäcker einen Anspruch auf Übereignung der Brezeln aus § 433 Abs. 1 S. 1 BGB haben.

Füllen Sie doch gleich einmal für den Beispielsfall „falsche Unterschrift" das Schema aus! *i*
Die Lösung finden Sie im Lösungsteil (LÖSUNG 2, S. 194)!

Wer?	Anspruchsteller
Was?	Anspruchsziel
Von Wem?	Anspruchsgegner
Woraus?	Anspruchsgrundlage

2. Schritt: Ersten Obersatz für die Falllösung formulieren – dieser gibt das Prüfprogramm vor:

In unserem Fall ist die Anspruchsgrundlage für den Dozenten § 433 Abs. 1 BGB. Voraussetzung für einen Kaufpreisanspruch ist also, dass zwischen ihm und der Studentin ein wirksamer Kaufvertrag zustande gekommen ist.

3. Schritt: Schachteln für die Lösungsskizze:

OS 1: Anspruch, wenn Kaufvertrag

OS 2: Kaufvertrag, wenn zwei übereinstimmende Willenserklärungen, Angebot und Annahme

OS 3a: Angebot, wenn wirksame Willenserklärung (d.h. obj. und subj. Tatbestand erfüllt), die alle *essentialia negotii* enthält, so dass der andere nur noch „Ja" zu sagen braucht.

(P) Ist Liste ein Angebot?

US 3a:[71] auf Vertragsschluss gerichtet (= Rechtsbindungswille), geäußert (= obj. Tatbestand), subj. Tatbestand offensichtlich erfüllt, ess. neg. stehen auf der Liste

SS 3a: Angebot (+)

OS 3b: Annahme durch Studentin, wenn wirksame Willenserklärung, mit der Zustimmung zum Ausdruck gebracht wird.

OS 4[72] Wirksame Willenserklärung, wenn objektiver und subjektiver Tatbestand der Willenserklärung erfüllt.

OS 5a: Objektiver Tatbestand ist erfüllt, wenn Handlungswille, Rechtsbindungswille und Geschäftswille für objektiven Dritten erkennbar (äußerer Tatbestand).

US 5a: S unterschrieb auf der Liste, aus der Sicht eines objektiven Dritten Handlungswille, Rechtsbindungswille und Geschäftswille der S (+)

SS 5 a: Objektiver Tatbestand (+)

OS 5b: Subjektiver Tatbestand, wenn der von S objektiv erklärte Wille ihrem tatsächlichen Willen entspricht, also wenn Handlungsbewusstsein, Erklärungsbewusstsein und Geschäftswille (innerer Tatbestand).

US 5b: Handlungswille (+), Geschäftswille und Erklärungsbewusstsein (−)

Folge des fehlenden Erklärungsbewusstseins:[73]

---

71 Subsumtion kann hier sehr knapp gehalten werden, da die Liste offensichtlich die objektiven und subjektiven Tatbestandsmerkmale einer Willenserklärung beinhaltet und auf einen Vertragsschluss gerichtet ist.

72 Hier müssen Sie beim jetzt eigentlich zu erwartenden „Untersatz" etwas genauer ins Detail gehen und die Definition einer wirksamen Willenserklärung bemühen, da ja gerade nicht alles „glatt" gelaufen ist, sondern es gilt, ein juristisches Problem zu lösen. Der „Untersatz" erfordert damit einen weiteren geschachtelten Obersatz.

73 Hier begegnen Sie zum ersten Mal in der Falllösung einem juristischen „Problem". Der Meinungsstreit über die Auswirkungen des fehlenden Erklärungsbewusstseins dürfte Ihnen aus der Vorlesung bekannt sein und findet sich in jedem Lehrbuch, z.B. bei *Brox/Walker*, Allgemeiner Teil des BGB, 37. Aufl., München 2013, S. 167. Wichtig ist, hier die verschiedenen

e.A.: Willenstheorie/Subjektive Theorie: analoge Anwendung des § 118 BGB, Erklärungsbewusstsein ist notwendiger Bestandteil einer WE, daher WE der S (–)[74]

a.A.: Erklärungstheorie/Objektive Theorie: Erklärungsbewusstsein ≠ notwendiger Bestandteil der WE (es sei denn, der Empfänger hat vom fehlenden Erklärungsbewusstsein Kenntnis)[75]

Streitentscheid: Erklärungstheorie trägt der Schutzbedürftigkeit des Empfängers (Dozent) Rechnung, daher (+), Erklärungsbewusstsein ist nicht notwendiger Bestandteil der WE der S; S muss sich die WE zurechnen lassen.

SS 5b: Subjektiver Tatbestand der WE der S (+)

US 4: Objektiver und Subjektiver Tatbestand erfüllt.

SS 4: Wirksame WE der S, mit der Zustimmung zum Ausdruck gebracht wird (+)

US 3b: Wirksame Willenserklärung der S, mit der Zustimmung zum Ausdruck gebracht wird.

SS 3b: Annahme durch S (+)

US 2: Zwei übereinstimmende Willenserklärungen, Angebot und Annahme, (+)

SS 2: Kaufvertrag zwischen Dozent und S (+)

US 1: Kaufvertrag

SS 1: Anspruch (+)

Lösungsmöglichkeiten darzustellen und sich mit Argumenten für eine zu entscheiden. Genauer zur Darstellung eines Meinungsstreits unten S. 124 ff.

74 *Wertenbruch*, BGB Allgemeiner Teil, 2. Aufl., München 2012, S. 43, 46 f.; *Musielak/Hau*, Grundkurs BGB, 12. Aufl., München 2011, S. 29; *Jaensch*, Grundzüge des Bürgerlichen Rechts, 3. Aufl., Heidelberg 2012, S. 25.

75 *Brox/Walker*, Allgemeiner Teil des BGB, 37. Aufl., München 2013, S. 44; *Musielak/Hau*, Grundkurs BGB, 12. Aufl., München 2011, S. 29; *Rüthers/Stadler*, Allgemeiner Teil des BGB, 17. Aufl., München 2011, S. 139; *Jaensch*, Grundzüge des Bürgerlichen Rechts, 3. Aufl., Heidelberg 2012, S. 25.

So könnte das Schachtelmodell für den hier gezeigten Fall zum fehlenden Erklärungsbewusstsein in Teilen aussehen. Viele Obersätze sind ineinander geschachtelt, einige Schachteln sind auch bereits wieder geschlossen, andere müssen noch subsumiert oder noch geschlossen werden. Wenn Sie den ganzen Fall anhand des Schachtelmodells nachvollziehen wollen, finden Sie auf der folgenden Internetseite einen Film mit Erklärungen.

http://kompetenztraining-jura.martin-zwickel.de/schachteln1/

3. Übungsfälle

Erstellen Sie zu folgenden Fällen eine (geschachtelte) Lösungsskizze. Wenn Sie keinen Einstieg finden oder nicht weiterkommen, denken Sie immer daran, dass Sie sich mit der oben vorgestellten Frage (wer will was von wem woraus?) und Obersätzen, die die Voraussetzungen klar aufstellen, helfen können.
Die Lösungen finden Sie im Lösungsteil (LÖSUNG 3, S. 195)!

1. Die Abgeordnete A hat, wie alle anderen Abgeordneten der A-Partei, vor der Bundestagswahl gegenüber ihrer Partei eine schriftliche Erklärung mit folgendem Wortlaut abgegeben: „Für den Fall, dass ich als Bundestagsabgeordnete während der nächsten Legislaturperiode aus der A-Fraktion ausscheide, verpflichte ich mich, bereits jetzt auf mein Bundestagsmandat zu verzichten. Außerdem verpflichte ich mich, sollte ich aus der A-Fraktion ausscheiden oder die politische Arbeit innerhalb der Fraktion erschweren, die für mich aufgewendeten Wahlkampfkosten i.H.v. 30.000 € an die Partei zurückzuzahlen."
   Nachdem A während der Legislaturperiode feststellt, dass der Kurs der Fraktion immer weniger ihren politischen Grundüberzeugungen entspricht, verlässt sie die A-Fraktion.
   Kann die A-Partei durchsetzen, dass A ihr Mandat zurückgibt und an die Partei 30.000 € bezahlt?
2. Anton, der sein Jurastudium bereits im Dezember wieder aufgibt, möchte seine für teures Geld erworbene „grüne Bibel" (Strafrecht nach logisch-analytischer Methode) weiterverkaufen. Er hängt am 1.12. im Gebäude der juristischen Fakultät eine Annonce aus, dass er das Buch gegen Meistgebot verkaufe und sich Interessenten bis 15.12. bei ihm melden sollten. Katrin schreibt ihm hierauf noch am 1.12. eine E-Mail, dass sie an dem Buch interessiert sei und 1,50 € dafür zahlen werde. Anton ignoriert die Mail zunächst, da er noch auf höhere Angebote hofft. Als diese ausbleiben, schreibt er Katrin am 27.12., dass er bereit sei, ihr das Buch für 1,50 € zu überlassen. Katrin hat mittlerweile den „Wessels" zu Weihnach-

ten geschenkt bekommen und ist deshalb an dem Kauf nicht mehr interessiert.

Kann Anton von Katrin Bezahlung und Abnahme verlangen?

3. Tina hat keine Zeit, selbst zum Bäcker zu gehen, da sie sich dringend auf die Zwischenprüfung vorbereiten muss. Deshalb beauftragt sie ihre Mitbewohnerin Fritzi, ihr bei ihrem Stammbäcker „irgendetwas Süßes" mitzubringen. Diese geht zum Bäcker und sagt: „Ich soll für Tina zwei Nussschnecken kaufen."

Zwischen welchen Personen ist der Kaufvertrag zustande kommen?

4. Bei einem Bergwerksunglück wird der Bergmann B von der Zechenleitung als tot gemeldet. Seine Frau kauft für sich und die Familie Trauerkleidung im Wert von 2.000 €. Drei Tage danach wird B lebend geborgen.

Kann F den Kauf der Trauerkleidung rückgängig machen?

5. Rockerkönig Ricky besitzt eine zahme weiße Ratte, die er überallhin mitnimmt. Nach einem Konzert der „Roten Rosen" wird er netterweise von dem durch Schnorren zu Reichtum gekommenen Punk Paul in dessen Auto nach Nürnberg mitgenommen. In einem unbeobachteten Moment entwischt Ricky die Ratte aus der Jackentasche und beißt den Dackel Dani von Paul so kräftig in den Schwanz, dass dieser sofort zum Tierarzt gebracht werden muss, der trotz einer Notoperation Danis Leben nicht mehr retten kann.

Kann Paul von Ricky die Kosten für die Neuanschaffung eines gleichwertigen Dackels verlangen?

6. Die als eingetragener Verein (e. V.) organisierte Gruppe „Nacktwanderfreunde e. V." organisiert wie jedes Jahr den „Drei-Städte-Lauf", zu dem auch Mitglieder befreundeter Nacktwandervereine erwartet werden. Auf einer vorgegebenen Strecke erwandern die einzelnen Gruppen die drei großen Städte der Metropolregion, um sich abschließend zu einem sportlichen Abschlussfest in den im Eigentum der Stadt E stehenden Auwiesen zu treffen. Getreu des Mottos des Vereines werden alle Wanderer und Teilnehmer am Abschlussfest unbekleidet antreten. Die zuständige Behörde versagt dem „Nacktwanderfreunde e. V." die Genehmigung für die Veranstaltung mit der Begründung, dass „so ein Schweinskram" gegen die öffentliche Sicherheit und Ordnung verstoße.

Der Vorstand des Vereins fragt, ob der Verein wegen einer Grundrechtsverletzung in Karlsruhe klagebefugt ist.

7. A verabreicht B in Tötungsabsicht eine Dosis tödlich wirkendes Gift. Noch bevor jedoch die tödliche Wirkung des Giftes einsetzt, wird B von C erwürgt.

Bearbeitervermerk: Die Strafbarkeit von A und C sind zu prüfen.

V. Ausformulieren des Gutachtens

Die letzten Fragen, die wir zum Aufbau eines Gutachtens noch beantworten müssen, sind:
–   Wie bringe ich in der Klausur meine Gedanken so zu Papier, dass der logische Schachtelaufbau meiner Lösungsskizze nicht verloren geht?
–   Welche Formulierungen sollte ich verwenden?

1. Frage- und Antwortspiel im Satzbau

Wie formuliert man also im Gutachtenstil? Meist fällt dies am Anfang schwer, jedoch kann man sich gut „Textbausteine" zurechtlegen, die man in Klausuren verwenden kann.[76]

Die Art und Weise der Formulierung ergibt sich aus dem oben vorgestellten Frage- und Antwortspiel:[77]

Der **Obersatz** muss so formuliert werden, dass deutlich wird, dass man die Antwort noch nicht kennt, sondern nur eine Möglichkeit darstellt (eventuell im Konjunktiv).[78] Außerdem muss er unbedingt die **abstrakten Voraussetzungen** für die Beantwortung der gestellten Frage aufstellen. Ob man dabei die Wenn-Dann-Struktur der abstrakten Norm und der Fallfrage beibehält oder mehrere Sätze bildet, ist allein Geschmacksfrage, die Voraussetzungen müssen nur irgendwo auftauchen.

Im **Untersatz** kommt es darauf an, wie zweifelhaft oder diskussionsbedürftig die erörterte Frage ist. Unproblematisches im Urteilsstil. Diskussionsbedürftiges durch schrittweises Entwickeln.

Die **Schlussfolgerung** muss im **Urteilsstil** stehen, da es sich um die Antwort handelt. Deswegen Formulierung auf jeden Fall im Indikativ und wenn

---

76 Eine detaillierte Anleitung einschließlich Anregungen für die Erstellung eines „Vokabelheftes" findet sich bei *Schimmel*, Juristische Klausuren und Hausarbeiten richtig formulieren, 10. Aufl., München 2012.

77 *Tettinger/Mann*, Einführung in die juristische Arbeitstechnik, 4. Aufl., München 2009, S. 126 ff.; *Valerius*, Einführung in den Gutachtenstil, 3. Aufl., Berlin 2009, S. 10 ff.

78 Um dies zu unterstreichen, findet häufig der Konjunktiv Anwendung, vgl. *Franck*, JuS 2004, 174 ff.; *Schimmel*, Juristische Klausuren und Hausarbeiten richtig formulieren, 10. Aufl., München 2012, S. 31 f.; *Bringewat*, Klausuren schreiben leicht gemacht, 17. Aufl., Berlin 2010, S. 19; *Wieduwilt*, JuS 2010, 291; *Valerius*, Einführung in den Gutachtenstil, 3. Aufl., Berlin 2009, S. 13, obgleich er sprachlich nicht immer korrekt ist. Häufig wird angenommen, dass Gutachtenstil nur vorliegt, wenn man im Konjunktiv formuliert. Das stimmt so nicht. Streng genommen ist der Konjunktiv sogar falsch – A hätte ja nicht einen Anspruch, sondern hat einen Anspruch, wenn die Voraussetzungen vorliegen. Der Konjunktiv hat sich jedoch für den Obersatz eingebürgert. Grob falsch ist er dagegen im Schlusssatz!

nötig durch kausale Nebensätze abfassen! Ergebnis nicht durch „wohl" oder ähnliches in Frage stellen!

> **Beispiel:**[79] K und V schließen einen Kaufvertrag über ein Auto des V. Kann K verlangen, dass V ihr das Auto überlässt?
>
> **Obersatz:** K kann (könnte) gegen V einen Anspruch auf Übereignung und Übergabe des Buches aus § 433 Abs. 1 S. 1 BGB (*Anspruchsgrundlage*) haben. (*Wer bekommt was von wem woraus?*) Hierfür muss zwischen ihnen ein wirksamer Kaufvertrag geschlossen worden sein.[80]
>
> **Untersatz:** Zwischen ihnen wurde ein Kaufvertrag geschlossen. (*Subsumtion des Sachverhaltes*). Für Unwirksamkeitsgründe bestehen keine Anhaltspunkte.[81]
>
> **Schlussfolgerung:** Damit liegt ein wirksamer Kaufvertrag vor. (*Hier entbehrlich, da schon im Sachverhalt vorgegeben.*) Damit hat K gegen V einen Anspruch auf Übereignung und Übergabe des Buches aus § 433 I 1 BGB.

Zur Kontrolle: Wie würde derselbe Sachverhalt im Urteil aussehen?

> **Schlussfolgerung:** K hat gegen V einen Anspruch auf Übereignung und Übergabe des Buches aus § 433 Abs. 1 S. 1 BGB.
>
> „**Untersatz**": Zwischen K und V wurde ein Kaufvertrag geschlossen. Für Unwirksamkeitsgründe bestehen keine Anhaltspunkte.

2. Musterformulierungen und Textbausteine

Im Folgenden wollen wir Ihnen einige Formulierungsmuster vorschlagen, die Sie gerade am Anfang bei Übungsklausuren neben sich legen und als Hilfestellung einsetzen können. Zur Verwendung der juristischen Fachsprache finden Sie außerdem Anregungen und Übungen in Kapitel F (S. 129 ff.). Mit mehr Übung und im Laufe der Zeit werden Sie sich Ihre eigenen Formulierungen zurechtlegen. Wichtig ist, dass Sie dabei nie die Grundstruktur eines Gutachtens vergessen.

Übrigens: Juristendeutsch ist zwar nicht immer sehr poetisch, man sollte sich jedoch zumindest um grammatikalische Richtigkeit bemühen. Es muss

---

79 Das Beispiel ist an *Schimmel*, Juristische Klausuren und Hausarbeiten richtig formulieren, 10. Aufl., München 2012, S. 17, Rn. 40 ff. angelehnt.

80 Eine Alternative wäre, die beiden Obersätze zusammenzuziehen: K hat gegen V einen Anspruch auf Übereignung und Übergabe des Buches aus § 433 I 1 BGB, wenn zwischen ihnen ein wirksamer Kaufvertrag geschlossen wurde.

81 Dieser Satz ist entbehrlich, ist aber die „zu Ende gedachte" Subsumtion – K und V müssen sich ja nicht nur einigen, es dürfen auch keine Unwirksamkeitsgründe wie z.B. Geschäftsunfähigkeit, gesetzliche Verbote (§ 134 BGB) oder Sittenwidrigkeit (§ 138 BGB) vorliegen.

nicht abwechslungsreich sein! Wichtiger ist, dass Wortwahl und Satzbau den Leser logisch und stringent – und dort, wo argumentiert werden muss, auch überzeugend – durch die Falllösung führen.

a) Obersatz Zivilrecht – Anspruchsklausur

Grundmuster: *Ein Anspruch des <Anspruchstellers> gegen den <Anspruchsgegner> auf <Anspruchsziel> kann sich aus <Anspruchsgrundlage> ergeben. Dies ist dann der Fall, wenn <Voraussetzungen>.*[82]

Weitere Anspruchsgrundlagen (als neuer Gliederungspunkt nach Bejahung oder Ablehnung der ersten Anspruchsgrundlage) können z.B. folgendermaßen eingeleitet werden:
- *Zu denken ist weiterhin an…*
- *In Frage kommt weiter/ferner/schließlich…*
- *Zu prüfen bleibt noch ein Anspruch aus…*
- *Vertragliche Ansprüche scheiden damit aus. Der <Anspruchsteller> kann jedoch gegen <Anspruchsgegner> den <Anspruch auf…> geltend machen.*

b) Untersatz/Subsumtion

Grundmuster bei einfachen Sachverhalten oder an unproblematischen Stellen: Es genügt die Gleichsetzung mit den Angaben im Sachverhalt, z.B.: *Dazu müsste ein Mensch verletzt worden sein. R hat eine Platzwunde am Kopf und ist damit verletzt.*

Grundmuster bei schwierigen Sachverhalten: → langsames Heranführen durch Herausstellung des Problematischen

1. Schritt:

Bestimmung des Begriffes, unter den subsumiert werden soll, also entweder
- Definition aus Gesetz oder
- gelernte oder entwickelte Definition (d.h. Definitionen und Abgrenzungen müssen Sie beherrschen.)

---

[82] Eine weitere Formulierungsmöglichkeit finden Sie bei *Schimmel*, Juristische Klausuren und Hausarbeiten richtig formulieren, 10. Aufl., München 2012, Rn. 25; ebenso an konkreten Beispielen bei *Brox/Walker*, Allgemeiner Teil des BGB, 37. Aufl., München 2013, S. 362 f.; *Schwab/Löhnig*, Einführung in das Zivilrecht, 19. Aufl., Heidelberg 2013, S. 6.

! Exkurs: Wie finde ich eine Definition für den Untersatz?
1. Legaldefinition (→ sinnvoll kommentieren) – z.B. § 90 BGB „Sache"
2. Fiktionen (→ sinnvoll kommentieren) – z.B. Fiktion der Geburt nach § 1923 Abs. 2 BGB: „Wer zur Zeit des Erbfalls noch nicht lebte, aber bereits gezeugt war, gilt als vor dem Erbfall geboren."
3. Definitionen aus der Rechtsprechung/Rechtswissenschaft (Lernen!) – z.B. Definition von „Beruf" im Schutzbereich des Art. 12 Abs. 1 GG nach der Rechtsprechung des BVerfG[83]
4. Selbstdefinieren aus Sinn und Zweck der Vorschrift – Heranziehen von Auslegungsmethoden (siehe Kapitel E.II.1a), S. 119 ff.)

Grundmuster: *Unter <Tatbestandsmerkmal> versteht man/Ein <Tatbestandsmerkmal> liegt vor/<Tatbestandsmerkmal> ist...*

Dies müssen Sie in irgendeiner Form belegen, entweder durch Gesetzeszitate (*nach/gemäß/entsprechend <Norm> bedeutet*) oder durch eine Herleitung. Allein die Berufung auf herrschende Rechtsprechung/Höchstgerichte/h.M. ersetzt nicht die Herleitung!

2. Schritt:
Benennen der in Frage kommenden Sachverhaltsteile
Grundmuster:
– wenn unproblematisch: *Dies liegt hier (in Form von) vor/ist gegeben durch/<Sachverhaltsangabe> ist ein <Tatbestandsmerkmal>.*
– wenn problematisch: *Ein <Tatbestandsmerkmal> könnte hier <Sachverhaltsangabe> darstellen/Als <TBM> kommt hier (eventuell) <SVA> in Betracht...*

→ jetzt kommt die Argumentation: entweder gleich als Begründung oder indem man einleitet mit: *Das könnte hier zweifelhaft/problematisch sein, weil...*

c) Schlusssatz
Ergebnis in einem Satz darstellen und nicht mehr in Frage stellen.
Grundmuster: *Folglich/Daher/Deshalb/Somit liegt ein <Tatbestandsmerkmal> (nicht) vor bzw. ist ein Anspruch aus <Anspruchsgrundlage> (nicht) gegeben.*

---

83 Unter Beruf versteht man jede auf Dauer angelegte Tätigkeit, die der Schaffung und Erhaltung der Lebensgrundlage dient. (vgl. BVerfGE 7, 377 (397 ff.); 102, 197 (212); 105, 252 (265); 111, 10 (28).

3. Weitere Formulierungshilfen und -vorschläge

a) Zivilrecht

Äußere Gliederung: Alle in Frage kommenden Anspruchsgrundlagen nacheinander abhandeln (vgl. Schemata, Kapitel D, S. 90) und durch Überschriften auf den Prüfungsinhalt hinweisen, z.B.:

I. A gegen B auf Herausgabe des Fahrzeugs

II. B gegen A auf Zahlung des Kaufpreises aus <Norm>

Einleitung:

> A könnte einen Anspruch (auf Herausgabe) haben aus <Norm>. Dazu müsste zunächst ein wirksamer Kaufvertrag vorliegen/Das ist der Fall, wenn/Hierfür müsste eine Vindikationslage i.S.v. §§ 985, 986 BGB vorliegen/Zu prüfen ist, ob...

Bei unproblematischen Tatbestandsmerkmalen: In einem Satz Voraussetzung(en) abstrakt darstellen („Norm abschreiben"). Im zweiten Satz Sachverhalt darunter subsumieren. Das genügt völlig, längere Ausführungen sind verfehlt.

> 1. Satz: Dazu müsste ein Vertrag vorliegen. Dieser besteht aus.../Ein Vertrag kommt zustande durch/Unter Sachmangel versteht man.../Eigenschaft einer Person nach § 119 Abs. 2 BGB ist...
>
> 2. Satz: Dies ist durch Gespräch am Montag erfolgt./Das Angebot lag in ..., die Annahme in .../Das Fahrzeug weicht aufgrund von ... von der vertragsmäßigen Beschaffenheit ab und ist damit mangelhaft/Vertrauenswürdigkeit fällt hierunter...
>
> Eventuell 3. Satz: Deshalb .../Dadurch .../A ist damit .../A hat so.../Arglist liegt also vor...

Ist ein Tatbestandsmerkmal problematisch **oder umstritten**, wird in einem ersten Satz das Problem kurz dargestellt:

> Fraglich ist hier, was unter Arglist zu verstehen ist/Problematisch ist, ob der Vertrag wegen ... unwirksam ist./Es stellt sich die Frage, wie sich ... auf ... auswirkt/Strittig ist, ob ... eine ... i.S.v. <Norm > ist./A könnte .../A müsste ...

Danach müssen die verschiedenen Möglichkeiten und Argumente diskutiert werden. Hier ist „normaler" Aufsatzstil möglich, aber nicht zu langatmig! Schließlich entscheidet man sich für eine Lösung (mit Begründung) [näheres hierzu auf S. 124 ff., Darstellung von Meinungsstreits]:

> Aus diesem Grund ist hier ... erfüllt/Deshalb kann keine Arglist angenommen werden/ Also muss man von ... ausgehen.

Achtung: Jede aufgeworfene Frage muss auch beantwortet werden, letztlich gibt es zu jedem Unterpunkt eine Zwischenlösung. Am Ende der Prüfung einer Anspruchsgrundlage sollte das Ergebnis nochmals zusammengefasst werden:

> A kann also Herausgabe verlangen./Deshalb ist hier eine Anfechtung nicht möglich etc.

b) Strafrecht

Grundsätzlich gelten die gleichen Formulierungen. Auf einige Besonderheiten soll dennoch eingegangen werden.

Einleitung:

Eine gute Überschrift nennt bereits Täter, zu prüfenden Straftatbestand und einschlägige Norm, z.B.:

> „I. Strafbarkeit des S wegen Diebstahls nach § 242 Abs. 1 StGB"

Danach ist kurz in einem Satz darzustellen, bezüglich welchen Verhaltens die **Strafbarkeit** geprüft wird:

> Indem S der A das Buch wegnahm, könnte er sich wegen Diebstahls nach § 242 StGB strafbar gemacht haben./... des Diebstahls schuldig gemacht haben.

Jetzt den Tatbestand **aufgliedern** (Überschriften!) in „1. Objektiven und Subjektiven Tatbestand", „2. Rechtswidrigkeit" und „3. Schuld". Einleitung wie oben:

> Dazu müsste .../Es muss ... vorliegen, das ist dann der Fall, wenn etc./R könnte durch ... gerechtfertigt sein.

Wichtig ist hier, jedes **Tatbestandsmerkmal genau zu definieren**, also z.B.:

> „Vorsatz ist die Verwirklichung des objektiven Tatbestandes mit Wissen und Wollen./ Unter Körperverletzung versteht man..."

Unproblematisches kurz im Urteilsstil feststellen:

> Indem A dem B eine blutige Nase schlug, hat er ihn körperlich misshandelt und damit den objektiven Tatbestand der Körperverletzung erfüllt.

Für Rechtfertigung und Schuld genügt ein Satz, wenn keine Rechtfertigungs-, Entschuldigungs- und Schuldausschließungsgründe vorliegen:

> Rechtfertigungsgründe sind nicht ersichtlich, R hat damit auch rechtswidrig gehandelt./ P hat mangels Entschuldigungsgründen schuldhaft gehandelt.

Streitfragen sind wie oben für das Zivilrecht dargestellt zu behandeln. Immer erst das Problem benennen, bevor man sich an gelernte Lösungen erinnert. Und immer überlegen, ob der Fall überhaupt dem Standardfall entspricht. Gerade im Strafrecht lässt man sich leicht von Stichpunkten und „ähnlichen Fällen" verleiten!
Am **Ende** zusammenfassen:

> A ist deshalb wegen Diebstahls strafbar./Eine Strafbarkeit des A wegen ... entfällt damit./A hat sich nicht des ... schuldig gemacht.

c) Verfassungs- und Verwaltungsrecht

Auch im öffentlichen Recht bleibt es selbstverständlich bei den erwähnten Formulierungen des Gutachtenstils. Neben dem Standard-Einleitungssatz, sofern nach den Erfolgsaussichten einer Klage gefragt ist („Die Klage hat Aussicht auf Erfolg, wenn sie zulässig und begründet ist."), gelten folgende Besonderheiten:
–   Zulässigkeitsprüfung
    Hier ist häufig eine Feststellung im Urteilsstil zulässig und möglich, so z.B. bei der Zuständigkeit eines Gerichts („Das XY-Gericht ist gem. ... für ... zuständig") oder bei der Antragsberechtigung/Beteiligtenfähigkeit/Prozessfähigkeit („Der Bundespräsident ist gem. Art. ... GG richtiger Antragsteller."). In Gedanken bzw. wenn es problematisch wird, v.a. regelmäßig bei der Antragsbefugnis, ist selbstverständlich dennoch im klassischen Dreischritt des Gutachtenstils zu schreiben und zu denken.
–   Begründetheitsprüfung/Prüfung der Rechtmäßigkeit staatlichen Handelns
    Regelmäßig ist ein Obersatz der Begründetheitsprüfung eines gerichtlichen Verfahrens zu formulieren. Dieser gibt das Prüfprogramm für den Großteil der Klausur vor. Im Verfassungsprozessrecht lässt er sich eigentlich immer nach folgendem Muster formulieren:
    Die Klage/der Antrag/die Beschwerde ist begründet, wenn <Antragssteller> durch <Antragsgegenstand> (bei kontradiktorischen Verfahren: des Antragsgegners) in seinen Rechten (<Antragsbefugnis>) verletzt ist oder (soweit es sich um die objektive Beanstandung einer Norm handelt) wenn <Antragsgegenstand> gegen Normen des Grundgesetzes verstößt.

4. Übungen zur Formulierung

Zunächst dürfen wir Sie beglückwünschen: Sie haben jetzt bereits alle theoretischen Grundlagen gelernt, die Sie für das Schreiben eines juristischen Gutachtens brauchen.

Zu Beginn dieses Buchs hatten wir Ihnen versprochen, dass Sie Gelegenheit zum Üben haben werden. Dieses Versprechen wollen wir natürlich halten. Sie werden jetzt Ihre Kenntnisse des Gutachtenstils an kleinen Fällen ausprobieren können. Zu Beginn ist das Schreiben eines Gutachtens relativ mühsam. Lassen Sie sich nicht entmutigen!

i Formulieren Sie Gutachten zu den oben (S. 47) erstellten Lösungsskizzen (der Lerneffekt ist geringer, wenn Sie die Musterlösung für die Lösungsskizzen aus dem Anhang ausformulieren!). Achten Sie insbesondere darauf, dass Sie saubere Obersätze aufstellen, die alle Voraussetzungen beinhalten und dass Sie bei der Subsumtion mit dem Sachverhalt arbeiten.

Lösungsvorschläge können Sie den Lösungen 3 (S. 194) entnehmen.

VI. Vertiefung zur Gutachtentechnik

In den vorstehenden Kapiteln haben wir versucht, Ihnen das Rüstzeug für die gutachterliche Klausurlösung mitzugeben. Zum Abschluss wollen wir Ihnen noch einige Anregungen zur Vertiefung mitgeben und Sie zum Nachdenken über „Fehler" bei der Anwendung der Gutachtentechnik anregen.

1. Gliederung und Formulierung

In diesem Abschnitt wollen wir die in den vorstehenden Abschnitten gelernten Techniken zusammenführen, so dass – wie in Ihrer Klausur auch – am Ende eine richtig gegliederte und ausformulierte Falllösung steht.

Manche der in unserem Übungsfall verwendeten Normen sind Ihnen möglicherweise noch unbekannt. Lesen Sie trotzdem (bzw. gerade deshalb) im Gesetz und versuchen Sie zu verstehen, wonach gerade gesucht ist (was also Ihr Obersatz wäre) und wo im Sachverhalt sich die gesuchte Information findet (was also in den Untersatz gehört).

Sachverhalt

Kuno Knickebein (K) benötigt für seine Geburtstagsfeier noch einige Kisten Wein. Da er ohnehin im Vorbereitungsstress steckt und er sich vor kurzem mit seinem Stammweinhändler überworfen hat, entsinnt er sich des Tipps eines Freundes. Dieser hatte ihm geraten, den Wein über das Internet zu bestellen und ihm eine seiner Meinung nach gute Adresse genannt.

Kuno besucht die Seite im Internet und wird fündig. Er bestellt am 6.11. über die Internetseite einige Kisten „98er Klöbener Krötenfuhl". Schon kurz darauf erhält er eine Mail von Paola Palhuber (P), der Betreiberin des Internetshops, in der sie Kuno für die Bestellung dankt und umgehenden Versand zusagt. Die Mail enthält auch alle notwendigen Belehrungen und Informationen zu Kunos Bestellung.

Der Wein wird umgehend am 9.11. geliefert. Nachdem jedoch fast alle geladenen Gäste abgesagt hatten und K enttäuscht beschließt, nunmehr auf eine Feier gänzlich zu verzichten, reut ihn der Kauf des Weines. Er schreibt am 20.11. eine Mail an P und teilt ihr mit, dass er den Wein nicht mehr benötige und ihn zurückschicken werde.

P fragt sich, ob sie dennoch von K Zahlung des Kaufpreises verlangen kann.

Aufgabe: Lesen Sie zunächst den Sachverhalt und nähern Sie sich anhand der unten stehenden Fragen der Lösung:

Wonach ist gefragt?
- ☐ Anspruch des K gegen P auf Lieferung des Weines aus § 433 Abs. 1 BGB
- ☐ Rücktrittsmöglichkeiten des K
- ☐ Anspruch der P gegen K auf Zahlung des Kaufpreises aus § 433 Abs. 2 BGB
- ☐ Widerrufsmöglichkeiten der P

Da nach einem Anspruch gefragt ist, können Sie sich am Grundschema einer Anspruchsklausur im Zivilrecht orientieren (vgl. Schemata, S. 94): Anspruch entstanden – Anspruch erloschen – Anspruch durchsetzbar.

Der Anspruch ist entstanden, wenn zwischen K und P ein wirksamer Kaufvertrag zustande gekommen ist, also zwei übereinstimmende Willenserklärungen vorliegen und keine rechtshindernden Einwendungen bestehen.

Da K der P erklärt hat, dass er die Weinbestellung rückgängig machen wolle, muss man sich also v.a. überlegen, ob es (Gestaltungs-)Rechte des K gibt, die ihm die Rückabwicklung des Kaufes ermöglichen. Besteht ein solches Gestaltungsrecht und hat es K durch die Mail vom 20.11. ausgeübt, so ist der Anspruch der P erloschen.

Machen Sie sich in Ihrem BGB auf die Suche nach Gestaltungsrechten, die hier für K in Betracht kommen könnten. (Lesen!)

Mit welchem Gestaltungsrecht kann K den Vertrag mit P eventuell rückgängig machen?

☐ Anfechtung nach §§ 142, 119 BGB
☐ Rücktritt nach § 323 BGB
☐ Widerruf nach §§ 355, 312d BGB
☐ Vertragliches Rückgaberecht

Jetzt haben Sie eine grobe Struktur im Kopf, wie der Fall zu lösen sein könnte. Wir zeigen Ihnen nun, wie die genannten Schemata und Normen ineinandergreifen und wie eine schematische (gutachterliche) „Abarbeitung" Sie zur Lösung dieses Falles führt.

_i_ Lesen Sie sich nun die Normen durch und notieren Sie, welche Voraussetzungen für einen Widerruf eines Fernabsatzgeschäfts erfüllt sein müssen. Überlegen Sie auch, an welcher Stelle diese Informationen im Sachverhalt gegeben werden. Sie können sich hierzu auch Notizen auf einem Konzeptpapier, im Sachverhalt oder hier machen.

In einer Video-Animation unter dem untenstehenden Link sehen Sie, wie der Fall schematisch abläuft und wie die Scharniere ineinandergreifen. Dabei lassen sich die einzelnen Wege vom Obersatz über die Subsumtion bis zum Ergebnis „nachverfolgen" und man sieht auch, wie Schemata zur Strukturierung der Voraussetzungen beitragen.

---

i http://kompetenztraining-jura.martin-zwickel.de/schachteln/

_i_ Versuchen Sie nun, anhand dieses Schemas und mit Hilfe des Gesetzes eine **Lösungsskizze** auf einem Konzeptpapier zu erstellen. Der Fall enthält keinerlei juristische Probleme und ist damit eher untypisch für einen echten Klausurfall. Allerdings zeigt er sehr gut, wie man die einzelnen Voraussetzungen ineinander „schachteln" muss und immer dort, wo sich in der schematischen Abbildung ein Punkt befindet, mit einem Schlusssatz das Ergebnis feststellen muss, das dann in den nächsthöheren Obersatz eingesetzt werden kann.

Wenn Sie möchten, können Sie den Fall anschließend noch **ausformulieren**, um Ihre Formulierung mit unserem Lösungsvorschlag vergleichen zu können.

Alternativ können Sie die nachstehenden ausformulierten Sätze des Gutachtens in die **richtige Reihenfolge** bringen. Das geht am einfachsten, wenn Sie sich immer überlegen, ob es sich um einen Obersatz, einen Untersatz mit Definition, einen Untersatz mit Subsumtion oder um einen Schlusssatz handelt.

→ Einen Lösungsvorschlag finden Sie im Lösungsteil (LÖSUNG 4, S. 209)

– Das Widerrufsrecht könnte ausgeschlossen sein, wenn ein in § 312b III BGB genannter Vertrag vorliegt. Es könnte sich bei dem Kaufvertrag um ein Vertrag im Sinne von § 312b III Nr. 6 BGB handeln, wenn die Bestellung des Weins ein Vertrag über die Lieferung von Lebensmitteln oder Getränken ist, die am Wohnsitz, am Aufenthaltsort oder am Arbeitsplatz eines Verbrauchers von Unternehmern im Rahmen häufiger und regelmäßiger Fahrten geliefert werden.

– Der Anspruch ist entstanden, wenn K und P einen wirksamen Kaufvertrag geschlossen haben und diesem keine rechtshindernden Einreden entgegenstehen.

– P betreibt einen Internetshop als Gewerbe.

– Dazu müsste ein Anfechtungsgrund nach §§ 119 ff. BGB gegeben sein.

– P könnte gegen K einen Anspruch auf Zahlung des Kaufpreises gem. § 433 II BGB haben.

– Dieser Anspruch müsste wirksam entstanden sein, (dürfte nicht erloschen sein und muss durchsetzbar sein).

– Dem Kaufvertrag dürften weiterhin keine rechtshindernden Einreden entgegenstehen. Der Kaufvertrag wäre gem. § 142 BGB ex tunc nichtig, wenn K ihn wirksam angefochten hätte.

– K hat es sich bzgl. des Weins lediglich anders überlegt. Er unterlag einem Motivirrtum.

– Ein Kaufvertrag entsteht durch Einigung. Eine Einigung kommt durch Angebot und Annahme zustande.

– Damit ist der Anspruch entstanden.

– Daher war P Unternehmer.

– Der Anspruch könnte erloschen sein.

– Die Dauer der Frist beträgt gem. § 355 II 1 BGB 14 Tage. Ausnahmen nach § 355 II 3 und IV BGB liegen nicht vor.

– Dazu müsste K zunächst ein Recht zum Widerruf gehabt haben.

- K ist gem. § 13 BGB ein Verbraucher, wenn er eine natürliche Person ist und das Rechtsgeschäft zu einem Zwecke abgeschlossen hat, der weder seiner gewerblichen noch selbständigen beruflichen Tätigkeit zugerechnet werden kann.

- Ein Kaufvertrag wurde geschlossen.

- Eine Willenserklärung erfolgt in Textform gem. § 126b BGB, wenn sie in einer Urkunde oder auf andere zur dauerhaften Wiedergabe in Schriftzeichen geeignete Weise abgegeben, die Person des Erklärenden genannt und der Abschluss der Erklärung durch Nachbildung der Namensunterschrift oder anders erkennbar gemacht wird.

- K ist eine natürliche Person. Der Kauf diente seinem Hobby und nicht einer beruflichen Tätigkeit.

- Daher ist K Verbraucher.

- Der Anspruch ist erloschen, wenn der Vertrag wirksam gem. § 346, 357, 355 II 1 BGB widerrufen wurde.

- K ist Verbraucher.

- Bei einem Motivirrtum besteht kein Anfechtungsrecht.

- P ist Unternehmer, wenn sie bei Abschluss eines Rechtsgeschäfts in Ausübung ihrer gewerblichen oder selbständigen beruflichen Tätigkeit handelte (§ 14 BGB).

- Nach § 312d BGB hat K ein Widerrufsrecht, wenn K ein Verbraucher war und der Vertrag ein Fernabsatzgeschäft war.

- Unter Fernkommunikationsmitteln versteht man Kommunikationsmittel, die zur Anbahnung oder zum Abschluss eines Vertrags zwischen einem Verbraucher und einem Unternehmer ohne gleichzeitige körperliche Anwesenheit der Vertragsparteien eingesetzt werden können, insbesondere Briefe, Kataloge, Telefonanrufe, Telekopien, E-Mails sowie Rundfunk, Tele- und Mediendienste (§ 312b II BGB).

- Damit ist der Vertrag nicht nichtig. Weitere Unwirksamkeitsgründe sind nicht ersichtlich.

- K und P haben den Vertrag ausschließlich per E-Mail geschlossen.

- Grundsätzlich liegt somit ein Fernabsatzvertrag vor.

- Die Bestellung auf der Homepage ist ein Angebot. Die Auftragsbestätigung ist eine Annahme.

– Gem. § 312b BGB handelt es sich dann um ein Fernabsatzgeschäft, wenn ein Vertrag über die Lieferung von Waren oder über die Erbringung von Dienstleistungen zwischen einem Unternehmer und einem Verbraucher unter ausschließlicher Verwendung von Fernkommunikationsmitteln abgeschlossen wird, es sei denn, dass der Vertragsschluss nicht im Rahmen eines für den Fernabsatz organisierten Vertriebs- oder Dienstleistungssystems erfolgt.

– Der Widerruf müsste fristgerecht erklärt worden sein (§ 355 I, II BGB). Am 20.11. dürfte also die Frist noch nicht abgelaufen sein. Die Frist ist abgelaufen, wenn sie in Gang gesetzt wurde und am 20.11. bereits verstrichen war.

– Bei dem Wein handelt es sich um Getränke. Die Auslegung ergibt aber, dass Nr. 5 auf Sachverhalte abzielt, bei denen die Regelmäßigkeit und Häufigkeit derart im Vordergrund steht, dass ein Schutz durch die Regelungen des Fernabsatzgeschäftes nicht notwendig ist (daher auch „Pizza-Klausel" bzw. „Bofrost-Klausel"). Hier handelt es sich nicht um einen solchen Fall.

– Damit begann die Frist gem. § 187 I BGB am 10.11. zu laufen.

– K hat somit den Vertrag widerrufen.

– Der Vertrag ist auch im Rahmen eines für den Fernabsatz organisierten Vertriebs- oder Dienstleistungssystems erfolgt, da P einen Internetshop betreibt.

– Daher ist kein Fall der Nr. 5 gegeben. Das Widerrufsrecht ist nicht ausgeschlossen.

– Das Widerrufsrecht ist auch nicht wegen § 312d III u. IV BGB ausgeschlossen.

– Damit stand K ein Widerrufsrecht im Sinne von § 355 I BGB zu.

– K hat die E-Mail am 20.11. abgesendet.

– Die E-Mail erfüllt diese Voraussetzungen und gibt klar zu erkennen, dass der K an den Vertrag nicht mehr gebunden sein möchte (§ 133 BGB).

– Damit wurde ein Widerruf formgerecht erklärt.

– P hat keinen Anspruch auf Kaufpreiszahlung.

– Die Frist beginnt gem. 355 III 1 BGB mit dem Zeitpunkt, zu dem dem Verbraucher eine deutlich gestaltete Belehrung über sein Widerrufsrecht, die ihm entsprechend den Erfordernissen des eingesetzten Kommunikationsmittels seine Rechte deutlich macht, in Textform mitgeteilt worden ist.

– Die Frist wurde gewahrt.

– Der Widerruf muss auch wirksam erklärt worden sein. Der Widerruf ist in Textform gegenüber dem Unternehmer zu erklären (§ 355 I BGB).

– K hat eine ordnungsgemäße Belehrung am 6.11. erhalten.

– Der Anspruch ist daher erloschen.

– Gem. § 312d II BGB beginnt die Widerrufsfrist aber abweichend von § 355 II 1 BGB bei der Lieferung von Waren nicht vor dem Tage ihres Eingangs beim Empfänger. Der Wein ist am 9.11. dem K geliefert worden.

– Damit liefe die Frist gem. § 188 I BGB am 23.11. ab.

– Zur Fristwahrung genügt laut § 355 I 2 2. Hs. BGB die rechtzeitige Absendung.

– Daher ist der Kauf unter ausschließlicher Verwendung von Fernkommunikationsmitteln geschlossen worden.

– Damit wurde der Widerruf rechtzeitig erklärt.

– Der Widerruf war somit wirksam und fristgerecht.

– Damit würde die Frist ab diesem Zeitpunkt laufen.

---

2. Subsumtion und juristische Argumentation

Alles, was bis jetzt dargestellt wurde, hat noch nichts mit eigentlicher juristischer Argumentation zu tun, mit dem, womit Anwälte, Richter etc. ihr Geld verdienen und worauf es in Klausuren den Hauptteil der Punkte gibt. Für eine gute Arbeit muss man trennen zwischen bloßer „Subsumtionsautomatik", also dem Auffinden der richtigen Anspruchsgrundlage bzw. Norm, dem Zuordnen der genannten Tatbestandsmerkmale, dem Prüfen von Gegennormen, Erlöschenstatbeständen und Durchsetzbarkeitshindernissen einerseits, der juristischen Logik,[84] und echter juristischer Arbeit, also dem Lösen von Problemen, die sich daraus ergeben, dass einzelne Tatbestandsmerkmale nicht eindeutig erfüllt sind sowie der Argumentation andererseits. Während der erste Teil die Struktur vorgibt, ist der zweite Teil das, was einen guten Juristen ausmacht. Andererseits darf man innerhalb der Subsumtionsautomatik nicht argumentieren, sondern muss einfach sauber „runtersubsumieren". Subsumieren bedeutet also die bloße Feststellung, dass der Tatbestand der Norm mit der Realität übereinstimmt, so dass die Rechtsfolge eintreten kann. Ist diese Feststellung aus den nachfolgend genannten Gründen nicht ohne weiteres möglich, so beginnt die juristi-

---

[84] Hierzu und zum Zusammenhang mit der Begriffsjurisprudenz Mitte des 19. Jh. *Braun*, Einführung in die Rechtswissenschaft, 4. Aufl., Tübingen 2011, S. 368–373.

sche bzw. rechtswissenschaftliche Argumentation als Teil des juristischen Denkens.[85]

Zweifelsfälle, die juristische Arbeit erfordern, liegen z.B. in folgenden Fällen vor:

- Die tatsächlichen Angaben sind nicht eindeutig, eine Aussage im Sachverhalt muss z.B. ausgelegt werden, da keine juristische Terminologie verwendet wird. (A sagt: „Ich möchte am Vertrag nicht mehr festhalten.", statt „Ich fechte den Vertrag an.").
- Das Gesetz weist Lücken, Unklarheiten, mehrdeutige Begriffe auf, so dass eine Auslegung erforderlich wird.
- Die gesetzliche Regelung passt vom Wortlaut bzw. vom Regelungszweck nicht (genau) auf den dargestellten Sachverhalt oder muss durch ungeschriebene Tatbestandsmerkmale sinngemäß ergänzt werden (z.B. verbietet eine Vorschrift das Mitführen von Taschen, im konkreten Fall wird jedoch ein Rucksack mitgebracht).
- Einzelne Merkmale sind umstritten oder es sind mehrere Ansichten dazu denkbar.

Als Faustregel kann gelten: Es ist immer dann ein „Problem", wenn eine Rechtsfrage mehr als eine mögliche Antwort zulässt. In der Regel werden sich in Ihren Klausuren und Hausarbeiten mehrere solcher Probleme finden – halten Sie also immer Ausschau danach, ob der geschilderte Sachverhalt wirklich so zweifelsfrei subsumierbar ist, wie Sie auf den ersten Blick denken. Ist es der Fall, sollten Sie nicht viel Zeit mit diesem Tatbestandsmerkmal verschwenden. Liegt dagegen ein Problem vor, sollten Sie einige Zeit in dessen Lösung stecken und Ihren Lösungsweg in der Prüfungsarbeit darstellen, bevor Sie zu einem Ergebnis kommen.

Wie Sie juristische Argumente finden und juristisch argumentieren, erfahren Sie in Teil E.II., S. 118 ff.!

---

3. Typische Fehler im Gutachten – und wie man sie vermeiden kann

Sie sind jetzt schon fast ein Experte für das Verfassen von Gutachten – jedenfalls wissen Sie, worauf man achten muss und was Sie üben müssen. Im Folgenden finden Sie nun eine Zusammenstellung der 10 häufigsten Fehler in Gutachten – und einige Tipps, wie Sie sie vermeiden können.

---

85 Vgl. auch *Muthorst*, Grundlagen der Rechtswissenschaft, München 2011, S. 30 zur Rechtswissenschaft als Beruf im Gegensatz zur bloßen Rechtskunde.

1. **Abstrakte Abhandlungen** losgelöst von der konkreten Fragestellung! Oder, noch schlimmer, komplette „Besinnungsaufsätze" zu allgemeinen (im besten Fall juristischen) Themen oder lehrbuchartige Ausführungen zu Problemstellungen, Rechtsprechung etc.

   → *Abhilfe:* streng nach Gutachtenstil arbeiten, am Gesetz arbeiten, im Geiste immer überprüfen, ob das, was man sagen will, durch die aufgeworfene Frage veranlasst ist und zur Antwort beiträgt. Sich den Mandanten vorstellen, der eine konkrete Frage beantwortet haben möchte.

2. **Keine Arbeit mit dem Gesetz** – fehlende Gesetzeszitate, allgemeine Aussagen ohne zu sagen, dass das genau im Gesetz geregelt ist, keine Angabe, woraus sich das ergibt.

   → *Abhilfe*: immer Gesetze aufschlagen und lesen (auch § 433 BGB!), immer genau zitieren, das kostet kaum Zeit. Keine Gesetzestexte auswendig lernen, sondern sich beim Lernen merken, wo was steht und was im Gesetz steht, d.h. mit aufgeschlagenem Gesetz lernen und dieses lesen!

3. Für die Falllösung **irrelevante Aussagen** werden niedergeschrieben, um zu zeigen, dass man jedenfalls das weiß.

   → *Abhilfe*: sh. bereits 1. Wenn man das Gefühl hat, dass es angesprochen werden muss, aber man es nicht unterbringt, erst einmal Lösung auf Fehler oder Lücken überprüfen; wenn man keine findet, notfalls Hilfsgutachten. Dies gilt aber nur, wenn die Problematik wirklich im Sachverhalt angesprochen ist.

4. Verwenden des **Urteilsstils**, d.h. Ergebnis vorneweg (Kontrolle: „ja, weil" statt „dann, wenn").

   → *Abhilfe*: saubere Lösungsskizze erstellen, Sätze umdrehen, mit indirekter Frage/Problemaufriss anfangen.

5. Verschiedene **Prüfungsstufen** werden **vermischt**! (Z. B. „Der Vertrag kann schon nicht zustande gekommen sein, wenn er widerrufen wurde.")

   → *Abhilfe*: Prüfungsschemata lernen und üben. Sich vergegenwärtigen, auf welcher Stufe man sich gerade befindet und ob das erkannte Problem hier eine Rolle spielen kann.

6. Nach langen, verschachtelten Prüfungen zu einer Einzelfrage wird nicht dargestellt, zu welchem **Ergebnis** die Prüfung führt. Genau wegen des Ergebnisses findet aber die Prüfung statt: Am Ende soll die am Anfang aufgeworfene Frage beantwortet werden. Ein ähnliches Problem sind Zirkelschlüsse und falsche Schlussfolgerungen.

   → *Abhilfe*: Klar gliedern (v.a. die Gedanken) und sich angewöhnen, sklavisch am Ende ein Ergebnis hinzuschreiben, auch wenn die Prüfung nur kurz war. Mut zur Entscheidung!

7. **Unjuristisches Argumentieren!**

→ *Abhilfe*: gerade am Anfang eng mit Wortlaut, Systematik des Gesetzes sowie aus der Vorlesung, Büchern etc. gelernten Argumenten arbeiten. Ausformulierte Falllösungen in Ausbildungszeitschriften/Falllösungsbüchern lesen und die Argumente dort analysieren.

8. **Keine Subsumtion,** sondern Abschreiben des Gesetzestextes (im besten Fall) oder Aufstellen allgemeiner Behauptungen ohne Fallbezug! Meist geht das damit einher, dass keine oder keine klaren Obersätze gebildet werden, sondern diese mit Subsumtion und Schlussfolgerung vermischt werden.

→ *Abhilfe*: Subsumieren kann man nur mit Blick in den Sachverhalt. Nicht den Sachverhalt nacherzählen, sondern die Informationen in einem Satz mit dem Tatbestandsmerkmal gleichsetzen, das man gerade überprüft.

9. **Keine Begründung von Meinungen,** für die man sich entschieden hat, sondern bloßes Verweisen auf (vermeintliche) Autoritäten (h.M., „die Lehre", „die Rechtsprechung", der BGH, etc.), deren Argumente jedoch nicht reflektiert oder diskutiert werden.

→ *Abhilfe*: Sach- oder Rechtsargumente verwenden und darstellen; dabei kann erwähnt werden, von wem (BGH, Lehre, beide etc.) diese Meinung vertreten wird. Es müssen nicht zwingend neue Argumente gefunden werden, aber die bestehenden in „wissenschaftlicher" Weise abgehandelt werden, indem man erklärt, warum das eine Argument überzeugender ist als das andere (gilt v.a. für Hausarbeiten!).

10. **Keine Gliederung, kein Aufbau!**

→ *Abhilfe*: Schemata lernen! Lösungsskizze vor der Niederschrift anfertigen! Überschriften machen! Immer überlegen, wo im Schema welcher Gliederungspunkt verortet werden kann.

4. Übungen zu Fehlern im Gutachten

Da man Fehler bei sich selbst schlechter erkennt als bei anderen, dürfen Sie jetzt in die Rolle des Korrektors schlüpfen. Nachfolgend finden Sie Ausschnitte aus Klausuren und Hausarbeiten in der Anfängerübung.

Setzen Sie den „Rotstift" an und markieren und begründen Sie, warum die gutachterlichen Ausführungen nicht überzeugen.

Lösungen als Anhaltspunkte finden Sie im Lösungsteil (LÖSUNG 5, S. 212)

---

a) Strafrecht

1. Prüfung einer Tötung durch Unterlassen

   X könnte sich wegen unterlassener Hilfeleistung strafbar gemacht haben, indem sie ihrem Mann nicht unmittelbar geholfen hat, als ihre Hilfe erforderlich war. Es handelt sich im vorliegenden Fall um ein echtes Unterlassungsdelikt, da es eine gesetzliche Norm gibt, die das Unterlassen in dem vorliegenden Fall unter Strafe stellt. Es ist also kein unechtes Unterlassungsdelikt, da es nicht nur Spiegelbild eines unter Strafe gestellten Deliktes ist.

   I. Tatbestand (...)

   (...) am Ende: Dass X hier sogar eine Garantenstellung hat, da sie die Ehefrau des Geschädigten ist, ist völlig unrelevant, da dies keine Voraussetzung bei echten Unterlassungsdelikten ist. Der objektive Deliktstatbestand ist somit erfüllt.

2. Prüfung einer Tötung durch Unterlassen

   b) Nichtvornahme der zur Erfolgsabwendung gebotenen Handlung

   Da U den Krankenwagen nicht sofort gerufen hat, nachdem sie ihren Mann entdeckt hatte, hat sie aus ihrer Sicht keine zur Erfolgsabwendung gebotene Handlung vorgenommen. Ein Unterlassen liegt noch nicht beim Verstreichenlassen der ersten, aber auch nicht erst beim Verstreichenlassen der letzten Rettungsmöglichkeit vor. Im vorliegenden Fall ging U davon aus, dass ihr Mann schwer verletzt war und womöglich sterben könnte, so dass ein sofortiges Einschreiten unabdingbar gewesen wäre.

3. Prüfung eines versuchten Diebstahls

   II. Tatentschluss

   Durch das unverschlossene Gartentor angereizt, entschloss sich die F eines der Räder des O vorübergehend ohne Zueignungsabsicht zu entwenden, um damit eine Spritztour zu machen.

   III. Unmittelbares Ansetzen (...)

4. Frage des tatbestandsausschließenden Einverständnisses bei § 123 StGB

   F müsste gegen den Willen des O in seine Wohnung eingedrungen sein. Dies könnte dadurch ausscheiden, dass O seine Wohnungstür absichtlich offengelassen hat, um den Täter anzulocken. F ist jedoch widerrechtlich in die Wohnung eingedrungen.

5. zur Garantenstellung unter Ehegatten

   R müsste gegenüber L eine Garantenstellung gehabt haben. Dies ist hier unproblematisch, da zwischen Ehegatten ein besonderes Vertrauensverhältnis besteht, das eine Garantenstellung indiziert. R war also aus enger natürlicher Verbundenheit (nach neuer Lehre gut vertretbar) Garant für das Leben des L, und war Beschützergarant.

6. Prüfung einer Tötung durch Unterlassen
   Dazu müsste S den T getötet haben. Zwar ist T nicht daran gestorben, dass S ihn aktiv getötet hat, jedoch ist fraglich, ob gerade das Nichts-Tun von Seiten das S gerade dazu geführt hat, dass T verstarb und S den T daher eben durch sein Unterlassen der Abwendung des Erfolgseintritts, also des Todes des T, getötet hat.

7. zur Frage der Garantenstellung
   Hier kommt eine Garantenpflicht aus Ingerenz, also pflichtwidrigem, gefahrschaffendem Vorverhalten in Betracht. T gegen die Hauswand zu stoßen, so dass dieser verletzt wurde und bewusstlos zu Boden fiel, ist gefahrschaffend. Im Falle einer Notwehrsituation wäre es jedoch zu weit gefasst, wenn der Angegriffene gegenüber dem verletzten Angreifer eine Garantenpflicht hätte. Der entkommene Angegriffene hat nicht dafür einzustehen, wenn der Angreifer sich in eine solche Lage versetzt. T könnte also ein Notwehrrecht haben, welches seine Garantenpflicht ausschließt. Hier drängt sich ein weiteres Problem auf. Wie ist dieser Fall zu beurteilen, wenn S gegenüber T ein Festnahmerecht aus § 127 StPO hat und davon Gebrauch macht. In einem solchen Fall übernimmt er freiwillig eine gewisse Verantwortung gegenüber dem T, da er die Situation, dass der Täter sich gegen die Festnahme wehrt, in Kauf nimmt. Er kann sich in einem solchen Fall nicht einfach aus dem Staub machen.

b) Öffentliches Recht

8. Klagebefugnis bei Verfassungsbeschwerde
   Nach § 90 Abs. 1 ist dies Jedermann. Die umfasst mit Sicherheit auch die B.

9. zur Berufsfreiheit
   Das Grundgesetz garantiert in Art. 12 Abs. 1 GG die Freiheit der Berufswahl, damit fallen jedenfalls alle Berufe, die keinem anderen Grundrecht widersprechen, in den Schutzbereich. Die B wurde durch das Gesetz in der Ausübung ihres Berufes gehindert. Der Schutzbereich ist damit eröffnet.

10. zur Rechtmäßigkeit eines Gesetzes
    Fraglich ist, ob das Gesetz ordnungsgemäß erlassen wurde. Dafür spricht, dass die bayerische Staatsregierung das Gesetz für verfassungswidrig hält. Durch die Beratung darüber im Bundesrat, der mehrheitlich keinen Antrag nach Art. 77 GG stellt, ist zumindest eine Zustimmung des Bundesrates nicht mehr nötig.

11. Zulässigkeitsprüfung BVerfG
    Zulässig ist eine Verfassungsbeschwerde dann, wenn eine konkrete Person von einer Maßnahme der öffentlichen Gewalt in ihren Rechten beeinträch-

tigt wird. Zuerst muss festgestellt werden, wer für eine Verfassungsbeschwerde nach Art. 93 I Nr. 4a GG zuständig ist. Dazu muss ein Antrag dem BVerfG schriftlich zugehen. Somit ist das BVerfG zuständig. Dies kann nur von dem richtigen Beschwerdeführer nach § 90 I BVerfGG getan werden. (...) Somit würde eine Verfassungsbeschwerde scheitern.

12. Rechtfertigung Art. 12 GG

     Nach der 3-Stufen-Theorie von obj. Zulassung, subj. Zulassung und Ausübung betrifft dies die Ausübung. Somit lässt sich der Eingriff leichter rechtfertigen. Alles in allem ist der Eingriff gerechtfertigt.

13. Zulässigkeitsprüfung BVerfG

     Vorstellbar ist eine konkrete Normenkontrolle. Zudem muss B, um diese einzuleiten, vor Gericht ziehen. Dieses entscheidet dann, ob das Gesetz auf Verfassungskonformität geprüft werden muss. Auf fast alles hat B im Gegensatz zur Verfassungsbeschwerde kaum Einfluss.

c) Zivilrecht

14. Zum Vertragsschluss

     Ein Vertrag ist geschlossen, wenn A und B sich geeinigt haben. Eine Einigung erfordert ein Angebot und eine Annahme. A hat B am 20.3. ein Angebot unterbreitet, das B sofort angenommen hat, weil er die Ware dringend für sein Geschäft benötigte. Daher ist ein Kaufvertrag am 20.3. geschlossen worden § 147 BGB.

15. Beginn einer Anspruchsklausur

     Da K nun mehrmals bei V nachgefragt hat wann denn die Lieferung der Möbel zu erwarten sei, kann man diese sich über ein Monat hinziehende Prozedur als angemessene Frist werten und seine Erklärung des Rücktritts bei nicht Erbringung der Leistung bis 15.4. als rechtskräftig und angemessen beurteilen. Da die Lieferung bis 15.4. nicht erfolgt ist, war sein Rücktritt vom Vertrag rechtskräftig.

16. Beginn einer Anspruchsklausur

     Im konkreten Fall hat A dem L erklärt, dass er sich in akuten Geldnöten befand. L hat auch bemerkt, dass A sich im Schmuck schlecht auskennt und nannte einen niedrigeren Preis.

VII. Abschlussklausur zum Gutachtenstil

Sie haben nun alle Grundfertigkeiten, die zum selbständigen Schreiben einer Klausur erforderlich sind. Jetzt können Sie sich selbständig an einer Klausurbearbeitung versuchen. In der Übungsklausur sind auch juristische Probleme enthalten, die einer über die bloße Subsumtion hinausgehenden Erörterung bedürfen. Bei Ihrer Bearbeitung und der anschließenden Korrektur anhand des Lösungsteils stellt dies aber nicht den Schwerpunkt dar. Vielmehr sollten Sie besonders auf die richtige Anwendung der Gutachtentechnik achten und Ihre Lösung anhand der Lösungsskizze kritisch durcharbeiten.

Auf den folgenden Seiten haben wir für Sie einige juristische Infos zum Klausurfall zusammengestellt. Diese können Sie bei der Klausurbearbeitung verwenden. Klausurbearbeitung ist ein sehr wichtiges Element des Lernprozesses. Bitte schreiben Sie daher die Klausur wirklich – wenn Sie mögen unter „scharfen" Bedingungen, d.h. ohne weitere Hilfsmittel und in 90 Minuten!

Lesen Sie zunächst den Fall kurz (5 Minuten) durch! **?**

---

1. Sachverhalt

Kuno Knickebein (K) muss nach mehreren rauschenden Festen seinen Weinkeller auffüllen. Da passt es gerade gut, dass Vincent Vettermann (V), der Weinhändler Kunos Vertrauens, ihm kürzlich bei einem privaten Zusammentreffen den Wein „Dornhäuser Vogelspinne 2004" zum Preis von 10 € die Flasche als günstige Gelegenheit empfohlen und ihm eine Flasche zum Probieren sowie ein Bestellformular mitgegeben hat. Dabei hatte V noch gemeint, dass K es sich bald überlegen solle, weil nur noch 4 Kisten vorrätig seien.

Da der Wein K gut geschmeckt hat und der Preis absolut angemessen war, nahm er ein Blatt Papier, weil er den Bestellzettel nicht finden konnte, und schrieb: „Hallo Vincent, der Wein war super! Bitte schick mir gleich die 4 Kisten von dem Wein." K faxt diesen Zettel noch am Abend an V. Der freut sich, als er am nächsten Morgen die Bestellung im Faxgerät findet und verlädt sofort die 4 Kisten in seinen Lieferwagen.

Wie es der Zufall will, ruft nur wenig später bei V ein Weinliebhaber an, der genau den Wein „Dornhäuser Vogelspinne 2004" sucht und bereit ist, eine Kiste des Weins sogar zum doppelten Preis zu kaufen. V muss jedoch ablehnen, weil er sich an das Geschäft mit K gebunden fühlt.

In der Zwischenzeit hat K den Bestellzettel wiedergefunden und ist unangenehm überrascht. Er war davon ausgegangen, dass eine Kiste wie üblich 6 Flaschen enthält. Tatsächlich handelt es sich jedoch um größere Holzkisten mit jeweils 24 Flaschen. Er ruft deshalb sofort bei V an und erklärt ihm sein Missverständnis. Vincent ist empört, weil K nun nur noch eine Kiste abnehmen will und ärgert sich, weil er sich die Telefonnummer des Weinliebhabers natürlich nicht notiert hatte. Freundschaft hin oder her fragt sich V, was er von K verlangen könnte.

2. Juristische Vorüberlegungen

Im Folgenden versuchen wir, Sie schrittweise durch den Fall zu führen und dabei die relevanten inhaltlichen, juristischen Fragen zu erarbeiten. Wenn Sie mögen, können Sie natürlich auch sofort eine Lösungsskizze erstellen.

Sie sollten nach dem Lesen des Sachverhalts bereits eine grobe Vorstellung davon haben, um was es in dem Fall gehen wird.

☐ Dissens
☐ Geschäftsfähigkeit
☐ Schadensersatz
☐ Fernabsatz
☐ Anfechtung
☐ Vertragsschluss

a) Erste Überlegungen zur Fallfrage

Lesen Sie zunächst den Bearbeitervermerk bzw. die Fallfrage: Wonach ist gefragt? Was ist also zu prüfen?

☐ Da nichts ausdrücklich angegeben ist, gilt wie immer: „Wie ist die Rechtslage?"
☐ Offenbar nichts; es gibt keinen Bearbeitervermerk.
☐ Es sollen nur Ansprüche des V gegen K geprüft werden.
☐ Es ist ein allgemeines Gutachten anzufertigen, d.h. der Sachverhalt ist allgemein zu analysieren. Konkrete Fragen wurden nicht gestellt.
☐ Es sollen alle Ansprüche von K und V gegeneinander geprüft werden.

b) Ausgewählte inhaltliche Probleme

Nun wollen wir den Sachverhalt Schritt für Schritt durchgehen:

> Kuno Knickebein muss nach mehreren rauschenden Festen seinen Weinkeller wieder auffüllen. Da passt es gerade gut, dass Vincent Vettermann, der Weinhändler Kunos Vertrauens ihm erst kürzlich bei einem privaten Zusammentreffen den Wein „Dornhäuser Vogelspinne 2004" zum Preis von 10 € die Flasche als günstige Gelegenheit

empfohlen und ihm eine Flasche zum Probieren und ein Bestellformular mitgegeben hat.

Überlegen Sie beim Lesen des Falles stets, was sich jeweils „gerade" aus juristischer Sicht ereignet. Lassen Sie vor Ihrem geistigen Auge den Fall quasi als „Film" ablaufen. „Übersetzen" Sie das tatsächliche Geschehen in „juristisches" Geschehen.

Was könnte das Verhalten von Vincent rechtlich bedeuten?

[V hat K] erst kürzlich bei einem privaten Zusammentreffen den Wein „Dornhäuser Vogelspinne 2004" zum Preis von 10 € die Flasche als günstige Gelegenheit empfohlen und ihm eine Flasche zum Probieren und ein Bestellformular mitgegeben [...].

Welche juristische Bedeutung könnte diese Handlung haben?
- ☐ invitatio ad offerendum
- ☐ Willenserklärung
- ☐ Angebot

Sicherlich haben Sie bereits erkannt, welches juristische Problem hier angesprochen wird. Es geht um eine invitatio ad offerendum. Das Problem ist das Vorliegen eines Rechtsbindungswillens des V. Gedanken könnte man sich auch darüber machen, ob die essentialia negotii vorliegen.

1. **Essentialia negotii:**
   V hat nicht genau angegeben, wie viele Kisten Wein er anbietet. K kann sich frei entscheiden. Daher könnte man daran zweifeln, dass der Vertragsgegenstand bestimmt ist. Allerdings ist die Anzahl bestimmbar. Aus der Aussage des V ist klar, dass es zwischen ein und vier Kisten sind.

2. **Rechtsbindungswille:**
   Der Rechtsbindungswille wird üblicherweise dem objektiven Tatbestand der Willenserklärung zugeordnet. Warum könnte hier der Rechtsbindungswille fehlen? Der Sachverhalt gibt einen deutlichen Hinweis:

[V meinte], dass K es sich bald überlegen solle, weil nur noch 4 Kisten vorrätig seien.

Hieraus kann man lesen, dass V den Wein auch an andere Interessenten verkaufen würde. Er hält es also für möglich, dass er bereits einige Kisten verkauft hat, wenn K sich zu spät meldet. V könnte dann eventuell die Bestellung des K nicht erfüllen. Wenn V sich bereits an sein „Angebot" binden würde, hätte er später eventuell ein Problem (Schadenersatz), wenn er nicht mehr liefern kann. Da V aber offenbar beabsichtigt, den Wein auch an

andere Interessenten zu verkaufen, ist ersichtlich, dass er sich nicht rechtlich binden will. Daher fehlt der Rechtsbindungswille.[86]
Sie haben sich ja zuvor bereits einen „Überblick" über den Fall verschafft. Wenn Sie nun noch einmal den gesamten Fall in den Blick nehmen, handelt es sich bei diesem Problem um ein „größeres" Problem, welches Sie ausführlich ausformulieren sollten, oder um ein „kleineres" Problem, welches Sie nicht ausführlich darstellen müssen und bei welchem Sie sich auf den Kern des Problems konzentrieren können?

Wie ausführlich muss ich das gefundene Problem bearbeiten?
☐ Ausführliche Problemdarstellung
☐ Konzentration auf den Problemkern

Nun entwickelt sich der Fall weiter. Rufen Sie sich den juristischen „Stand" des Geschehens in Erinnerung. Wir hatten bisher nur eine „invitatio ad offerendum".

Da der Wein K gut geschmeckt hat und der Preis absolut angemessen war, nahm er ein Blatt Papier, weil er den Bestellzettel nicht finden konnte, und schrieb: „Hallo Vincent, der Wein war super, bitte schick mir gleich die 4 Kisten von dem Wein." K faxt diesen Zettel noch am Abend an V.

Lesen Sie den Sachverhalt immer kritisch:
– Warum passiert die „komische" Sache mit dem verlorenen Bestellzettel?
– Warum erfahren wir den genauen Wortlaut des Faxes?

Auch hier wieder zunächst die Frage, was diese Handlung juristisch bedeuten könnte. Es sollte aber relativ klar sein, dass hier erneut ein Angebot im Sinne von § 145 BGB in Betracht kommt.
Der Obersatz könnte wie folgt lauten:

„Ein Angebot ist eine Willenserklärung auf Abschluss eines Vertrages, d.h. eine Willenserklärung, die bereits alle vertragsnotwendigen Bestandteile enthält (essentialia negotii),

---

[86] Vgl. zum Rechtsbindungswillen bei der invitatio ad offerendum z.B. *Brox/Walker*, Allgemeiner Teil des BGB, 37. Aufl., München 2013, S. 82f. An dieser Stelle werden sich gute von nicht so guten Fallbearbeitungen unterscheiden. Beide erkennen zwar, dass es sich um eine „invitatio" handelt. Während aber die weniger gute Bearbeitung sofort auf das Stichwort springt und ohne weitere Erläuterung annimmt, dass „wegen einer invitatio kein Angebot des V vorliegt", wird die gute Fallbearbeitung das Problem der invitatio zutreffend bei der Frage des Rechtsbindungswillens verorten, das Problem erläutern, die Schlussfolgerung begründen und den Begriff der „invitatio ad offerendum" nur als Ergänzung einsetzen.

somit lediglich mit „ja" angenommen werden muss und mit Rechtsbindungswillen gegenüber dem anderen abgegeben und diesem zugegangen ist."

Welche Voraussetzung könnte bzgl. des Faxes problematisch sein?
☐ Rechtsbindungswille
☐ essentialia negotii
☐ Abgabe
☐ Zugang

Wichtig ist, dass Sie nicht zu schnell vorgehen, sondern sich dem Problem in kleinen Schritten nähern. Auch oder gerade gute Studenten haben hierbei oft ein Problem, weil sie häufig schon die Lösung des Kernproblems kennen. Sie steuern dann zu schnell darauf zu. Richtig ist es aber, das Problem langsam zu entwickeln. Der problematische Aspekt sollte „herausgearbeitet" werden. Herausarbeiten des Problems gehört zum Gutachtenstil bzw. Fragestil.
– Welche Handlung konkret ist die „Erklärung"? → Das Fax
– Welchen konkreten Inhalt hat diese Handlung? → „Hallo Vincent, der Wein war super, bitte schick mir gleich die 4 Kisten von dem Wein."
– Enthält der Inhalt konkret die essentialia negoti (für den Kaufvertrag: Vertragspartner; Verkaufsgegenstand; Verkaufspreis)? → Verkäufer und Käufer sind relativ klar angegeben (*„Hallo Vinzenz [...]", „[...] bitte schick mir [...]"*). Auch, dass es sich um einen Kauf handelt, ist relativ klar, obwohl K hier nur von „schicken" spricht. Problematischer ist der Verkaufsgegenstand. Die Menge ist noch klar („4 Kisten"). Aber um welchen Wein handelt es sich? Das steht nicht im Fax. Der Preis ist mit keinem Wort angesprochen. Zwischenergebnis: Der konkrete Inhalt der Erklärung enthält nicht die essentialia negotii.

Erst jetzt sind wir beim Problem „angekommen".

Welches „Stichwort" beschreibt die Lösung bzw. den Lösungsansatz für das gerade aufgeworfene Problem am besten?
☐ § 157 BGB
☐ objektiver Empfängerhorizont
☐ Vertragsauslegung
☐ § 133 BGB
☐ konkludente Willenserklärung
☐ §§ 133, 157 BGB

Wenn wir also den Inhalt der Willenserklärung durch Auslegung bestimmt haben, sollte sowohl klar sein welcher Wein gemeint war, als auch welcher Preis zugrunde gelegt wurde. Damit sind die essentialia negotii bestimmt.

Zurück zum „Film", der in Ihrem Kopf ablaufen sollte (siehe oben). Wir können nun feststellen, dass wir ein wirksames Angebot haben. Nun müssen wir nach der Annahme „Ausschau halten".

Weiter also im Sachverhalt:

> *[Vincent] freut sich, als er am nächsten Morgen die Bestellung im Faxgerät findet und verlädt sofort die 4 Kisten in seinen Lieferwagen.*

Wenn wir weiter lesen...

> Wie es der Zufall will, ruft nur wenig später bei V ein Weinliebhaber an, der genau den Wein „Dornhäuser Vogelspinne 2004" sucht und bereit ist, eine Kiste des Weins sogar zum doppelten Preis zu kaufen.

... geht es schon mit etwas ganz anderem im Sachverhalt weiter. Eine weitere Handlung bzw. Erklärung des V finden wir im Sachverhalt nicht. Also sind wir schon wieder auf ein „Problem" gestoßen. Schauen wir uns noch einmal den Sachverhalt an:

> [V] freut sich, als er am nächsten Morgen die Bestellung im Faxgerät findet und verlädt sofort die 4 Kisten in seinen Lieferwagen.

Wie gehen wir mit dem Sachverhalt (SV) um?
- ☐ Lebensnah auslegen. Es dürfte ja wohl relativ klar sein, dass der V die Kisten in den Wagen lädt, um sie an den K zu liefern. Man kann wohl davon ausgehen, dass er die Kisten auch ausgeliefert hat.
- ☐ Etwas komisch, dass der SV das Verladen der Kisten so ausdrücklich anspricht. Aber wenn im SV nichts dazu steht, dass V dem K die Kisten auch schon geliefert hat, dann muss man das wohl so hinnehmen.

Stellen wir uns kurz folgende Situation in der Klausur vor. Irgendwie erscheint Ihnen der Fall komisch. Eine Annahme ist nicht offensichtlich. Nehmen wir an, Sie blättern im Gesetz (oder erinnern sich) und finden § 151 S. 1 BGB.

> § 151 BGB Annahme ohne Erklärung gegenüber dem Antragenden
> Der Vertrag kommt durch die Annahme des Antrags zustande, ohne dass die Annahme dem Antragenden gegenüber erklärt zu werden braucht, wenn eine solche Erklärung nach

der Verkehrssitte nicht zu erwarten ist oder der Antragende auf sie verzichtet hat. Der Zeitpunkt, in welchem der Antrag erlischt, bestimmt sich nach dem aus dem Antrag oder den Umständen zu entnehmenden Willen des Antragenden.

Sie denken sich sofort...

- ☐ ... perfekt! Das löst mein Problem. Annahme ist entbehrlich.
- ☐ ... aha! Darauf will der Sachverhalt also hinaus. Also gut, dann also Obersatz bilden: „Die Annahme könnte entbehrlich sein, wenn...".
- ☐ ... hm, interessant, aber was war noch mal meine Frage: Liegt eine Annahme vor?

Zurück zur Prüfung: Wir prüfen, ob ein Kaufvertrag geschlossen wurde. Das Angebot haben wir. Es fehlt die Annahme. Im Sachverhalt ist nur das Verladen der Kisten angesprochen. Prüfen wir nun also, ob dieses Verladen die Annahme sein könnte. Wir gehen wieder streng nach dem Gutachtenstil vor und prüfen die Voraussetzungen einer wirksamen Annahme.

Welche Voraussetzungen könnten hier im Fall problematisch sein?

- ☐ Erklärungsinhalt
- ☐ Annahmefrist
- ☐ Zugang
- ☐ Erklärungsbewusstsein
- ☐ Geschäftswille
- ☐ Abgabe
- ☐ Handlungswille
- ☐ Rechtsbindungswille
- ☐ Erklärungshandlung

Wenn eine bestimmte Voraussetzung problematisch ist, ist es hilfreich, mit einer Definition oder einem Merksatz zu beginnen. Beginnen wir mit der Erklärungshandlung. Diese ist Teil des objektiven Tatbestandes einer Willenserklärung.[87] Grob gesprochen brauchen wir eine „Erklärung" des „Willens". Üblicherweise erfolgt diese Erklärung ausdrücklich: „Ja", oder etwas länger gedacht: „Ja, ich, V, will dein Angebot annehmen und Dir, K, 4 Kisten Wein zum Preis von 10 € je Flasche verkaufen".

In unserem Fall haben wir eine solche ausdrückliche Erklärung nicht. Wir wissen auch, dass Schweigen grundsätzlich keine Erklärung ist.[88] (Es handelt

---

87 *Rüthers/Stadler*, Allgemeiner Teil des BGB, 17. Aufl., München 2011, S. 136.
88 *Rüthers/Stadler*, Allgemeiner Teil des BGB, 17. Aufl., München 2011, S. 148.

sich ja gerade um das Gegenteil einer Erklärung). Aber es gibt noch eine andere Möglichkeit, seinen Willen zum Ausdruck zu bringen, nämlich durch eine sonstige Handlung, welche wiederum klar erkennbar einen bestimmten Willen zum Ausdruck bringt. Der Wille wird dann nicht unmittelbar zum Ausdruck gebracht („Ja, ich will."), sondern mittelbar durch eine Handlung, welche den Schluss zulässt, dass der Handelnde einen bestimmten Willen hat – daher nennt man dieses Handeln auch „schlüssiges" oder lateinisch „konkludentes" Handeln.[89]

Nun sollte es nicht mehr schwer sein, die Voraussetzung „objektiver Tatbestand" zu subsumieren! Wir haben also eine Erklärung. Da der subjektive Tatbestand nicht problematisch ist, kann und sollte man diesen in der Prüfung weglassen (bzw. nur mit einem Satz feststellen). Im Ergebnis haben wir also eine Willenserklärung.

Wie nun aber weiter? Streng nach Gutachtenstil!

Wie sind die Voraussetzungen für eine Annahme? WE (+), siehe oben; die Abgabe kann fraglich sein; allerdings, war das Verladen der Kisten „von außen" erkennbar. Jedenfalls ist der Zugang ein Problem. Aus dem Sachverhalt kann man nicht entnehmen, dass K das Verladen beobachtet hat. Also können wir nicht davon ausgehen (es wäre außerdem ziemlich lebensfremd!).

Wieder nähern wir uns dem Problem schrittweise. Zunächst also erst einmal eine Definition. Dann die Subsumtion. Dann das Ergebnis.

Wie lautet das Ergebnis?
- ☐ Die Annahme ist konkludent erklärt.
- ☐ Die Willenserklärung ist zugegangen.
- ☐ Der Zugang ist nicht erfolgt.
- ☐ Die Willenserklärung ist dem K nicht zugegangen.
- ☐ Es liegt keine Annahme des V vor.
- ☐ Die Annahme ist nicht zugegangen.

Wie geht es nun weiter?

! Ein kleiner Exkurs zur Gesetzeslektüre – auch zur Wiederholung des bereits Gelernten. Schauen wir uns noch einmal § 151 S. 1 BGB an.

Annahme ohne Erklärung gegenüber dem Antragenden
Der Vertrag kommt durch die Annahme des Antrags zustande, ohne dass die Annahme dem Antragenden gegenüber erklärt zu werden braucht, wenn eine solche Erklärung nach der Verkehrssitte nicht zu erwarten ist oder der Antragende auf sie verzichtet hat.

---

89 *Köhler*, Bürgerliches Gesetzbuch, 70. Aufl., München 2012, § 6 Rn. 4 ff.

Welche Rechtsfolge hat § 151 S. 1 BGB?
☐ Die Annahme erfolgt ohne Willenserklärung gegenüber dem Antragenden.
☐ Der Vertrag kommt ohne die Annahme des Antrags zustande.
☐ Eine Annahme ist entbehrlich.
☐ Der Zugang der Willenserklärung ist entbehrlich.

Lesen Sie noch einmal gründlich den § 151 S. 1 BGB. Wie viele Tatbestandsmerkmale bzw. Voraussetzungen hat § 151 S. 1 BGB?
☐ Zwei alternative Tatbestandsmerkmale
☐ Zwei kumulative Tatbestandsmerkmale
☐ Ein Tatbestandsmerkmal

Nun haben wir ein Angebot und eine Annahme. Wenn Sie wollen, können Sie noch einmal darüber nachdenken, ob auch tatsächlich „zwei übereinstimmende" Willenserklärungen vorliegen. Im Ergebnis werden wir aber feststellen können, dass nun ein Vertrag geschlossen wurde.
Was passiert als nächstes im Sachverhalt?

> Wie es der Zufall will, ruft nur wenig später bei V ein Weinliebhaber an, der genau den Wein „Dornhäuser Vogelspinne 2004" sucht und bereit ist, eine Kiste des Weins sogar zum doppelten Preis zu kaufen. V muss jedoch ablehnen, weil er sich an das Geschäft mit K gebunden fühlt.

Später im Sachverhalt heißt es noch:

> V ist empört, weil K nun nur noch eine Kiste abnehmen will und ärgert sich, weil er sich die Telefonnummer des Weinliebhabers natürlich nicht notiert hatte.

Nun, spätestens jetzt wird klar, worauf dieser Fall hinauslaufen wird.
Wir rufen uns die Fallfrage in Erinnerung:

> Freundschaft hin oder her fragt sich V, was er von K verlangen könnte.

Wir haben es hier mit einer „offenen" Frage zu tun. Es ist nicht nach einem bestimmten Anspruch gefragt, also z.B. nicht ausdrücklich nach einem Zahlungsanspruch bzgl. des Weins. Was also könnte hier noch das Interesse des V sein? Denken Sie an die letzte Passage des Sachverhalts?

Welches Interesse könnte V noch haben (außer der Abnahme und Zahlung der 4 Kisten Wein)? Stellen Sie sich vor, eine Anfechtung des Kaufs wäre eventuell erfolgreich. Was würde V von K dann wohl verlangen?

☐ Zahlung des „entgangenen Gewinns".

☐ Abnahme von einer Kiste Wein zum doppelten Preis, den auch der Weinliebhaber gezahlt hätte.

☐ Rückgabe des Weins.

Wir belassen es zunächst bei dieser Überlegung. Wir versuchen nur, den Sachverhalt zu analysieren. Wenn Sie einen Aspekt noch nicht sofort „verarbeiten" können, sollten Sie sich diesen Aspekt im Sachverhalt anstreichen oder auf einem Skizzenblatt notieren.

Weiter im Sachverhalt:

> In der Zwischenzeit hat K den Bestellzettel wieder gefunden und ist unangenehm überrascht. Er war davon ausgegangen, dass eine Kiste wie üblich 6 Flaschen enthält. Tatsächlich handelt es sich jedoch um größere Holzkisten mit jeweils 24 Flaschen. Er ruft deshalb sofort bei V an und erklärt ihm sein Missverständnis.

Es dürfte offensichtlich sein, welches „Problem" hier angesprochen ist.

Worum geht es hier?

☐ Mängelrechte

☐ Widerruf

☐ Rücktritt

☐ Anfechtung

Sie sollten sich beim Lernen stets überlegen, wie ein „Problem" in eine gutachterliche Prüfung eingebaut wird. *Wie wird hier im Fall das Problem zu berücksichtigen sein?*

☐ Spielt jetzt noch keine Rolle. Das kann man noch gar nicht wissen. Dieses „Problem" geht man am besten später an, wenn man mit den anderen Sachen soweit „durch ist".

☐ Irgendwo eher am Ende vermutlich.

☐ Die Anfechtung prüft man immer nach dem Vertrag als neuen Punkt: „K könnte den Vertrag angefochten haben".

☐ Das ergibt sich aus der entsprechenden Norm und dem Prüfungsschema.

Welches ist die entscheidende Norm, aus der sich ergibt, wie „eine Anfechtung funktioniert"? Mit anderen Worten: *Aus welcher Norm ergibt sich die Rechtsfolge der Anfechtung?*
☐ Aus dem Grundsatz „ex-tunc" (nicht ausdrücklich im BGB geregelt; allgemeiner „Rechtsgrundsatz")
☐ § 119 BGB
☐ Nichtigkeit; nicht ausdrücklich geregelt; ergibt sich aus §§ 105, 125, 139 BGB
☐ § 142 Abs. 1 BGB

Um welche Normart handelt es sich dabei? (Wenn Sie sich unsicher sind, lesen Sie auf S. 84 ff. nach!)
☐ Anspruchsgrundlage
☐ Gestaltungsrecht
☐ Definition
☐ Wirknorm

Im Prüfungsschema für eine Anspruchsprüfung: Zu welcher Ebene gehört die Wirkung der Norm?
Mit anderen Worten: *Auf welcher Ebene wird die Anfechtung geprüft werden?*
☐ Anspruch erloschen
☐ Anspruch durchsetzbar
☐ Anspruch entstanden

Sie sollten nun eine Vorstellung davon haben, wie und an welcher Stelle Sie die Anfechtung prüfen. Für den konkreten Prüfungsaufbau der Anfechtungsprüfung werden Sie bereits ein „Schema" kennengelernt haben.[90] Es dürfte sich empfehlen, dieses Schema auf den Notizzettel zu notieren. Sie können auch bereits jetzt überschlägig die einzelnen Prüfungspunkte in Gedanken „anprüfen" und sich die Normen dazuschreiben. Dies erleichtert später die Niederschrift.

Wenn Sie hier unsicher sind, wäre jetzt der richtige Moment, um ein Lehrbuch zur Hand zu nehmen und das Kapitel zur Anfechtung durchzugehen. In einer echten Klausur sollten Sie keine Zeit damit verlieren, sich überlegen zu müssen, wie eine Anfechtung geprüft wird.

Denken Sie bereits jetzt auch an die richtige Schwerpunktsetzung!

---

90 Ein Aufbauschema finden Sie z.B. bei *Wörlen*, BGB AT, 12. Aufl., München 2012, S. 130 ff. und in den meisten anderen Anfängerlehrbüchern und Vorlesungsskripten zum BGB AT.

Achtung! Hier ist in der Klausur noch ein „Problemchen" versteckt. Lesen Sie den Sachverhalt sorgfältig und subsumieren Sie sorgfältig. Dabei sollten Sie auf das „Problemchen" stoßen.

Zwischenergebnis: Sie sind jetzt den Fall einmal konzentriert durchgegangen. Es ist nun Zeit, mit der Grob- bzw. Feingliederung zu beginnen (näheres hierzu unten S. 103).

Gehen Sie noch einmal an den Anfang des Falls. Was war die Fallfrage?

Welche Ansprüche könnte V gegen K haben?
☐ Anspruch auf Rücklieferung des Weins.
☐ Anspruch wegen Abnahmeverzugs.
☐ Anspruch auf Schadensersatz wegen des versäumten Verkaufs an den Weinliebhaber.
☐ Anspruch auf Zahlung des Weins.
☐ Anspruch auf Abnahme des Weins.

Als Norm hinsichtlich des Schadensersatzes kommt § 122 Abs. 1 BGB in Betracht.

Nun sollten Sie die möglichen Ansprüche „sortieren", d.h. sich Gedanken dazu machen, welchen Anspruch Sie als Erstes prüfen wollen.

Hierzu gibt es ein Schema, welches Sie im ersten Semester vermutlich noch nicht kennengelernt haben und auch (noch) nicht kennen müssen.[91]
1. Vertragliche Ansprüche
2. Vertragsähnliche Ansprüche, z.B. § 311 Abs. 2 BGB
3. Dingliche Ansprüche (Sachenrecht)
4. Ansprüche aus unerlaubter Handlung, §§ 823 ff. BGB
5. Ungerechtfertigte Bereicherung, §§ 812 ff. BGB

Weiter gilt: Prüfen Sie Primäransprüche vor Sekundäransprüchen.

Das bedeutet konkret: Prüfen Sie zunächst die vertraglichen Ansprüche, denn meist kommt es der Partei auf deren Erfüllung an. Die Sekundäransprüche (häufig Schadenersatz) hängen meistens von den Primäransprüchen ab.

Weiter sollten Sie sich überlegen, welche Ansprüche Sie getrennt bzw. gesondert prüfen. Konkret: Hat es Sinn, einen Anspruch auf Abnahme des Weins gesondert vom Anspruch auf Kaufpreiszahlung zu prüfen? Sollten Sie einen Anspruch auf Schadensersatz gesondert als neuen Prüfungspunkt prüfen?

---

91 Näheres zu diesem Schema erfahren Sie unter *Medicus/Petersen*, Bürgerliches Recht, 24. Aufl., München 2013, S. 3 ff. oder *Medicus/Petersen*, Grundwissen zum Bürgerlichen Recht, 9. Aufl., München 2011, S. 10 und auf S. 96.

Sie sollten sich jetzt Zeit nehmen und die Gliederung anfertigen. Die Gliederung sollte möglichst alle Prüfungspunkte bereits ansprechen, so dass Sie basierend auf der Gliederung mit
der Niederschrift anfangen können.

_____

_____

_____

_____

Weiter unten wird eine sehr grobe Gliederung angeboten. Hiermit können Sie
Ihre Gliederung darauf prüfen, ob sie im Wesentlichen zutreffend ist. Bitte
nehmen Sie sich dennoch die Zeit und fertigen Sie zunächst selbstständig eine
Gliederung an. Sie können dazu immer wieder die Fragen und Hinweise zur Lösung konsultieren. Sie können sich auch gerne ein Lehrbuch zur Hand nehmen.
Vermeiden Sie aber bitte die „Übernahme" von Lösungsschemata aus Skripten
oder Lösungshinweisen anderer Fälle. Jeder Fall ist anders!

Ein Hinweis für Knobler: Die Bedeutung von § 122 Abs. 1 BGB wurde bisher
noch nicht ausführlich dargestellt. Die Bestimmung der Höhe des Schadensersatzes ist nicht ganz einfach!

c) Grobgliederung und Prüfungsaufbau

Hinweis: Das Ergebnis der Anordnung unten kann nicht als umfassende Gliederung aufgefasst werden. Die Anordnung gibt lediglich die logische Abfolge verschiedener Prüfungsschritte wieder. Ihre Gliederung sollte „feingliedriger" sein
und bereits Stichpunkte und Hinweise zur Schwerpunktsetzung enthalten.

A. § 433 Abs. 2 BGB
    I. Anspruch auf Kaufpreiszahlung entstanden?
        1. Angebot
        2. Annahme
    II. Anspruch auf Kaufpreiszahlung erloschen?
        Anspruch erloschen wegen Anfechtung (§ 142 Abs. 1 BGB)?
        1. Besteht ein Anfechtungsgrund (§ 119 BGB)?
        2. Wurde das Anfechtungsrecht wirksam ausgeübt? (§ 143 BGB)
    III. Anspruch auf Kaufpreiszahlung durchsetzbar?
B. § 122 Abs. 1 BGB
    I. Anspruch auf Schadenersatz dem Grunde nach entstanden?
    II. Höhe des Schadenersatzes?

Nun sollten Sie in der Lage sein, den Fall auszuformulieren.
Einen Lösungsvorschlag finden Sie im Lösungsteil (LÖSUNG 6, S. 217).

Achten Sie auf einfachen und klaren Satzbau. Achten sie besonders auf klare Obersätze! Achten Sie bitte auch auf eine bewusste Schwerpunktsetzung! Wenn Sie den Fall in „Echtzeit" schreiben wollen, sollten Sie für das Ausformulieren (auf Grundlage der Vorüberlegungen und einer fertigen Lösungsskizze) ab hier maximal 60 Minuten brauchen.

Viel Erfolg!

Literaturhinweise für Übungen und Anleitungen zum Gutachtenstil: *Braun*, Der Zivilrechtsfall, 5. Aufl., München 2012, S. 9 ff.; *Medicus/Petersen*, Grundwissen zum Bürgerlichen Recht, 9. Aufl., München 2011, Rn. 2; *Eltzschig/Wenzel* (Hrsg.), Die Anfängerklausur im BGB, 3. Aufl., S. 4; *Bringewat*, Methodik der juristischen Fallbearbeitung, 2. Aufl., Stuttgart 2013, S. 58 ff.

C. Fehler beim Normverständnis: Normstruktur und ihr Zusammenhang mit Fallfragen

Machen Sie nicht den Fehler,
- beim Lernen niemals Ihr Gesetz aufzuschlagen,
- Gesetzestexte auswendig zu lernen oder zu zitieren,
- sich über den Zusammenhang zwischen Gesetz und Prüfungsaufbau keine Gedanken zu machen,
- sich nicht bereits vor der Klausur die unterschiedlichen Rechtsfolgen überlegt zu haben,
- den Unterschied zwischen Tatbestand und Rechtsfolge nicht zu kennen,
- wichtige Vorschriften, z.B. Ausnahmetatbestände zu übersehen,
- Vorschriften falsch auszulegen oder zu verstehen,
- unzulässige (Analogie-)Schlüsse zu ziehen.

I. Normstruktur

Jede Norm (oder im komplizierteren Fall jede Normenkette) ist – wie wir bereits gesehen haben – der abstrakte Obersatz eines Syllogismus. Sie ordnet eine Rechtsfolge an, d.h. sie beschreibt, was zu tun ist oder was passiert. Daneben beschreibt sie im Tatbestand abstrakt die Situation, in der die Rechtsfolge eintreten soll. Genaueres dazu, wie Normen zu lesen und zu verstehen sind, finden Sie auf S. 87 ff.[92]

---

[92] Weiterführend hierzu *Lagodny*, Gesetzestexte suchen, verstehen und in der Klausur anwenden, 2. Aufl., Berlin 2012, S. 55 ff.

Tatbestand

Rechtsnorm

Rechtsfolge

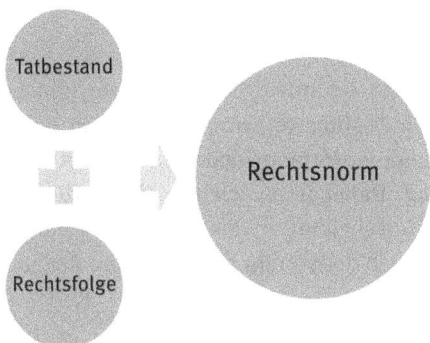

Im Zusammenhang mit Zielen oder Interessen der Personen wird aus den in den Normen angeordneten Rechtsfolgen umgedreht die Fallfrage in einer Klausur, d.h. der Jurist denkt von den Rechtsfolgen her und überlegt dann, welche Voraussetzungen vorliegen müssen, damit die Rechtsfolge eintritt, und ob diese im konkreten Fall vorliegt (letzteres nennt man Subsumtion des Sachverhaltes).

Folglich ist ein Gutachten die strukturierte Aneinanderreihung von Rechtsfolgen und der am Ende stehenden Antwort, ob diese eintreten.[93]

Schema: Veranschaulichung des Denkprozesses bei der Lösung juristischer Aufgaben

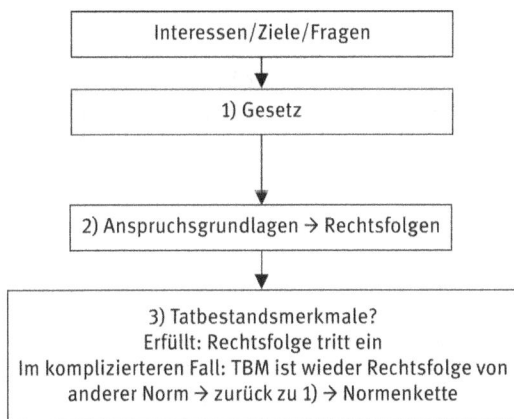

Interessen/Ziele/Fragen
↓
1) Gesetz
↓
2) Anspruchsgrundlagen → Rechtsfolgen
↓
3) Tatbestandsmerkmale?
Erfüllt: Rechtsfolge tritt ein
Im komplizierteren Fall: TBM ist wieder Rechtsfolge von
anderer Norm → zurück zu 1) → Normenkette

---

93 *Leenen*, JURA 2011, 723.

II. Normarten

Obwohl alle Normen den oben dargestellten Grundaufbau aufweisen, gibt es verschiedene „Sorten" von Normen:[94] Nur bestimmte Normen stehen in einer Klausur am Anfang der Prüfungskette, andere Normen wiederum braucht man erst im weiteren Verlauf der Bearbeitung. Daher ist es wichtig, die einzelnen Normarten nach ihren Rechtsfolgen unterscheiden zu können.[95] Die richtige Norm für den konkreten Fall wird immer nach der von ihr angeordneten Rechtsfolge ausgesucht.[96]

Im **Zivilrecht** unterscheidet man regelmäßig:

1. Anspruchsgrundlagen

Aus Anspruchsgrundlagen ergibt sich als Rechtsfolge direkt ein Anspruch des Berechtigten gegen den Verpflichteten. Des Weiteren regeln sie den Anspruchsinhalt/das Anspruchsziel.[97]

Signalwörter: „kann verlangen", „Anspruch", „kann fordern", „ist verpflichtet", „ist verantwortlich für", „hat zu", „ist zu gewähren". Beispiele: § 433, § 823 Abs. 1 BGB.

! Hinweis: Nach § 194 Abs. 1 BGB (nachlesen!) ist ein Anspruch „das Recht, von einem anderen ein Tun oder Unterlassen zu verlangen."

Beispiel:
In § 433 Abs. 1 BGB steht, dass durch den Kaufvertrag der Verkäufer einer Sache verpflichtet wird, dem Käufer die Sache zu übergeben und das Eigentum an der Sache zu verschaffen.

§ 433 BGB enthält ein Recht, von einem anderen ein Tun zu verlangen. Es handelt sich um eine Anspruchsgrundlage.

---

94 *Medicus/Petersen*, Grundwissen zum Bürgerlichen Recht, 9. Aufl., München 2011, S. 8 ff.; *Schwacke*, Juristische Methodik, 5. Aufl., Stuttgart 2011, S. 28 ff.; *Rüthers/Fischer/Birk*, Rechtstheorie, 7. Aufl., München 2013, S. 59 ff. Allgemeiner *Muthorst*, Grundlagen der Rechtswissenschaft, München 2011, S. 70 ff., der nur zwischen Regeln („wenn-dann"), Prinzipien (Optimierung und Steuerung der Rechtsanwendung) und Hilfsnormen, v.a. Definitionen unterscheidet.
95 *Leenen*, JURA 2011, 723; *Schnapp*, JURA 2011, 422 (425).
96 *Schwacke*, Juristische Methodik, 5. Aufl., Stuttgart 2011, S. 1: „Rechtsfolge als Mittelpunkt der Konfliktlösung".
97 *Leenen*, JURA 2011, 723: „Anspruchsgrundlage als grundlegende Rechtsfolgeanordnung des Zivilrechts."

2. „Wirknormen"[98]

Wirknormen enthalten eine Rechtsfolge, die im Rahmen einer Anspruchsgrundlage als Tatbestandsmerkmal oder als rechtshindernde bzw. rechtsvernichtende Einwendung zu prüfen ist und eine rechtliche „Wirkung" (z.B. Beendigung eines Vertragsverhältnisses) hervorruft. Die Prüfung von Wirknormen wird damit häufig in die Prüfung von Anspruchsgrundlagen „eingebaut". Dadurch entsteht der typische „Schachtelstil".

Beispiel:
In § 142 Abs. 1 BGB heißt es, dass ein anfechtbares Rechtsgeschäft, das angefochten wird, als von Anfang an nichtig anzusehen ist.

Ein Recht, von einem anderen ein Tun oder Unterlassen zu verlangen, enthält § 142 Abs. 1 BGB nicht (daher keine Anspruchsgrundlage). Aufgrund der Anfechtung tritt aber eine Wirkung (Nichtigkeit ex tunc) ein. Daher handelt es sich um eine Wirknorm.

3. Gestaltungsrechte

Gestaltungsrechte sind einseitige Rechte einer (Vertrags-)Partei, durch die diese den Vertragsinhalt nachträglich verändern kann. Sie sehen oft ähnlich aus wie Anspruchsgrundlagen, unterscheiden sich jedoch dadurch, dass sie keinen Anspruch begründen, sondern lediglich Einfluss auf den Vertrag ermöglichen (z.B. Kündigung, Anfechtung, Rücktritt). Ihre Ausübung und das Vorliegen ihrer Voraussetzungen ist meist Tatbestand einer „Wirknorm".

Beispiel:
In § 346 Abs. 1 BGB steht: „Hat sich eine Vertragspartei vertraglich den Rücktritt vorbehalten oder steht ihr ein gesetzliches Rücktrittsrecht zu, so sind im Falle des Rücktritts die empfangenen Leistungen zurückzugewähren und die gezogenen Nutzungen herauszugeben."

Die Formulierung bedeutet, dass die Wirkung (Folgen des Rücktritts) erst infolge einer Ausübung des Rücktrittsrechts eintritt. Es handelt sich daher um ein Gestaltungsrecht.

---

98 Sh. hierzu etwa *Medicus/Lorenz*, Schuldrecht I, 20. Aufl., München 2012, Rn. 458.

4. Definitionen und andere „Hilfsnormen"[99]

Legaldefinitionen sind die gesetzlichen Definitionen von Begriffen, die im Gesetz verwendet werden. Sie geben selbst keinen Anspruch und bestimmen keine Rechtsfolge, sind aber sehr nützlich für die Auslegung einzelner Tatbestandsmerkmale und die Feststellung, ob diese vorliegen.

Verweisungsvorschriften verweisen lediglich auf andere Normen ohne eine Wirkung oder einen Anspruch zu beinhalten.

Beispiel:

§ 90 BGB lautet: „Sachen im Sinne des Gesetzes sind nur körperliche Gegenstände."

Die Vorschrift enthält weder einen Anspruch noch wird eine bestimmte Wirkung angeordnet. Es handelt sich um eine gesetzliche Definition (Legaldefinition).

5. Andere Rechtsgebiete

In **anderen Rechtsgebieten** (Strafrecht, Öffentliches Recht) sind die Normen ähnlich aufgebaut, heißen aber anders:

- Im **Strafrecht** gibt es Straftatbestände (Tatbestand-Rechtsfolge), sozusagen die „Anspruchsgrundlage" des Strafrechts (Strafanspruch des Staates), Definitionen, Wirknormen (solche, die alleine keine Strafbarkeit begründen, aber Einzelheiten regeln wie Teilnahme, Versuch, Irrtum etc.).
- Im **Öffentlichen Recht** sind subjektiv-öffentliche Rechte des Einzelnen (z.B. Grundrechte, Anspruch auf bestimmtes Verhalten der Verwaltung, z.B. Erteilung einer Baugenehmigung, Anspruch auf bestimmtes Verhalten von Staatsorganen) mit Anspruchsgrundlagen vergleichbar. Eine wichtige Rolle spielt jedoch insbesondere im Verfassungsrecht das objektive Recht, das bestimmte Grundsätze für die Rechts-oder Verfassungsmäßigkeit aufstellt, z.B. die Kompetenzabgrenzung in Art. 70 ff. GG. Definitionen und andere Hilfsnormen gibt es natürlich auch.

---

99 *Muthorst*, Grundlagen der Rechtswissenschaft, München 2011, S. 71; *Schwacke*, Juristische Methodik, 5. Aufl., Stuttgart 2011, S. 31.

III. Übungen zu den Normarten

Nehmen Sie Ihr Gesetz zur Hand und beantworten Sie folgende Fragen:
Lösungsvorschläge finden Sie im Lösungsteil (LÖSUNG 7, S. 222)

1. Um welche Art von Normen handelt es sich bei § 985 BGB, § 433 I BGB, § 90 BGB, § 104 BGB, § 142 I BGB, § 119 I BGB, § 11 I Nr. 1 StGB, § 23 StGB, § 19 StGB, § 303 StGB, Art. 5 I 1 GG, Art. 72 I GG?

    _____

    _____

    _____

    _____

    _____

2. Wonach ist in folgenden Fällen aus Übung 1 zum Syllogismus (S. 32) gefragt (Anspruch, Definition, Gestaltungsrecht, Wirknorm, etc.)? Nr. 2, 4, 5, 13, 14, 15, 16, 17, 18, 19.

    _____

    _____

    _____

    _____

    _____

> **Weiterführende Literatur zum Aufbau von Normen und den Normarten finden Sie bei:** _Czerny/Freiling_, JuS 2012, 879; _Jaensch_, Grundzüge des Bürgerlichen Rechts, 3. Aufl., Heidelberg 2012, S. 14; _Lagodny_, Gesetzestexte suchen, verstehen und in der Klausur anwenden, 2. Aufl., Berlin 2012, S. 152 ff.; _Kaiser_, Bürgerliches Recht, 11. Aufl., Heidelberg 2007, S. 18 f., 30 ff. und _Leenen_, JURA 2011, 723.

IV. Verständnis von Normen

In der Klausur hilft es Ihnen nicht viel, nur die richtige zu Norm finden.[100] Vielmehr müssen Sie als Rechtsanwender diese Normen auch verstehen und richtig anwenden können.

1. Sprachliches Verständnis

Sicher haben Sie schon einmal eine Rechtsnorm gelesen, die Sie rein sprachlich nicht verstanden haben. Dies liegt einerseits daran, dass Normen in einer speziellen Fachsprache formuliert sind. Diese aus einer Aufteilung in Tatbestand und Rechtsfolge bestehende „Verschlüsselung" von Rechtsnormen ha-

---

[100] Weiterführend hierzu _Lagodny_, Gesetzestexte suchen, verstehen und in der Klausur anwenden, 2. Aufl., Berlin 2012, S. 55 ff.

ben wir im vorhergehenden Abschnitt „geknackt". Andererseits sind Normen erst in ihrem Gesamtzusammenhang verständlich.[101]
Dies wollen wir uns anhand eines kleinen Falles ansehen:[102]

> Anton (A) hatte sich im Baumarkt einen Kaktus gekauft. Als er ihn zu Hause auf das Fensterbrett stellen wollte, lief der Kaktus plötzlich davon. Der Kaktus blieb dann aber abends immer an seinem Platz stehen. Seit zwei Wochen bewegt sich der Kaktus nicht mehr. A fragt sich, ob er wirklich einen Kaktus gekauft hat. Wie ist die Rechtslage?

Schauen wir uns dazu eine (etwas ungewöhnliche) Rechtsnorm an:

> (1) Ein Kaktus, der wegläuft, ist ein Igel.
> (2) Ein Kaktus, der dauerhaft nicht wegläuft, ist entweder ein Kaktus oder ein toter Igel.
> (3) Sollte es sich bei dem bewegungsunfähigen Kaktus tatsächlich um einen toten Igel handeln, bleibt die weitere Verwendung des toten Igels als Kaktus dem Besitzer unbenommen.[103]

---

i Beantworten Sie nun die gestellte Frage und schreiben Sie Ihre Gedankenschritte auf.

Gefragt ist in unserem Fall danach, ob es sich um einen Kaktus handelt. Wir müssen aus der Norm jetzt alle Sätze herausfiltern, aus denen sich die Rechtsfolge „Kaktus" ergibt. Absatz 1 der Vorschrift nennt als Rechtsfolge „ist ein Igel". Danach haben wir nicht gesucht.

Besser ist Absatz 2. Darin steht, dass ein Kaktus, der nicht wegläuft, ein Kaktus oder ein toter Igel ist. Rechtsfolge ist also „Kaktus oder toter Igel". Wir suchen nach „Kaktus". Die Rechtsfolge passt also. Unser Gegenstand läuft dauerhaft nicht mehr weg. Die Tatbestandsvoraussetzungen sind erfüllt.

Es stellt sich nun aber noch die Frage, ob es sich um einen Kaktus oder einen toten Igel handelt. Absatz 2 unserer Norm beantwortet die Frage nicht. Wir brauchen daher noch eine andere Norm, die wir jetzt also, als Definition von „Igel" oder „Kaktus", innerhalb des Absatzes 2 anwenden. Weiterhelfen kann uns diesbezüglich Absatz 1, eine Legaldefinition von Igel. Absatz 1 sagt uns nämlich, dass ein Kaktus, der wegläuft, ein Igel ist. In unserem kleinen Fall ist der Gegenstand zuerst weggelaufen. Er war also nach Absatz 1 Igel. Jetzt läuft er nicht mehr weg und kann daher nur toter Igel sein. A hat sich folglich keinen Kaktus gekauft.

---

101 *Zippelius*, Juristische Methodenlehre, 11. Aufl., München 2012, S. 35 f.
102 Nach: *Koczwara*, Am achten Tag schuf Gott den Rechtsanwalt, München 2012, S. 14.
103 *Koczwara*, Am achten Tag schuf Gott den Rechtsanwalt, München 2012, S. 14.

Dieser kleine Fall bringt für uns zwei Erkenntnisse:

Die juristische Fachsprache, d.h. die Sprache von Rechtsnormen weicht von der Alltagssprache ab.[104] Sie hätten sicher nie gedacht, dass ein Kaktus rein rechtlich ein toter Igel sein kann.

Rechtsnormen sind außerdem nicht aus sich heraus verständlich, sondern nur in ihrem (teilweise) sehr komplexen Zusammenspiel mit anderen Vorschriften und der Systematik des oder der Gesetze/s selbst. Wir mussten mehrere Normen zusammen lesen, um den Fall lösen zu können.

Betrachtet man nur den Wortlaut von Gesetzen und liest man ihn allein mittels der Alltagssprache, können sich, wegen möglicherweise abweichender Bedeutung(en), juristische Fehler einschleichen.

---

2. Juristisches Verständnis

Zum rein sprachlichen Verständnis, das uns die Lösung des „Igel-Falles" ermöglicht hat, muss nun aber, zum Verständnis einer Norm, noch juristisches Verständnis hinzukommen. Es können nämlich nicht alle Details im Gesetz stehen. Selten sind Gesetze so komplett wie in unserem „Igel-Fall". Gesetze bestehen aus Wörtern, aber diese Wörter sind nicht immer so aussagekräftig, wie man zunächst denken könnte.

Hier ein Beispiel:

---

104 *Kieselbach*, in: *Bäcker/Klatt/Zucca-Soest* (Hrsg.), Sprache – Recht – Gesellschaft, Tübingen 2012, S. 233 (251); *Schnapp*, JURA 2011, 422 (425).

Dieses Verkehrsschild ordnet an, dass bei Nässe nur mit Tempo 80 zu fahren ist. Das Schild sagt uns aber nicht, was der Passus „bei Nässe" genau bedeutet: Überschwemmung der Straße, bereits eine Straße voller kleiner Regentröpfchen oder auch Schneematsch? Die Sprache stößt hier also an eine Grenze, die der Jurist überwinden muss, um zu seinem Gutachten (dem Ziel einer Klausur!) zu kommen.

Für das Verstehen von Rechtsnormen mit mehrdeutigem Wortlaut gibt es mehrere Hilfsmittel:

Um den Aufbau des Gesetzes richtig nachzuvollziehen, wendet der Jurist **Schemata** an. Die Anwendung von Schemata hilft, verschiedene gesetzliche Bestimmungen oder Tatbestandsmerkmale in der richtigen Reihenfolge anzuwenden (z.B. durch Beachtung des Zusammenspiels von Anspruchsgrundlagen und Wirknormen).[105] Mehr dazu erfahren Sie auf S. 90 ff.

Ist der Wortlaut, auch nach Anwendung des richtigen Schemas, immer noch nicht ganz klar, so legt der Jurist die Norm aus (**Auslegung**). Zusätzlich zur Auslegung gibt es noch mehrere juristische Argumentationsmethoden, die eingreifen, wenn die Bedeutung der Rechtsnorm auch durch Auslegung nicht endgültig zu ermitteln ist (**Analogie usw.**). Diese juristischen Argumentationshilfen werden Ihnen auf S. 118 ff. ausführlich vorgestellt.

! Rechtsnormen zu verstehen bedeutet mehr als nur ihren Wortlaut zu kennen! Bei der Ermittlung des Sinnes von Rechtsnormen können sich Fehler einschleichen.

D. Systematische Fehler – (Un)strukturierte Zusammenstellung der Teile eines Gutachtens

---

⚡ Machen Sie nicht den Fehler,
– Wissen anzusammeln, ohne sich darüber im Klaren zu sein, an welcher Stelle Sie das Wissen in der Klausur anbringen können,
– in der Klausur nicht zu wissen, wie Sie die Klausur aufbauen können,
– unsystematisch zu prüfen,
– Erlerntes einfach irgendwo in der Klausur hinzuschreiben,
– nicht zu wissen, wie Sie das leere Blatt in der Klausur füllen können,
– sich beim Lernen keinen Gedanken über die Verortung der Probleme zu machen.

---

105 Zur Erleichterung des Gesetzesverständnisses durch den Anspruchsaufbau sh. *Leenen*, JURA 2011, 723; sehr kritisch zur Verwendung von Schemata *Schimmel*, Juristische Klausuren und Hausarbeiten richtig formulieren, 10. Aufl., München 2012, Rn. 416.

Schemata stehen nicht im Gesetz, ergeben sich jedoch häufig aus der Systematik, dem Zusammenspiel von Normen oder der Dogmatik zu einzelnen Paragraphen. Sie sind sozusagen Hilfsgerüste, mittels derer man das Gutachten und das Denken bei einer gutachterlichen Prüfung strukturieren kann. Es gibt für jedes Rechtsgebiet spezifische Schemata, die man auswendig können sollte und die dann den Einstieg in die Prüfung erleichtern. Sie verhindern, dass man etwas vergisst. Diese Schemata wollen wir Ihnen erläutern und deren Beherrschung mit Ihnen einüben.

Die gängigen Schemata sollten Sie sich einprägen. Sie haben dann, gleich zu Beginn der Klausur, die Möglichkeit, das im Fall relevante Schema auf das Blatt zu schreiben und die einzelnen Prüfungspunkte dem Grundschema zuzuordnen. So steht am Anfang schon etwas auf dem Blatt und Ihre „Angst vor der Klausur" schwindet. **!**

Sie sollten die Schemata aber nicht einfach auswendig lernen, sondern Sie oft genug anwenden, um sie zu verstehen![106] Auch sind Schemata nur für bestimmte Fallkonstellationen und für einfacher gelagerte Sachverhalte übertragbar.[107]

I. Rechtsgebietsübergreifende Schemata

Es gibt zwei Schemata, die für alle Rechtsgebiete nutzbar sind:
– Mit der Frage „Wer will was von wem woraus?" lässt sich häufig der erste Obersatz herausfinden (sh. hierzu bereits oben S. 36).
– Klagen und Rechtsbehelfe prüft man ebenfalls immer nach einem bestimmten Schema (Zulässigkeit und Begründetheit).

1. Schema zum Herausfinden des Obersatzes im Zivilrecht
Durch die Frage „Wer will was von wem woraus?" lassen sich auf einfache Weise alle für einen Obersatz wichtigen Elemente aus dem Sachverhalt herausfiltern.

Beispiel: Anna kauft beim Bäcker 2 Brezeln für 1,20 €. Wie ist die Rechtslage?

---

106 So auch *Lagodny*, Gesetzestexte suchen, verstehen und in der Klausur anwenden, 2. Aufl., Berlin 2012, S. 186 f.
107 *Schwerdtfeger*, Öffentliches Recht in der Fallbearbeitung, 14. Aufl., München 2012, S. 4 f.; *Schimmel*, Juristische Klausuren und Hausarbeiten richtig formulieren, 10. Aufl., München 2012, Rn. 414.

Wer?	Anna	Bäcker	Anspruchsteller
Was?	Eigentum Brezeln	Eigentum Geld	Anspruchsziel
Von Wem?	Bäcker	Anna	Anspruchsgegner
Woraus?	§ 433 I 1 BGB	§ 433 II BGB	Anspruchsgrundlage

Beim Bilden des Obersatzes füllen Sie nun einfach das Schema aus: „Anna könnte gegen den Bäcker einen Anspruch auf Übergabe und Übereignung der Brezeln aus § 433 Abs. 1 S. 1 BGB haben."

2. Schema zum Herausfinden des Obersatzes im Öffentlichen Recht
Ebenso können Sie im Öffentlichen Recht vorgehen.

Wer?	Anspruchsteller/Betroffener
Bei wem?	Anspruchsgegner/Behörde/Staat
Was?	Begehren/Rechtsschutz
Woraus?	Anspruchsgrundlage/Rechtsnorm

3. Schema zum Herausfinden des Obersatzes im Strafrecht[108]
Auch für das Strafrecht gibt es ein Schema zum Merken/Bilden des Obersatzes.

Wer?	Der oder die Täter
Wodurch?	Verhalten, an das eine Strafbarkeit anknüpfen kann
Wie?	Straftatbestände

4. Schema zur Prüfung von Klagen oder anderen Rechtsbehelfen
Klagen und Rechtsbehelfe (egal in welchem Rechtsgebiet) prüft man zunächst immer nach dem Schema Zulässigkeit – Begründetheit. Dieser Aufbau ist Ihnen vermutlich bereits aus den Veranstaltungen zum Staatsrecht bekannt.

? Überlegen Sie an dieser Stelle kurz, ob Sie einem Nichtjuristen den Unterschied zwischen „Zulässigkeit" einer Klage und „Begründetheit" einer Klage in einfachen Worten erklären könnten. Lösungsanregungen finden Sie gleich anschließend.

---

108 *Pense*, Methodik der Fallbearbeitung, 2. Aufl., Münster 2009, S. 27.

a) Zulässigkeit

Unter diesem Prüfungspunkt werden die Voraussetzungen geprüft, unter denen die Klage oder der Rechtsbehelf zulässig ist. D.h.: Wird meine Klage/mein Rechtsschutzbegehren bei Gericht überhaupt zur weiteren Prüfung angenommen? Wird sich das Gericht damit beschäftigen? Werde ich mit meiner Beschwerde über eine Rechtsverletzung überhaupt gehört? Oder fehlt es an einer entscheidenden Voraussetzung, um gerichtlichen Rechtsschutz erlangen zu können? Grundüberlegung ist hierbei die Garantie aus Art. 19 Abs. 4 GG, dass jedenfalls gegen Akte öffentlicher Gewalt effektiver Rechtsschutz gewährleistet werden muss. Ist die Klage unzulässig, findet keine Sachentscheidung über eine mögliche Rechtsverletzung statt.

b) Begründetheit

Hier erfolgt die inhaltliche Prüfung. D.h.: Habe ich in der Sache mit meinem Begehren Recht? Besteht z.B. der geltend gemachte Anspruch oder die gerügte Rechtsverletzung?

Beispiel aus dem Zivilrecht:
Das komplette Prüfungsschema bei einer Klage des A gegen B auf Kaufpreiszahlung von 500 € sieht dann z.B. folgendermaßen aus:
A. Zulässigkeit
    I.   Eröffnung des Zivilrechtswegs (§ 13 GVG)
    II.   Sachliche Zuständigkeit (§§ 23, 71 GVG)
    III. Örtliche Zuständigkeit (§§ 12 ff. ZPO)
    IV. Parteifähigkeit (§ 50 ZPO)
    V.   Prozessfähigkeit (§ 51 ZPO)
    VI. Prozessführungsbefugnis (§ 51 Abs. 1 ZPO)
    VII. Rechtsschutzbedürfnis
    VIII. Keine entgegenstehende Rechtskraft (§ 322 ZPO)
    IX. Keine anderweitige Rechtshängigkeit (§ 261 Abs. 3 Nr. 1 ZPO)
B. Begründetheit
    Hier wird geprüft, ob A gegen B einen Anspruch auf Kaufpreiszahlung i.H.v. 500 € hat.

Beispiel aus dem öffentlichen Recht:
Verfassungsbeschwerde eines Einzelnen gegen Grundrechtsverstoß. Klageart zur Geltendmachung von Grundrechtsverstößen durch den Bürger ist die Verfassungsbeschwerde, Art. 93 Abs. 1 Nr. 4a GG i.V.m. § 13 Nr. 8a BVerfGG.

Die Verfassungsbeschwerde hat Aussicht auf Erfolg, wenn sie zulässig und begründet ist. Das Bundesverfassungsgericht ist enumerativ zuständig für die Verfassungsbeschwerde gem. Art. 93 Abs. 1 Nr. 4a GG i.V.m. § 13 Nr. 8a BVerfGG. Hinzu kommen noch (je nach Klageart) spezielle Zulässigkeitsvoraussetzungen wie die Rechtswegerschöpfung bei der Verfassungsbeschwerde.

A. Zulässigkeit
  I. Zuständigkeit (des BVerfG, Art. 93 Abs. 1 Nr. 4a GG i.V.m. §§ 13 Nr. 8a, 90 ff. BVerfGG)
  II. (Beschwerde-)Berechtigung, Art. 93 Abs. 1 Nr. 4a GG i.V.m. § 90 Abs. 1 BVerfGG
      (bei kontradiktorischen Verfahren auch des (richtigen) Antraggegners)
  III. (Beschwerde-)Gegenstand, Art. 93 Abs. 1 Nr. 4a GG i.V.m. § 90 Abs. 1 BVerfGG: Akt der „öffentlichen Gewalt"
  IV. (Beschwerde-)Befugnis, Art. 93 Abs. 1 Nr. 4a GG i.V.m. § 90 Abs. 1 BVerfGG: Behauptung einer Rechtsverletzung
  V. Sonstige, besondere Zulässigkeitsvoraussetzungen, z.B. Rechtswegerschöpfung Art. 94 Abs. 2 GG, § 90 Abs. 2 BVerfGG
  VI. Form, §§ 23 Abs. 1 S. 2, 92 BVerfGG
  VII. Frist, § 93 Abs. 3 BVerfGG

B. Begründetheit
   In der Begründetheit wird überprüft, ob das gerügte staatliche Verhalten (Beschwerdegegenstand) gegen die Grundrechte (und grundrechtsähnlichen Rechte) des Beschwerdeführers verstößt.

! **Tipp:** Gerade im öffentlichen Recht, das in der Zulässigkeitsprüfung nach Gegenstand, Befugnis und Berechtigung unterscheidet, ist es oft sehr einfach, den ersten Obersatz der Begründetheitsprüfung zu bilden: Die Klage/der Antrag/die Beschwerde ist begründet, wenn der <Berechtigte> mit seiner Behauptung, dass der <Gegenstand> gegen die bei der <Befugnis> genannten Normen verstößt, inhaltlich Recht hat.

II. Schemata im Zivilrecht

1. Schema für den Anspruchsaufbau

Im Zivilrecht prüft man Ansprüche immer nach folgendem Schema:[109]

I. Anspruch entstanden
   Der Anspruch ist entstanden, wenn alle Voraussetzungen der Anspruchsgrundlage vorliegen.

---

109 Sh. hierzu *Petersen*, JURA 2008, 180 und *Petersen*, JURA 2008, 422.

II. Anspruch erloschen

Der Anspruch ist erloschen, wenn sog. rechtsvernichtende Einwendungen eingreifen. Das sind Normen aus dem materiellen Recht, die den Anspruch zu Fall bringen.

III. Anspruch durchsetzbar

Der Anspruch ist nicht durchsetzbar, wenn seine Durchsetzung an dauerhaften oder vorübergehenden Einreden scheitert. Die Besonderheit an den Einreden besteht darin, dass sie im Prozess ausdrücklich geltend gemacht werden müssen. Den Punkt „Anspruch durchsetzbar" prüft der Richter also nur, wenn die Parteien eine Einrede geltend machen. Die Punkte „Anspruch entstanden" und „Anspruch erloschen" prüft der Richter von Amts wegen.

Lesen Sie die nachfolgenden Vorschriften genau durch. Wo sind diese in das oben genannte Schema zum Anspruchsaufbau einzuordnen, d.h. betreffen die Normen den Punkt „Anspruch entstanden" oder den Punkt „Anspruch erloschen" oder den Punkt „Anspruch durchsetzbar"?

Einen Lösungsvorschlag finden Sie im Lösungsteil (LÖSUNG 8, S. 222).

---

§ 214 BGB Wirkung der Verjährung
(1) Nach Eintritt der Verjährung ist der Schuldner berechtigt, die Leistung zu verweigern.

§ 138 BGB Sittenwidriges Rechtsgeschäft; Wucher
(1) Ein Rechtsgeschäft, das gegen die guten Sitten verstößt, ist nichtig.

§ 346 BGB Wirkungen des Rücktritts
Hat sich eine Vertragspartei vertraglich den Rücktritt vorbehalten oder steht ihr ein gesetzliches Rücktrittsrecht zu, so sind im Falle des Rücktritts die empfangenen Leistungen zurückzugewähren.

Lesen Sie die nachfolgenden Sachverhalte genau durch. Zu welchem Punkt des Anspruchsaufbaus (Anspruch entstanden, Anspruch erloschen, Anspruch durchsetzbar) müssen Sie Normen suchen?

Einen Lösungsvorschlag finden Sie im Lösungsteil (LÖSUNG 9, S. 223).

---

1) Der 17-jährige A kauft von B ein Motorrad für 10.000 €. B verlangt daher Zahlung des Kaufpreises von A. Dieser fragt sich nun, ob das Verlangen des B berechtigt ist.

2) Abwandlung zu Fall 1): A hat den Kaufpreis bereits bezahlt. B verlangt nochmals Zahlung.
Zu Recht?

3) Weitere Abwandlung zu Fall 1): In Fall 1) fragt B sich, ob er vor Zahlung des Kaufpreises verpflichtet ist, das Motorrad zu übergeben und zu übereignen.

2. Prüfungsreihenfolge der verschiedenen Ansprüche

Viele weitere Informationen zum Anspruchsaufbau finden Sie bei *Petersen*, JURA 2008, 180 und *Petersen*, JURA 2008, 422 sowie *Rüthers/Stadler*, Allgemeiner Teil des BGB, 17. Aufl., München 2011, § 10 Rn. 8.

Kommen für eine Falllösung mehrere Anspruchsgrundlagen in Betracht, so werden diese in einer bestimmten Reihenfolge geprüft:

I. Vertragliche Ansprüche
Ansprüche, die sich aus einer vertraglichen Einigung ergeben (beispielsweise aus einem Kaufvertrag gemäß § 433 BGB).

II. Vertragsähnliche Ansprüche
Ansprüche, die strukturell Parallelen zum Vertragsrecht aufweisen (beispielsweise die Haftung eines Vertreters ohne Vertretungsmacht gemäß § 179 BGB).

III. Ansprüche aus Geschäftsführung ohne Auftrag
Ansprüche aus der echten berechtigten Geschäftsführung ohne Auftrag (§§ 683, 670, 677 BGB) stellen einen Rechtfertigungsgrund dar und sind daher vor dem Deliktsrecht zu prüfen. Ebenso begründen sie ein Recht zum Besitz und sind somit auch vor dinglichen Ansprüchen zu prüfen.

IV. Dingliche Ansprüche
Ansprüche, die aus dem Eigentümer-Besitzer-Verhältnis stammen oder die auf Herausgabe einer Sache (§§ 985, 861, 1007 BGB) gerichtet sind.

V. Ansprüche aus dem Deliktsrecht
Ansprüche aus dem Deliktsrecht (§§ 823 ff. BGB) sind auf unerlaubten Handlungen basierende Schadensersatzansprüche.

VI. Ansprüche aus dem Bereicherungsrecht
Ansprüche aus dem Bereicherungsrecht (§§ 812 ff. BGB) nehmen kein Vorrangverhältnis zu den Ansprüchen aus dem Deliktsrecht ein. Bezieht sich die Prüfung auf Schadensersatzansprüche, so bietet sich eine vorrangige Prüfung des Deliktsrechts an. Bei der Prüfung von Herausgabeansprüchen kommt hingegen eher das Bereicherungsrecht in Betracht.

Zu Beginn des Studiums werden Sie mit den oben genannten Ansprüchen (außer mit vertraglichen Ansprüchen) nicht allzu viel anfangen können. Dies ist aber kein Problem. Sie werden nach und nach die verschiedenen Anspruchsgrundlagen kennenlernen.

An einem kleinen Fall wollen wir Ihnen zeigen, wie das Schema in der Klausurpraxis funktioniert.

Probieren Sie doch selbst einmal aus, wie Sie die Ansprüche, die Sie nach dem Schema „wer will was von wem woraus" gefunden haben, systematisch anordnen und nacheinander prüfen können:

Einen Lösungsvorschlag finden Sie im Lösungsteil (LÖSUNG 10, S. 223).

A trifft seinen Bekannten B auf der Straße. Dieser bietet ihm an, ihn in seinem Auto mitzunehmen. A willigt ein, steigt in das Auto und legt seine wertvolle Tasche auf der Rückbank ab. Nach einigen gefahrenen Kilometern beschleunigt B, kommt von der Straße ab und prallt gegen einen Baum. B bleibt dabei unverletzt; A erleidet jedoch eine Schulterverletzung und muss in Begleitung notärztlicher Hilfe ins Krankenhaus gebracht werden. Als Selbstzahler verlangt er von B die Erstattung der entstanden Behandlungskosten. B ist über das Verhalten des A so sehr empört, dass er die Herausgabe der von ihm in seinem Auto zurückgelassenen Tasche verweigert.

Wie ist die Rechtslage?

3. Historischer Aufbau

Insbesondere bei der Prüfung der Eigentumslage prüft man chronologisch die einzelnen Erwerbsvorgänge. Ähnliches kann im Erbrecht bei der Prüfung mehrerer Testamente sinnvoll sein.

Die Überschriften in einem Fall, in dem der Eigentumserwerb einer beweglichen Sache gemäß § 929 S. 1 BGB zu prüfen ist, lauten dann etwa wie folgt:

1. Eigentumserwerb des K von V durch Aushändigung der Uhr am 14.4.2011
2. Eigentumserwerb des K von V durch Ansichnahme der Uhr am 15.4.2011
3. etc.

4. Aufbau für die Prüfung von Fristen

Fristen kann man nach folgendem Schema prüfen:
– Fristbeginn
– Fristdauer
– Fristende

5. Schema für die Prüfung von Gestaltungsrechten

Gestaltungsrechte sind relative Rechte, die deren Inhaber die Möglichkeit geben, einseitig auf eine „bestehende Rechtslage einzuwirken."[110] Sie erfordern immer einen bestimmten Grund sowie die Ausübung.

Sie können daher nach folgendem (Grund-)Schema geprüft werden:
- Grund (z.B. Anfechtungsgrund)
- Erklärung (z.B. Anfechtungserklärung)

Sie sehen, dass Sie sich Schemata auch selbst anhand bestimmter Rechtsvorschriften und Rechtsfiguren herleiten können. In der Klausur ist es aber eine große Hilfe, gängige Schemata im Kopf zu haben und sofort wiedergeben zu können.

Auf dem Klausurblatt steht dann zumindest schon einmal ein Schema, dem man die Probleme nur noch zuordnen muss!

III. Schemata im Öffentlichen Recht

Auch bzw. gerade im öffentlichen Recht kommt man in vielen Klausuren mit Schemata sehr weit, um die angesprochenen Probleme einer strukturierten Lösung zuzuführen.

1. Rechtmäßigkeits- oder Verfassungsmäßigkeitsprüfung

Eine Rechtmäßigkeits- oder Verfassungsmäßigkeitsprüfung wird im öffentlichen Recht häufig im Rahmen der Begründetheitsprüfung vorgenommen.
1. Formelle Verfassungsmäßigkeit/Rechtmäßigkeit
2. Materielle Verfassungsmäßigkeit/Rechtmäßigkeit

Innerhalb der formellen Verfassungs- bzw. Rechtmäßigkeit:
1. Zuständigkeit
2. Verfahren
3. Form

---

110 *Brox/Walker*, Allgemeiner Teil des BGB, 37. Aufl., München 2013, S. 272.

Überlegen Sie, an welcher Stelle in der Prüfung der Verfassungsmäßigkeit eines Gesetzes **?**
folgende Informationen/Normen eine Rolle spielen und ordnen Sie diese in das Schema ein:
Art. 72 Abs. 2 GG; Art. 5 Abs. 3 GG; das Gesetz wurde vom Bundespräsidenten ausgefertigt; es handelt sich um ein Zustimmungsgesetz; Art. 74 Abs. 1 Nr. 13 GG; Art. 77 Abs. 2a GG.

Einen Lösungsvorschlag finden Sie im Lösungsteil (LÖSUNG 11, S. 225).

2. Prüfung von Grundrechtsverletzungen

1. Schutzbereich
2. Eingriff
3. Rechtfertigung
   a) Gesetzesvorbehalt/Schrankenregelung
   b) Schranken-Schranken/Verhältnismäßigkeit

Lesen Sie folgende kurze Fälle und überlegen Sie, zu welchen Gliederungspunkten Sie hier **?**
jeweils Informationen erhalten:
1. R ist selbstständige Hufpflegerin. Als das Bundesministerium ein Verbot der Hufpflege durch
   ungeprüfte Hufpfleger in einer Rechtsverordnung beschließt mit der Begründung, Hufpflege
   sei schon per se keine eigene berufliche Tätigkeit, sondern eine von Tierpflegern im Rahmen
   ihres Berufes zu erfüllender Bestandteil der Pflegetätigkeit, möchte sie dagegen vorgehen.
2. Das Gericht erlässt einen Strafbefehl gegen S wegen Beleidigung mit der Begründung,
   seine Behauptung „Die Kanzlerin sei ‚dem Deutschland seina Mudda'" setze die Ehre und
   Würde der Bundeskanzlerin in der Öffentlichkeit herab. Liegt hierin ein Verstoß gegen
   Grundrechte?

Einen Lösungsvorschlag finden Sie im Lösungsteil (LÖSUNG 12, S. 225).

3. Schema für sonstige materielle Verfassungsverstöße

Dieses Schema funktioniert nicht immer, jedoch in einer Vielzahl von Fällen, so
dass es durchaus als Grundschema für die materielle Verfassungsmäßigkeitsprüfung (außerhalb der Grundrechtsprüfung) angesehen werden kann.
1. Anwendungsbereich/Inhalt des geschützten Rechts
2. Beeinträchtigung des Rechts durch eine andere (staatliche) Maßnahme (eines anderen Verfassungsorgans oder eines Gesetzes)
3. Rechtfertigung der Beeinträchtigung durch ein im konkreten Fall überwie-
   gendes anderes Verfassungsprinzip/Verfassungsgut

4. Schema für die Verhältnismäßigkeitsprüfung

1. Legitimer Zweck
2. Geeignet

3. Erforderlich, d.h. kein milderes, gleich effektives Mittel
4. Angemessenheit/Verhältnismäßigkeit im engeren Sinn

IV. Schemata im Strafrecht

---

i Die Verwendung von Schemata können Sie sich – am Beispiel des Strafrechts – in einem Lehrfilm ansehen.

http://kompetenztraining-jura.martin-zwickel.de/schemata/

Jeder Tatbestand ist aufzuführen, i.d.R. nach folgendem Schema:

1. Tatkomplexe
Ist der Sachverhalt in Tatkomplexe (unabhängige, in sich geschlossene Lebenssachverhalte) aufteilbar, sollte dies in der Falllösung auch gemacht werden, z.B.:

1. Tatkomplex: Das Geschehen in der Wohnung des R/Die Schläge gegen P
2. Tatkomplex: Das Geschehen auf der Sparkasse/Die Wegnahme der Tasche

In den Überschriften der Tatkomplexe möglichst technische Begriffe (z.B. Diebstahl, Raub, Mord etc.) vermeiden. Schließlich soll erst geprüft werden, was geschehen ist.

2. Weitere Schemata
Bei mehreren Tatbeteiligten sollte man immer mit dem Tatnächsten, also dem, der direkt gehandelt hat, anfangen und dann alle Delikte prüfen, die dieser verwirklicht hat.

Innerhalb dieser Grobgliederung ist in der Regel das schwerere vor dem leichteren Delikt zu prüfen, zumindest soweit es um dieselbe Rechtsgutsverletzung geht.

Außerdem beginnt man normalerweise mit dem vollendeten Delikt vor dem Versuch.

Im Strafrecht gibt es v.a. ein Schema für das vorsätzliche Erfolgsdelikt:
I. Tatbestand
  1. Objektiver Tatbestand
  2. Subjektiver Tatbestand
II. Rechtswidrigkeit
III. Schuld

Weitere Schemata für Deliktsgruppen werden Sie im Laufe Ihres Studiums kennenlernen – wenn Sie mehr darüber erfahren möchten, finden Sie Schemata im Anhang von *Wessels/Beulke*, Strafrecht AT.[111]

E. Fehler bei der Rechtsanwendung II: Problemlösung, Gewichtung und Zeitnot

Machen Sie nicht den Fehler,
- zu Beginn der Klausur so detailliert zu schreiben, dass Sie nicht fertig werden,
- zu jedem Problem(chen) einen vollständigen Streitentscheid zu schreiben,
- an wirklich problematischen Stellen aus Mangel an Argumenten oder Mangel an Zeit nur knapp das Ergebnis niederzuschreiben,
- aus Angst vor dem Urteilsstil auch einfache Feststellungen mit einem langen Obersatz einzuleiten,
- Ihre fundierten Rechtskenntnisse ohne Fallbezug einzubringen,
- einen Meinungsstreit ohne Fallbezug oder ohne konkretes Ergebnis zu reproduzieren,
- ohne Gliederung wesentliche Gesichtspunkte des Falls zu übersehen,
- in der Klausur zu übersehen, dass genau das von Ihnen gelernte „Problem" abgeprüft wurde.

I. Klausurfahrplan – wie löse ich eine Klausur?

Zur guten Klausur gehört neben dem Gutachtenstil auch eine gute Klausurtechnik. Darunter versteht man das Wissen darum, wie man bei der Bearbeitung einer Klausur vorzugehen hat, wie man die in Vorlesungen, Übungen und in häuslicher Vorbereitung erarbeiteten Rechtskenntnisse am besten (und Punkte einbringend) präsentiert und wie Besonderheiten, wie z.B. ein Meinungsstreit und andere argumentationsbedürftige Fragestellungen in der Klausurbearbeitung Berücksichtigung finden.

---

111 Vgl. *Wessels/Beulke/Satzger*, Strafrecht, Allgemeiner Teil, 43. Aufl., Heidelberg 2013, S. 352 ff.

---

i Den Fahrplan zur Klausurbearbeitung können Sie sich auch als Video ansehen:

http://kompetenztraining-jura.martin-zwickel.de/fahrplan/

---

1. Vorbemerkungen

a) Dieser „Fahrplan" ist nur ein Vorschlag – entstanden aus der Erfahrung unserer eigenen Examenslerngruppe. Jeder sollte selbst ausprobieren, ob eine andere Vorgehensweise persönlich besser ist. Betrachten Sie das Klausurschreiben als Teil Ihres Lernens.[112] Für eine erfolgreiche Juraklausur kommt es eben nicht nur auf das Fachwissen an, sondern v.a. darauf, dass Sie in einer Klausur entschlüsseln, wonach gefragt ist und Ihr Wissen und die Methodik, die wir Ihnen in den anderen Teilen dieses Buchs gezeigt haben, anwenden können. Reflektieren Sie deshalb bei jeder (korrigierten) Klausur, was Sie anders machen sollten und versuchen Sie bewusst, dies bei der nächsten Übungsklausur zu ändern.

b) **Zeiteinteilung:** Zeitprobleme sind oft das größte Problem in Klausuren und wirken sich immer negativ auf das Ergebnis aus (v.a. bei Klausuren im Öffentlichen Recht, wo das Wichtigste, die Verhältnismäßigkeitsprüfung oder Prüfung der materiellen Rechtmäßigkeit oft am Ende kommt). Wichtig ist auf jeden Fall, dass Sie nicht sofort mit dem Schreiben beginnen, sondern Ihnen genügend Zeit zum Nachdenken und Überlegen bleibt. Es hat sich bewährt, 2/5 der Bearbeitungszeit zum Überlegen, 3/5 für die Niederschrift zu nehmen. Probieren Sie aber durchaus, welcher Typ (schneller Schreiber oder schneller Denker) Sie sind und passen Sie den Vorschlag sich und der Klausur an.[113] V. a. sollten Sie „Ihre individuelle Zeiteinteilung" unbedingt selbst durch „scharfen" Test bei einer Übungsklausur probieren.[114]

Im Notfall: Nach der Hälfte der Zeit muss allerspätestens die Niederschrift begonnen werden, selbst wenn die Gliederung nicht fertig ist.

---

112 *Lange*, Jurastudium erfolgreich, 7. Aufl., München 2012, S. 241.
113 Ähnlich *Putzke*, Juristische Arbeiten erfolgreich schreiben, 4. Aufl., München 2012, S. 6.
114 Andere Zeitangaben finden sich etwa bei *Lange*, Jurastudium erfolgreich, 7. Aufl., München 2012, S. 283 f. m.w.N.

c) **Charakteristik der Juraklausur:** Sie können den Klausursachverhalt besser entschlüsseln und die Klausur besser lösen, wenn Sie sich einmal in den Klausurersteller hineinversetzen. Wie wird eine Klausur erstellt? Anders als bei den Klausuren, die Sie aus der Schule oder aus anderen Studienfächern kennen, fragt eine Juraklausur kein gelerntes Wissen nach Stichpunkten ab (Ausnahme sind Klausuren mit Fragenteil). Vielmehr möchte man prüfen, ob Sie, wie später im Berufsleben, in der Lage sind, tatsächliche Sachverhalte in rechtliche Fragestellungen zu „übersetzen". Der Sachverhalt ist jedoch „künstlich", da er die Fragen zum Prüfungsstoff verpackt und nicht einfach willkürlich eine „wahre" Geschichte zur Prüfung stellt. Der Klausurersteller denkt sich also zunächst die rechtlichen Fragen und Probleme aus, die er abprüfen möchte (z.B. Voraussetzungen der Anfechtung, Auslegung, Schadensersatz, invitatio ad offerendum). Dann denkt er sich eine „Geschichte" darum aus, fragt also nicht: „Was passiert, wenn eine Willenserklärung angefochten wird?", sondern erzählt, dass „A erkennt, dass er sich getäuscht hat und nun B gegenüber erklärt, er wolle nicht am Vertrag festhalten."

Ihre Aufgabe ist es nun, diese Fragen zu entschlüsseln und die Antworten wie auf einer Perlenkette aneinanderzureihen, um den Fall zu lösen. Seien Sie also gründlich bei der Sachverhaltsanalyse und denken Sie daran, wirklich alle aufgeworfenen Fragen zu beantworten. Grundsätzlich ist kein Satz im Sachverhalt überflüssig – der Klausurersteller versucht vielmehr, Ihnen Lösungshinweise zu geben, Argumente zu präsentieren oder noch ein Problem zu eröffnen. Es sollte also am Ende von der Klausuranalyse keine Information im Sachverhalt übrigbleiben. Verstehen Sie den Klausurersteller als Partner!

d) **Der Sachverhalt steht fest!** Sie können nur mit dem arbeiten, was im Sachverhalt steht und dürfen nichts ändern, weglassen, wegdiskutieren oder hinzuerfinden, auch wenn der mitgeteilte Sachverhalt unvollständig oder unsinnig erscheint oder einfach nicht auf das gelernte Problem passen will. Keine unzulässige Sachverhaltsquetsche!!!

2. Fahrplan zum Klausurlösen

a) **Bearbeitervermerk** zuerst **lesen** und darüber nachdenken, was gefragt ist. [Exkurs 6: Typische Bearbeitervermerke und Übungen zum Einstieg sh. S. 116]

Warum? Wenn man die Frage im Kopf hat, kann man den Sachverhalt aufmerksamer lesen und weiß eher, welche Informationen wofür relevant sind. Dabei sind auch die übrigen Informationen im Bearbeitervermerk zu beachten, also: Sind bestimmte Normen angegeben, soll etwas bei der Bearbeitung außer Betracht bleiben, sind bestimmte Tatsachen zu unterstellen? Das hilft Ihnen dabei, den Sachverhalt gefiltert zu lesen und schneller zum Wesentlichen zu kommen.

b) **Sachverhalt** (evtl. mehrfach, zumindest manche Abschnitte) **lesen** und dabei:

– Einzelne **Punkte anstreichen**, aber nicht die ganze Angabe bunt anmalen. Wenn am Ende alles bunt ist, kann man die wichtigen Stellen nicht mehr finden und es hat unnötig lange gedauert, den Sachverhalt zu lesen. **Angaben, die es i.d.R. lohnt, angestrichen zu werden**, weil man sie später schnell wieder finden will oder weil man sie später leicht vergessen kann, sind: Datumsangaben, Ortsangaben, Anspruchsziele, Einlassungen/Aussagen der Beteiligten, deutliche Hinweise auf Probleme. Auch hier gilt: Experimentieren Sie ein wenig, welcher Typ Sie sind und was Ihnen bei der Klausurlösung am meisten hilft, Ihre Gedanken zu strukturieren.

– Schon während des Lesens **über das Gelesene nachdenken**, d.h. langsam lesen! Man kann im Hinterkopf (während sich der Fall entwickelt) die Rechtsbeziehungen durchspielen oder sich das Geschilderte wie einen Film vorstellen. Das hilft im weiteren Verlauf des Falles, Probleme und Hinweise zu erkennen.

– Es kann sehr hilfreich sein, sich während des Lesens spontane **Gedanken oder Probleme als Stichworte an den Rand** oder auf ein separates Schmierpapier zu schreiben (z.B. „Erlaubnistatbestandsirrtum?", § 812 BGB ...). Aber Vorsicht!: Es sollte nicht jeder, insbesondere nicht jeder offensichtliche Gedanke notiert werden, sonst wird die Sammlung unübersichtlich und man verschwendet Zeit. Auch hier macht Übung den Meister. Keinesfalls sollte man sich zu diesem Zeitpunkt bereits Gedanken über Argumentation in (evtl. bekannten) Meinungsstreitigkeiten machen, dafür ist während der Erstellung der Lösungsskizze noch genügend Zeit.

– Eine **Skizze** für die Rechtsbeziehungen zwischen mehreren Rechtspersonen und/oder **einen Zeitstrahl** entwerfen. Dies kann am besten nach dem ersten Lesen erfolgen und hat dann den Vorteil, dass der gesamte Sachverhalt aus dem Kopf noch einmal rekapituliert und das Verständnis des Falls überprüft wird (erspart unangenehme Überraschungen bei der Niederschrift). Für den Fall Nr. 2 („grüne Bibel", S. 47) sieht ein **Zeitstrahl** wie folgt aus:

Zeitstrahl

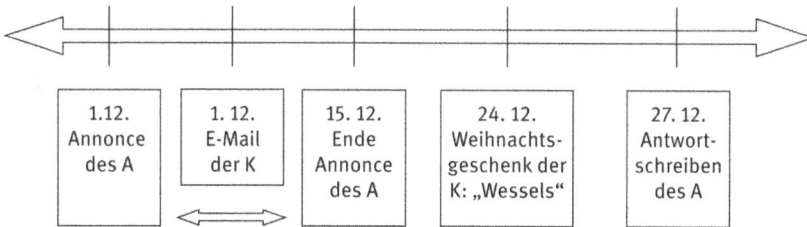

Eine **Skizze** für Fall Nr. 3 (S. 47) sieht so aus:

Skizze

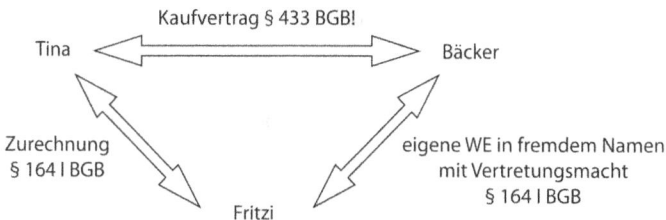

c) Anspruchsgrundlagen/Einstiegsnormen suchen und **Grobgliederung** anfertigen:

Als nächster Schritt sollten Sie – auf dem Papier oder in Gedanken – sich einen groben Überblick über den Aufbau verschaffen und überlegen, welche Normen, Probleme etc. abgeprüft werden. Selbst wenn dies nicht schriftlich erfolgt, hilft Ihnen dieser Schritt, Ihre Gedanken zu ordnen und Ruhe und Struktur in die Falllösung zu bringen. Ein grober „Fahrplan" für die Lösung vermeidet einerseits später logische Inkonsistenzen, andererseits die Auslassungen oder Fehlzuordnungen von Problemkomplexen. Hierbei sollte man noch nicht in Detailprobleme einsteigen, sondern nur die im Sachverhalt angesprochenen Rechtsfragen (gedanklich) ordnen.

Eine Grobgliederung sieht im juristischen Bereich etwa so aus:

1. **Anspruch entstanden**
   - Angebot
   - Annahme
   - Problem: Beschränkte Geschäftsfähigkeit der S
2. **Anspruch erloschen**
   - Anfechtung?
   - Missbräuchlichkeit?
3. **Anspruch durchsetzbar**

Hierbei gehen Sie wie folgt vor:

- **Wie finde ich Normen?** [Exkurs 1, S. 109] Anmerkung: Normen bis zum Ende lesen; Normen sind „Rudeltiere": Auch die davor und dahinter lesen! Oft wird man dann fündig und muss sich nicht die Regelung, die der Gesetzgeber getroffen hat, mühsam herleiten.
- Daran denken, dass es **verschiedene „Einstiegsnormen"** geben kann (Anspruchsgrundlagen, Straftatbestände, Grundrechte, evtl. auch einmal eine Wirknorm). Deshalb Fallfrage immer gut lesen und überlegen, wonach gefragt ist.
- **Einstiegsnomen ordnen**, wenn nicht nur nach einem Anspruch gefragt ist (hierbei helfen Schemata, zur Wiederholung oben S. 90 ff.)
- Evtl. (wenn bereits ersichtlich) eine **Grobgliederung** vornehmen, d.h. z.B. im Zivilrecht Einwendungen zuordnen, im Strafrecht Rechtfertigungstatbestände oder Rücktritt vermerken, etc. Das schafft Übersicht und Ruhe.
- Evtl. können in diese Grobgliederung stichwortartig die gefundenen Probleme zugeordnet werden. Wichtig ist, die Probleme an die richtige Stelle zuzuordnen.

d) **Feingliederung anfertigen** (also Tatbestandsmerkmale der Normen abarbeiten und Lösungen finden. Das ist der wichtigste Teil der Klausurbearbeitung, danach kommt „nur" noch das Ausformulieren in der Niederschrift, aber da sollte die Lösung schon feststehen). Im Gegensatz zur Grobgliederung, die in der Regel im Kopf oder durch eine ganz kurze Skizze auf dem Konzeptpapier erfolgt, muss die Feingliederung zwingend schriftlich angefertigt werden (auch wenn sie nicht mit der Klausur abgegeben wird und nicht Teil der Bewertung ist). Bei umfangreicheren Klausuren sind nämlich sonst die wertvollen Überlegungen zu Einzelproblemen wieder vergessen, wenn es zur Niederschrift kommt.

Dabei sollte man wiederum nicht zu ausführlich vorgehen. Zwar sollten alle Tatbestandsmerkmale abgearbeitet werden (damit man bei der Niederschrift darüber nicht mehr nachdenken muss) jedoch sollten Stichworte und nur in Problemfällen Gedankengänge notiert werden. Auch hier ist es Typfrage, wie ausführlich Sie gliedern. Probieren Sie aus, womit Sie hinsichtlich der Zeitbegrenzung und dem Erfordernis, alle Probleme abzuarbeiten, am besten zurechtkommen. Wichtig ist, dass sich aus der Feingliederung die Struktur der Klausur ablesen lässt und Sie bei der Niederschrift nicht mehr darüber nachdenken müssen, ob das Tatbestandsmerkmal im konkreten Fall erfüllt ist. Bei einfachen Fragen/eindeutigen Fällen genügt es, sich hier ein (+)/(−) zu notieren.

Bei **problematischen Fragen** hilft folgende Vorgehensweise, die sich im Idealfall in Stichpunkten auch auf Ihrem Konzeptpapier wiederfindet: Problem definieren und Problem durchdenken.

Was ist ein juristisches Problem? Ein juristisches Problem entsteht immer dann, wenn eine Rechtsfrage mehr als eine vertretbare oder mögliche Antwort zulässt.

Beim Auffinden und Lösen von Problemen kann folgendes helfen:
- Wenn das Problem bekannt ist (aus der Vorlesung, Lehrbüchern, einem anderen Übungsfall etc.), hilft Erinnern: ☺ [Exkurs 4: S. 113]
- Wenn ein **unbekanntes Problem** auftaucht:
  1. Sachverhalt auf Argumente abklopfen
  2. Hineinversetzen in die Personen
  3. Allgemeine Grundsätze des jeweiligen Rechtsgebiets heranziehen
  4. Auslegungsmethoden [sh. S. 118 ff.]
  5. **Warnung:** Immer am Fall und dem konkreten Problem bleiben. Es ist klausurtechnisch tödlich, wenn man in allgemeine Billigkeitserwägungen abgleitet oder gar politische Diskussionen vom Zaun bricht.
- **Entscheiden!** Man kann lange über ein Problem nachdenken, da Sie aber nur wenig Zeit haben, müssen Sie sich nach einer gewissen Zeit entscheiden. In der Regel gibt es nicht **die** richtige Lösung. Jede Lösung, die Sie diskutiert haben und die nicht offensichtlich ausscheidet, ist vertretbar.[115] Es kommt nie darauf an, die richtige Lösung gefunden zu haben, Sie müssen nur viele bzw. gute Argumente gefunden haben; ob Sie diese dann ablehnen oder nicht, ist zweitrangig. Alternativlösungen sind dagegen nicht zulässig – weder im Studium noch im „echten" Leben!
- **Hilfsgutachten:** Wann schreibe ich ein Hilfsgutachten? Hilfsgutachten sind sehr selten bis zum 2. Examen. Dennoch helfen Hilfsgutachten, weil sie es ermöglichen, den Fall weiter zu lösen, auch wenn man sich „rausgeschossen" hat und man nicht weiß wo oder warum... Ein Hilfsgutachten liegt immer dann vor, wenn man den Fall nicht weiterprüfen könnte, ohne sich mit der oben vertretenen Lösung in Widerspruch zu setzen (z.B. kommt man bereits zum Ergebnis, dass die Klage unzuläs-

---

115 Hierzu auch *Neumann*, in: *Kaufmann/Hassemer/Neumann u.a.* (Hrsg.), Einführung in Rechtsphilosophie und Rechtstheorie der Gegenwart, Heidelberg 2004, S. 340: „Richtig ist *die* Entscheidung (...), die sich anhand der anerkannten Argumentationsregeln als „richtig" begründen lässt. Zu den Regeln des juristischen Argumentierens sh. S. 118 ff.

sig ist oder dass überhaupt keine Anfechtung erklärt wurde. In diesen Fällen wäre es unlogisch, noch die Begründetheit oder einen Schadensersatzanspruch nach § 122 BGB zu prüfen.). Gleichzeitig ergibt eine saubere Analyse des Sachverhalts jedoch, dass hierdurch verschiedene angesprochene Probleme nicht mehr geprüft werden könnten (z.B. die materielle Rechtmäßigkeit oder die Höhe des Schadenersatzes). In diesem Fall ist es zulässig, nach der Feststellung des Ergebnisses, unter der Überschrift „Hilfsgutachten" weiter zu prüfen, so, als ob man oben zu einem anderen Ergebnis gekommen wäre.

e) **Plausibilitätskontrolle:** Ist das Ergebnis vertretbar oder scheint es ungerecht oder widersprüchlich? Letzteres ist in der Regel ein Hinweis darauf, dass etwas vergessen wurde, eine Analogie fällig ist oder Tatbestandsmerkmale falsch subsumiert wurden.

f) **Sachverhalt abklopfen:** Wurde alles verwertet, was Sie sich beim Lesen notiert haben? Wurden alle Anspruchsziele abgearbeitet bzw. alle Fragen der Beteiligten beantwortet? [Exkurs 2: Echoprinzip S. 112]

g) **Schwerpunkte setzen:** Überlegen Sie, welche Stellen vom Klausurersteller wohl als Kernprobleme gedacht waren. [Exkurs 5: Schwerpunktsetzung S. 114]

h) **Niederschrift**

– **Gliederung und Überschriften**
Die Gliederung sollte nicht zu ausführlich sein, aber übersichtlich. [Exkurs 3: Richtig Gliedern S. 113] Es ist falsch, jeden einzelnen Gliederungspunkt mit einer Überschrift oder einer Gliederungsebene aufzuführen. Überschriften unterstreichen.

– **Klare Obersätze bilden**! Der Obersatz ist das Prüfungsprogramm und damit die halbe Miete! (Das ist wirklich so!!!) Im Obersatz muss die Anspruchsgrundlage vollständig und exakt zitiert werden. (Anmerkung: Es ist „albern", in Klausuren per Fußnote dem Korrektor mitzuteilen, dass „alle Paragraphen ohne Gesetzesangabe solche des GG etc. sind". So viel Zeit muss sein! Außerdem ist es „gefährlich", wenn dann doch ein anderes Gesetz (z.B. das BVerfGG neben dem GG) vorkommt und man vergisst, dieses zu benennen.)

– **Gutachtenstil:**
Problematisches im Gutachtenstil und Unproblematisches im Urteilsstil schreiben. Gesetzestext und Sachverhalt sind dem Korrektor bekannt → die Leistung besteht in Auslegung und Subsumtion: **Das heißt:**
– Gefundene Ergebnisse nicht mehr in Frage stellen.
– Keine lehrbuchartigen Ausführungen.
– Autoritäten ersetzen keine Argumente.

- Normbezug herstellen (zitieren, mit juristischen Argumenten arbeiten).
- Meinungsstreits richtig aufbauen und darstellen [sh. hierzu S. 124]
- **Gewichtung:** Darauf achten, dass man nicht da am meisten schreibt, wo man am meisten weiß, sondern da, wo man bei der Gliederung die **Probleme erkannt** hat (oder erkannt zu haben glaubt).

3. Nachbemerkungen

a) **Worauf gibt es die Punkte:**
   - Nachvollziehbarer Aufbau
   - Schwerpunkte setzen (heißt vor allem: Unproblematisches kurz). Es ist weniger negativ, wenn man Unproblematisches weggelassen hat, als wenn man Unproblematisches seitenlang ausgebreitet hat und das Problematische nicht mehr erörtern konnte
   - Probleme erkennen und entwickeln
   - Juristische Argumente finden

b) **Schocksituationen/Notklausur**
   - ... Entscheiden! Und konsequent durchziehen ... je weniger man inhaltlich weiß, desto mehr muss die Form (Gutachtenstil) stimmen. Vor allem aber hilft der Gutachtenstil in diesen Fällen, weil er Schritt für Schritt durch die Lösung führt. Nichts ist schlimmer als eine in sich widersprüchliche Lösung.[116]
   - Werde kreativ: Das bedeutet natürlich nicht Bildchen zu malen, sondern sich etwas zu trauen. Systematisch mögliche (und unmögliche) Anspruchsgrundlagen darauf abklopfen, ob sie nicht irgendwie doch funktionieren könnten. Bei Meinungsstreitigkeiten mutig eine Entscheidung treffen und diese dann aber auch beibehalten.

4. Exkurse zum Klausurfahrplan

a) **Exkurs 1: Wie finde ich (unbekannte) Normen?**

Das Wichtigste beim Lernen ist, dass Sie lernen, mit Ihrem Gesetz umzugehen. In der Klausur ist es Ihr „Spickzettel". Niemand muss Vorschriften auswendig können, ein guter Jurist hat allerdings gelernt, passende Vorschriften für die Falllösung zu finden. Lernen Sie deshalb immer mit einem aufgeschlagenen Gesetz! Die wichtigsten Vorschriften werden Sie irgendwann mit ihrer (ungefäh-

---

116 So auch *Kühne*, Erfolg im Ersten Staatsexamen: 4 goldene Regeln vom obersten Prüfer, http://www.lto.de/persistent/a_id/6598/(Stand: 13.11.2013).

ren) Nummer kennen, es ist aber wichtig, sich auch eine Technik zurechtzulegen, mit der man Normen (wieder)findet.

---

i Das richtige Suchen von Normen können Sie auch in einem Lehrvideo nachvollziehen:

http://kompetenztraining-jura.martin-zwickel.de/analogie/

Wo findet man Normen?
- Im **Gesetz**: Gesetze haben eine Systematik, deshalb nicht einfach ziellos blättern!
  - Wenn man gar keine Ahnung hat: **Stichwortverzeichnis** („Idiotenwiese") am Ende jeder Gesetzessammlung. Gefahr: Je nach Wahl des Stichworts Zeitverlust durch Nachschlagen zu vieler irrelevanter Vorschriften. Das kann aber manchmal den entscheidenden Einstieg ermöglichen.
  - Wenn man eine ungefähre Vorstellung hat: **Inhaltsverzeichnis**, vorher (wenn man beim Lernen einem neuen Gesetz/Rechtsgebiet begegnet) mit Gliederung des Gesetzes vertraut machen, das hilft auch oft beim Argumentieren (z.B. fünf Bücher des BGB; AT/BT, Grundrechte/Staatsorganisation etc.).
  - **Überlegen**, zu welcher Überschrift die gesuchte Vorschrift passen könnte (z.B., wenn man etwas zu den Pflichten des Bundespräsidenten bei der Ausfertigung von Gesetzen sucht, unter der Überschrift „Bundespräsident" oder „Gesetzgebung" im GG suchen.).
  - Wenn man das Gesetz etwas kennt, aber die bekannte Norm keine Lösung bietet: **In der Nähe suchen**, weitere Absätze lesen, vergleichbare Normen finden. Hierbei helfen beim Lernen angebrachte sinnvolle **Kommentierungen**, also Anmerkungen, welche Norm ähnliches regelt, damit zusammenhängt, Voraussetzungen definiert, daneben anwendbar ist etc.[117]

---

[117] Zur Zulässigkeit von Kommentierungen im jeweiligen Bundesland und den zulässigen Kommentierungen im Einzelnen konsultieren Sie am besten die Internet-Auftritte der Landesjustizprüfungsämter für Bayern sh. http://www.justiz.bayern.de/media/pdf/ljpa/ejs/hilfsmit telbekanntmachung_ejs.pdf (Stand: 4.4.2014) oder die Prüfungsordnung Ihrer Universität. Im Allgemeinen unzulässig sind Wortkommentare (auch einzelne Wörter!), Pfeile und andere Symbole und jede Art von systematischer/schematischer Kommentierung. Zulässig sind in

– Wenn man gar nichts Passendes findet und sich sicher ist, alles „Niedergeschriebene" gefunden zu haben: Über **Analogien**[118] oder die Anwendung von **allgemeinen Rechtsgedanken** Gedanken machen (zu Detailfragen der Rechtsanwendung sh. S. 89 ff.). „Unbekannte" Analogien, also solche, die man sich selbst herleiten muss, kommen bis zum Ersten Staatsexamen höchst selten vor. Meist ist die analoge Anwendung von Normen Teil eines erlernten größeren Meinungsstreits. Analoge Anwendung bedeutet die Übertragung einer gesetzlichen Regelung auf einen ähnlichen Sachverhalt, der aber gerade nicht von der – grundsätzlich analogiefähigen – Norm umfasst wird. Wichtig ist auch hier, dass Sie nicht einfach von der analogen Anwendung der Norm ausgehen, sondern das Vorliegen der Voraussetzungen für den Leser überzeugend darstellen – auch hier ist also juristische Argumentationskunst gefragt.

Die **Voraussetzungen einer Analogie** sind, dass
1. eine planwidrige Regelungslücke besteht[119] und
2. Vergleichbarkeit der Situation besteht und
3. kein Analogieverbot existiert. (Achtung! Ausnahmeregelungen sind nicht analogiefähig. Ebenso können Analogieverbote bestehen, insbes. Art. 103 Abs. 2 GG.)

– **Richterrecht/Gewohnheitsrecht**: Wenn man gar nichts findet, kann es natürlich noch sein, dass eine ungeschriebene, da richterrechtliche Norm existiert, die man gelernt haben muss. Klassische Beispiele sind die Erweiterung des § 823 BGB auf das Allgemeine Persönlichkeitsrecht oder den Schutz des eingerichteten und ausgeübten Gewerbebetriebs; das Recht auf informationelle Selbstbestimmung aus Art. 1 Abs. 1 i.V.m. Art. 2 Abs. 1 GG; der öffentlich-rechtliche Erstattungsanspruch oder der Folgenbeseitigungs-

---

manchen Bundesländern Zahlenverweise auf andere Vorschriften und Unterstreichungen/ Markierungen, wenn sie kein Prüfungsschema ergeben. Achtung! In manchen Bundesländern muss der Gesetzestext unkommentiert sein! Bitte informieren Sie sich vor der Prüfung!

118 Zur Analogie sh. ausführlich *Schwacke*, Juristische Methodik, 5. Aufl., Stuttgart 2011, S. 132 ff.

119 Diese kann vom Gesetzgeber beabsichtigt sein (offen gelassen zur Klärung durch Rechtsprechung und Rechtswissenschaft) oder unbeabsichtigt (d.h. die jetzt auftretende Frage konnte der Gesetzgeber nicht vorhersehen, z.B. ob man eine Klage durch Fax einlegen kann, bevor überhaupt das Faxgerät erfunden wurde, oder er hat sie übersehen). Ausführlich zu den verschiedenen Regelungslücken *Muthorst*, Grundlagen der Rechtswissenschaft, München 2011, S. 146–151.

anspruch oder die actio libera in causa. Hier können Sie sich allerdings ziemlich sicher sein, dass Sie von diesen Rechtsfiguren in der Vorlesung gehört oder im Lehrbuch gelesen haben – kreieren Sie also kein neues Richterrecht! Sollte ein Anspruch aus Richterrecht/Gewohnheitsrecht geprüft werden, müssen Sie im Gutachten dazu hinleiten und zeigen, welche Voraussetzungen richterrechtlich anerkannt bzw. in der Literatur umstritten sind.

? Stellen Sie sich vor, folgende Fragestellungen ergeben sich in einer Klausur. Wie und wo finden Sie jeweils Ihre Norm, unter die Sie subsumieren können?

a) B wickelt ein Kommissionsgeschäft für A ab.

b) S betrinkt sich maßlos, obwohl sie weiß, dass sie unter Alkoholeinfluss immer aggressiv wird, sich nicht mehr beherrschen kann und schon mehrfach ihren Partner grün und blau geschlagen hat. Mit 2,8 Promille im Blut köpft sie wutentbrannt die Lieblingsgartenzwerge des Nachbarn. Kann sie hierfür strafrechtlich zur Rechenschaft gezogen werden?

c) F hat über L in der Zeitung behauptet, sie sei eine „zahnlose alte Ziege". L möchte, dass F an selber Stelle in der Zeitung eine Entschuldigung abdrucken lässt.

d) T, die Deutsche ist, fragt sich, ob Deutschland sie wegen eines in den USA begangenen Kapitalverbrechens dorthin ausliefern kann.

e) Was bedeutet „unverzüglich" im Sinne des BGB?

f) Sie haben § 195 BGB zur Verjährung gefunden, fragen sich jedoch, was die Wirkungen der Verjährung sind.

g) Kann man eine Verfassungsbeschwerde per Fax oder per Email einlegen?

h) Wo ist der Ersatz vergeblicher Aufwendungen für die Situationen geregelt, in denen der Gläubiger Schadensersatz für Nichterfüllung des Vertrages verlangen kann?

i) Wo würden Sie die Wahlrechtsgrundsätze suchen?

Einen Lösungsvorschlag finden Sie im Lösungsteil (LÖSUNG 13, S. 226).

---

b) Exkurs 2: „Echoprinzip"

Das Echoprinzip bedeutet nichts anderes, als dass man sich den Sachverhalt als eine in eine Geschichte verpackte Frageliste vorstellen muss. Der Klausurersteller will bestimmte Probleme/Wissensbereiche/Strukturen abprüfen und hat eine Lösung vor sich, die er dann in eine „Geschichte" verpackt. Anders als im realen Leben hat so gut wie jeder Satz in dieser Geschichte eine Bedeutung für die Lösung der Klausur und muss sich in Ihrem Gutachten widerspiegeln – wie ein Echo also.

Überlegen Sie sich also bei jeder Information, die gegeben wird, warum sie gegeben wird und wo Sie sie in Ihrer Lösung unterbringen können. Bleibt Ihnen am Ende der Gliederung noch viel Sachverhalt übrig, sollten Sie überlegen, ob Ihre Lösung so stimmen kann oder ob Sie nicht irgendetwas übersehen haben und versuchen Sie, das Ganze noch irgendwo unterzubringen, und wenn es nur im Hilfsgutachten ist mit der Einleitung, „bei ... kann es auch nicht darauf ankommen, dass..." oder ähnlichem. Das führt zwar zu Punktabzug bei der Struktur Ihrer Falllösung, wirkt aber letztlich immer noch besser, als wenn Sie es vollständig weglassen.

c) Exkurs 3: Richtig Gliedern

In juristischen Arbeiten hat sich folgender (alphanummerischer) Gliederungsstil eingebürgert:

A. ....
   I. ....
      1. ....
      2. ....
         a) ....
         b) ....
            aa) ....
            bb) ....
   II. ....
B. ....

Wichtig ist, dass es immer mindestens zwei Elemente einer Gliederungsebene geben muss, wer also A schreibt, muss mindestens auch B schreiben, und wenn B nur die Überschrift „Ergebnis" trägt. Diese Nummerierung verwenden Sie nicht nur in Hausarbeiten, sondern auch in der Niederschrift Ihrer Klausur. Es ist im Übrigen empfehlenswert, auch die Feingliederung bereits mit nummerierten Überschriften zu versehen. Die Gliederung als solche wird nicht mit abgegeben, sie dient nur Ihrer eigenen Orientierung.

d) Exkurs 4: Wie lerne ich Probleme?

Jurastudenten werden früh darauf konditioniert, Sachverhalte durch die Brille der „Probleme", „Meinungsstreitigkeiten" etc. zu betrachten. Das ist auch wichtig für die Lösung von Fällen. Allerdings ist es oft schwer, abstrakt eine große Anzahl von Problemen auswendig zu lernen, indem man beispielsweise eine Sammlung von „Problemen" zu einem bestimmten Rechtsgebiet isoliert durcharbeitet. Es ist auch aus zwei Gründen nicht sinnvoll: (1) Niemand kann sich all die Probleme merken, die in Rechtsprechung und Rechtswissenschaft diskutiert werden. Unser Gehirn braucht Assoziationen zum Merken und zum Erinnern.

(2) Wichtiger als jede Theorie oder Ansicht (mit Namen!) zu kennen, ist es, ein Problembewusstsein zu entwickeln und in Klausuren zu erkennen, wo die Probleme versteckt sind.[120] Wenn Sie Ihr Problembewusstsein an fallorientierten Übungsbüchern schärfen, werden Sie bald auch in der Lage sein, in Klausuren (und im echten Leben) mit unbekannten juristischen Problemen zufriedenstellend umzugehen.

> **!** Das bedeutet: Nicht Meinungen oder Fallkonstellationen auswendig lernen! Wichtig ist vielmehr, dass der Kern des Problems erkannt wird (dann erkennen Sie nämlich auch unbekannte Probleme in der Klausur bzw. finden das Problem, wenn es im Sachverhalt versteckt ist).

Fragen Sie sich beim Lernen: **Warum gibt es hier unterschiedliche Ansichten?** Meistens haben die Ansichten verschiedene (rechtliche) Hintergründe und spiegeln verschiedene Interessen wider. Überlegen Sie weiter: **An welcher Stelle im Prüfungsaufbau stellt sich dieses Problem?** Diese Hintergründe stehen nicht in Skripten, sondern nur in Lehrbüchern. Entweder man lernt viele Konstellationen und Meinungen auswendig oder man lernt den Kern des Problems und kann das Problem bei Bedarf entwickeln/auspacken. Lehrbücher zu lesen dauert zwar länger. Jedoch kann man sich, was man über Lehrbücher gelernt hat, viel länger merken als das, was man sich über Skripten reingepaukt hat. Weiter sollte man sich beim Lernen eines Problems immer vergegenwärtigen, an welcher Stelle eines Gutachtens das Problem auftauchen kann.

e) Exkurs 5: Schwerpunktsetzung

Falsche Schwerpunktsetzung wird häufig von Korrektoren kritisiert. Was ist damit gemeint? Zunächst nur, dass in der Klausur unwichtige oder unproblematische Rechtsfragen zu breit, Problematisches und Diskussionswürdiges dagegen zu knapp dargestellt wurden. Als Faustregel für die Unterscheidung kann gelten, dass Sie dort wenig schreiben sollten, wo auch ein juristischer Laie ohne große Erklärung versteht, warum das so ist, warum die Norm einschlägig ist oder warum das Tatbestandsmerkmal erfüllt ist. Immer dann, wenn Sie selbst darüber nachdenken mussten oder sich vorstellen können, dass andere Personen andere Meinungen dazu vertreten bzw. nicht sofort ver-

---

120 Zum problembasierten Lernen sh. *Kiiver*, in: *Brockmann/Dietrich/Pilniok* (Hrsg.), Methoden des Lernens in der Rechtswissenschaft, Baden-Baden 2012, S. 160; *Zumbach/Moser*, in: *Brockmann/Dietrich/Pilniok* (Hrsg.), Methoden des Lernens in der Rechtswissenschaft, Baden-Baden 2012, S. 125; *Gierke*, in: *Brockmann/Dietrich/Pilniok* (Hrsg.), Methoden des Lernens in der Rechtswissenschaft, Baden-Baden 2012, S. 196.

stehen, warum das Tatbestandsmerkmal erfüllt ist, sollten Sie diskutieren und die Lösung ausführlich begründen. Dasselbe gilt natürlich im Fall von „gelernten" Problemen.

Im Folgenden stellen wir Ihnen die von *Schimmel* entwickelten „fünf Stufen des Problematischen"[121] vor. Auch diese sind nur als Faustregeln gedacht und sollen Ihnen helfen, Problembewusstsein und richtige Schwerpunktbildung zu trainieren.

1. Zweifelsfrei Unproblematisches

    Information ist völlig evident, z.B.: A fügt B mit einem langen Messer eine tiefe Stichwunde zu, die heftig blutet.

    Hier wäre es völlig verfehlt, lange zu diskutieren, ob B an seinem Körper verletzt ist.

    Oder: R nimmt S sein Auto weg. Dass das Auto eine Sache ist, ist evident und verdient nicht einmal einen eigenen Satz.

    Hierzu zählen auch Angaben, die im Sachverhalt oder im Bearbeitervermerk gemacht werden. Steht dort z.B. „T ficht den Kaufvertrag unter Einhaltung der Anfechtungsfrist an", dann genügt im Gutachten der Satz: „Die Anfechtungsfrist (§ 121 BGB) wurde gewahrt."

2. Unproblematisches auf den „zweiten Blick"

    Man stolpert kurz darüber, kann die Zweifel aber nach kurzem Überlegen ausräumen. Solche „Probleme" verdienen nicht mehr als zwei bis drei Sätze in der Bearbeitung, die genau den Zweifel und die denselben ausräumende Überlegung darstellen.

    Z. B: „A liest das Kündigungsschreiben, das er im Briefkasten vorgefunden hat, nicht."

    Zweifel: Zugang? Antwort: „Es kommt nur auf die Möglichkeit zur Kenntnisnahme an, diese war hier gegeben." → Mehr sollte man dazu auch nicht schreiben.

3. Kleine Probleme, deren Lösung taktisch klar ist

    Dies sind meist bekannte Streitfragen, bei denen der Korrektor erwartet, dass sie kurz angesprochen werden und die verschiedenen Ansichten in ein bis zwei Sätzen zusammengefasst werden, bevor auf jeden Fall der herrschenden Meinung gefolgt wird, da eine andere Lösung den Aufbau der Klausur kaputt machen würde.

    Z. B.: Fristenberechnung und die Frage, ob § 193 BGB analog auch auf den Fristbeginn an einem Sonntag angewendet werden kann.

---

121 Die „5 Stufen des Problematischen" sind von *Schimmel*, Juristische Klausuren und Hausarbeiten richtig formulieren, 10. Aufl., München 2012, Rn. 227 ff. übernommen, aber durch eigene Beispiele ergänzt und modifiziert.

4. Kleine und mittlere Probleme

Die Frage ist umstritten, es gibt eine herrschende Lehre, die Rechtsprechung des jeweiligen obersten Gerichts und/oder des BVerfG und eine bis zwei extreme Ansichten, die diskutiert werden wollen. Das gilt insbesondere im Hinblick darauf, dass sie (im konkreten Fall) zu verschiedenen Ergebnissen führen, was auch dargestellt werden muss. Das Ergebnis ist allerdings relativ klar. Hierauf kann durchaus eine halbe bis ganze Seite verwendet werden, je nachdem, wie viele kleine Probleme man identifiziert hat.

Z. B. Mängel im Erklärungsbewusstsein bei der „Trierer Weinversteigerung" oder die uneinheitliche Abstimmung im Bundesrat im Lichte von Art. 51 Abs. 3 GG.

5. „Das (große) Problem"

Hier geht es wirklich um den wissenschaftlichen Diskurs, der dargestellt werden muss. Man erkennt es meist daran, dass die Parteien unterschiedliche Argumente schon im Sachverhalt vortragen oder ihr Unwohlsein mit der (vermuteten) tatsächlichen/rechtlichen Situation äußern. Im Zweifelsfall gibt es zwei extreme Lösungen und einen Mittelweg, den man notfalls auch improvisieren kann. Gerade in Hausarbeiten sollten Sie hier nicht an Platz sparen und eine umfassende Literaturrecherche vornehmen, auch in Klausuren (wo ein großes Problem seltener ist und man eher viele kleine/ mittlere Probleme findet) ist hier eine ausführliche Diskussion vorzunehmen.

Z. B. Prüfungsrecht des Bundespräsidenten oder Ein- und Ausbaukosten bei der Nacherfüllung.

f) Exkurs 6: Klassische Fallfragen, Obersätze, Formulierungen

Hier stellen wir Ihnen einige typische Fallfragen vor. Wichtig ist, dass Sie flexibel bleiben und anhand der Methodik zur Erstellung von Obersätzen immer die Fallfrage beantworten. Ein einfacher Trick für den Einstiegsobersatz ist es, zunächst die Fallfrage „umzudrehen" und dann in einem angefügten „Wenn-Satz" die Voraussetzungen aufzustellen.

Z. B. „Hat die Klage Aussicht auf Erfolg?" wird zu „Die Klage hat Aussicht auf Erfolg, wenn sie zulässig und begründet ist.". Vorsicht! Lesen Sie wirklich immer die Fallfrage, es ist nicht immer nach den Erfolgsaussichten einer Klage oder den Ansprüchen auf Übereignung/Kaufpreiszahlung aus einem Kaufvertrag gefragt. Wenn Sie zu viel oder den falschen Anspruch prüfen, gibt es keine/ wenige Punkte und Sie verlieren kostbare Zeit.

Versuchen Sie, selbst zu überlegen, wonach gefragt ist und wie Ihr Einstiegs-Obersatz heißen würde. Welche Fallfragen und welche Prüfprogramme passen zusammen?

Einen Lösungsvorschlag finden Sie im Lösungsteil (LÖSUNG 14, S. 228).

1)	Wie ist die Rechtslage?	a)	alle Gründe darstellen, weswegen E sein Eigentum verloren haben könnte
2)	Hat die Klage Aussicht auf Erfolg?	b)	alle denkbaren Herausgabeansprüche
3)	Wie hat sich X strafbar gemacht?/Die Strafbarkeit des Y und des Z sind zu untersuchen.	c)	umfassende Prüfung der nummerierten Fragen in der vorgegebenen Reihenfolge
4)	Kann Y von Z das Fahrrad herausverlangen?	d)	Alle Gründe prüfen, nach denen P den Vertrag rückgängig machen kann. Kein Einstieg über eine Anspruchsgrundlage!
5)	L möchte wissen, ob er von M seinen Schaden von 3.000 € ersetzt verlangen kann.	e)	ausschließlich auf Rechtfertigungsgründe eingehen
6)	E fragt, ob er noch Eigentümer des Fremdwörterbuches ist.	f)	Zulässigkeit und Begründetheit
7)	Muss R das Fahrrad herausgeben?	g)	Chronologische Prüfung aller Eigentumserwerbs- und verlustgründe
8)	Kann die L-Fraktion gegen das Gesetz zur Regelung des Postwesens vorgehen?	h)	alle denkbaren Schadensersatzansprüche
9)	Der Abgeordnete S fragt sich, ob das Vorgehen des Bundespräsidenten rechtmäßig war.	i)	verschiedene Tatbestände prüfen
10)	Der Abgeordnete P verlangt, dass er an der Ausschusssitzung teilnehmen kann. Zu Recht?	j)	Prüfung aller in Frage kommenden Grundrechte.
11)	In einem Gutachten, das auf alle aufgeworfenen Rechtsfragen eingeht, sind folgende Fragen zu beantworten: Nr. 1 (...), Nr. 2 (...) ...	k)	keine Zulässigkeit, nur Rechtmäßigkeitsprüfung
12)	War das Handeln des S gerechtfertigt?	i)	verschiedene Anspruchsgrundlagen ansprechen und prüfen
13)	Kann P den Vertragsschluss rückgängig machen?	j)	alle denkbaren Herausgabeansprüche
14)	Ist F Eigentümer geworden?	l)	Zulässigkeit und Begründetheit
15)	E fragt sich, ob das Handeln der Verwaltung gegen seine Grundrechte verstößt. Zu Recht?	m)	keine Zulässigkeit, nur Rechtmäßigkeitsprüfung

II. Das Wichtigste zur Darstellung von Meinungsstreitigkeiten

1. Juristisches Argumentieren und richtige Gesetzesauslegung

Juristisches Argumentieren ist das Kernstück jeder Klausur und Hausarbeit. Die Erforderlichkeit ergibt sich meist aus der Gesetzesanwendung und -interpretation. Mit entsprechender Argumentation ist (fast) alles vertretbar; die Richtigkeit Ihrer Falllösung hängt davon ab, ob es Ihnen gelingt, valide und überzeugende Argumente für Ihren Lösungsweg zu finden.[122] Die Argumentation öffnet dem Korrektor den Weg zu Ihren Gedankengängen und ermöglicht ihm – selbst bei nach dem Gesetzestext schwer vertretbarem Ergebnis – Punkte für gutes Judiz und die Fähigkeit zum juristischen Arbeiten zu vergeben. Anders als bei der reinen Subsumtion gibt es kein Patentrezept für gutes Argumentieren (zum Unterschied bereits oben B.VI.20., S. 42), jede Argumentation in jedem Fall ist anders.

Allerdings gibt es einige Methoden, um in Klausuren (mit geringem Aufwand) zu einer schlüssigen Argumentation zu kommen, selbst wenn man das Problem (und damit verbundene Meinungsstreite) nicht kennt. Ebenso hat sich in der Rechtswissenschaft eine juristische Methode eingebürgert, die Ihnen die (einzig) zulässigen, da methodisch korrekten Argumente erschließt.[123]

Als **Grundregel** bei Problemen, die Argumentation erfordern, kann folgende gelten:

– Laufen Sie nicht vor einer Diskussion der Argumente davon! Überlegen Sie immer, ob die Lösung, die Sie für ein Problem gefunden haben, die einzig denkbare ist oder ob es andere Lösungen (und damit auch Gründe, diese zu bevorzugen/abzulehnen) gibt.

– Argumentieren Sie logisch und schlüssig! Nur hierdurch gewährleisten Sie die „Richtigkeit" Ihrer Aussage. Auch Gerichtsurteile, die als Präjudizien zur Konkretisierung der Norm oder zur Lösung eines Meinungsstreits herangezogen werden, sind nicht auf Grund ihrer Autorität, sondern auf Grund der Überzeugungskraft der Argumente Gewähr für eine rechtlich zutreffende Lösung eines Problems.

– Es gibt Sachargumente (z.B. gerechte Lösung, Folgen, Gesetzessystematik) und Autoritätsargumente (z.B. historischer Wille des Gesetzgebers, ständige

---

122 Zur Frage der Vertretbarkeit einer rechtlichen Aussage sh. *Schuhr*, JZ 2008, 603. Vgl. zum Vorstehenden umfassend *Neumann*, in: *Kaufmann/Hassemer/Neumann u.a.* (Hrsg.), Einführung in Rechtsphilosophie und Rechtstheorie der Gegenwart, Heidelberg 2004, S. 333.
123 Zu den sich aus dem Methodenkanon ergebenden „Argumentationsverboten" als Teil der Rechtswissenschaft vgl. *Braun*, Einführung in die Rechtswissenschaft, 4. Aufl., Tübingen 2011, S. 363.

Rechtsprechung des BVerfG oder herrschende Meinung).[124] Überzeugender sind in der Regel die Sachargumente, wenn sie auf Akzeptanz des Zuhörers treffen, Autoritätsargumente können aber ebenso, manchmal sogar ausschließlich oder zwingend (z.B. „Grenze des Gesetzeswortlauts bei der Auslegung") herangezogen werden.

– Ein Argument pro dargestellter Meinung reicht. Wenn Ihnen weitere einfallen oder im Sachverhalt sogar angesprochen sind, sollten Sie diese natürlich einsetzen.

– Häufig lassen sich zwei extreme Ansichten und eine vermittelnde Ansicht finden – das gibt Ihrer Argumentation auch bei unbekannten Problemen eine gewisse Struktur.

– Sie müssen Argumente nicht als „Theorie" oder ähnliches bezeichnen oder ihnen Namen geben, wichtiger ist die Darstellung des Kernarguments. (Eine Ausnahme gilt dann, wenn sich die Bezeichnungen bei sehr bekannten Problemen in Literatur und Rechtsprechung eingebürgert haben. Selbst dann kommt es aber weniger auf die Bezeichnung als den Inhalt des Arguments an.)

Wie findet man also Argumente?

a) Argumente mit Hilfe des Auslegungskanons gewinnen

Juristisch argumentieren heißt in den meisten Fällen, das Gesetz auszulegen. Es gibt einige Auslegungsmethoden, die man als Argumentationshilfe heranziehen kann und denen darüber hinaus aus Sicht der Rechtswissenschaft das Prädikat der „verfassungsrechtlich zulässigen Methode" zukommt:[125]

– Die grammatische Auslegung (Auslegung nach dem Sprachgebrauch)
   Hier muss man sich nach der Bedeutung der vom Gesetzgeber verwendeten Begriffe fragen. Der Wortsinn erschließt gerade in einfacheren Zweifelsfragen bereits den Willen des Gesetzgebers, ermöglicht durch den Vergleich mit der Verwendung desselben Begriffs in anderen Normen Erkenntnisse (Ist das gleiche oder gerade etwas anderes gemeint?) oder kann auch über den natürlichen Sprachgebrauch (Was ist beispielsweise ein „Irrtum"?) Be-

---

124 Hierzu *Neumann*, in: *Kaufmann/Hassemer/Neumann u.a.* (Hrsg.), Einführung in Rechtsphilosophie und Rechtstheorie der Gegenwart, Heidelberg 2004, S. 333 (338).
125 *Zippelius*, Juristische Methodenlehre, 11. Aufl., München 2012, S. 35 ff.; *Forgó*, in: *Wolf/Kudlich/Muckel* (Hrsg.), JA Sonderheft für Erstsemester, München 2011, S. 44 (44 ff.); *Muthorst*, Grundlagen der Rechtswissenschaft, München 2011, S. 106 ff.; *Putzke*, Juristische Arbeiten erfolgreich schreiben, 4. Aufl., München 2012, S. 28.

gründungen für die gefundene Auslegung liefern. Denken Sie daran, dass die Auslegung im Wortlaut regelmäßig auch ihre Grenze findet, d.h. bei eindeutigem Wortlaut darf nicht *praeter* oder sogar *contra* legem ausgelegt werden![126]

– Die historische Auslegung
  Die historische Auslegung beschäftigt sich mit der Norm in ihrem geschichtlichen Zusammenhang. Das Argument bezieht sich darauf, mit welcher Intention der damalige Gesetzgeber die Norm eingeführt hat und ob er sich sogar bereits mit der jetzt konkret aufgeworfenen Auslegungsfrage auseinander gesetzt hat. Dafür muss man Materialien, die die Entstehung der Norm begleitet haben, wie z.B. die Materialien zum BGB, Referentenentwürfe, BT-Protokolle usw. zur Hand nehmen.[127]

– Die systematische Auslegung
  Die systematische Auslegung betrachtet die Norm in der Gesetzessystematik. In welchem Zusammenhang, in welchem Kontext steht die Norm? Würde sich eine bestimmte Auslegung in Widerspruch zu diesem Zusammenhang setzen, z.B. indem sie der anderen jede Geltung entzieht?

– Die teleologische Auslegung
  Die teleologische Auslegung fragt nach dem Ziel des Gesetzes, „*telos*" (griechisch „Zweck"). Kann dieser Zweck noch erreicht werden, wenn man eine bestimmte Auslegung wählt?

? Versuchen Sie in folgenden Beispielsfällen alle Auslegungsmethoden schrittweise anzuwenden.
Eine Lösung hierzu finden sie unter LÖSUNG 15, S. 229.

---

a) X legt Verfassungsbeschwerde per E-Mail ein. Ist dies nach § 23 BVerfGG möglich?
  Hinweis: Der Gesetzgeber hat die Regelung des § 23 BVerfGG zu einem Zeitpunkt getroffen, als es noch keine E-Mails gab.
b) Welche Argumente lassen sich aus Art. 6 Abs. 1 GG, der in dieser Form seit 1949 im Grundgesetz zu finden ist, für die Fragen ableiten, ob
  aa) auch alleinerziehende, unverheiratete Elternteile mit ihren leiblichen Kindern, Pflegeeltern mit ihren betreuten Kindern, Großeltern oder Le-

---

[126] Hierzu *Muthorst*, Grundlagen der Rechtswissenschaft, München 2011, S. 164 ff.; näher zur „Wortlautgrenze" *Christensen*, in: *Gabriel/Gröschner* (Hrsg.), Subsumtion, Tübingen 2012, S. 281 (290 f. und 305 f.); *Kudlich/Christensen*, JA 2011, 146.
[127] Die historische Auslegung eignet sich i.d.R. nur bei Hausarbeiten, Seminararbeiten oder zuvor gelernten Standardproblemen.

benspartnerinnen mit ihren Adoptivkindern als Familie unter dem besonderen Schutz des Staates stehen und

bb) auch unverheiratete oder unverpartnerte Paare oder Gruppierungen in
„Patchwork-Familien" (z.B. leiblicher Vater + Stiefmutter, leibliche
Mutter + Stiefvater) für die in ihrem Haushalt lebenden (leiblichen,
adoptierten und/oder rechtlich fremden Kinder) Eltern i.S.d. Art. 6
Abs. 2 S. 1 GG sein können?

In einem Lehrvideo können Sie sich die Auslegung in einem zivilrechtlichen Fall ansehen:

http://kompetenztraining-jura.martin-zwickel.de/analogie/

---

b) Wie lassen sich sonst Argumente gewinnen?

– Aus der Recherche von Literatur (also Argumentationslinien anderer Rechtswissenschaftler) und einschlägiger Rechtsprechung[128] (Einstieg über Kommentare oder Lehrbücher!). Wichtig: Versuchen Sie, die Argumente zu verstehen und nicht auswendig zu lernen – nur so können Sie im Prüfungsfall
erkennen, ob es sich um einen ähnlich gelagerten Fall handelt und inwieweit das Argument auf den zu beurteilenden Sachverhalt zutrifft oder ob es
abgewandelt werden muss. (Hierzu auch Exkurs 4, S. 113).

– Darüber hinaus kann man aus der Interessenlage der Beteiligten argumen-
tieren. Man muss sich hierfür in die jeweilige Lage der Beteiligten hinein-
versetzen. Allerdings muss man darauf achten, dass man hier keine reinen
Billigkeitserwägungen anstellt, sondern die Interessen an im Gesetz zum
Ausdruck kommende Prinzipien, Werte, Zielvorstellungen, systematische
Überlegungen oder objektive Gebote knüpft.

– Dabei helfen oft im Sachverhalt genannte Argumentationslinien, die einen
auf einen bestimmten Lösungsansatz stoßen und deshalb nicht undisku-
tiert gelassen werden sollten. Gerade rechtliche Argumente werden dabei
vom Klausurersteller meist versteckt angebracht – so ist vom Grundsatz der
„Freien Fahrt für freie Bürger!" die Rede, wo nur Art. 2 Abs. 1 GG gemeint

---

128 Zur Funktion und Wirkung der sog. „Präjudizien", also der konkretisierenden Entscheidungen der Rechtsprechung vgl. *Braun*, Einführung in die Rechtswissenschaft, 4. Aufl., Tübingen 2011, S. 387–390; zur Rechtsfortbildung durch Rechtsprechung und Auslegung *Muthorst*,
Grundlagen der Rechtswissenschaft, München 2011, S. 144 ff.

sein kann oder von „Ungerechtigkeit", wenn eigentlich Ungleichbehandlung i.S.v. Art. 3 GG angesprochen werden sollte.

- Ebenso ergeben sich teils Argumente, wenn man die (rechtlichen aber auch gesellschaftlichen, politischen, wirtschaftlichen, ...) Folge(n) der Entscheidung für eine mögliche Lösung in den Blick nimmt und dann überlegt, ob das Gesetz tatsächlich in der Weise ausgelegt werden sollte, die man nach dem Wortlaut für möglich halten kann.

- Schließlich helfen manchmal Erkenntnisse der Nachbarwissenschaften, wie z.B. der Politikwissenschaft oder der Soziologie, z.B. um zu argumentieren, warum ein bestimmtes Verhalten „belohnt" werden sollte oder eben gerade nicht oder warum gesellschaftliche Veränderungen ein bestimmtes Verständnis der Norm nahelegen.[129]

- Auch der Vergleich der zugrundeliegenden Fallkonstellation mit ähnlichen Fällen kann zur Argumentationsgewinnung beitragen. Hier schließt sich auch der Kreis zur oben dargestellten Analogiebildung, soweit eine gesetzliche (planwidrige) Regelungslücke besteht. Auch daneben kann die Auslegung mit dem Argument: „in ähnlich gelagerten Fällen sieht das Gesetz folgende Lösung vor" begründet werden. Sh. das lehrreiche Beispiel bei *Braun* zur Frage, ob das ausgesprochene Verbot von „Männern mit Hunden" in einer Metzgerei vom Sinn und Zweck her auch „Frauen mit Katzen" erfassen kann.[130]

- Juristische Argumentation bedient sich außerdem bestimmter, zum Teil schon aus der antiken Rhetorik überlieferter, Argumentationstopoi,[131] also Standardargumente, denen – bei richtiger Anwendung – die Gewähr schlüssigen und damit überzeugenden Argumentierens zukommt. Hierzu zählen neben der bereits erwähnten Analogie (S. 109) der Erst-Recht-Schluss (*argumentum a fortiori* bzw. *a minore ad maius* und *a maiore ad minus*) und der Umkehrschluss (*argumentum e contrario*).[132] Zur juristischen Ausbildung gehört es, sich mit diesen Grundlagen schlüssiger Argumentation auseinandergesetzt zu haben und diese einsetzen zu können. Wir empfehlen Ihnen deshalb die Lektüre eines entsprechenden Methodenlehrbuchs.[133]

---

129 Vgl. beispielsweise die Argumentation des BVerfG bei der Frage der Zulässigkeit der Sukzessivadoption für Lebenspartner, BVerfG, Urt. v. 19.2.2013 – 1 BvL 1/11, 1 BvR 3247/09, Rn. 55–57 über den Wandel der gesetzlichen und gesellschaftlichen Vorstellungen bzgl. gleichgeschlechtlicher Partnerschaften und in diesen lebender Kinder.

130 *Braun*, Einführung in die Rechtswissenschaft, 4. Aufl., Tübingen 2011, S. 370–372.

131 Vgl. *Reinhardt*, Marcus Tullius Cicero, Topica, Oxford 2003, Preface.

132 Eine umfassende Erklärung mit vielen Beispielen bietet z.B. *Muthorst*, Grundlagen der Rechtswissenschaft, München 2011, S. 132 ff.

133 Sh. die Nachweise in Teil 6.

c) Argumentationsfehler

Nehmen Sie sich schließlich vor Fehlern bei der Argumentation, also vor der Verwendung falscher, da unschlüssiger oder nicht überzeugender Argumente in Acht. Klassische Fehlschlüsse sind dabei der „naturalistische Fehlschluss", also die Ableitung eines „Sollens" aus einem „Sein", Zirkelschlüsse (*„petitio principii"*), also die Begründung des Ergebnisses mit der Ausgangsprämisse („Es ist so, weil es so ist.") und natürlich sich widersprechende Argumente in der Prämisse (eine falsche und eine richtige Prämisse machen zusammen noch kein richtiges Argument).

Hinzu kommen Fehlschlüsse, die sich daraus ergeben, dass mitten in der Argumentation neue, nicht die Ursprungsannahme begründende Aussagen eingeführt werden (ein häufiges Problem gerade bei „Stammtischdiskussionen", meist eingeleitet mit „und außerdem...").

d) Übungen zur juristischen Argumentation

Welche Art von Argument wird hier jeweils verwendet? **?**

a) Nach Art. 63 Abs. 1 GG hat der Bundespräsident ein Vorschlagsrecht für den Bundeskanzler. Wird der vorgeschlagene Kandidat nicht gewählt, wird der Bundespräsident nicht mit einem weiteren Vorschlag an der Bundeskanzlerwahl beteiligt (Art. 63 Abs. 3 GG). Daraus folgt, dass er für den ersten Wahlgang einen beliebigen und nicht etwa nur den Wunschkandidaten des Bundestages vorschlagen kann.

b) Wenn das Stammessen in der Mensa eine Hauptspeise und zwei weitere Speisekomponenten (Suppe, Vorspeise, Nachspeise oder Beilage) umfasst, darf man sich auch nur ein Hauptgericht und eine Speisekomponente nehmen.

c) Wenn für ein verfassungsänderndes Gesetz eine 2/3-Mehrheit im Bundestag ausreicht, ist es erst recht mit einer 3/4-Mehrheit angenommen (Art. 79 Abs. 2 GG).

d) Wenn eine Vorschrift der Bahn ausdrücklich den Transport von schweren Koffern in der Hutablage untersagt, dann gilt dies auch für gleichschwere Reisetaschen.

Liegt hier jeweils ein gültiger Schluss vor? **?**

a) Der Europäische Gerichtshof (EuGH) ist zuständig für die Wahrung des Rechts bei der Auslegung der Verträge (Art. 19 Abs. 1 EUV). Auch ohne

Rechtsfortbildung wäre die europäische Rechtsintegration nicht möglich. Deswegen ist der EuGH für die Rechtsfortbildung zuständig.

b) § 151 S. 1 BGB regelt die Entbehrlichkeit der Annahmeerklärung. Ist es – wie bei Kaufleuten – üblich, dass die Annahme dem Anbietenden nicht mitgeteilt wird, so kommt ein Vertrag auch ohne Annahme zustande.

c) C könnte durch Notwehr gerechtfertigt sein. Er hat einen gegenwärtigen, rechtswidrigen Angriff des D abgewehrt. Außerdem hat D ihn bereits am Tag zuvor beleidigt. Auch die Ehre ist ein notwehrfähiges Gut. Damit hat C in Notwehr gehandelt.

d) In der bisherigen Verfassungspraxis hat der Bundespräsident noch nie einen Kandidaten für das Amt des Bundeskanzlers vorgeschlagen, der nicht nach Abstimmung mit dem Bundestag als Favorit für die Wahl galt. Demnach verbietet Art. 63 Abs. 1 GG den Vorschlag eines Kandidaten ohne vorherige Absprache.

Einen Lösungsvorschlag für beide Übungen finden Sie im Lösungsteil (LÖSUNG 16, S. 232).

2. Darstellung eines Meinungsstreits

Problemerörterung ist das Kernstück jeder juristischen Klausur und häufig das, was den Bearbeitern am schwersten fällt. Im Folgenden wollen wir Ihnen zeigen, mit welcher Technik Sie „sicher" durch einen Meinungsstreit hindurch kommen.[134]

i Die Darstellung eines Meinungsstreits können Sie sich in einem Videocast ansehen, den unsere Studierenden gedreht haben:

http://kompetenztraining-jura.martin-zwickel.de/meinungsstreit/

a) Wann brauche ich einen „Meinungsstreit"?

Ein Meinungsstreit kann grundsätzlich immer dann vorkommen, wenn ein juristisches Problem, also eine zweifelhafte Frage, auftaucht. Allerdings genügt es bei kleinen Problemen oder Auslegungsunsicherheiten meist, zwei mögliche

---

134 Vertiefend *Schimmel*, Juristische Klausuren und Hausarbeiten richtig formulieren, 10. Aufl., München 2012, Rn. 158–213a mit zahlreichen Formulierungsvorschlägen.

Positionen zu finden (durch Nachdenken) und sich mit einem Argument für die eine zu entscheiden.

Ein „echter" Meinungsstreit liegt dann vor, wenn die (meist kompliziertere) Streitfrage in der Wissenschaft und der Rechtsprechung verschiedene Lösungen gefunden hat, für die jeweils bestimmte dogmatische (systematische, rechtspolitische, rechtstheoretische, historische etc.) Argumente sprechen. Solche Meinungsstreits sind aus der Vorlesung oder dem Lehrbuch bekannt (wenn nicht, dann muss man jetzt kreativ werden und aus seinem juristischen Allgemeinwissen und den im Sachverhalt angedeuteten Argumenten verschiedene Positionen „konstruieren") – meist gibt es zwei extreme („geht gar nicht" und „geht immer") und eine vermittelnde Ansicht („geht, aber nur unter bestimmte Voraussetzungen").

b) Wie baue ich einen Meinungsstreit auf?

Im Folgenden zeigen wir Ihnen am Beispielsfall „Trierer Weinversteigerung",[135] wie Sie einen Meinungsstreit aufbauen können. Zunächst aber eine Übersicht, wie Sie vorgehen sollten:

---

1. Problematische Rechtsfrage aufwerfen
2. Darstellung der ersten Meinung und Subsumtion des Sachverhaltes
3. Darstellung der zweiten Meinung und Subsumtion des Sachverhaltes
4. Darstellung der dritten Meinung und Subsumtion des Sachverhaltes
5. Streitentscheid und Ergebnis der aufgeworfenen Frage im konkreten Fall

---

Variante 1:

(1) Soweit alle Meinungen zum gleichen Ergebnis führen, unterbleibt eine Streitentscheidung. Elegant eingeleitet wird ein solcher Fall mit: *Eine Entscheidung/Dies kann dahinstehen, da die Meinungen im konkreten Fall zum gleichen Ergebnis führen.* Meist ist in diesem Fall keine (große) Diskussion der Frage gewünscht. Möchte man doch einige Argumente dafür und dagegen anreißen, sollte man die Aufbauvariante 2 (s.u.) wählen.

(2) Soweit die Meinungen zu verschiedenen Ergebnissen führen, muss jetzt die begründete Entscheidung getroffen werden, welcher Meinung gefolgt wird. Hierbei genügt es nicht, sich z.B. auf die „h.M." oder den BGH zu berufen, es müssen juristische Sachargumente gebracht werden.

---

135 *Isay*, Die Willenserklärung im Thatbestande des Rechtsgeschäfts nach dem Bürgerlichen Gesetzbuch für das Deutsche Reich, Jena 1899, S. 25; zum Erklärungsbewusstsein vgl. BGHZ 91, 324.

Variante 2: Bietet sich an bei kleineren Problemen mit wenigen Argumenten oder wenn alle Ansichten im konkreten Fall zum gleichen Ergebnis führen. In diesem Fall werden bei den einzelnen Ansichten auch gleich die jeweiligen Argumente dargestellt und widerlegt. Subsumtion aber nicht vergessen!!![136]

Stil: *Nach einer Ansicht..., weil.... Dagegen spricht jedoch.... Diese Probleme versucht eine zweite Ansicht dadurch zu verhindern, dass.... Allerdings übersieht sie, dass.... Deswegen ist einer dritten, vermittelnden Ansicht der Vorzug zu geben, die....*

c) Übung zum Aufbau eines Meinungsstreits
aa) Sachverhalt („Trierer Weinversteigerung")
Kuno (K) und Erna (E) sind das erste Mal auf Urlaubsreise am Rhein. Neugierig begibt sich K in einen Raum, in dem gerade eine Weinversteigerung stattfindet, ohne zu wissen, dass es sich um einen Auktionssaal handelt und ohne mit den Gepflogenheiten einer Weinversteigerung vertraut zu sein. Kurz darauf folgt ihm E. Er sieht sie, wie sie sich suchend nach ihm umguckt und hebt den Arm, um ihr zuzuwinken und auf sich aufmerksam zu machen. In diesem Moment hat der Auktionator 10 Fuder[137] Wein zum Bieten aufgerufen. Da er Ks Winken als das bei der Auktion für die Bieter übliche Handzeichen interpretiert und sich keine weiteren Bieter melden, erteilt er ihm den Zuschlag. K möchte keinesfalls 10 Fuder Wein mit nach Hause nehmen und beruft sich auf seine Unkenntnis der örtlichen Gepflogenheiten. Der Auktionator besteht dagegen auf Abnahme und Kaufpreiszahlung.
    Zu Recht?

bb) Vorüberlegung
Warum existiert hier ein Problem bzw. was ist das Problem?

!   Fangen Sie ganz normal an, den Fall zu lösen. Also: Wer will was von wem woraus?

?   Wer?   Was?   Von wem?   Woraus?

Genau! Der Auktionator möchte von Kuno Zahlung des Kaufpreises und Abnahme des Weins. Anspruchsgrundlage ist § 433 Abs. 2 BGB.

---

136 Sh. hierzu im Detail *Kerbein*, JuS 2002, 353.
137 Altes Hohlmaß für Flüssigkeiten, regional unterschiedlich zwischen 800 und 1800 Litern.

Wie lautet also der Obersatz?
Wir brauchen einen wirksamen Kaufvertrag, also Angebot und Annahme (und wegen § 156 BGB muss ein wirksamer Zuschlag erteilt worden sein).

Was ist also das Problem?
An welcher Stelle im Prüfungsaufbau taucht das Problem auf?

Kurzgliederung:
OS1: Kaufvertrag zwischen Auktionator und Kuno (+)? (+), wenn Angebot und Annahme

> OS2: Wirksames Angebot des K, wenn durch Handzeichen eine auf Abschluss eines Kaufvertrags gerichtete Willenserklärung abgegeben wurde.
>
>> OS, US, SS 3a: Obj. TB: Handeln, das nach außen als Abgabe einer Willenserklärung erscheint (+)
>>
>> OS 3b: Subj. TB: **(P) Erklärungsbewusstsein?** K wusste nicht, dass er den Anschein einer Willenserklärung erweckt → wie ist das zu behandeln?
>>
>> US 3b: Drei mögliche Ansichten – wie häufig zwei extreme und eine vermittelnde: (1. immer Nichtigkeit wegen fehlenden Erklärungsbewusstseins, 2. immer wirksam nach obj. Empfängerhorizont, aber Anfechtungsmöglichkeit nach § 119 Abs. 1 BGB, 3. Differenzierung danach, ob der Irrtum zurechenbar ist)
>>
>> SS 3b, 2, 1: Danach: Je nachdem, für welche Meinung man sich entscheidet, entweder: 1. kein Kaufvertrag, kein Anspruch, 2. Kaufvertrag, da Anfechtung (noch) nicht erklärt, 3. kein Kaufvertrag, da wegen Unkenntnis der Situation und der Gebräuche nicht zurechenbar.

Wie würde man dies nun formulieren?
Zunächst Obersätze und unproblematische Fragen, bis man in der Gliederung zu dem Problem kommt. Dann (bei US 3b):
(1) Problematische Rechtsfrage aufwerfen:

> Fraglich ist, ob K, allein durch sein Verhalten, eine rechtswirksame Willenserklärung abgegeben hat. Dies könnte deshalb nicht der Fall sein, da er sich der Bedeutung seines Verhaltens gar nicht bewusst war. Andererseits ist nach außen der Eindruck der Abgabe einer Willenserklärung entstanden.

(2) Darstellung der ersten Meinung und Subsumtion des Sachverhaltes:

> Nach einer Ansicht ist eine solche vermeintliche Willenserklärung schon von vornherein nichtig, da ihr das Erklärungsbewusstsein als notwendige Mindestvoraussetzung fehlt. K hätte damit keine wirksame Willenserklärung abgegeben.

(3) Darstellung der zweiten Meinung und Subsumtion des Sachverhaltes:

Nach anderer Ansicht sind Willenserklärungen, die nach außen hin den Anschein einer wirksamen Willenserklärung erwecken, eher mit der Situation des Erklärenden in § 119 Abs. 1 BGB, also einem Irrtum über den Erklärungsinhalt, zu vergleichen. Danach wäre die abgegebene Erklärung des K zunächst wirksam, jedoch nach § 119 Abs. 1 BGB analog anfechtbar.

(4) Darstellung der dritten Meinung und Subsumtion des Sachverhaltes:

Eine dritte Ansicht will schließlich danach differenzieren, ob der Anschein einer Willenserklärung dem Urheber zuzurechnen ist, dieser also bei Anwendung der im Verkehr erforderlichen Sorgfalt erkennen hätte können, dass sein Verhalten im Rechtsverkehr als Willenserklärung gedeutet werden kann und dies vermeiden hätte können. Soweit die Erklärung dem Urheber zurechenbar ist, kann er sich nur durch Anfechtung nach § 119 Abs. 1 BGB analog von ihr lösen, ansonsten ist mangels Erklärungsbewusstseins schon keine Willenserklärung gegeben. Da K mit den örtlichen Gebräuchen nicht vertraut war und sich auch nicht hätte erkundigen müssen, läge hier bereits keine Willenserklärung vor.

(5) Streitentscheid/Ergebnis

(1) Soweit alle Meinungen zum gleichen Ergebnis führen, unterbleibt eine Streitentscheidung.
(2) Wenn wie hier die Meinungen zu verschiedenen Ergebnissen führen, muss jetzt die begründete Entscheidung getroffen werden, welcher Meinung gefolgt wird:

Die erste Ansicht, die grundsätzlich von der Nichtigkeit der Willenserklärung ausgeht, berücksichtigt unzureichend, dass für die andere Seite der Anschein eines willentlichen Vertragsschlusses erweckt wurde und stellt den Erklärenden interessenwidrig von jeder Haftung frei. Die Ansicht, die dem Urheber der Willenserklärung lediglich ein Anfechtungsrecht zugesteht, verwirklicht dagegen den Schutz des Erklärungsempfängers, für den sich das Verhalten des Urhebers objektiv als Willenserklärung dargestellt hat, besser, da bei einer Anfechtung insbesondere ein Ersatz des Vertrauensschadens nach § 122 BGB möglich ist. Auch steht dies mit der Lehre vom objektiven Empfängerhorizont in Einklang. Allerdings erscheint es zu hart, wenn der Erklärende in jedem Fall, in dem er objektiv eine Erklärung abgegeben hat, auch dafür einstehen soll. Vorzug verdient deshalb die dritte Meinung, die nach der Zurechenbarkeit differenziert.

(6) Am Ende Ergebnis für konkreten Fall:

Demnach hat K hier keine wirksame Willenserklärung abgegeben.

Sie sehen an diesem Fall, der eines der Standardprobleme des BGB AT darstellt, wie man durch leichte Sachverhaltsmodifikationen (z.B. K war schon oft auf Versteigerungen und passt nur gerade nicht auf) die Klausurlösung in eine ganz andere Richtung lenken kann, da die Subsumtion zu einem anderen Ergebnis kommt. Kein Problem für denjenigen, der das Problem und die Lösungen verstanden hat! Mit einer sauberen Subsumtion kommen Sie zur schlüssigen Lösung für den konkreten Fall. Vergessen Sie am Ende jedenfalls nicht, das Ergebnis des Meinungsstreits im konkreten Fall niederzuschreiben und damit je nach Fallkonstellation weiterzuarbeiten.

F. Sprachliche Fehler – Sprachlich saubere Gutachten anfertigen

Machen Sie nicht den Fehler,
– korrekte Sprache durch „vermeintliche" Fachsprache oder Fremdwörter zu ersetzen,
– in persönlicher Form zu schreiben,
– juristische Fachtermini falsch zu verwenden,
– Schachtelsätze zu schreiben,
– nicht in neutralem Stil zu formulieren.

In den vorangehenden Kapiteln haben Sie bereits einige Informationen zur Formulierung juristischer Gutachten erhalten. Die Besonderheit an juristischen Gutachten ist, dass sie einen Spagat zwischen Fachsprache und möglichst einfacher und korrekter Allgemeinsprache schaffen müssen. Stellen Sie sich einen Rechtsanwalt vor, der einen Brief an seinen Mandaten so kompliziert schreibt, dass der Mandant ihn nicht versteht. Das kann keine ordentliche juristische Arbeit sein. Umgekehrt kommt ein wissenschaftliches Fach auch nie mit einer reinen Alltagssprache aus, sondern entwickelt Spezialregeln.

I. Allgemeine Regeln zum Sprachgebrauch

Auch im juristischen Bereich gelten ganz allgemeine Sprachregeln.

Sehen Sie sich den nachfolgenden Text an und überlegen Sie, wie man ihn sprachlich vereinfachen könnte:

Einen Lösungsvorschlag finden Sie im Lösungsteil (LÖSUNG 17, S. 233).

„Eisenbahn ist (...) ein Unternehmen, gerichtet auf wiederholte Fortbewegung von Personen oder Sachen über nicht ganz unbedeutende Raumstrecken auf metallener Grundlage, welche durch ihre Konsistenz, Konstruktion und Glätte den Transport großer Gewichtsmassen beziehungsweise die Erzielung einer verhältnismäßig bedeutenden Schnelligkeit der Transportbewegung zu ermöglichen bestimmt ist, und durch diese Eigenart in Verbindung mit den außerdem zur Erzeugung der Transportbewegung benutzten Naturkräften – Dampf, Elektrizität, tierischer oder menschlicher Muskeltätigkeit, bei geneigter Ebene der Bahn auch schon durch die eigene Schwere der Transportgefäße und deren Ladung usf. – bei dem Betriebe des Unternehmens auf derselben eine verhältnismäßig gewaltige, je nach den Umständen nur bezweckter weise nützliche oder auch Menschenleben vernichtende und menschliche Gesundheit verletzende Wirkung zu erzeugen fähig ist."[138]

Sie haben den Text mit der Definition von Eisenbahn, der übrigens aus einer Entscheidung des Reichsgerichts vom 17. März 1879 stammt, nicht verstanden? Kein Wunder. Er enthält sehr viele verschachtelte Satzkonstruktionen, Fremdwörter sowie umständliche Formulierungen.

Ihre eigenen juristischen Texte sollten daher **in möglichst kurzen Sätzen** gehalten sein und **keine Schachtelungen** aufweisen. Bilden Sie mehrere Sätze statt eines langen Satzes.[139]

---

i Legen Sie den Rotstift an die folgenden Satzkonstruktionen an und bessern Sie die Passagen aus, die Ihnen sprachlich zu kompliziert erscheinen.
Einen Lösungsvorschlag finden Sie im Lösungsteil (LÖSUNG 18, S. 233).

<aus einer Klausur einer Übung für Fortgeschrittene>
Listvoll könnte Goldfinger vertreten haben. Die Zulässigkeit einer Vertretung ist hier konkludent gegeben, da es sich nicht um höchstpersönliche Geschäfte handelt, sondern lediglich um einen Kaufvertrag und Listvoll hat eine eigene Willenserklärung abgegeben, weil er selbst entscheidet, dass er die Brosche für 2.000 EUR ankaufen will.

Generell sollten Sie zudem auf **überflüssige Ausführungen** (Füllwörter ohne spezifisch juristische Bedeutung) verzichten und wenige Fremdwörter verwenden. Weglassen können Sie in der Regel:[140]
- „im vorliegenden Fall" und „laut Sachverhalt" → wonach sonst?
- „alle Voraussetzungen liegen vor", „die Tatbestandsmerkmale sind erfüllt"
  → Zeigen Sie durch die Prüfung der einzelnen Punkte das Ergebnis auf, nicht durch eine bloße Feststellung!

---

138 RGZ 1, 247, 252.
139 *Mix*, Schreiben im Jurastudium, Paderborn 2011, S. 70.
140 Teilweise nach *Mix*, Schreiben im Jurastudium, Paderborn 2011, S. 70.

- Quasi, auch, praktisch, de facto, dabei → überflüssige Füllwörter
- Obsolet, stringent, eruieren, verifizieren etc. → Fremdwörter ohne juristische Bedeutung

Vermeiden Sie zudem einen **Beginn von Sätzen mit den Wörtern „da" oder „weil"**. Durch diese Wörter wird die Satzkonstruktion oft so kurz, dass der Korrektor Ihnen die Verwendung des Urteilsstils vorwerfen könnte.

Nehmen Sie nochmals den Rotstift zur Hand und streichen Sie aus der nachfolgenden Textpassage alle überflüssigen Bestandteile. Ersetzen Sie Fremdwörter durch Alltagssprache.
Einen Lösungsvorschlag finden Sie im Lösungsteil (LÖSUNG 19, S. 234).

Es ist zu eruieren, ob Listvoll den Goldfinger vertreten hat. Praktisch ist eine Vertretung immer zulässig, wenn es sich nicht um höchstpersönliche Rechtsgeschäfte handelt. Im vorliegenden Fall handelt es sich lediglich um einen Kaufvertrag. Laut Sachverhalt entscheidet Listvoll quasi selbst.

II. Spezifisch juristische Regeln zum Sprachgebrauch

Wie in jeder Fachsprache gibt es auch im juristischen Bereich einige Sonderregeln.

1. Neutraler, sachlicher Stil

Die wichtigste Sonderregel ist, dass Juristen stets in einem **neutralen, unpersönlichen Stil** schreiben![141]

Statt: „Ich bin daher der Auffassung, dass für die strenge Schuldtheorie die besten Argumente sprechen." schreibt der Jurist: „Der strengen Schuldtheorie ist, aufgrund besserer Argumente, Vorzug zu gewähren."

Auch sind eigene Wertungen und „Kraftausdrücke" („ganz eindeutig", „abwegig", „absolut unzutreffend"), „bei guter Begründung" (diese ist immer erforderlich!) verzichtbar. Hinweise auf Autoritäten („nach der Rechtsprechung des BGH", „nach ganz herrschender Meinung (h.M.)") ersetzen ebenfalls keine Begründungen.

In einer juristischen Klausur schreiben Sie einen sachlichen Text, ein Fachgutachten. Sie müssen daher nicht einen so schönen Text schreiben, wie im Deutschunterricht in der Schule. Der **Schwerpunkt** der Bearbeitung liegt **auf der fachlichen Genauigkeit** Ihres Textes.

---

141 Rehbinder, Einführung in die Rechtswissenschaft, 8. Aufl., Berlin 1995, S. 250.

Das bedeutet: Wiederholungen sind kein Problem, identische Gegebenheiten müssen sogar identisch (möglichst mit den Begriffen des Gesetzes) bezeichnet werden.[142]

> **i** Lesen Sie den nachfolgenden Text und markieren Sie die Stellen, an denen aus Ihrer Sicht eine Präzisierung stattfinden müsste. Nehmen Sie dazu Ihr BGB zur Hand und vergleichen Sie die Ausführungen mit denen des § 280 Abs. 1 BGB.
> Einen Lösungsvorschlag finden Sie im Lösungsteil (LÖSUNG 20, S. 234).

A könnte gegen B einen Schadenersatzanspruch im Sinne des § 280 Abs. 1 BGB haben. A und B müssten eine Vereinbarung getroffen haben. A hat bei B einen Teppich gekauft. Eine Vereinbarung liegt vor. Zudem müsste ein Verstoß des A gegen eine Verkehrssicherungspflicht gegeben sein. A hat die Linoleumrolle, die B auf den Fuß gefallen ist, nicht ordnungsgemäß gesichert.

2. Korrekte Verwendung von Fachbegriffen
Wenngleich Sie versuchen sollten, möglichst einfach zu schreiben, werden Sie um die Verwendung einiger Spezialbegriffe der juristischen Fachsprache nicht herumkommen. Einige gängige juristische **Fachbegriffe** stammen **aus der lateinischen Sprache**.

> **!** Wichtig: Verwenden Sie Fachbegriffe dann nicht, wenn Sie sich über deren Bedeutung nicht im Klaren sind. Lateinische Fachbegriffe können Sie problemlos im Lexikon unter http://www.perfekt.ru/dict/lat.html (Stand: 30.11.2013) nachschlagen oder bei *Hattenhauer*, in: *Wolf/Kudlich/Muckel* (Hrsg.), JA Sonderheft für Erstsemester, München 2011, S. 76 nachlesen.

> **i** Ordnen Sie die in der Tabelle falsch sortierten Begriffe ihrer richtigen Bedeutung zu.
> Einen Lösungsvorschlag finden Sie im Lösungsteil (LÖSUNG 21, S. 234).

schlüssig	conditio sine qua non
Notwendige Bedingung. Bedingung, die nicht hinweggedacht werden kann, ohne dass der Erfolg in seiner konkreten Gestalt entfiele.	Konkludent
Ursächlichkeit	Pacta sunt servanda
Verträge müssen eingehalten werden.	Contra legem
Im Widerspruch zum Gesetz	Kausalität

---

142 *Mix*, Schreiben im Jurastudium, Paderborn 2011, S. 69.

Neben den lateinischen Fachbegriffen, gibt es auch **deutsche Fachbegriffe**, die in Klausuren vielfach falsch verwendet werden. Einige dieser *„false friends"* haben wir gesammelt.

Setzen Sie in die Textpassagen jeweils das richtige Begriffspaar korrekt ein.
Einen Lösungsvorschlag finden Sie im Lösungsteil (LÖSUNG 22, S. 235).

Das Gericht ist..., die Klage ist daher...	zulässig, zuständig
Die Berufung ist nicht..., das Urteil ist somit...	rechtskräftig, rechtswirksam
A hat sich eines Diebstahls ... Er ist ...strafbar.	sich einer Tat schuldig machen/wegen einer Tat strafbar sein

---

Die Bedeutung deutscher Fachbegriffe können Sie bei *Köbler*, Juristisches Wörterbuch, 15. Aufl., München 2012 und *Creifelds/Cassardt*, Rechtswörterbuch, 21. Aufl., München 2013 nachschlagen.

In Klausuren werden **Formulierungen** oft **unzutreffend** verwendet. Dies ist in den folgenden Stilblüten der Fall:
-   A hat B einen Antrag gemacht. (Klingt wie ein Heiratsantrag, unjuristisch) → Besser: B ist ein Antrag des A auf Abschluss eines Kaufvertrages zugegangen.
-   Die Anfechtung ist damit rechtskräftig. (Rechtskraft ist ein Begriff des Prozessrechts. Nur Urteile können rechtskräftig werden.) → Richtig: Die Anfechtung ist rechtmäßig oder wirksam oder gültig.
-   Der Vertrag ist in Kraft getreten. (In-Kraft-Treten ist ein spezifischer Begriff des öffentlichen Rechts in Bezug auf Gesetze.) → Besser: Der Vertrag ist geschlossen oder wirksam.

Verwechslungsgefahr nicht nur sprachlicher, sondern auch inhaltlicher Natur besteht in einigen weiteren Fällen, z.B.:

Schlagen Sie jeden dieser Begriffe im Rechtswörterbuch (insbesondere Creifelds/Cassardt, Rechtswörterbuch, 21. Aufl., München 2013 oder Köbler, Juristisches Wörterbuch, 15. Aufl., München 2012) und/oder im Gesetz nach und klären Sie, wo die Verwechslungsgefahr liegt:
-   „Verfassungswidrig" statt „rechtswidrig"
-   „Ausfertigung statt Erlass" (vgl. Art. 82 Abs. 2 GG)
-   „Verletzung statt Beeinträchtigung" (z.B. bei Grundrechten)
-   „Bundestag" statt „Bund"
-   „rechtskräftig" statt „unzulässig"
-   „Eigentum" und „Besitz" (ein Klassiker aus dem täglichen Leben)
-   „Miete", „Leihe" und „Darlehen" (auch ein Klassiker der Alltagssprache)
-   „rechtsfähig" statt „geschäftsfähig"

Teil 3. Fehlende Übung: Übungen zur Klausuranalyse

⚡ Machen Sie nicht den Fehler,
- zu denken, dass man Klausurschreiben nicht üben kann oder muss,
- theoretisches Wissen und Detailkenntnisse von Urteilen für entscheidend für den Prüfungserfolg zu halten,
- Klausuranalyse zum ersten Mal in einer Prüfungsarbeit auszuprobieren,
- Angebote Ihrer Universität zur Übung von Klausuren nicht anzunehmen,
- dieses Buch nur als theoretische Anleitung zur juristischen Arbeit zu nehmen,
- zu denken, dass man juristische Kompetenzen in der Theorie erwerben kann,
- die „Übungen" an den Universitäten nur so lange zu besuchen, bis Sie die Mindestvoraussetzungen für den „Schein" bestanden haben.

Sie haben nun das (theoretische) Rüstzeug, um Klausursachverhalte zu analysieren und im Anschluss daran eine Gliederung zu erstellen und diese niederzuschreiben. Viele Studierende belassen es dabei und beschränken das Klausurschreiben und Lösen von Fällen im Studium auf die wenigen von den Prüfungsordnungen geforderten Prüfungsarbeiten. Dabei finden sich – lange vor der Examensvorbereitung – an den Universitäten vielfältige Übungsmöglichkeiten, die Sie nur wahrnehmen müssen. Dies fängt mit den – meist mit dem Erwerb von Scheinen verbundenen – kleinen und großen Übungen bzw. den im Rahmen von Anfängervorlesungen häufig angebotenen Probe-/Übungsklausuren an, geht mit den vielfältigen Arbeitsgemeinschaften weiter und wird an vielen Fakultäten mittlerweile durch spezielle Falllösungsübungen für die Zwischenprüfung oder die Großen Scheine ergänzt. Für Sie bedeutet das, dass Sie
- alle angebotenen (Übungs-)Klausuren (unter ernsten Bedingungen) mitschreiben und die Besprechungstermine besuchen sollten – selbst wenn Sie das Gefühl haben, dass Sie noch nicht (so) viel wissen,
- versuchen sollten, Fälle für Arbeitsgemeinschaften vor- oder wenigstens nachzubereiten und aktiv in den entsprechenden Lehrveranstaltungen an der Falllösung mitzuarbeiten,
- spezielle Angebote, beispielsweise zur individuellen Klausurnachbesprechung mit einem Tutor, nutzen und sich in Besprechungsterminen zu (Übungs-)Klausuren vom Klausurersteller oder Korrektor erklären lassen sollten, warum Ihre Darstellung nicht mit höheren Punkten bewertet werden konnte.

Üben kann und muss man aber selbstverständlich auch zu Hause oder mit einer individuellen Klein-Lerngruppe (sh. hierzu auch unten S. 178, Lernstrategien).

Im Folgenden bieten wir Ihnen mehrere Übungsklausuren an, mit denen Sie Ihre Klausurtechnik trainieren können. Die Klausuren wurden alle zur Übung der Klausuranalyse an der Friedrich-Alexander-Universität Erlangen-Nürnberg gestellt, entsprechen aber vom Schwierigkeitsgrad (wenn auch nicht unbedingt vom Umfang) einer Zwischenprüfungsklausur bzw. einer Klausur aus der Anfängerübung. Der Stoff bezieht sich auf das, was üblicherweise innerhalb der ersten zwei Semester gelehrt wird, weswegen z.B. im Öffentlichen Recht bewusst das Verwaltungsrecht ausgespart wird, im Strafrecht vertiefte Fragen des Besonderen Teils, im Zivilrecht das Sachen-, Familien-, Erb- und Gesellschaftsrecht entfallen.

Wir haben zu allen Klausuren eine schrittweise geführte Klausuranalyse erstellt, mit der Sie vor der Niederschrift Ihre Technik trainieren können. Vielleicht hilft es Ihnen dabei, sich die Checkliste „Klausurfahrplan" daneben zu legen (sh. S. 275). Sie können aber selbstverständlich die Sachverhalte auch als reine Übungssachverhalte nehmen und die Korrektur dann anhand der „Klausuranalyse" vornehmen. Dabei erkennen Sie dann auch, an welchen Stellen Sie warum Probleme übersehen oder falsch eingebaut haben oder wo Sie falsche Schwerpunkte gesetzt und Lösungsansätze gewählt haben. Nehmen Sie die Analyse und v.a. die Korrektur ernst! Nur so können Sie erlernen, worauf Sie im Ernstfall achten müssen und wo Ihre Schwächen liegen.

Bevor es an die Analyse geht, ein paar Hinweise:

1. Auf den nächsten Seiten erhalten Sie immer einen Sachverhalt zu einem Fall, den Sie am besten analysieren wie im Klausurfahrplan (S. 101) erläutert.

2. Die Klausuranalyse führt Sie von der Analyse des Bearbeitervermerks und des Sachverhalts bis zur Erstellung der Grobgliederung. Mit Hilfe dieser Grobgliederung sollen Sie dann selbstständig eine Feingliederung in Stichpunkten erstellen, also das, was auch am Anfang Ihrer Klausurbearbeitung vor der Niederschrift erfolgt. Wenn Sie mögen, können Sie diese Feingliederung anschließend ausformulieren.

3. Lassen Sie sich nicht entmutigen, wenn Ihnen die Thematik eines Falls zunächst unbekannt vorkommt. Sie werden merken, dass es trotzdem möglich ist, sich technisch durch Sachverhalt und Gliederung zu arbeiten und die Gedanken, die einem bei der Lektüre des Gesetzes kommen, so zu ordnen, dass man dann ein Gutachten niederschreiben könnte.

Zum Weiterüben finden Sie in Teil 6 auf S. 272 ff. zahlreiche Fallsammlungen. **!**

A. Zivilrecht

I. Sachverhalt

[1]Wirt Willi (W) ist stolzer Inhaber eines Biergartens in Erlangen. [2]In der kommenden Biergartensaison möchte W seinen Gästen das gute fränkische Bier nicht mehr in Glaskrügen, sondern in zünftigen Steingutkrügen ausschenken. [3]Daher möchte er bei Sepp (S), der eine Steingutmanufaktur betreibt, entsprechende Krüge erwerben.

[4]W hat sich auf der Internetseite des S bereits über das Angebot und die Preise informiert. [5]Leider ist er schon etwas spät dran und als W sich beim weihnachtlichen Unternehmerstammtisch an S wendet, um mit S über die Möglichkeiten ins Geschäft zu kommen zu sprechen, teilt S ihm mit, dass er für die kommende Saison eigentlich keine Produktionskapazitäten mehr frei hat. [6]Da W nur 1000 Krüge benötigt, verspricht S noch mal genauer zu prüfen, ob er diese Bestellung irgendwie in den Produktionsplan quetschen kann. [7]S solle sich im neuen Jahr noch mal bei ihm melden.

[8]Im Januar – mitten im Skiurlaub – fällt W plötzlich wieder ein, dass er die Sache mit S noch klären muss. [9]Er ruft seinen Angestellten Anton (A) an und bittet ihn, die Sache mit S zu klären oder anderweitig Krüge aufzutreiben.

[10]A ruft daraufhin bei S an und erreicht den Mitarbeiter Marco (M) des S. [11]Dieser weiß von der ganzen Angelegenheit, die W und S besprochen haben, nichts, nimmt aber die Bestellung des A von 1000 Krügen zum Listenpreis (3.000 EUR) auf. [12]Wegen der Produktionskapazitäten, meint M, wolle er aber erst noch mit dem Chef reden. [13]A ist damit einverstanden.

[14]Wenige Tage später erhält W von S ein Fax, in dem dieser den Auftrag bestätigt und Lieferung für März zusagt. [15]Weiter verweist S in dem Fax auf die Geltung seiner AGB, welche ebenfalls mit übersandt werden. [16]W ist zufrieden, dass er nun doch noch seine Krüge bekommt und heftet die Auftragsbestätigung ab.

[17]Anfang März kann S die ersten 500 der georderten Krüge fertigstellen. [18]Er schickt diese per Spedition an W. [19]W ist hocherfreut über die erste Lieferung. [20]Als Anfang April die zweite Charge fertig wird, verschickt S diese wieder per Spedition. [21]Leider erleidet der Fahrer unverschuldet einen Unfall und die gesamte Charge wird zerstört.

[22]Da die Saison für W schlechter läuft als erwartet und er sich um andere Sachen kümmern muss, ist W die ausbleibende Lieferung ganz recht und er meldet sich nicht bei S. [23]S ist auch im Stress und müsste Überstunden veranlassen, um erneut 500 Krüge herzustellen. [24]Daran hat er kein Interesse und verliert die Angelegenheit ebenso aus den Augen.

[25] Als S die Jahresendabrechnung im Dezember macht, stellt er fest, dass W weder die erste noch die zweite Charge der Krüge bezahlt hat und schickt W eine Mahnung.

[26] Auch W erlebt bei der Jahresendabrechnung im Dezember eine Überraschung und steht zunächst vor einem Rätsel. [27] Offenbar hat er 10 % mehr Bier ausgeschenkt, als er tatsächlich verkauft hat. [28] Das Rätsel löst sich als er feststellt, dass der Eichstrich der Krüge falsch gesetzt ist und die Maß nicht 1 Liter sondern 1,1 Liter enthält. [29] Er schätzt, dass er dadurch einen Schaden von 1.000 EUR erlitten hat.

[30] Als W die Mahnung des S erhält, ist W empört und verweigert die Zahlung. [31] Zum einen habe er die zweite Charge Krüge nie erhalten und zum anderen seien die Krüge fehlerhaft.

[32] S verweist auf seine AGB in denen geregelt ist:
-   „Sämtliche Gewährleistungsrechte sind 6 Monaten nach Lieferung ausgeschlossen."
    und
-   „Die Lieferung erfolgt auf Gefahr des Käufers".

Kann S von W Zahlung verlangen? (Normen des HGB sind nicht zu prüfen!)

II. Klausuranalyse

Lesen Sie zunächst den Bearbeitervermerk durch. Bei dem nun folgenden, ersten Lesen sollten Sie sich noch nicht in die Details vertiefen. Versuchen Sie, einen „Überblick" dafür zu bekommen, was in der Klausur „drin" ist. Lesen Sie die Klausur im Hinblick auf die Beantwortung der drei folgenden Fragen. Lesen Sie sich zunächst die Fragen durch und denken einen Moment darüber nach. Geben Sie sich dann etwa 5 Minuten Zeit, um die Klausur zu lesen.
-   Welche Interessen bringen die Beteiligten zum Ausdruck bzw. werden im Sachverhalt angesprochen?
-   Wie viele Ansprüche werden Sie prüfen müssen?
-   Welche „typischen" Problemkreise werden angesprochen? Geht es um Vertragsschluss, Minderjährigkeit, Gewährleistung, Eigentum, Stellvertretung, unerlaubte Handlungen, Erbrecht?

Wenn Sie die Klausur jetzt gelesen haben, sollten Sie die Fragen beantworten können.
-   Beschreiben Sie, welches Interesse S hat bzw. was S will und was er nicht will. Versetzen Sie sich in die Lage des S.

- Werden im Sachverhalt auch Interessen von W angesprochen?
- Wenn ja, welche Interessen hat W? Versetzen Sie sich in W und führen Sie ein fiktives Streitgespräch mit S.

Wie viele Ansprüche werden Sie prüfen? Schauen Sie sich noch einmal den Bearbeitervermerk und dann Ihre Sammlung der Interessen an. Die Frage ist nicht so leicht zu beantworten. Warum? Treffen Sie Ihre Entscheidung, aber lesen Sie noch nicht die „Lösung".

- Einen Anspruch
- Zwei Ansprüche
- Drei Ansprüche
- Vier Ansprüche
- (Fünf Ansprüche)

Man könnte sicherlich jede der vorgegebenen Antworten vertreten (siehe Tabelle unten). Versuchen Sie, mehrere Antworten zu begründen.

Sinn dieser Übung ist es, ein Gefühl dafür zu bekommen, einen Fall zu zerlegen und „Sollbruchstellen" bzw. Einzelkomplexe zu erkennen. Das hilft Ihnen, bekannte Muster in Fällen zu erkennen und sich den Fall „einzuteilen".

Sie sollten folgende Interessen gefunden haben: S möchte Zahlung der Vergütung. Er will beide Chargen bezahlt haben. W will keine der Chargen bezahlen. Die eine Charge hat er überhaupt nicht bekommen und die andere Charge hatte einen Fehler. W hat außerdem einen Schaden erlitten. Hierfür will er S verantwortlich machen. Er wird Zahlung von S verlangen, oder S zumindest seine Ansprüche entgegen halten wollen. Hinsichtlich der zerstörten Charge will S nicht erneut Krüge herstellen müssen. W seinerseits braucht die Krüge offensichtlich nicht mehr und könnte auf die zweite Charge sicherlich verzichten. Wenn er aber die zweite Charge zahlen müsste, darf man annehmen, dass er auf die Lieferung nicht verzichten würde. Hinsichtlich der fehlerhaften Krüge darf man annehmen, dass W von S die Beseitigung des Fehlers verlangt.

Für diese Interessen müssen Sie rechtliche Normen finden. Diese Interessen sind also in der Klausur rechtlich zu „prüfen". Stellen wir aber die weitere Prüfung dieser Aspekte einstweilen zurück und widmen uns der letzten der drei eingangs gestellten Fragen: Welche „typischen" Problemkreise werden angesprochen?

Machen Sie eine Sammlung:

- Vertragsschluss/Schweigen und geänderte Annahme
- Stellvertretung
- Gewährleistungsrecht

- Gefahrübergang
- AGB
- ...

Diese Überlegung dient der Schwerpunktsetzung. Schwerpunktsetzung ist wird häufig als schwierig empfunden. Sicherlich gehört einiges an Klausurerfahrung dazu, um ein Gefühl für Schwerpunkte zu bekommen. Aber Sie können dazu beitragen, diese Erfahrung bewusst zu machen und Ihre Fähigkeiten zur Schwerpunktsetzung trainieren. Überlegen Sie, welche Schwerpunkte die Klausur wohl haben wird. Welches sind die wichtigsten Fragen? Denken Sie daran, dass eine Klausur typischerweise einen „roten Faden" hat!

- Glauben Sie, dass der Vertrag zustande gekommen ist?
- Glauben Sie, dass der Schwerpunkt der Klausur eher beim Vertragsschluss oder eher bei den Ansprüchen wegen der zerstörten bzw. fehlerhaften Krüge liegen wird?
- Vergegenwärtigen Sie sich, dass im Sachverhalt zwei verschiedene Chargen angesprochen werden, die jeweils ein anderes Schicksal ereilt.
- Wie wichtig wird es für eine gute Klausur sein, dass Sie die Klausur vollständig bearbeiten?

Nun ist es an der Zeit, die Klausur noch einmal und im Detail zu lesen und sich Anmerkungen und Gedanken zu den im Sachverhalt angesprochenen Punkten zu machen. Gehen Sie die Klausur durch und notieren Sie sich Ihre Überlegungen. Was passiert jeweils juristisch? Warum werden die jeweiligen Sachen angesprochen. Nehmen Sie sich ruhig jeweils für jeden Abschnitt/Satz etwas Zeit, um bewusst über das Gelesene nachzudenken.

Anschließend vergleichen Sie Ihre Gedanken mit den folgenden Fragen/ Anregungen:

- Satz 4: Offensichtlich ist eine invitatio ad offerendum angesprochen. Sollte das ausführlich in der Lösung angesprochen werden?
- Satz 5–7: Wurde ein Vertrag geschlossen? Wird dieser Teil später in der Klausur konkret durchzuprüfen sein, als Angebot und Annahme etc.?
- Satz 8–10: Was wird hier angesprochen? Wird das später ein „wichtiges Problem" darstellen, auf welches man ggf. ausführlich eingehen muss?
- Satz 12: Wurde jetzt ein Vertrag geschlossen?
- Satz 13: Wie verbleiben A und M nach dem Telefonat? Was ist der rechtliche Stand?
- Satz 14: Welche Bedeutung hat das Fax? Wurde ein Vertrag geschlossen (Satz 15!)?

- Satz 16: Was will uns dieser Satz sagen? Wurde jetzt ein Vertrag geschlossen?
- Satz 16–18: Ist zunächst (juristisch) unproblematisch. S erfüllt seine Lieferpflicht. Fragen zur Zulässigkeit einer Teilleistung sind eher nicht veranlasst.
- Satz 19–20: Dieser Vorfall ist nun sehr relevant. Der angesprochene Problemkomplex ist natürlich der Gefahrübergang, d.h. der Übergang der Leistungs- und der Preisgefahr. Hier sollten Sie durchdenken, was rechtlich passiert. Nehmen Sie ggf. das Gesetz zur Hand und schlagen Sie die relevanten Normen nach. Sie sollten mit den folgenden Stichworten etwas anfangen können: Untergang der Leistung, Gattungsschuld, Leistungsort, Gattungsschuld/Stückschuld, Synallagma. Sie sollten diesen Themenkreis natürlich aus den Vorlesungen und dem Selbststudium bereits kennen. Gleichwohl sollten Sie sich die konkreten Auswirkungen im Fall vergegenwärtigen.
- Setzen Sie folgende Normen miteinander in Bezug: § 433 Abs. 2, § 326 Abs. 1, § 275 Abs. 1, § 243, § 269, § 446, § 447 BGB!
- Satz 22–24: Hier passiert tatsächlich und rechtlich erst mal nichts. Satz 23 gibt noch einen Hinweis in Sachen „tatsächliche Unmöglichkeit" und Satz 24 verdeutlicht das Interesse des S.
- Satz 25: Hier sollte man nicht zu lange über Verzug nachdenken. Es fällt zwar das Wort „Mahnung", aber im Sachverhalt ist ansonsten nichts angelegt. Das wissen Sie bereits, weil Sie sich beim ersten Durchlesen bereits einen Überblick über die Schwerpunkte verschafft haben.
- Satz 26–28: Hier wird ein Mangel aufgedeckt. Denken Sie hier nicht an kaufmännische Rügepflichten etc., denn Normen des HGB sind laut Bearbeitervermerk nicht zu prüfen. Machen Sie sich aber Gedanken zu den Rechten des W. Was könnte dieser nun verlangen? Gehen Sie den Katalog des § 437 BGB (ggf. in Gedanken) durch.
- Satz 29: Hier wird ein „Interesse" des W deutlich angesprochen.
- Satz 30: Wie können wir diese „Verweigerung" rechtlich interpretieren?
- Satz 31 spricht hier deutlich zwei Aspekte an. Solche Hinweise im Sachverhalt sollten aufgriffen werden. Meist gibt der Aufgabensteller damit einen Tipp. Sie müssen den Tipp „nur" noch rechtlich „übersetzen". Welche Normen sind hier angesprochen?
- Satz 32: Die AGB waren bereits beim Vertragsschluss angesprochen. Dort haben sie eine bestimmte Rolle gespielt. Hier kommen wir auf die AGB zurück. Es werden zwei Regelungen genannt. Beide werden sicher eine Rolle spielen. An welcher Stelle spielen die Regelungen wahrscheinlich eine Rolle? Die AGB geben im Umkehrschluss auch Hinweise darauf, welche Prob-

lemkreise bzw. Aspekte im Fall wohl anzusprechen sind; andernfalls hätte man die AGB nicht im Sachverhalt erwähnen müssen. Sie müssen sich deshalb auch Gedanken dazu machen, ob die AGB-Regelungen einbezogen wurden und ob sie wirksam sind.

Überlegen Sie nun (noch einmal), welche Normen (Anspruchsgrundlagen oder sonstige Normen) den Interessen des W und des S gerecht werden. Tragen Sie die oben genannten Normen an der richtigen Stelle in die Tabelle ein.
Einen Lösungsvorschlag finden Sie im Lösungsteil (LÖSUNG 23, S. 235).

S will Zahlung der Krüge.

W will Nachbesserung der fehlerhaften Krüge.

W will für die fehlerhaften Krüge nicht zahlen.

W will die zerstörten Krüge *nicht* zahlen.
(Die Norm ist schwieriger zu finden. Denken Sie an die Normarten. Suchen Sie nach einer Anspruchsgrundlage?)

W will keine Ersatzlieferung der zerstörten Krüge und diese auch *nicht* zahlen.

Wenn W nicht vom Vertrag loskommt, dann will W wenigstens Neulieferung der zerstörten Krüge.

W will Schadensersatz wegen der falschen Eichung.

Wenn W Schadensersatz zusteht, will er kein Geld an S zahlen und S seinen Anspruch entgegenhalten.

W will nicht zahlen, wenn er keine neuen Krüge bekommt.

Gefragt ist laut Bearbeitervermerk nur nach § 433 Abs. 2 BGB. Was ist mit den anderen Ansprüchen und Normen? Spielen die keine Rolle? Hilfsgutachten? Vertrauen Sie dem Gutachtenstil. Beginnen wir mit der Fallfrage und dem Anspruch aus § 433 Abs. 2 BGB. Nehmen wir zunächst einfach das Schema für den Anspruchsaufbau. Hier können wir bereits jetzt eine grobe Zuordnung der gefunden Probleme vornehmen und haben damit bereits eine sehr gute Gliederung. Bei der Zuordnung sollten Sie an die Rechtsfolgen der oben gefundenen Normen denken.

---

i § 433 Abs. 2 BGB

I. Anspruch entstanden?

_____

_____

_____

_____

_____

II. Anspruch erloschen?

_____

_____

_____

_____

_____

III. Anspruch durchsetzbar?

_____

_____

_____

_____

_____

Nach dieser Grobgliederung haben Sie die Klausur „besiegt". Jetzt können Sie in eine Feingliederung einsteigen und einzelne Aspekte genauer durchgliedern. Dies empfiehlt sich vor allem bei den Schwerpunkten, welche im Bereich des Erlöschens und der Durchsetzbarkeit liegen. Sie können sehr viel Zeit darauf verwenden, um auf der Ebene „Anspruch entstanden" alles durchzugliedern. Das wäre in der Klausur fatal, weil Sie dann nicht mehr zu den eigentlichen Schwerpunkten kommen. Auch wenn Sie vermutlich viel mehr über die in diesem Teil angesprochenen Probleme wissen und es verlockend ist, in diesem Teil Ihr Wissen zu präsentieren, sollten Sie genau das vermeiden. Es liegt in der Natur der Sache, dass Sie vermutlich zu den eigentlichen Problemen weniger wissen und sich unsicherer fühlen. Aber genau das sind die Teile, die Sie besonders ausführlich und gutachterlich sauber aufbauen und prüfen müssen. Dann können Sie sich auch von anderen Klausurbearbeitern „absetzen".

Einen etwas detaillierteren Gliederungsvorschlag sehen Sie hier:

Gliederungsvorschlag:
A) Anspruch des S gegen W auf Zahlung der 1000 Krüge aus § 433 Abs. 2 BGB.
  I) Anspruch entstanden (+)
    1. Vertrag
      a) Angebot
      b) Annahme
        (1) Frist
        (2) Übereinstimmende Annahme
      c) Annahme des neuen Angebots des S
        (1) Ausdrückliche Annahme
        (2) Kaufmännisches Bestätigungsschreiben
    2. (Qualifikation des Vertrages)
  II) Der Anspruch könnte erloschen sein.
    1. § 326 Abs. 1 BGB
      a) Unmögliche Gegenleistung § 275 Abs. 1 BGB
        (1) Gattungsschuld
        (2) Konkretisierung
        (3) Ausnahme: zu vertretende Unmöglichkeit § 326 Abs. 2 BGB
        (4) Gefahrübergang
          (a) § 446 BGB
          (b) § 447 BGB
      b) Ergebnis
    2. Rücktritt
      a) Rücktrittserklärung
      b) Rücktrittsrecht
        (1) Vertrag
        (2) Mangel
        (3) Erfolglose Fristsetzung
    3. Aufrechnung mit Schadensersatzanspruch
      a) Gegenseitigkeit der Forderungen
      b) Gleichartigkeit
      c) Aufrechnungserklärung § 388 BGB
    4. Minderung
  III) Der Anspruch könnte nicht durchsetzbar sein.
    1. nichterfüllter Vertrag § 320 BGB
      a) Gegenanspruch § 439 Abs. 1 BGB (+)
      b) Keine Verjährung

(1) Verkürzung durch AGB (–)

(2) Verjährungsfrist (–)

c) Ergebnis (+)

2. Ergebnis (+)

B) Ergebnis: Anspruch (+)

! Wenn Sie diese Klausur durcharbeiten, nehmen Sie zu Übungszwecken ggf. auch ein Lehrbuch zu Hand und gehen Sie die rechtlich relevanten Fragen durch. Echte Meinungsstreitigkeiten gibt es in dieser Klausur nicht. Es geht nur um den Aufbau der Klausur und Einbau der „rechtlichen Aspekte" in eine Klausurlösung.

Einen ausformulierten Lösungsvorschlag finden Sie im Lösungsteil
(LÖSUNG 23, S. 235).

B. Öffentliches Recht

Zunächst noch einmal zur Wiederholung das Grundschema für die Erfolgsaussichten von Klagen (das man im Kopf haben sollte). Zur Vertiefung sh. oben S. 90 ff. (Schemata).

Wenn Sie wissen, was „Zulässigkeit" und „Begründetheit" eigentlich bedeuten, wird deutlich, welche Informationen aus dem Sachverhalt an welcher Stelle verarbeitet werden müssen.

A. Zulässigkeit:

Hier wird nur geprüft, ob der Klage-/Beschwerdeführer bzw. Antragsteller [je nach Verfahrensart vor dem BVerfG] das Gericht überhaupt mit diesem Rechtsbehelf anrufen durfte. In der Regel wird die sachliche Zuständigkeit des Gerichts, Antragsberechtigung, eventuell richtiger Antragsgegner (bei kontradiktorischen Verfahren), richtiger Verfahrensgegenstand, Antragsbefugnis bzw. -grund und Form und Frist geprüft. Die Zulässigkeitsprüfung ist meist unproblematisch und deshalb kurz zu halten, oft genügt ein Satz im Urteilsstil (z.B.: „Die Antragsfrist von einem Monat nach §§ ... BVerfGG wurde eingehalten."). Am Ende steht der Satz: „Die Klage/Beschwerde des X ist zulässig/unzulässig."

B. Begründetheit:

Hier wird geprüft, ob die angegriffene Maßnahme verfassungswidrig ist, der Kläger (Antragsteller) also mit seiner Behauptung hinsichtlich der Verfassungswidrigkeit des Klagegegenstandes Recht hat. Die Klage ist nur begründet, wenn dies der Fall ist. Hier liegen meist die Probleme einer Klausur, da der gesamte Stoff aus dem Staatsorganisationsrecht bzw. den Grundrechten geprüft werden kann.

1. [Prüfungsmaßstab: nur Verfassungsrecht]
2. [Betroffenheit eines Rechts]
3. Verletzung eines Rechts durch eine rechtswidrige Maßnahme:
   a) Formelle Rechtmäßigkeit:
      aa) Zuständigkeit: Durfte dieses Organ diese Maßnahme erlassen?
      bb) Verfahren: Ist die Maßnahme ordnungsgemäß zustande gekommen?
      cc) Form
   b) Materielle Rechtmäßigkeit
   Inhaltliche Überprüfung der Maßnahme am GG (Verstoß gegen Grundrechte, Grundprinzipien der Verfassung etc.), jedoch keine Formmängel etc.!
4. Ergebnis: Die Klage ist begründet, da die Maßnahme rechtswidrig war und der Kläger dadurch in seinen Rechten betroffen ist.

Sie sehen also, dass im öffentlichen Recht das Grobschema für die Klausur immer ähnlich ist und die oben dargestellten Schemata (S. 98) kombiniert.

Denken Sie auch daran, dass nicht immer nach den Erfolgsaussichten einer Klage gefragt ist, sondern dass es unterschiedliche Bearbeitervermerke (sh. hierzu oben Exkurs 6, S. 116) gibt.

I. Staatsorganisationsrecht Fall 1: Geisteskranke Abgeordnete und andere Probleme

1. Sachverhalt

Der Abgeordnete A bringt im Bundestag einen Gesetzesentwurf zur Änderung des Grundgesetzes ein. Im Bundestag stimmen (von 600 Mitgliedern) 400 Abgeordnete für und 200 Abgeordnete gegen den Gesetzesentwurf. Für das Gesetz hat auch der Abgeordnete B gestimmt, der an einer die Freiheit der Willensbildung ausschließenden Geisteskrankheit (vgl. § 104 BGB) leidet, was bisher niemand wusste.

Im Bundesrat erhält das Gesetz bei Anwesenheit aller Mitglieder eine Mehrheit von 50 zu 22 Stimmen. Ministerpräsident M hat als einziger der fünf anwesenden Vertreter seines Landes L für das Gesetz gestimmt, die übrigen Mitglieder haben dagegen gestimmt.

Das Änderungsgesetz lautet:

> § 1 Der Vertreter des Bundespräsidenten ist mit Inkrafttreten dieses Gesetzes nicht mehr der Präsident des Bundesrates, sondern der Präsident des Bundesverfassungsgerichts.

Der Bundespräsident R weigert sich, das Gesetz auszufertigen, da es nicht nach den Bestimmungen des Grundgesetzes zustande gekommen sei und inhaltlich gegen die Grundprinzipien des Grundgesetzes verstoße. Dort sei sichergestellt, dass es verschiedene Bundesorgane geben muss.

Die X-Fraktion fragt an, ob sie gegen die Entscheidung des Bundespräsidenten mit Erfolg ein Gericht anrufen kann.

Bearbeitervermerk: Die Erfolgsaussichten einer Klage der X-Fraktion sind zu untersuchen. Dabei ist auf alle im Sachverhalt aufgeworfenen Fragen – gegebenenfalls in einem Hilfsgutachten – einzugehen. Der Bund war für den Gesetzesvorschlag zuständig.

Auf die §§ 13–15 der GO BT und §§ 13–15 BWG werden hingewiesen. Mögliche Beeinträchtigungen von Grundrechten bleiben bei der Bearbeitung außer Betracht.

2. Klausuranalyse

*Lesen Sie als erstes den **Bearbeitervermerk** des folgenden Falles und schreiben Sie auf, welche Hinweise (evtl. bereits für Ihre Grobgliederung) Sie daraus ableiten können.*

_____

_____

_____

_____

a) Bearbeitervermerk
Erfolgsaussichten der Klage: nur wenn Klage zulässig und begründet. Daraus folgt: beides muss geprüft werden.

Damit kennen Sie schon Ihren ersten Obersatz und wissen, dass Sie als erstes Grobschema das Schema für Zulässigkeit und Begründetheit wählen müssen, sich also sowohl Gedanken über die richtige Klageart als auch über Fragen der Verfassungsmäßigkeit machen müssen.

Welche weiteren Informationen lassen sich dem Bearbeitervermerk entnehmen?

☐ Der Bund war für die Gesetzgebung zuständig.
☐ Es soll keine Prüfung der materiellen Rechtmäßigkeit stattfinden.
☐ Die Prüfung der materiellen Rechtmäßigkeit ist auf bestimmte Verfassungsvorschriften beschränkt.
☐ Es geht um Wahlrecht, schließlich wird auf das BWahlG verwiesen.
☐ Die genannten Normen werden bei der Lösung eine Rolle spielen und sollten deshalb irgendwann gelesen werden.

Was teilt mir der Bearbeitervermerk noch mit?
- ☐ An irgendeiner Stelle spielen die genannten Normen eine Rolle, d.h. ich muss sie also zwingend in die Lösung integrieren.
- ☐ Keine Grundrechtsverletzungen prüfen.

b) Sachverhaltsanalyse

Lesen Sie nun den **Sachverhalt** und behalten Sie dabei den Bearbeitervermerk im Hinterkopf:

1) Es ist nach einer Klage (vor dem BVerfG) gefragt → was ist die **statthafte Klageart**?

   Hierfür müssen Sie sich fragen, mit welcher der in Art. 93 GG aufgezählten Klagearten der Kläger sein Ziel erreichen kann. Eine enumerative (abschließende) Aufzählung findet sich in Art. 93 GG (Kommentierung!).

   Es ist hilfreich, sich ziemlich am Anfang Gedanken über die richtige Klageart zu machen, da man dann den Sachverhalt unter dem Blickwinkel ihrer Zulässigkeit durchlesen kann.

   Grundfrage: Was will der Antragsteller überprüft haben und welches Ziel verfolgt er? Welches Verfahren vor dem BVerfG könnte dafür passen?

2) Markieren Sie sich alle **Hinweise im Sachverhalt**, die eine Rolle für die Lösung spielen können.

   Nach der Analyse des Sachverhaltes sollten Sie in der Lage sein, im Schema für die Prüfung der Erfolgsaussichten der Klage die Informationen aus dem Sachverhalt grob zu verorten, also eine Grobgliederung (auf dem Schmierpapier oder im Kopf) zu erstellen.

Folgende Hinweise im Sachverhalt sollten Sie sich angestrichen haben und in etwa folgende Überlegungen dazu angestellt haben: [In Klammern finden Sie Gründe, warum es wichtig ist.]

a) Es geht um ein **Gesetzgebungsverfahren**. [Machen Sie sich immer klar, wo im Gesetzbuch Ihr Fall spielt, damit Sie gezielt nach Normen suchen können und die richtigen Prinzipien anwenden können.]

b) Die **Mehrheitsverhältnisse der Abstimmungen** im BT und BR sind angegeben, es stimmt also möglicherweise etwas mit den Abstimmungen nicht (Geisteskrankheit, uneinheitliche Abstimmung im Bundesrat). [Solche detaillierten Informationen mit Zahlen weisen deutlich darauf hin, dass hier ein Schwerpunkt der Klausur versteckt ist.]

c) Der **Bundespräsident weigert** sich, das Gesetz auszufertigen und nennt Argumente. [Nennt ein Beteiligter Argumente, sollte man sich mit diesen innerhalb der Falllösung auseinandersetzen, sie sind vom Klausurersteller als Hilfestellung gedacht.]

d) Es geht um ein **grundgesetzänderndes Gesetz.** [Hierfür gelten nach Art. 79 GG besondere Anforderungen, die man in der Klausur beachten muss.]

e) Eine **Fraktion** möchte **klagen** → kann sie das überhaupt? [Hierbei handelt es sich um ein klassisches kleines Problem, das man in der Zulässigkeit der Klage einbauen kann und das man entsprechend auch kurz thematisieren sollte.]

f) **Inhaltlich** wird durch das Gesetz etwas an der Vertretung eines Bundesorgans geändert. [Das Gesetz ist im Wortlaut abgedruckt, d.h. sein Inhalt ist auf jeden Fall zu überprüfen, in diese Richtung geht außerdem die Argumentation des Bundespräsidenten.]

g) Die X-Fraktion ist mit dem Verhalten eines anderen Bundesorgans nicht zufrieden. [Überlegen Sie sich immer, wogegen der genannte Kläger eigentlich vorgehen möchte; erst daraus ergibt sich die richtige Klageart.]

i Versuchen Sie nun, die genannten Informationen in der **Grobgliederung** zuzuordnen:

_____

_____

_____

_____

c) Grobgliederung – Zuordnung

I. Zulässigkeit: e) g)

II. Begründetheit: manche Sachen hier noch nicht klar, aber folgendes lässt sich schon zuordnen:

   1. Formelle Rechtmäßigkeit: b) a) d), Fragen des Gesetzgebungs**verfahrens.**

   2. Materielle Rechtmäßigkeit: f)

→ Zuordnung von c) noch nicht ganz klar.

Sie sehen jetzt bereits, wo die Schwerpunkte der Klausur liegen werden. Insbesondere wird deutlich, dass die Zulässigkeitsprüfung bis auf das Standardproblem der Antragsberechtigung einer Fraktion sehr knapp ausfallen wird.

Bevor Sie die Feingliederung für diese Klausur erstellen, werden wir nun noch einige Überlegungen zur Herleitung des Obersatzes für die Begründetheitsprüfung anstellen. Seine Formulierung ist (wie häufig) Dreh- und Angelpunkt der Begründetheitsprüfung, da er die logische Abfolge des Prüfprogramms vorgibt.

d) Vorüberlegung zur Feingliederung

Weiteres Vorgehen für die Feingliederung:

- Spätestens jetzt über die richtige Klageart klar werden. Hierbei hilft g) und die Frage nach der klägerischen Begehr, also danach, was die X-Fraktion mit der Klage erreichen möchte. D.h. wir brauchen also eine Klage, mit der ein Teil des Staates das Verhalten eines anderen Teil des Staates rügen kann:

_____

_____

_____

_____

_____

- **Zulässigkeit prüfen:** g) und e) erledigt; c) angesprochen.
- Obersatz für Begründetheit:

  Es handelt sich um die Begründetheit in einem Organstreitverfahren.

Betrachten Sie den Gesetzestext des Art. 93 Abs. 1 Nr. 1 GG! Wann ist ein Antrag im Organstreitverfahren begründet, wann hat also die X-Fraktion mit ihrer Behauptung Recht?

☐ Der Antrag ist begründet, wenn das Gesetz formell und materiell verfassungsmäßig ist.

☐ Der Antrag ist begründet, wenn das Verhalten des Bundespräsidenten formell und materiell verfassungsgemäß ist.

☐ Der Antrag ist begründet, wenn die X-Fraktion mit ihrer Behauptung Recht hat.

☐ Der Antrag ist begründet, wenn die X-Fraktion durch das Verhalten des Bundespräsidenten in ihren Rechten auf Gesetzgebung verletzt ist.

Jetzt wird die Bedeutung des Hinweises unter c) klar: es geht um die Verletzung des Gesetzgebungsrechts durch Verweigerung der Ausfertigung des Gesetzes durch den Bundespräsidenten.

Sie brauchen jetzt also eine Norm im GG, die Aussagen darüber trifft, ob und wann der Bundespräsident die Ausfertigung eines Gesetzes verweigern kann.

☐ · Suche im Inhaltsverzeichnis: entweder Gesetzgebungsverfahren oder Bundespräsident

☐ Suche im Stichwortverzeichnis unter „Ausfertigung"

☐ Zielloses Blättern

Am besten ist es, systematisch an die Suche unbekannter Normen (sh. oben Exkurs 1, S. 109) heranzugehen. Nur im Notfall kann das Stichwortverzeichnis weiterhelfen, hier ist allerdings die Gefahr sehr hoch, irrelevante Normen bei häufig verwendeten Begriffen zu finden.

Lesen Sie nun Art. 82 Abs. 1 S. 1 GG, der die Ausfertigung von Bundesgesetzen durch den Bundespräsidenten regelt. Dieser ist Ihre Einstiegsnorm in die Prüfung der Verfassungsmäßigkeit des Verhaltens des Bundespräsidenten. Es geht um die Frage, inwieweit der Bundespräsident die Ausfertigung von Gesetzen verweigern kann.

Entweder kennen Sie das klassische und in jeder Vorlesung besprochene Problem des Prüfungsrechts des Bundespräsidenten,[143] dann können Sie sich für die spätere Feingliederung merken, dass der Meinungsstreit hier dargestellt werden muss, um das Prüfungsprogramm für die weitere Begründetheitsprüfung zu entwickeln.

Wenn Sie das Problem nicht kennen, sollte Ihnen trotzdem beim Lesen des Art. 82 Abs. 1 S. 1 GG auffallen, dass dort nicht eindeutig steht, wann der Bundespräsident die Ausfertigung verweigern kann. Es werden keine klaren Voraussetzungen genannt. Art. 82 Abs. 1 S. 1 GG spricht vielmehr allein davon, dass „der Bundespräsident die nach den Vorschriften dieses Grundgesetzes zustande gekommenen Gesetze ausfertigt". Man kann sich also die Frage stellen, wann Gesetze nicht nach den Vorschriften des Grundgesetzes zustande gekommen sind.

Wenn man den Wortlaut des Art. 82 Abs. 1 S. 1 GG betrachtet und Kontext (Systematik) und historische Entwicklung in Betracht zieht, kann man verschiedene Ansätze entwickeln, wie das Prüfungsrecht des Bundespräsidenten ausgestaltet ist. Darf er nur die formelle Verfassungsmäßigkeit eines Gesetzes prüfen oder kann er darüber hinaus (eingeschränkt) auch die materielle Verfassungsmäßigkeit überprüfen?

---

143 Hierzu *Degenhart*, Klausurenkurs im Staatsrecht, 2. Aufl., Heidelberg 2012, S. 91 ff.

Was meinen Sie? Überlegen Sie sich auch ein gutes Argument für die von Ihnen vertretene Meinung! **?**

☐ Nur materielles Prüfungsrecht.

☐ Nur formelles Prüfungsrecht wegen Wortlaut („zustande gekommenen").

☐ Nur formelles Prüfungsrecht wegen historisch schwacher Stellung des Bundespräsidenten.

☐ Formelles Prüfungsrecht und eingeschränktes materielles Prüfungsrecht, wegen Grundsatz der Gewaltenteilung (Vorrang der Überprüfung durch das BVerfG).

☐ Umfassendes formelles und materielles Prüfungsrecht, um Gefährdungen der Demokratie zu vermeiden.

– Jetzt wird die Bedeutung von c) klar: es geht um eine Verletzung durch die Verweigerung der Ausfertigung. Art. 82 Abs. 1 GG ist die **Einstiegsnorm** in die Begründetheitsprüfung. Es geht irgendwie um die Frage, in welchen Fällen der Bundespräsident die Ausfertigung von Gesetzen verweigern kann. [Hier kennt man jetzt entweder das Problem und kann weiterüberlegen oder man kommt durch Auslegung des Wortlautes darauf, was problematisch sein könnte.]

– Irgendwie scheint es damit zusammenzuhängen, ob Gesetze formell oder materiell verfassungsgemäß sein müssen und ob der Bundespräsident das beanstanden darf. Im Weiteren ist also wahrscheinlich die Verfassungsmäßigkeit des Gesetzes zu prüfen.

Sie sehen, in dieser Klausur ändert sich als Besonderheit Ihr Prüfungsprogramm, je nachdem, welcher Meinung Sie zur Lösung des Problems folgen. **!**

Es bietet sich deshalb an, bereits zu Beginn der Klausur den Meinungsstreit aufzuwerfen, darzustellen und zu entscheiden. Sollten Sie sich für die enge Ansicht eines ausschließlich formellen Prüfungsrechts entscheiden, ist es wichtig, dass Sie die Überprüfung der materiellen Verfassungsmäßigkeit des Gesetzes trotzdem in einem **Hilfsgutachten** vornehmen, da hier offensichtlich noch ein Schwerpunkt der Klausur liegt. Allein die Tatsache, dass Sie diese in einem Hilfsgutachten bearbeiten, fließt nicht negativ in die Bewertung ein – diese Möglichkeit war ja vom Klausurersteller einkalkuliert und vielleicht sogar gewollt.

i Welche **weiteren Normen** brauche ich? Überlegen Sie, welche weiteren Normen Ihnen vermutlich in der Klausurlösung begegnen werden und warum!

_____

_____

_____

_____

–   Grundgesetzänderndes Gesetz: Art. 79 GG
–   Abstimmungsverfahren im Bundesrat: Art. 51 GG
–   Abstimmung im Bundestag → GO BT
–   Norm, die die Aufteilung zwischen den Bundesorganen oder ähnliches normiert → Art. 20 Abs. 2 S. 2, Abs. 3 GG

→ Jetzt kann zur **Feingliederung** übergegangen werden.

Nun haben Sie, wenn Sie alle Fragen und Übungen mitbearbeitet haben, das Gliederungsschema und eine grobe Verortung der Probleme und Fragestellungen des Sachverhalts vor sich liegen. An Hand dieser Grobgliederung können Sie nun eine Feingliederung erstellen, also den **Fall vollständig lösen**.

Denken Sie daran, dass Sie nach der Fertigstellung einer Feingliederung alle Fragen durchdacht, alle Probleme einer Lösung zugeführt und sich Gedanken über die wichtigsten Argumente zur Lösung gemacht haben müssen – und Sie die Gliederung als solche durchnummeriert haben sollten. Sprich, mit Fertigstellung der Feingliederung können Sie die Klausur einfach „runterschreiben". Die Feingliederung muss aber (außer eventuell komplizierte Obersätze) keine ausformulierten Textbausteine enthalten und darf mit Abkürzungen, Zeichen etc. arbeiten.

Einen Lösungsvorschlag finden Sie im Lösungsteil (LÖSUNG 24, S. 235).

II. Staatsorganisationsrecht Fall 2: 3%-Klausel

1. Sachverhalt

Zur Bundestagswahl treten die beiden kleinen politischen Parteien „Die Faschingspartei" (DFP) und „Partei der Demokratischen Mitte" (PDM) bundesweit an. Die Bundestagswahlen fanden erstmals unter Verwendung des neuen Bundeswahlgesetzes (BWG) statt, das am 2. Januar 2012 erlassen worden war.

Damals waren wegen der Feiertage nur 70 der ansonsten 650 Mitglieder des Bundestages anwesend, das Gesetz wurde mit 36 Ja-Stimmen gegen 34 Nein-

Stimmen angenommen. Der Bundesrat hatte bereits am 8. Januar 2012 seine Zustimmung signalisiert. Das Gesetz wurde vom Bundespräsidenten ausgefertigt und am 1. Februar 2012 im Bundesgesetzblatt verkündet.

Bei der Auszählung der Stimmen ergab sich folgendes Bild: die DFP errang vier Direktmandate und 2,7% der Zweitstimmen und zog damit infolge der Berücksichtigung der Partei bei der Verteilung der Sitze auf ihrer Landesliste auf Grund der Grundmandatsklausel des § 6 2. Alt. BWG mit 25 Abgeordneten in den Bundestag ein und war darüber höchst zufrieden. Die PDM errang dagegen nur zwei Direktmandate, aber 2,9% der Zweitstimmen. Infolge der Sperrklausel des § 6 1. Alt. BWG zogen deshalb nur die beiden Direktkandidaten in den Bundestag ein, eine Verteilung der Sitze auf die Landeslisten unterblieb.

Nachdem der neue Bundestag im November 2013 seine Arbeit aufgenommen hatte, fasst die PDM den Beschluss, diese in ihren Augen gegen die Verfassung verstoßende Ungleichbehandlung anzugreifen, da es nicht nachvollziehbar sei, dass trotz vergleichbarem Rückhalt in der Bevölkerung die PDM mit einer deutlich geringeren Sitzzahl im Bundestag vertreten sei. Auch findet sie es höchst verwunderlich, dass für ein die Wahlrechtsgrundsätze änderndes Gesetz im Bundestag eine einfache Mehrheit genügen soll, v.a. da faktisch wegen der geringen Anwesenheit nur knapp 5 % der Abgeordneten für das Gesetz gestimmt haben.

Bearbeitervermerk:
Die PDM lässt sich deshalb von einem Anwaltsbüro über die Verfassungsmäßigkeit des (neuen) BWG beraten.
1. Erstellen Sie das Gutachten des Anwaltsbüros zur Verfassungsmäßigkeit des BWG.
2. Das Anwaltsbüro ist der Ansicht, dass die PDM das Gesetz nur im Wege einer Wahlprüfungsbeschwerde vor dem BVerfG angreifen kann. Hat es damit Recht? [Kurze Begründung der Antwort und Nennung möglicher Alternativverfahren mit Begründung genügt; keine vollständige Zulässigkeitsprüfung erforderlich! Auf Fristprobleme ist nicht einzugehen.]

Auszug aus dem geänderten (fiktiven) BWG:

§ 4 Stimmen
Jeder Wähler hat zwei Stimmen, eine Erststimme für die Wahl eines Wahlkreisabgeordneten, eine Zweitstimme für die Wahl einer Landesliste.

§ 5 Wahl in den Wahlkreisen
(1) In jedem Wahlkreis wird ein Abgeordneter gewählt.
(2) Gewählt ist der Bewerber, der die meisten Stimmen auf sich vereinigt.

§ 6 Wahl nach Landeslisten
Bei Verteilung der Sitze auf die Landeslisten werden nur Parteien berücksichtigt, die mindestens 3 von Hundert der im Wahlgebiet abgegebenen Zweitstimmen erhalten oder in mindestens drei Wahlkreisen einen Sitz errungen haben.

Auszug aus dem Wahlprüfungsgesetz (nicht fiktiv, in der Gesetzessammlung abgedruckt):

§ 1 [Zuständigkeit]
Über die Gültigkeit der Wahlen zum Bundestag entscheidet vorbehaltlich der Beschwerde gemäß Artikel 41 Abs. 2 des Grundgesetzes der Bundestag.

§ 2 [Einspruchsberechtigung]
(1) Die Prüfung erfolgt nur auf Einspruch
(2) Den Einspruch kann jeder Wahlberechtigte, jede Gruppe von Wahlberechtigten und in amtlicher Eigenschaft jeder Landeswahlleiter, der Bundeswahlleiter und der Präsident des Bundestages einlegen.

2. Klausuranalyse

Lesen Sie den Bearbeitervermerk zu Frage 1. Wonach ist gefragt? Wonach nicht?

_____

_____

_____

_____

Fällt Ihnen dazu ein Schema ein? Schreiben Sie das Schema auf!

Wie Sie sehen, ist es oft schon möglich, sich ein grobes Schema zu überlegen, bevor man weiß, worum es in dem Fall konkret geht.

Lesen Sie nun den Sachverhalt und überlegen Sie sich dabei, worum es geht und welche Schlüsselnormen Sie für die Lösung benötigen werden.

Notieren Sie sich die wichtigen Informationen aus dem Sachverhalt und ordnen Sie diese einer groben Skizze zu. Wo liegen vermutlich die Schwerpunkte dieser Klausur?

☐ Gesetzesinitiativrecht und Gesetzgebungskompetenz des Bundestages.

☐ Ausschließlich die materielle Verfassungsmäßigkeit des Gesetzes, die formelle Verfassungsmäßigkeit sollte sehr knapp abgehandelt werden.

☐ Schwerpunkt ist die Prüfung der materiellen Verfassungsmäßigkeit des BWahlG. Jedoch findet sich auch ein kleiner Schwerpunkt in der formellen Verfassungsmäßigkeit und dort beim _____.

☐ Schwerpunkt in der formellen Verfassungsmäßigkeit (Zuständigkeit sowie Verfahren). Die materielle Verfassungsmäßigkeit ist in gebotener Kürze abzuhandeln.

☐ Es ist alles gleich wichtig, so dass man sowohl sein Wissen über den Gesetzgebungsprozess wie auch über die materiellen Anforderungen einbringen sollte.

Nachdem Sie sich einen groben Überblick über den Sachverhalt verschafft haben, sollten Sie nun als nächstes Überlegungen zu den einzelnen Gliederungspunkten anstellen:

Als Erstes sind Ausführungen zur formellen Verfassungsmäßigkeit des BWG erforderlich. Zur Wiederholung sollten Sie kurz notieren, wie das Schema für die formelle Verfassungsmäßigkeit lautet.

Erste Überlegung: Woraus ergibt sich die Zuständigkeit des Bundes für das Wahlrecht? Hierfür sollten Sie grundlegende Kenntnisse des Mechanismus der Art. 30, 70 ff. GG haben.[144] Wie lautet die Regel?

Betrachten Sie nun die Regelung der Art. 70 ff. GG. Helfen Ihnen diese Vorschriften im vorliegenden Fall weiter? **[?]**

☐ Nein, dort ist nichts über die Zuständigkeit des Bundes für das Wahlrecht geregelt. Es könnte jedoch noch eine Kompetenznorm an anderer Stelle im GG zu finden sein.

☐ Nein, dort ist nichts über die Zuständigkeit des Bundes für das Wahlrecht geregelt. Wegen des Grundsatzes der Art. 30, 70 GG besteht deshalb eine ausschließliche Länderkompetenz.

☐ Da keine Regelung zu finden ist, besteht automatisch die Zuständigkeit des Bundes.

☐ Nein. Die Zuständigkeit des Bundes ergibt sich jedoch aus Art. 38 Abs. 3 GG.

☐ Nein. Die Zuständigkeit des Bundes ergibt sich jedoch kraft Natur der Sache, da nur der Bund sein eigenes Organisationsrecht regeln kann.

Sie sehen, selbst wenn Sie – wahrscheinlich – noch nichts über die Zuständigkeit des Bundes für das Wahlrecht gelernt haben, können Sie dieses „Problemchen" in der Klausur lösen. Wichtig ist, dass Sie Ihr Grundwissen über die Verteilung der Gesetzgebungskompetenzen zwischen Bund und Ländern, gründliche Gesetzeslektüre und letztlich ein wenig Logik (*es geht um Wahlrecht des Bundes, dafür muss schon sachlogisch der Bund ausschließlich zuständig sein, da es um sein eigenes Organisationsrecht geht*) verknüpfen, um so zur richtigen Lösung zu kommen. Sollten Sie Art. 38 Abs. 3 GG dennoch nicht finden, so wäre in der Klausur auch eine Argumentation in die Richtung „der Bund muss für sein eigenes Organisationsrecht zuständig sein" und „Zuständigkeit kraft Natur der Sache" akzeptabel, da sie Grundverständnis der Kompetenzverteilung im GG zeigt.

Als nächstes ist die Frage des ordnungsgemäßen Gesetzgebungsverfahrens zu klären. Hier ist der Sachverhalt und auch das Vorbringen der PDM recht ausführlich, so dass von Ihnen eine Stellungnahme zu verschiedenen Fragen erwartet wird.

---

144 Zur Vertiefung: *Degenhart*, Klausurenkurs im Staatsrecht, 2. Aufl., Heidelberg 2012, S. 69 ff.

---

i Welche Probleme spricht der Sachverhalt in Bezug auf das Gesetzgebungsverfahren an?

_____

_____

_____

_____

Richtig! Als Erstes müssen Sie sich Gedanken über die erforderliche Mehrheit für die Abstimmung im Bundestag machen und sich auch ein kleines Argument für Ihr Ergebnis überlegen, da die Frage ausdrücklich im Sachverhalt angesprochen wird:

☐ Einfache Mehrheit nach Art. 42 II 1 GG

☐ 2/3-Mehrheit wegen Art. 79 II GG

☐ Sonstige qualifizierte Mehrheit wegen der Besonderheiten des Wahlrechts.

Als weiteres Problem findet sich im Sachverhalt die Frage der Beschlussfähigkeit des Bundestages trotz der geringen Anzahl von anwesenden Abgeordneten. Im Grundgesetz findet sich hierfür keine Regelung, Schlüsselnorm ist § 45 Abs. 1 GO BT. Diesen müssen Sie entweder schon einmal gesehen haben oder zumindest wissen, dass solche organisatorischen Regelungen zum Verfahren im Bundestag in dessen Geschäftsordnung niedergelegt sind. Das Inhaltsverzeichnis hilft Ihnen dann weiter (vgl. hierzu oben S. 109 – Exkurs 1: Wie finde ich unbekannte Normen?).

? Lesen Sie die nachfolgende Vorschrift und überlegen Sie sich, was sie für die weitere Lösung der aufgeworfenen Frage bedeutet! Hier können Sie Ihre Fähigkeiten bei der Gesetzeslektüre und Ihre Argumentationsfähigkeit unter Beweis stellen, vertiefte Kenntnisse sind auch hier nicht erforderlich.

---

§ 45 GOBT

(1) Der Bundestag ist beschlußfähig, wenn mehr als die Hälfte seiner Mitglieder im Sitzungssaal anwesend ist.

(2) [1]Wird vor Beginn einer Abstimmung die Beschlußfähigkeit von einer Fraktion oder von anwesenden fünf vom Hundert der Mitglieder des Bundestages bezweifelt und auch vom Sitzungsvorstand nicht einmütig bejaht oder wird die Beschlußfähigkeit vom Sitzungsvorstand im Einvernehmen mit den Fraktionen bezweifelt, so ist in Verbindung mit der Abstimmung die Beschlußfähigkeit durch Zählung der Stimmen nach § 51, im Laufe einer Kernzeit-Debatte im Verfahren nach § 52 festzustellen. (...)

(3) [1]Nach Feststellung der Beschlußunfähigkeit hebt der Präsident die Sitzung sofort auf. [2]§ 20 Abs. 5 findet Anwendung. [3]Ein Verlangen auf namentliche Abstimmung bleibt dabei in Kraft. [4]Stimmenthaltungen und ungültige Stimmen zählen bei der Feststellung der Beschlußfähigkeit mit.

Jetzt haben Sie das Hauptproblem in der formalen Verfassungsmäßigkeit gelöst. Wenn Sie den Sachverhalt weiterlesen, kommt folgender Satz:

> „Der Bundesrat hatte bereits am 8. Januar 2012 seine Zustimmung signalisiert."

Hierin ist ein Problem „versteckt", das allerdings bei vollständiger Sachverhaltsauswertung und Kenntnis der Voraussetzungen für ein ordnungsgemäßes Gesetzgebungsverfahren auffindbar ist („Echoprinzip").

Was schließen Sie aus diesem Satz und wie gehen Sie damit in der Klausurlösung um?

- ☐ Alles klar! Es handelt sich also um ein Zustimmungsgesetz, so dass hier keine weiteren Probleme vorliegen.
- ☐ Ist es wirklich ein Zustimmungsgesetz? Und was bedeutet die erklärte „Zustimmung", wenn es ein Einspruchsgesetz ist?
- ☐ Zustimmung? Einspruch? Gibt es da wirklich einen Unterschied?
- ☐ Nachdem es sich um ein Einspruchsgesetz handelt, ist das Gesetz wegen der erklärten Zustimmung formell verfassungswidrig.

Sie sehen, auch hier kommt es für die Lösung nicht vorrangig auf gelerntes Wissen, sondern auf drei Dinge an: (1) Problembewusstsein und die Fähigkeit, sich anhand gelerntem Basiswissen über die Konstellation zu „wundern", (2) die Fähigkeit zur Gesetzeslektüre und (3) Argumentationsfähigkeit.

Hiermit haben Sie die wichtigsten Überlegungen zur formellen Verfassungsmäßigkeit abgeschlossen. Für die Prüfung der materiellen Verfassungsmäßigkeit ist es immer wichtig, als erstes die Vorschrift(en) des Grundgesetzes zu finden, die den Prüfungsmaßstab für die Verfassungsmäßigkeit darstellen. Konkret geht es hier um zwei Regelungen im BWG:

1. Die sog. Grundmandatsklausel
   - Bei Verteilung der Sitze auf die Landeslisten werden nur Parteien berücksichtigt, die (...) in mindestens drei Wahlkreisen einen Sitz errungen haben.
2. und die 3%-Sperrklausel
   - Bei Verteilung der Sitze auf die Landeslisten werden nur Parteien berücksichtigt, die mindestens 3 von Hundert der im Wahlgebiet abgegebenen Zweitstimmen erhalten (...) haben.

Worum geht es dabei und welche Vorschriften des Grundgesetzes könnten einschlägig sein?

Liest man sich die betreffenden Vorschriften durch, so ist als nächstes zu überlegen, ob sich aus der jeweiligen Vorschrift und der Systematik ein Prüfungsschema ergibt (hierzu auch oben S. 98 – Schemata im Öffentlichen Recht):

Artikel 38 GG
(1) ¹Die Abgeordneten des Deutschen Bundestages werden in allgemeiner, unmittelbarer, freier, gleicher und geheimer Wahl gewählt. (...)
(3) Das Nähere bestimmt ein Bundesgesetz.

Art. 38 Abs. 1 S. 1 GG bestimmt zunächst nur die Wahlrechtsgrundsätze. Von Interesse ist hier der Grundsatz der gleichen Wahl, da die PDM eine Ungleichbehandlung der Wählerstimmen für sich und für die DFP geltend macht. Wenn Sie sich bereits mit dem Wahlrecht beschäftigt haben („gelernt haben"), dann wissen Sie, dass man zwischen „Zählwertgleichheit" und „Erfolgswertgleichheit" unterscheidet. Dieses Wissen brauchen Sie für die Argumentation und um Ihre Lösung zu strukturieren.

Die Wahlrechtsgrundsätze scheinen nach Abs. 1 nicht einschränkbar. Nimmt man jedoch Art. 38 Abs. 3 GG hinzu, so zeigt sich, dass ein Bundesgesetz – wie das BWG – nähere und somit auch beschränkende Regeln treffen darf, um anderen, konkurrierenden oder kollidierenden Verfassungsprinzipien zur Geltung zu verhelfen.

---

i   Wie könnte also ein sinnvolles Schema aussehen, um die Verfassungsmäßigkeit einer Einschränkung des Wahlrechtsgrundsatzes der „Gleichheit der Wahl" prüfen zu können?

Aus Lehrbüchern ergibt sich ein ähnliches Schema, nämlich: (1) Beeinträchtigung, d.h. „Ungleichbehandlung", (2) zwingende Gründe des geltenden Wahlrechtssystems und (3) Rechtfertigung der Ungleichbehandlung.[145]

Jetzt müssen Sie sich nur noch überlegen, aus welchen (verfassungsrechtlichen) Gründen man die Gleichheit der Wahl einschränken möchte und ob bezüglich der beiden oben differenzierten Beschränkungen im BWG jeweils das Interesse an einer Zählwert- oder Erfolgswertgleichheit einschlägig ist. Dann können Sie Ihre Erkenntnisse argumentativ in der Niederschrift unterbringen. Als kleines „Schmankerl" für Knobler handelt es sich nicht, wie sonst im Ver-

---

145 Degenhart, Klausurenkurs im Staatsrecht, 2. Aufl., Heidelberg 2012, S. 33 ff.; Maurer/Manssen, Staatsrecht, 7. Aufl., München 2010, S. 373 ff.

fassungsrecht üblich, um eine 5%-Hürde, sondern eine 3%-Hürde. Überlegen Sie also genau, ob die Argumente, die Sie überall nachlesen und lernen können, auch in diesem Fall noch zutreffen oder ob man die Argumentation modifizieren muss.

Dies ist eine häufige Vorgehensweise von Klausurerstellern: Ein in den Grundzügen in der Lehrveranstaltung besprochenes Problem wird in den Tatsachen leicht abgewandelt, so dass die Prüflinge zeigen müssen, ob sie das zugrunde liegende Problem verstanden haben oder nur gelerntes Wissen anwenden. Hier können Sie durch genaue und ausführlichere Argumentation Ihr Können unter Beweis stellen und viele Punkte erreichen. Wer die Abwandlung nicht erkennt, ansonsten jedoch sauber arbeitet, wird in der Regel die Prüfung bestehen, allerdings nur im unteren Notenspektrum.

Zu Frage 2:

Wonach ist in Frage 2 gefragt?
- ☐ Nach der Zulässigkeit und Begründetheit einer Wahlprüfungsbeschwerde.
- ☐ Eine Darstellung möglicher Klagearten vor dem BVerfG und ihrer Zulässigkeitsvoraussetzungen.
- ☐ Zulässigkeit und Begründetheit von abstrakter Normenkontrolle und Organstreitverfahren.
- ☐ Darstellung der möglichen Vorgehensweise der DMP gegen das BWahlG.

Von einer Wahlprüfungsbeschwerde haben Sie vermutlich noch nichts in Ihrer Ausbildung gehört. Das bedeutet aber auch, dass hier von Ihnen weniger Wissen als methodische Gesetzeslektüre verlangt. Im Übrigen soll eine Abgrenzung zu Ihnen eher bekannten Verfahren vor dem BVerfG vorgenommen werden, um die Frage beantworten zu können, ob es sich bei der Wahlprüfungsbeschwerde um die einzige richtige Vorgehensweise handelt.

Überlegen Sie kurz, in welchen beiden Fällen die Kanzlei Unrecht hat.

Als Nächstes müssen Sie sich überlegen, welche Tatbestandsmerkmale der jeweiligen Verfahren hier problematisch sein könnten und deshalb einer Überprüfung bedürfen. Der Bearbeitervermerk schließt klar eine umfassende Zulässigkeitsprüfung aus; es liegt also an Ihnen, welche Prüfungspunkte sie ansprechen.

> ***i*** Gehen Sie im Kopf die Ihnen bekannten Prüfungspunkte der Zulässigkeit eines Verfahrens vor dem BVerfG durch (zur Wiederholung sh. oben S. 91 Schemata). Welche erscheinen Ihnen jeweils problematisch?

Damit haben Sie bereits die grobe Gliederung für die Beantwortung der Frage 2. Jetzt müssen Sie sich nur noch einige Argumente einfallen lassen und das abschließende Ergebnis formulieren.

> ***!*** Allgemeine Anmerkung zu Zusatzfragen, Frageteilen oder Abwandlungen in Falllösungsklausuren: Solche Prüfungsformen finden sich immer wieder. Soweit es sich um kleine Sachverhalte oder Abwandlungen zum Hauptsachverhalt handelt, sollten Sie diese ebenfalls im Gutachtenstil beantworten. Ist allerdings wirklich nur nach einzelnen Rechtsbegriffen oder einer Auflistung von Stichworten gefragt, dann sollten Sie diese Anweisung des Klausurerstellers aus Zeitgründen berücksichtigen. Erfahrungsgemäß fallen Frageteile aber meist deshalb hinter die Qualität der Bearbeitung des Hauptsachverhalts zurück, weil die Bearbeiter grundlegende Methoden der Bearbeitung von Gutachten vernachlässigen oder zu wenig präzise arbeiten.

3. Lösung

Die Lösungsskizze (einschließlich Vorüberlegungen und Überlegungen während des Schreibens) finden Sie im Lösungsteil (LÖSUNG 25, S. 250).

III. Grundrechte

1. Sachverhalt

Karl Kläubig (K) hält als Katholik aus religiöser Überzeugung Abtreibungen für verwerflich. Er fühlt sich dabei ganz im Einklang mit den Äußerungen des Papstes und anderer Kirchenoberhäupter zu der Frage.

Aus diesem Grund pflegt er gemeinsam mit anderen Mitgliedern seiner Kirchengemeinde Protestaktionen gegen Frauenärzte zu veranstalten, die Schwangerschaftsabbrüche vornehmen. Zu diesem Zweck stellt sich K mit seinen Mitstreitern in der Nähe der jeweiligen Arztpraxis auf der Straße auf, um durch Plakate und Flugblätter auf ihre Haltung zur Abtreibungsfrage aufmerksam zu machen. Diese enthalten Aussagen wie „Du sollst nicht töten – Abtreibung ist

Mord" und „Gott erkennt jedes Leben an – warum du nicht?". Dies spiegelt ihre religiöse wie politische Überzeugung wider. Bei den Aktionen spricht K auch Passantinnen an, insbesondere solche, die er für Patientinnen des Frauenarztes hält, und versucht sie in einer Diskussion zu einer Überprüfung ihrer Haltung zur Frage der Abtreibung zu bewegen.

Im Juni führten K und seine Mitstreiter eine solche Protestaktion zwei Tage lang vor der Praxis des Frauenarztes Friedo Friedlich (F) durch, der im Rahmen seiner Berufsausübung legal Schwangerschaftsabbrüche vornimmt und hierauf im Internet hinweist. Dabei verteilten sie Flugblätter, auf denen neben den oben genannten Slogans stand, der Arzt führe „rechtswidrige Abtreibungen durch, die allerdings der deutsche Gesetzgeber leider erlaube und nicht unter Strafe stelle".

F, der wegen der Belästigungen Angst vor dem Fernbleiben von Patientinnen hatte und die Aussagen als verleumderisch empfand, nahm den K daraufhin zivilrechtlich auf Unterlassung in Anspruch. Das zuständige Landgericht gab der Klage statt und verurteilte den K aus §§ 823 Abs. 1, 1004 BGB, es zu unterlassen, öffentlich darauf hinzuweisen, dass der F Abtreibungen vornehme, und des Weiteren es zu unterlassen, Patientinnen des Klägers oder Passanten in einem Umkreis von einem Kilometer zu dessen jeweiligen Praxisräumen anzusprechen und wörtlich oder sinngemäß auf in der Praxis vorgenommene Abtreibungen hinzuweisen.

Bearbeitervermerk:
Beantworten Sie die folgenden Fragen in einem Gutachten, das auf alle aufgeworfenen Rechtsfragen eingeht.
1. K fühlt sich in seinen Grundrechten verletzt. Zu Recht?
2. Die Kirchengemeinde, zu der K und seine Mitstreiter gehören und die von den Protestaktionen weiß und sie billigt, fragt sich, unter welchen Voraussetzungen sie selbst oder im Namen des K Verfassungsbeschwerde einlegen kann.

2. Klausuranalyse
Erster Schritt: Vorfragen aus dem Bearbeitervermerk

Auch hier wieder die Einstiegsfrage: Wonach ist im Bearbeitervermerk bzw. in den beiden Fallfragen gefragt? Wie würden Sie Ihre Zeit (120 Minuten Bearbeitungszeit) einteilen und warum?

_____

_____

_____

_____

Die erste Frage beschäftigt sich mit Grundrechtsverletzungen, wobei die Formulierung so gewählt ist, dass der Bearbeiter sich Gedanken darüber machen sollte, ob hier mehrere Grundrechte in Betracht kommen. Die zweite Frage bezieht sich allein auf prozessuale Prüfungspunkte. Wichtig ist zu erkennen, dass zwei verschiedene Personen im Mittelpunkt der Frage stehen: in Frage 1 geht es nur um K selbst, in Frage 2 ausschließlich um Beschwerdemöglichkeiten der Kirchengemeinde.

? Was sollten Sie also keinesfalls in Frage 2 prüfen?

Bezüglich der Zeiteinteilung sollte man sich hier überlegen, dass zwar Frage 1 voraussichtlich eine tiefere inhaltliche Auseinandersetzung verlangt und deshalb umfangreichere Schreib- und Prüfungsarbeiten, dass aber Frage 2 rechtlich etwas kniffliger zu beantworten ist, so dass hier nicht zu wenig Zeit eingeplant werden sollte. Von 120 Minuten sollten deshalb mindestens 30 Minuten für die Lösung und Ausformulierung von Frage 2 entfallen.

Zweiter Schritt: Sachverhalt lesen und analysieren

---

i Lesen Sie nun (mit einem Stift) den Sachverhalt und überlegen Sie sich, welche Informationen Sie aus welchen Gründen für wichtig erachten. Wenn möglich, sollten Sie versuchen, auch bereits die entscheidenden Vorschriften zu notieren.

---

a) religiös motiviert → Art. 4 GG
b) Plakate/Flugblätter → Art. 5 GG
c) Weitere Grundrechte: Art. 2 Abs. 1, Art. 8 GG
d) Inhalt der Flugblätter abgedruckt
e) Rechtsstreit zwischen Privaten
f) Welche Positionen macht der Arzt geltend? Art. 12 GG (Berufsfreiheit) und allgemeines Persönlichkeitsrecht (Art. 2 Abs. 1 i.V.m. Art. 1 Abs. 1 GG) „Verleumdungen"
g) Urteil eines Zivilgerichts

Grundrechtsklausuren werden deshalb als „leicht" erachtet, weil sie immer nach demselben Schema ablaufen. Rufen Sie sich noch einmal kurz das Schema in Erinnerung. Welche der genannten Informationen werden Sie wohl an welcher Stelle im Schema ansprechen?
I.   Schutzbereich
II. Eingriff
III. Rechtfertigung

Wenn wir uns nun nochmals dem Sachverhalt zuwenden, „stolpert" man über folgenden Satz:

> „Dies spiegelt ihre religiöse wie politische Überzeugung wider."

Welche Fragen wirft dieser Satz hinsichtlich der zu prüfenden Grundrechte auf? (Mehrfachnennung möglich) **?**

☐ Wie kann ich die Schutzbereiche von Art. 4 und Art. 5 GG abgrenzen?

☐ Oder kann man Beeinträchtigung beider Grundrechte prüfen, sind diese also nebeneinander anwendbar?

☐ Ist hier überhaupt der Schutzbereich beider Grundrechte eröffnet?

☐ Überwiegt Art. 5 Abs. 1 GG immer andere Grundrechte?

Sie sehen, in diesem kleinen Satz im Sachverhalt steckt eines der Hauptprobleme der Klausur. Da Sie vermutlich die einschlägige Rechtsprechung des BVerfG hierzu nicht kennen (und auch nicht kennen müssen), müssen Sie sich Fragen stellen, diese Fragen in der Klausurlösung als „Meinungsstreit" aufbereiten und sich einen gangbaren Weg für die Lösung überlegen. Auch die Kenntnis der Entscheidung des BVerfG[146] hilft nicht weiter, da es Ihre Aufgabe ist, verschiedene Lösungsmöglichkeiten zu diskutieren und sich mit guten Argumenten für eine von diesen zu entscheiden.

Wenn Sie sich für die Prüfung eines Grundrechts entschieden haben, müssen Sie nun im Prüfungsschema die weiteren Fragen abhandeln:

Auf welches Problem weist folgender Ausschnitt aus dem Sachverhalt hin und wie ist es zu lösen? **?**

> „F, der wegen der Belästigungen Angst vor dem Fernbleiben von Patientinnen hatte und die Aussagen als verleumderisch empfand, nahm den K daraufhin zivilrechtlich auf Unterlassung in Anspruch. Das zuständige Landgericht gab der Klage statt..."

☐ Grundrechte entfalten keine Bindungswirkung gegenüber Privaten. Deshalb kann das Landgericht die Meinungs- (oder Glaubens-)Freiheit des K in seinem Urteil nicht berücksichtigen.

☐ Wegen der unmittelbaren Bindung des F an die Meinungs-/Glaubensfreiheit des K hätte er die Äußerungen des K dulden müssen und diesen nicht verklagen können. Das Urteil verstößt also gegen Grundrechte.

---

146 BVerfG, 1 BvR 1745/06 vom 8.6.2010.

☐ Die Grundrechte entfalten gegenüber Privaten nur eine mittelbare Bindungswirkung. Das bedeutet, dass ein Eingriff in die Meinungs-/Glaubensfreiheit durch das Urteil des Landgerichts nur dann gerechtfertigt ist, wenn es die Bedeutung der Meinungsfreiheit nicht grundlegend verkannt hat.

☐ Das BVerfG ist keine Superrevisionsinstanz, kann also die Richtigkeit der Entscheidung des Landgerichts nicht überprüfen.

Nun bleiben zwei Abschnitte im Sachverhalt noch übrig, die bisher nicht untersucht wurden: zum einen die Beschreibung des Inhalts der Flugblätter, zum anderen der Abschnitt zu den Beeinträchtigungen von F. Auch auf dessen Seite stehen grundrechtliche Positionen, Art. 12 Abs. 1 und Art. 2 Abs. 1 GG in Frage.

i Wo verorten Sie diese rechtlichen Positionen des Arztes als anderer Privater? Bestimmt fällt Ihnen dazu auch das rechtliche Stichwort ein.

_____

_____

_____

_____

Jetzt haben Sie alle Kernprobleme zu Frage 1 analysiert. Auch hier sehen Sie wieder, dass es weniger auf Detailkenntnisse als auf geschickten Umgang mit dem Sachverhalt und rechtlichen Grundkenntnissen ankommt. Einzig die Problematik der mittelbaren Drittwirkung von Grundrechten sollte Ihnen bekannt sein, die dogmatischen Lösungsansätze hierzu müssen Sie gelernt haben.

Infos für die 2. Frage: Auch Frage 2 stellt auf grundsätzlich Bekanntes ab. Wichtig ist dabei, zwischen den Klagemöglichkeiten der Kirchengemeinde selbst und denen der Gemeinde für K zu unterscheiden, da hier ganz unterschiedliche Konstellationen vorliegen. Es ist weiterhin nur eine Zulässigkeitsprüfung verlangt, die die jeweils problematischen Punkte anspricht.

i Überlegen Sie zunächst für die Gemeinde selbst! Welche Punkte des Prüfungsschemas für Verfassungsbeschwerden erscheinen Ihnen problematisch?

_____

_____

_____

_____

Zentral wird die Frage nach der Grundrechtsberechtigung der Kirchengemeinde:

- ☐ Die Berechtigung der Kirchengemeinden ergibt sich aus Art. 19 Abs. 3 GG. Zumindest die Glaubensfreiheit (Art. 4 GG) ist dem Wesen nach auf sie anwendbar.
- ☐ Juristische Personen und ähnliche Gruppen von Menschen können sich per se nicht auf Grundrechte, die den Individualschutz verfolgen, berufen.
- ☐ Art. 19 Abs. 3 GG gilt nur für juristische Personen des Privatrechts. Die Kirchen (und ihre Gemeinden) als juristische Personen des öffentlichen Rechts können sich nicht auf Grundrechte berufen, da sie Grundrechtsverpflichtete sind.
- ☐ Die Kirchen (und ihre Gemeinden) als juristische Personen des öffentlichen Rechts können sich grundsätzlich nicht auf Grundrechte berufen. Eine Ausnahme besteht für Kirchen jedoch jedenfalls für Art. 4 GG, da die Betätigung des Glaubens durch Kirchen entscheidender Teil der Glaubensfreiheit ist.

?

Neben der Beschwerdeberechtigung ergeben sich weitere Probleme, da die Gemeinde, die nicht Adressatin der Unterlassungsanordnung ist, nicht selbst und unmittelbar betroffen ist. Auch ist fraglich, wer den Rechtsweg erschöpft haben muss.

Als letztes muss man sich noch die Frage stellen, ob die Gemeinde für K (also in dessen Namen) Verfassungsbeschwerde einlegen kann. Kennen Sie den Rechtsbegriff, mit dem man solche Klagen für „jemand anderes" bezeichnet? Wissen Sie, ob dies grundsätzlich möglich ist bzw. können Sie sich Argumente dafür und dagegen vorstellen?

?

Die Lösungsskizze (einschließlich Vorüberlegungen und Formulierungsbeispielen) finden Sie im Lösungsteil (LÖSUNG 26, S. 255).

C. Strafrecht

Vorbemerkung: Lassen Sie sich nicht entmutigen, wenn Ihnen die Thematik des Falls zunächst unbekannt vorkommt. Sie werden merken, dass es trotzdem möglich ist, sich technisch durch Sachverhalt und Gliederung zu arbeiten und die Gedanken, die einem bei der Lektüre des Gesetzes kommen, so zu ordnen, dass man dann ein Gutachten niederschreiben könnte.[146a]

146a Für die Erstellung dieser Klausur danken wir Herrn Rechtsreferendar Bastian Lämmermann und Frau cand. iur. Luisa Schmaus.

I. Sachverhalt

Adalbert (A) will dem ihm verhassten Bastian (B) eine Abreibung verpassen. Dazu beschließt er, den neuen Porsche des B zu beschädigen. Als A eines Abends an Bs Haus vorbei kommt, entdeckt er den an der Straße geparkten Porsche. „Aus Versehen" bricht A im Vorbeigehen einen Seitenspiegel ab. Passant P beobachtet dies und versucht, den Schurken A zu stellen. Dazu wartet er, bis A, der sich sicher ist, nicht beobachtet worden zu sein, einige 100 Meter weiter gelaufen ist. An der nächsten Straßenecke springt P den A plötzlich unvermittelt von hinten an und schlägt ihn heftig zu Boden, wobei er dem A eine Schürfwunde am Ellbogen zufügt.

Wider Ps Erwartung kommt der A aber sofort wieder auf die Beine und zieht eine Pistole. Mit einem süffisanten Lächeln sagt A zu P, er komme ihm gerade Recht, so müsse er sich schon nicht selbst die Hände dreckig machen. Er hält die Pistole dem P in den Rücken und fordert diesen auf, mit ihm zurück zu Bs Auto zu gehen. Der arrogante B könne nach Meinung des A nämlich noch ein bisschen mehr vertragen als lediglich einen abgebrochenen Seitenspiegel an seinem Porsche. Dort angekommen zwingt A den P, einen großen Pflasterstein auf die Windschutzscheibe des Autos zu werfen. Andernfalls werde er (A) dem P „einen zweiten Bauchnabel" verpassen. Von Todesängsten getrieben ergreift P einen Stein und schleudert ihn in das Auto. Mit lautem Knall zerbricht die Frontscheibe.

A ist begeistert. Er zwingt P, einen weiteren Stein zu ergreifen und diesen in die Rückscheibe zu werfen. In diesem Moment ertönt aus dem anliegenden Wohnhaus ein Schrei. B, durch das Zerbrechen der ersten Scheibe aufgeschreckt, steht am Fenster und fordert A und P auf, zu verschwinden. Als P, der immer noch von A mit der Pistole bedroht wird, gerade den zweiten Stein werfen will, zückt B ein großkalibriges Jagdgewehr und eröffnet sofort das Feuer auf A und P. Er möchte A und P dabei in erster Linie dazu bewegen, von der Zerstörung seines Autos Abstand zu nehmen, denkt sich aber: „Na wenn schon! Und wenn ich dabei die Ganoven treffen sollte, ist das jedenfalls auch kein Schaden!" Tatsächlich trifft eine der Kugeln P. Dieser bricht tödlich getroffen zusammen, während A sich mit einem Hechtsprung hinter das Auto retten kann. Von der Heftigkeit von Bs Reaktion überrascht, ergreift A umgehend die Flucht.

Wie haben sich A, B und P nach dem StGB strafbar gemacht?

Auf §§ 238, 239, 240 StGB und Vorschriften außerhalb des StGB ist nicht einzugehen. Alle erforderlichen Strafanträge sind gestellt.

II. Klausuranalyse

1. Vorüberlegung

Aufbauschema zum vollendeten vorsätzlichen Begehungsdelikt (das man im Kopf haben sollte, vgl. auch oben S. 100 – Schemata):

I. Tatbestandsmäßigkeit:
1. Objektiver Tatbestand: alle objektiven Tatbestandmerkmale des einschlägigen Delikts einschließlich des tatbestandlichen Erfolgs, Kausalität, objektive Zurechnung (Schaffung einer rechtlich missbilligten Gefahr, die sich zurechenbar im tatbestandlichen Erfolg realisiert hat)
2. Subjektiver Tatbestand: Vorsatz bezüglich aller objektiven Tatbestandsmerkmale und besondere subjektive Tatbestandsmerkmale

II. Rechtswidrigkeit: Eingreifen von Rechtfertigungsgründen (z.B. §§ 32, 34 StGB)

III. Schuld
1. Schuldfähigkeit (§§ 19, 20 StGB)
2. Eingreifen von Schuldausschließungsgründen (z.B. §§ 33, 35 StGB)

2. Analyse des Bearbeitervermerks

Zunächst sollten Sie den Bearbeitervermerk aufmerksam lesen. Ist z.B. im Bearbeitervermerk die Strafbarkeitsprüfung einer Person ausgeschlossen, so verschwenden Sie beim anschließenden Durchlesen des Sachverhalts unnötige Zeit damit, sich über dessen Strafbarkeit Gedanken zu machen. Auch können einzelne Straftatbestände von der Prüfung ausgeschlossen sein.

Lesen Sie nun den Bearbeitervermerk des folgenden Falles und überlegen Sie, welche Hinweise (evtl. bereits für Ihre Grobgliederung) sich daraus ableiten lassen. **?**

Diese Informationen sollten Sie aus dem Bearbeitervermerk entnehmen.
– Es ist nach der Strafbarkeit von A, B und P gefragt. Das heißt, soweit es um diese Personen im Sachverhalt geht, können Sie bereits beim ersten Durchlesen ein kurzes Brainstorming anstellen, welche Straftatbestände einschlägig sein könnten.
– Des Weiteren sind die Straftatbestände der §§ 238, 239, 240 StGB ausgeschlossen. Falls Sie nicht wissen, welche Delikte die jeweiligen Vorschriften regeln, blättern Sie diese ganz kurz (!) im Inhaltsverzeichnis nach, damit Sie diese Delikte bereits von Anfang bei Ihren Überlegungen ausklammern können.
– Auch sind alle Vorschriften außerhalb des StGB ausgeschlossen, also z.B. Vorschriften aus dem StVG oder die zivilrechtlichen Notstände (§§ 228, 904 BGB) sowie § 127 StPO (das vorläufige Festnahmerecht).

– Zuletzt teilt uns der Bearbeitervermerk mit, dass alle erforderlichen Strafanträge gestellt sind. Die Stellung eines Strafantrages ist eine für bestimmte Delikte erforderliche strafprozessuale Voraussetzung, damit das Delikt überhaupt verfolgt wird (vgl. §§ 77 ff. StGB sowie § 158 StPO). Eine Vorschrift, die die Erforderlichkeit eines Strafantrags in den Fällen eines bestimmten Delikts normiert, findet sich regelmäßig in der Nähe des entsprechenden Delikts. Eine weitere Information also, die man bereits beim ersten Brainstorming und spätestens dann, wenn man sich die einschlägigen Delikte im Gesetz durchliest, im Hinterkopf haben sollte.

3. Analyse des Sachverhalts

Nun kommt der zweite Schritt: Lesen (evtl. auch zweimal) und analysieren Sie den Sachverhalt und behalten Sie dabei den Bearbeitervermerk im Hinterkopf: Bilden Sie Tatkomplexe. Welche Vorgänge stellen einen tatsächlich oder rechtlich zusammenhängenden Vorgang dar? Wo gibt es Zäsuren? Machen Sie sich Randbemerkungen, wo Sie Delikte im Sachverhalt wiederzuerkennen glauben! Nach der Analyse des Sachverhaltes sollten Sie in der Lage sein, die Informationen aus dem Sachverhalt in dem oben dargestellten Prüfungsschema grob verorten zu können.

Zur Kontrolle: So könnte ein kommentierter und grob strukturierter Sachverhalt in einer Klausur aussehen:

Tatkomplex 1 („der Seitenspiegel")
Adalbert (A) will dem ihm verhassten Bastian (B) eine Abreibung verpassen. Dazu beschließt er, den neuen Porsche des B zu beschädigen. Als A eines Abends an Bs Haus vorbei kommt, entdeckt er den an der Straße geparkten Porsche. „Aus Versehen"[147] bricht A im Vorbeigehen einen Seitenspiegel ab. Passant P beobachtet dies und versucht, den Schurken A zu stellen.[148] Dazu wartet er,[149] bis A, der sich sicher ist, nicht beobachtet worden zu sein, einige 100 Meter weiter gelaufen ist. An der nächsten Straßenecke springt P den A plötzlich unvermittelt von hinten an[150] und schlägt ihn heftig zu Boden, wobei er dem A eine Schürfwunde[151] am Ellbogen zufügt.

---

147 § 303 Abs. 1 StGB? (Strafantrag gestellt).
148 Nothilfe § 32 Abs. 2 Var. 2 StGB („von einem anderen")?
149 Angriff noch gegenwärtig?
150 Hinterlistiger Überfall gem. § 224 Abs. 1 Nr. 3 StGB?
151 § 223 StGB (evtl. § 224 StGB).

Tatkomplex 2 („die Windschutzscheibe")

Wider Ps Erwartung kommt der A aber sofort wieder auf die Beine und zieht eine Pistole. Mit einem süffisanten Lächeln sagt A zu P, er komme ihm gerade Recht, so müsse er sich schon nicht selbst die Hände dreckig machen. Er hält die Pistole dem P in den Rücken und fordert diesen auf, mit ihm zurück zu Bs Auto zu gehen. Der arrogante B könne nach Meinung des A nämlich noch ein bisschen mehr vertragen als lediglich einen abgebrochenen Seitenspiegel an seinem Porsche. Dort angekommen zwingt[152] A den P, einen großen Pflasterstein auf die Windschutzscheibe des Autos zu werfen. Anderenfalls werde er (A) dem P „einen zweiten Bauchnabel" verpassen. Von Todesängsten[153] getrieben ergreift P einen Stein und schleudert ihn in das Auto.[154] Mit lautem Knall zerbricht die Frontscheibe.[155]

Tatkomplex 3 („das Auftauchen des B")

A ist begeistert. Er zwingt P, einen weiteren Stein zu ergreifen und diesen in die Rückscheibe zu werfen. In diesem Moment ertönt aus dem anliegenden Wohnhaus ein Schrei. B, durch das Zerbrechen der ersten Scheibe aufgeschreckt, steht am Fenster und fordert A und P auf, zu verschwinden. Als P, der immer noch von A mit der Pistole bedroht wird, gerade[156] den zweiten Stein werfen will, zückt B ein großkalibriges Jagdgewehr und eröffnet sofort[157] das Feuer auf A und P.[158] Er möchte A und P dabei in erster Linie dazu bewegen, von der Zerstörung seines Autos Abstand zu nehmen, denkt sich aber: „Na wenn schon! Und wenn[159] ich dabei die Ganoven treffen sollte, ist das jedenfalls auch kein Schaden!" Tatsächlich trifft eine der Kugeln P. Dieser bricht tödlich getroffen[160] zusammen, während A sich mit einem Hechtsprung hinter das Auto retten kann.

Von der Heftigkeit von Bs Reaktion überrascht, ergreift A umgehend die Flucht.

Wie haben sich A, B und P nach dem StGB strafbar gemacht?

Auf §§ 238, 239, 240 StGB und Vorschriften außerhalb des StGB ist nicht einzugehen. Alle erforderlichen Strafanträge sind gestellt.

---

152 Nötigung, § 240 StGB ist lt. Bearbeitervermerk nicht zu prüfen.
153 Notstand, § 34 StGB? (P) Nötigungsnotstand.
154 Fraglich wer hier die Tatherrschaft über das Geschehen hat?! Mittelbare Täterschaft § 25 Abs. 1 Var. 2 StGB?
155 § 303 Abs. 1 StGB (Strafantrag gestellt).
156 Gegenwärtigkeit (+).
157 (P): keine Androhung, kein Warnschuss.
158 Notwehr § 32 StGB?
159 Dolus eventualis (+).
160 § 212 Abs. 1 StGB.

Folgende Hinweise im Sachverhalt sollten Sie sich angestrichen haben und in etwa folgende Überlegungen dazu angestellt haben:

– „A beschließt den Porsche des B zu beschädigen": [Es wird sich also mit aller Wahrscheinlichkeit um eine Sachbeschädigung gem. § 303 StGB handeln. Hierbei wäre ein Strafantrag erforderlich (Nach welcher Norm?). Dieser ist laut Bearbeitervermerk gestellt.]

– „Aus Versehen": [Hat A Vorsatz? Bei der Beantwortung dieser Frage helfen die Angaben im Sachverhalt. Diese zeigen, dass er sehr wohl mit Absicht handelte: „...beschließt er, den neuen Porsche des B zu beschädigen.]

– „A bricht den Seitenspiegel ab": [§ 303 StGB ist also bezüglich A zu prüfen. Lesen Sie § 303 StGB und machen Sie sich bewusst, dass es zwei verschiedene Tathandlungen im Rahmen des § 303 Abs. 1 StGB gibt. Hier müssen Sie die Definitionen bringen und in der gebotenen Kürze subsumieren.]

– „P beobachtet dies und versucht, den Schurken A zu stellen": [P will dem B helfen. Möglicherweise handelt er also in Nothilfe („für einen anderen") gem. § 32 StGB. Dann wäre er gerechtfertigt.]

– „P wartet, bis A, der sich sicher ist, nicht beobachtet worden zu sein, einige 100 Meter weiter gelaufen ist. An der nächsten Straßenecke...": [Damit eine Nothilfelage vorliegt, müsste ein gegenwärtiger Angriff gegeben sein (§ 32 StGB). Fraglich ist, ob hier noch Gegenwärtigkeit gegeben ist?!]

– „... springt P den A plötzlich unvermittelt von hinten an und schlägt ihn heftig zu Boden": [Hier könnte ein hinterlistiger Überfall (§ 224 Abs. 1 Nr. 3 StGB) seitens des P gegenüber A vorliegen. Fraglich ist, ob ein unvermitteltes Anspringen von hinten schon für das Vorliegen eines hinterlistigen Überfalls genügt. Hier müssen Sie zunächst eine Definition finden und dann argumentativ abgrenzen. Tipp: Vielleicht kennen Sie das Merkmal „Hinterlist" so oder zumindest so ähnlich auch von einem anderen Delikt?! Dann könnten Sie in Ihrer Abgrenzung sowohl Parallelen ziehen als auch Unterschiede hervorheben. Natürlich werden von Ihnen im Rahmen dieser Klausur keine perfekten Definitionen, vor allem nicht im StR BT, verlangt. Versuchen Sie einfach mit eigenen Worten eine passende Definition zu finden.]

– „P fügt dem A eine Schürfwunde am Ellbogen zu": [§ 223 StGB. Dieses Delikt ist also bezüglich P zu prüfen (Evtl. ist er durch Nothilfe gerechtfertigt, s.o.). Außerdem ist im Rahmen des § 223 StGB ebenfalls die Qualifikation des § 224 Abs. 1 Nr. 3 StGB zu prüfen (s.o.). Gibt es auch bei der Körperverletzung das Erfordernis eines Strafantrags? Wenn ja, wo steht dies im Gesetz?]

– „... so müsse er sich schon nicht selbst die Hände dreckig machen. A hält die Pistole dem P in den Rücken und fordert diesen auf... und zwingt ihn, einen großen Pflasterstein auf die Windschutzscheibe des Autos zu werfen. Anderenfalls werde er (A) dem P „einen zweiten Bauchnabel" verpassen": [Diese

Handlung könnte den Tatbestand der Nötigung (§ 240 StGB) erfüllen, ist hier aber nicht zu prüfen. Des Weiteren ist aufgrund der geschilderten Situation fraglich, wer bezüglich des Steinwurfs Tatherrschaft hat. Denken Sie hier bereits an die Konstruktion der mittelbaren Täterschaft (§ 25 Abs. 1 Var. 2 StGB).]

- „Von Todesängsten getrieben ergreift P einen Stein und schleudert ihn in das Auto": [P wirft den Stein nur aus Angst, A würde ihn sonst erschießen. Möglicherweise ist er deshalb gerechtfertigt oder entschuldigt. Überlegen Sie sich, welche Rechtfertigungs-/Entschuldigungsgründe Sie kennen und welche vorliegend in Betracht kommen könnten.]
- „Mit lautem Knall zerbricht die Frontscheibe": [Hierbei handelt es sich um eine Sachbeschädigung, § 303 StGB. Denken Sie auch hier an den Strafantrag.]
- „B, durch das Zerbrechen der ersten Scheibe aufgeschreckt, steht am Fenster und fordert A und P auf, zu verschwinden"/„B eröffnet sofort das Feuer auf A und P": [In Anbetracht dessen, dass B sofort im Anschluss an diese Aufforderung das Feuer eröffnet, mag fraglich sein, ob der Schusswaffengebrauch im konkreten Fall erforderlich war.]
- „Er möchte A und P dabei in erster Linie dazu bewegen, von der Zerstörung seines Autos Abstand zu nehmen": [B bedient sich der Schusswaffe um sich gegen die Zerstörung seines Autos zu verteidigen. Fraglich ist, ob er deshalb gerechtfertigt ist. Welcher Rechtfertigungsgrund käme hier in Betracht?]
- „Na wenn schon! Und wenn ich dabei die Ganoven treffen sollte, ist das jedenfalls auch kein Schaden!": [Dieser Satz gibt Aufschluss über einen möglichen Tötungsvorsatz des B. Eventuell dolus eventualis oder nur bewusste Fahrlässigkeit? Wo liegt der Unterschied?]
- „Dieser bricht tödlich getroffen zusammen": [Einschlägiges Delikt: § 212 StGB, Totschlag.]

Der erste Schritt für eine übersichtliche Gliederung ist damit schon gemacht. Nun geht es an den schematischen Prüfungsaufbau der einzelnen Delikte.

1. Tatkomplex

Welche Strafbarkeit ist im Rahmen des ersten Tatkomplexes zu prüfen? ❓

- ☐ § 223 StGB
- ☐ § 226 StGB
- ☐ § 303 Abs. 1 StGB
- ☐ § 224 Abs. 1 Nr. 3 StGB

Im Strafrecht kann es sinnvoll sein, kurz das Inhaltsverzeichnis des StGB durchzugehen, ob ein Straftatbestand eventuell passen könnte. So kann man sicher gehen, dass kein relevanter Tatbestand vergessen wird. Nur im Notfall kann auch das Stichwortverzeichnis weiterhelfen. Hier ist allerdings die Gefahr, irrelevante Normen bei häufig verwendeten Begriffen zu finden, sehr hoch.

In unserem Fall sind also zwei Straftatbestände innerhalb des ersten Tatkomplexes zu prüfen. § 303 Abs. 1 StGB bezüglich A, §§ 223 Abs. 1, 224 Abs. 1 Nr. 3 StGB bezüglich P. Hier erscheint es logisch, chronologisch vorzugehen und mit A zu beginnen.

a) Strafbarkeit des A

i Wie könnte das Prüfungsschema aussehen? Beschriften Sie die einzelnen Punkte unter Beachtung der „Rangordnung" mit dem jeweils einschlägigen Gliederungszeichen: A., I., 1., a), aa)…:

Tatbestand

Rechtswidrigkeit

Strafbarkeit des A

Strafantrag

Kausalität

Schuld

Objektiver Tatbestand

Objektive Zurechenbarkeit

Subjektiver Tatbestand

körperliche Misshandlung/Gesundheitsschädigung

i Ordnen Sie nun die Hinweise aus dem Sachverhalt dem oben erstellten Prüfungsschema zu. Hierdurch erhalten Sie einen Überblick, an welcher Stelle was zu prüfen ist und wo die Schwerpunkte der Klausur liegen werden.

b) Strafbarkeit des P

i Auch hier ist zunächst das Prüfungsschema in die richtige Ordnung zu bringen. Punkte, die nicht im Rahmen der Prüfung auftauchen, sind nicht zu beschriften: A., I., 1., a), aa)…:

Tatbestand

Rechtswidrigkeit

Strafbarkeit des B

Strafantrag

Kausalität

Schuld

Objektiver Tatbestand

Objektive Zurechenbarkeit

Subjektiver Tatbestand

körperliche Misshandlung/Gesundheits-
schädigung

Prüfung der Qualifikation § 224 I Nr.3 StGB

Notwehr § 32 StGB

Rechtfertigender Notstand § 34 StGB

Entschuldigender Notstand § 35 StGB

Wo liegen die Probleme? Wo würden Sie demnach mehr als ein paar kurze Sätze schreiben? **?**
(Mehrfachnennungen möglich)

☐ Subjektiver Tatbestand
☐ Rechtswidrigkeit
☐ Objektiver Tatbestand
☐ Schuld

Ein Problem des Falles, für das etwas Argumentationsarbeit aufgewandt werden sollte, steckt in der Frage, ob eine gefährliche Körperverletzung vorliegt, also ein hinterlistiger Überfall. Ein weiteres Problem taucht im Rahmen der Rechtfertigung auf. Man sollte diskutieren, ob Ps Handlung durch Nothilfe gerechtfertigt ist, denn immerhin hat er A nur zu Boden geworfen, um ihn zu stellen, also um Bs Eigentum an dem Porsche zu verteidigen.

Lesen Sie folgende Vorschrift und überlegen Sie sich, ob sich daraus ein Prüfungsschema für **?**
die Nothilfe ableiten lässt. Dieses werden Sie später bei der Niederschrift der Klausur benötigen.

---

§ 32 StGB Notwehr
(1) Wer eine Tat begeht, die durch Notwehr geboten ist, handelt nicht rechtswidrig.
(2) Notwehr ist die Verteidigung, die erforderlich ist, um einen gegenwärtigen rechtswidrigen Angriff von sich oder einem anderen abzuwenden.

Hinweis: Nicht alle Punkte des folgenden Schemas sind für unsere Falllösung rele-vant werden aber der Vollständigkeit halber erwähnt.

1. Notwehrlage (§ 32 Abs. 2 StGB)
   a) Angriff
   b) Gegenwärtigkeit des Angriffs
   c) Rechtswidrigkeit des Angriffs
2. Notwehrhandlung
   a) Verteidigungshandlung muss gegen den Angreifer bzw. genauer gegen Rechtsgüter des Angreifers gerichtet sein
   b) Erforderlichkeit der Verteidigungshandlung (§ 32 Abs. 2 StGB)
      aa) geeignet
      bb) mildestes effektives Mittel
3. Gebotenheit (§ 32 Abs. 1 StGB)
4. Subjektives Rechtfertigungselement (vgl. Wortlaut § 32 Abs. 2 StGB „um...zu")

2. Tatkomplex

Im Rahmen des 2. Tatkomplexes haben Sie die Strafbarkeiten von P und A zu prüfen.

? Was prüfen Sie zuerst?

☐ § 303 Abs. 1 StGB bezüglich P
☐ §§ 303 Abs. 1, 25 Abs. 1 Var. 2 StGB bezüglich A

a) Strafbarkeit des P

? Das grundsätzliche Aufbauschema haben Sie bereits kennen gelernt. Wo liegt Ihrer Meinung nach das große Problem dieses Abschnitts?

☐ Subjektiver Tatbestand
☐ Objektiver Tatbestand
☐ Rechtswidrigkeit
☐ Schuld

Welche Rechtfertigungsgründe prüfen Sie? Welche davon zuerst und warum? (Mehrfachnennung möglich) **?**

☐   § 35 StGB
☐   § 33 StGB
☐   § 32 StGB
☐   § 34 StGB
☐   § 228 StGB

Das Notwehrrecht aus § 32 StGB ist vorrangig zu prüfen, da es die „weitesten" Befugnisse einräumt. Im Ergebnis darf man sich im Rahmen des § 32 StGB „stärker" wehren als in einer Notstandssituation.

Lesen Sie § 34 StGB und überlegen Sie, welches Prüfungsschema sich hieraus ergibt! Worin liegt der entscheidende Unterschied zu § 32 StGB? **?**

---

§ 34 Rechtfertigender Notstand
Wer in einer gegenwärtigen, nicht anders abwendbaren Gefahr für Leben, Leib, Freiheit, Ehre, Eigentum oder ein anderes Rechtsgut eine Tat begeht, um die Gefahr von sich oder einem anderen abzuwenden, handelt nicht rechtswidrig, wenn bei Abwägung der widerstreitenden Interessen, namentlich der betroffenen Rechtsgüter und des Grades der ihnen drohenden Gefahren, das geschützte Interesse das beeinträchtigte wesentlich überwiegt. Dies gilt jedoch nur, soweit die Tat ein angemessenes Mittel ist, die Gefahr abzuwenden.

1. Notstandslage
    a) Gefahr für irgendein Rechtsgut
    b) Gegenwärtigkeit der Gefahr
2. Notstandshandlung
    a) Eingriff in irgendein anderes Rechtsgut („wer…eine Tat begeht")
    b) Erforderlichkeit
        aa) geeignet
        bb) mildestes effektives Mittel
3. Interessensabwägung
4. Angemessenheit (§ 34 S. 2 StGB)
    Ähnlich der Gebotenheit bei § 32 StGB ist bei bestimmten Fallgruppen die Angemessenheit zu verneinen.
5. Subjektives Rechtfertigungselement

P wirft den Stein, da A ihn dazu nötigt. Der Meinungsstreit unter dem Schlagwort „Nötigungsnotstand" behandelt die Frage, ob der Täter, der zu der Begehung einer Straftat genötigt wird, gem. § 34 StGB gerechtfertigt ist.

? Ist P gerechtfertigt oder nur entschuldigt? Was meinen Sie?

☐ Es ist zu differenzieren. Soweit es sich um geringwertige Beeinträchtigungen (v.a. bei Bagatelldelikten) zum Schutz hochrangiger Rechtsgüter (insoweit ist die Aufzählung in § 34 S. 1 StGB ein Indiz) handelt, ist die Tat gerechtfertigt.

☐ P ist nur gem. § 35 StGB entschuldigt. Denn würde man der ersten Meinung folgen und sein Tun rechtfertigen, so hätte das Opfer (hier B) keine Möglichkeit, selbst Notwehr gegen den genötigten Täter zu üben. Warum dies der Fall ist, verstehen Sie, wenn Sie sich noch einmal die Voraussetzungen für § 32 StGB genau ansehen.

☐ P ist gerechtfertigt. Der Wortlaut nimmt keine Einschränkung hinsichtlich eines genötigten Täters vor.

Hier ist nichts falsch! Sie können jede der genannten Meinungen vertreten, wenn Sie sie für überzeugend halten und auch entsprechend mit Argumenten unterlegen können. Denken Sie aber daran, sich nicht direkt auf die Ihrer Ansicht nach richtige Lösung zu stürzen, sondern den Meinungsstreit darzulegen und zu diskutieren. Wie Sie sich auch entscheiden, Sie kommen jedenfalls zu dem Ergebnis, dass sich P (entweder mangels Rechtswidrigkeit oder mangels Schuld) nicht strafbar gemacht hat.

c) Strafbarkeit des A

Für A kommt die Strafbarkeit wegen Sachbeschädigung in mittelbarer Täterschaft in Betracht.

---

i Ordnen Sie die Prüfungspunkte der mittelbaren Täterschaft nach chronologischer Abfolge in der Klausur.

☐ Vorsatz hinsichtlich der tatbeherrschenden Steuerung

☐ Vorsatz bezüglich der Tatbestandsverwirklichung (hier § 303 Abs. 1 StGB)

☐ planvoll lenkendes Ausnutzen eines deliktischen Minus des Vordermanns

☐ Strafbarkeitsdefizit beim Vordermann

☐ Tatbeherrschende Stellung des Hintermanns

Nun wissen Sie, wie die Voraussetzungen der mittelbaren Täterschaft im Einzelnen lauten. Versuchen Sie nun, diese Voraussetzungen in das Ihnen bekannte Prüfungsschema des vorsätzlich vollendeten Begehungsdelikts in den objektiven und subjektiven Tatbestand einzubauen.

3. Tatkomplex

Strafbarkeit des B nach § 212 Abs. 1 StGB wegen Totschlags

Im Rahmen der Prüfung des Totschlags ist der Tötungsvorsatz des B nicht eindeutig. Nach **[?]** welcher Faustformel lässt sich bedingter Vorsatz von bewusster Fahrlässigkeit abgrenzen? Was muss der Täter denken?

- ☐ Friss oder stirb!!
- ☐ Und wenn schon – wird schon gut gehen.
- ☐ Hoffentlich geht das gut, hoffentlich passiert nichts.

Im Rahmen der Notwehr-Prüfung bedarf es einer Diskussion im Rahmen der Erforderlichkeit. **[?]** Warum? (Mehrfachnennungen sind möglich.)

- ☐ B hätte nach h.M. vorher mindestens 5 Warnschüsse abgeben müssen.
- ☐ B hätte zwar sofort schießen aber nur auf die Beine von A und P zielen dürfen.
- ☐ B hätte nur auf das Auto schießen dürfen.
- ☐ B hätte zunächst die Polizei rufen müssen.
- ☐ Der Schusswaffengebrauch war zwar das mildeste Mittel, jedoch hat B das Notwehrmittel nicht auf die mildeste Art und Weise angewandt.
- ☐ B hätte einen Warnschuss abgeben müssen.
- ☐ B hätte den Schusswaffengebrauch androhen müssen.
- ☐ Der Gebrauch einer Schusswaffe war nicht das mildeste Mittel.

Sie haben nun erarbeitet, wo die ausführlicher zu behandelnden Probleme in den jeweiligen Tatkomplexen liegen. Sie haben nun das Gliederungsschema und eine grobe Verortung der Probleme und Fragestellungen des Sachverhalts vor sich liegen. An Hand dieser Gliederung können Sie nun eine ausführliche, an den wichtigen Stellen ausformulierte „Feingliederung" erstellen, also den Fall lösen.

Die Lösungsskizze (einschließlich Vorüberlegungen und Formulierungsbeispielen) finden Sie im Lösungsteil (LÖSUNG 27, S. 262).

Teil 4: Fehler beim Wissenserwerb und beim Lernen

⚡ Machen Sie nicht den Fehler,
- seitenweise Rechtsprechung und Literaturmeinungen für ein Problem auswendig zu lernen,
- Falllösungsbücher höchstens am letzten Tag vor der Klausur kurz in die Hand zu nehmen,
- Ihr Wissen über einzelne Fragestellungen nicht mit Prüfungsschemata, Falllösungen und Gesetzestexten zu verbinden,
- niemals ein Gesetz beim Lernen in die Hand zu nehmen,
- nicht mit anderen über Lösungswege, Auslegungsfragen, Gesetzessystematik oder Argumentationsstränge zu sprechen und zu diskutieren,
- keine Zeit für Wiederholung von Wissen einzuplanen,
- Ihren vorrangigen Lerntyp nicht zu kennen und die sich daraus ergebenden Möglichkeiten nicht zu nutzen,
- aus Angst vor „dummen Fragen" die Möglichkeiten zum Nachfragen und Erklärenlassen in Präsenzkursen nicht zu nutzen,
- keinen Blick in die korrigierte Prüfungsarbeit zu werfen.

Die Wahl der Lernmethoden und die Effektivität der Lerntechniken sind von besonderer Wichtigkeit für den Lernerfolg. Auch wenn Sie natürlich in der Schule sich und Ihre Lernstrategien schon ausprobiert und kennengelernt haben, bedeutet dies nicht, dass diese im Jurastudium unverändert ebenso erfolgreich angewendet werden können. Probieren Sie also aus, welche Vorgehensweisen sich für Sie auszahlen und seien Sie bereit, Ihre Vorgehensweise zu verändern, wenn sie nicht zum gewünschten Ergebnis geführt hat. In den letzten Jahren sind bereits sehr viele Bücher und empfehlenswerte Ratgeber zum juristischen Lernen erschienen.[161]

Wir wollen und können Ihnen an dieser Stelle keinen kompletten Ratgeber zum juristischen Lernen bieten. Vielmehr haben wir uns angeschaut, wie Studierende an unserer Fakultät beim Lernen vorgehen (sog. **„Lernbiographien"**) und auf dieser Basis häufige Fehler beim juristischen Lernen herausgearbeitet. Der juristische Lernprozess besteht aus mehreren Phasen.[162] Diese entsprechen

---

161 So z.B. *Lange*, Jurastudium erfolgreich, 7. Aufl., München 2012, S. 320 ff. mit umfangreichen weiteren Nachweisen; *Klaner*, Richtiges Lernen für Jurastudenten und Rechtsreferendare, 4. Aufl., Berlin 2011; *Haft*, Einführung in das juristische Lernen, 5. Aufl., Bielefeld 1991; *Steffahn*, in: *Wolf/Kudlich/Muckel* (Hrsg.), JA Sonderheft für Erstsemester, München 2011, S. 87 (87 ff.).
162 Für eine ähnliche Einteilung in Lernphasen: *Ter Haar/Lutz/Wiedenfels*, Prädikatsexamen, 3. Aufl., Baden-Baden 2012; *Lange*, Jurastudium erfolgreich, 7. Aufl., München 2012, S. 322 ff.; *Gramm*, Kleine Fehlerlehre für Juristen nach Dr. Julius Knack, Baden-Baden 1989, S. 14 f.

en für das Examen wichtigen Kompetenzen. In einer ersten Phase müssen Sie sich zunächst Wissensgrundlagen aneignen. In einer zweiten Phase erfolgt dann die Umsetzung in die Praxis. Dies ist der Stand, von dem dieses Buch zum Kompetenztraining ausgeht. In der dritten Phase lernen Sie, wie Sie das Wissen erhalten und auf neue Aufgabenstellungen übertragen.

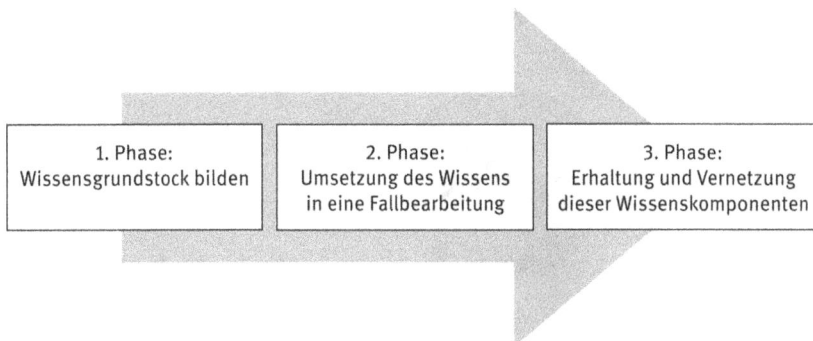

1. Phase: Wissensgrundstock bilden	2. Phase: Umsetzung des Wissens in eine Fallbearbeitung	3. Phase: Erhaltung und Vernetzung dieser Wissenskomponenten

A. Fehler beim Erwerb eines Wissensgrundstocks

Für die juristische Arbeit müssen Sie zunächst einen bestimmten Grundstock juristischen Wissens (z.B. durch Schemata, durch Gesetzesüberblick usw.) erwerben.[163]

I. Falscher Umgang mit den „Lernkanälen"

Es gibt drei klassische Kanäle für diesen Wissenserwerb: Den Vorlesungsbesuch, die Arbeit in den von der Universität angebotenen Propädeutischen Übungen bzw. Arbeitsgemeinschaften sowie die Arbeit in Lerngruppen.

---

163 So, in Bezug auf eine „Wissensbasis", auch *Steffahn*, in: *Wolf/Kudlich/Muckel* (Hrsg.), JA Sonderheft für Erstsemester, München 2011, S. 87 (88).

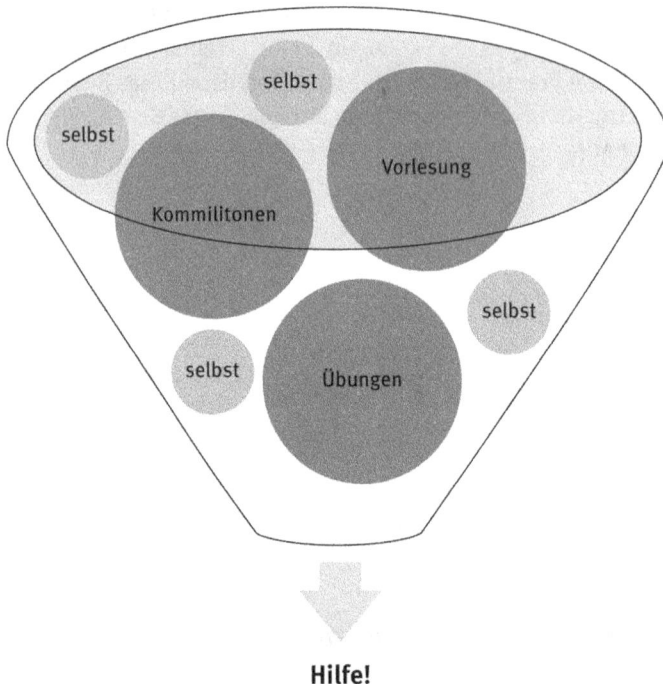

Hilfe!

❓ Lesen Sie sich die Beschreibungen einiger Studentinnen und Studenten durch und überlegen Sie, in welchen Veranstaltungskontexten und mit welchen Lernmitteln der Wissenserwerb besonders gewinnbringend war:

„In den ersten drei Semestern habe ich alle Veranstaltungen, Vorlesungen, Übungen und auch Tutorien (1. und 2. Semester) sowie die Klausurwerkstatt (auch 1. und 2. Semester)[164] regelmäßig besucht. Da nicht alle Professoren oder wissenschaftliche Mitarbeiter (Übungsleiter) und Tutoren ihre Materialien vor der jeweiligen Stunde zur Verfügung gestellt haben (z.B. online), sondern erst hinterher, habe ich mich meist nicht auf die jeweilige Veranstaltung vorbereitet. Stattdessen habe ich mich auf die Nachbereitung konzentriert."

(Bina N.)

„Ich bin nicht in jede einzelne Vorlesung gegangen, habe jedoch jede PÜ besucht und diese vor- und nachbereitet. Im ersten bis zum sechsten Semester habe ich Klausuren mitgeschrieben, die angeboten wurden (Klausurwerkstatt, Probeklausuren, Scheinklausuren). Ein Jahr vor dem Examen nehme ich mir vor jede Woche eine Klausur im Examensklausurenkurs mitzuschreiben."

(Josefine R.)

---

164 Anmerkung: Hierbei handelt es sich um ein spezielles Klausuranalyseangebot, sh. hierzu *Zwickel*, JuS 2012 (Heft 10), LX.

An diesen kurzen Vorstellungen sehen Sie, dass es, obwohl das viel bequemer wäre (ja, wir wissen das, wir haben auch irgendwann studiert!), mit einem bloßen Vorlesungsbesuch oder dem Besuch der Arbeitsgemeinschaften im Jurastudium nicht getan ist. Die Studentinnen waren besonders erfolgreich, indem sie sich zusätzlich den Stoff selbst erarbeitet haben. **Aktives „Selbstlernen"** ist also erforderlich! Übung (Training) macht den Meister! Nutzen Sie die entsprechenden Angebote! Das gilt sowohl für Präsenzveranstaltungen an der Uni als auch für die Vielzahl von Falllösungsbüchern und Übungsfällen in Zeitschriften.[165]

Die Studentinnen haben außerdem jeweils unterschiedliche Angebote wahrgenommen oder aus ihrem Studienplan gestrichen.[166] Auch dies kann eine Form der Aktivität sein. **Geeignete Lernformen** (Sehen, Hören, aktive Lernformen) je nach Lerntyp[167] oder ihre Kombination bei Fehlen besonderer Präferenz sind die Grundlage des juristischen Lernens. Hierbei hilft evtl. eine passende **(Klein-)Lerngruppe,**[168] da Lernen durch Erklärungen und Diskutieren ein wichtiger Bestandteil juristischen Lernens ist. Lerngruppen funktionieren, nach unseren Erfahrungen, meist sehr gut, wenn folgende Voraussetzungen gegeben sind:

– Keine zu große Mitgliederzahl (ca. 2 bis 4 Personen),[169]
– etwa gleicher Wissens- bzw. Kompetenzstandard der Mitglieder,
– Vorbereitung der Lerngruppentermine durch ein Mitglied oder durch alle Mitglieder und
– frühzeitige Gründung der Lerngruppe (nicht erst in der Examensvorbereitung).

---

165 So z.B. *Lange*, Jurastudium erfolgreich, 7. Aufl., München 2012, S. 320 ff. Einen Überblick an Falllösungsbüchern und Hinweisen zum Selbstlernen finden Sie in Teil 6 dieses Buches (S. 272 ff.).
166 Zur Auswahl von Veranstaltungen sh. oben S. 17.
167 Es gibt, nach mittlerweile herrschender Auffassung (sh. hierzu *Ter Haar/Lutz/Wiedenfels*, Prädikatsexamen, 3. Aufl., Baden-Baden 2012, S. 32 ff.; zu einer an Lernverhaltensweisen orientierten Typologie sh. *Arnold*, in: *Arnold* (Hrsg.), Von der Handlungsorientierung zur Kompetenzentwicklung, Kaiserslautern 2011, S. 11 (14 f.)), drei große Lerntypen: den auditiven Lerntyp (Lernen durch Zuhören), den visuellen Lerntyp (Lernen durch Lesen) und den kinästhetischen Lerntyp (Lernen durch Ausprobieren). Hinweise zur Bestimmung Ihres Lerntyps (mit Checklisten) erhalten Sie bei *Lange*, Jurastudium erfolgreich, 7. Aufl., München 2012, S. 329 ff. und *Ter Haar/Lutz/Wiedenfels*, Prädikatsexamen, 3. Aufl., Baden-Baden 2012, S. 33; zur Auswahl von Lehrveranstaltungen sh. oben S. 17.
168 Zu Lerngruppen sh. auch die wertvollen Hinweise bei *Deppner/Lehnert/Rusche u.a.*, Examen ohne Repetitor, 3. Aufl., Baden-Baden 2011, S. 59 ff. und *Ter Haar/Lutz/Wiedenfels*, Prädikatsexamen, 3. Aufl., Baden-Baden 2012, S. 52 ff.
169 In diesem Sinne auch *Lange*, Jurastudium erfolgreich, 7. Aufl., München 2012, S. 300 f.

Folgende **Übungsaufgaben** aus diesem Buch eignen sich besonders gut **für die** Arbeit in Ihrer **Lerngruppe**:

- B.III.3: Übungen zum Syllogismus (S. 32)
- B.IV.3: Übungsfälle (S. 47)
- B.VI.4: Übungen zu Fehlern in Gutachten (S. 65)
- B.VII.: Abschlussklausur (S. 68)
- Teil 3, alle Klausuranalysen (S. 134 ff.).

II. Falsche Verwendung von Lernmitteln

> ❗ Lesen Sie zur Verwendung von Lernmitteln zunächst die Erfahrungsberichte einiger Studentinnen und Studenten:

> „Nahezu im gesamten Grundstudium habe ich den Stoff der Vorlesungen in Lehrbüchern oder (Anfänger-)Skripten nachgelesen und zusammengefasst, teils auf Papier (Aufmalen von Schemata bzw. Prüfungsreihenfolgen), teils auf (kleinen) Karteikarten (v.a. Definitionen im Strafrecht!)."
>
> (Bina N.)

> „Ich verwende die Fälle und Lösungen aus den PÜs zum Lernen. Zudem fertige ich mir selbst Karteikarten an und lerne mit meinen eigenen Mitschriften aus den Kursen. Daneben benutze ich Skripte und Lehrbücher und schreibe mir gerne eigene „Skripten", also Zusammenfassungen, da ich vieles besser verstehe, wenn ich Sachverhalte mit meinen eigenen Worten wiedergeben kann."
>
> (Josefine R.)

> „Ich erstelle mir immer ein Skript und nehme große Papiere her, um mir das alles bildlich mit Hilfe von Skizzen und Clustern zu veranschaulichen. Bilder bleiben immer im Kopf. Definitionen und Schemata eignen sich gut für Karteikarten, die man immer parat haben und mit denen man auch mal unterwegs lernen kann."
>
> (Cansu H.)

Gerade zu Beginn des juristischen Studiums machen viele Studentinnen und Studenten den Fehler, dicke Lehrbücher komplett, d.h. von vorne bis hinten, durchzulesen. Wichtiger ist aber auch hier, **aktiv** zu **lesen**[170] und zu arbeiten und vor allem die Teile zu bearbeiten, in denen Lücken zu schließen sind. Hilfreich sind die Nutzung „neuer" und „alter" Techniken wie Brainstorming, mind mapping, Visualisierungen, Hörbücher, Herumgehen im Raum, Exzerpieren,

---

170 Zu entsprechenden Lesetechniken sh. *Grüning*, Garantiert erfolgreich lernen, 2. Aufl., Nördlingen 2006, S. 16 ff. und *Lange*, Jurastudium erfolgreich, 7. Aufl., München 2012, S. 160 ff.

etc.[171] Strukturierte Verarbeitung und bildhaftes Lernen (z.B. Begriffsbäume, Diagramme) bauen das fallnahe Wissen auf.

Beispiele:

Zivilrecht: Tatbestand einer Willenserklärung

Objektiver Tatbestand	Subjektiver Tatbestand		
= wahrnehmbares Verhalten, das einen Erklärungswert hat	Handlungswille	Erklärungs- bewusstsein	Geschäftswille
- ausdrücklich - konkludent - i.d.R. nicht: Schweigen	Bewusstsein, überhaupt zu handeln	Bewusstsein, etwas rechts- erhebliches zu erklären	Wille, diese konkrete Rechtsfolge herbeizuführen
Zwingend für eine WE	Zwingender Bestandteil einer WE	Streitig!	Kein zwingender Bestandteil einer WE; WE aber anfechtbar

---

171 Zahlreiche Lerntipps mit Beispielen finden sich bei *Lange*, Jurastudium erfolgreich, 7. Aufl., München 2012 und *Steffahn*, in: *Wolf/Kudlich/Muckel* (Hrsg.), JA Sonderheft für Erstsemester, München 2011, S. 87.

Öffentliches Recht, Staatsorganisationsrecht, Gesetzgebungskompetenzen

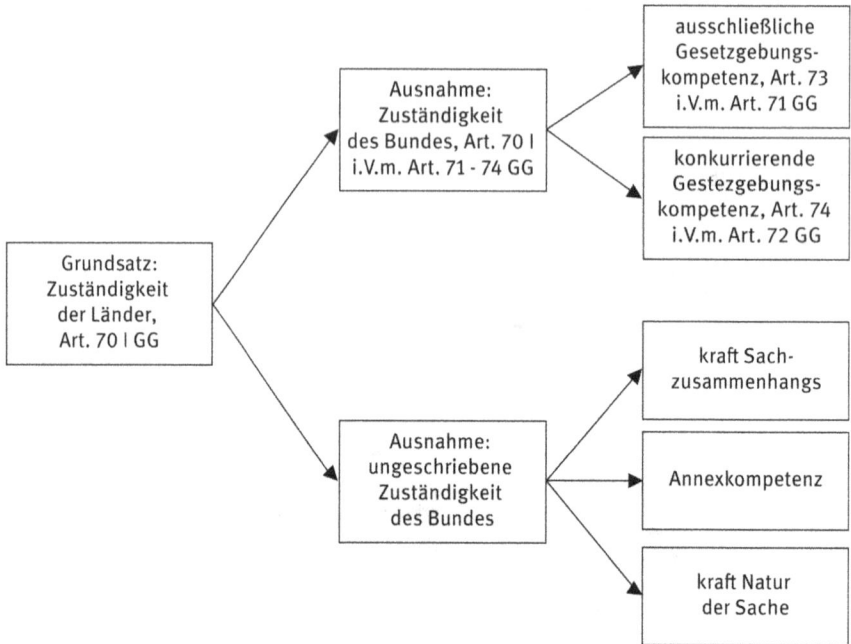

```
┌─────────────────┐                                    ┌──────────────────────┐
│                 │            ┌──────────────────┐     │ ausschließliche      │
│                 │            │  Ausnahme:       │────▶│ Gesetzgebungs-       │
│                 │       ┌───▶│  Zuständigkeit   │     │ kompetenz, Art. 73   │
│  Grundsatz:     │       │    │  des Bundes, Art. 70 I │ i.V.m. Art. 71 GG   │
│  Zuständigkeit  │───────┤    │  i.V.m. Art. 71 - 74 GG└──────────────────────┘
│  der Länder,    │       │    └──────────────────┘     ┌──────────────────────┐
│  Art. 70 I GG   │       │                         ───▶│ konkurrierende       │
│                 │       │                             │ Gesetzgebungs-       │
│                 │       │                             │ kompetenz, Art. 74   │
└─────────────────┘       │                             │ i.V.m. Art. 72 GG    │
                          │                             └──────────────────────┘
                          │                             ┌──────────────────────┐
                          │                        ────▶│ kraft Sach-          │
                          │    ┌──────────────────┐     │ zusammenhangs        │
                          │    │  Ausnahme:       │     └──────────────────────┘
                          └───▶│  ungeschriebene  │     ┌──────────────────────┐
                               │  Zuständigkeit   │────▶│ Annexkompetenz       │
                               │  des Bundes      │     └──────────────────────┘
                               └──────────────────┘     ┌──────────────────────┐
                                                    ────▶│ kraft Natur          │
                                                         │ der Sache            │
                                                         └──────────────────────┘
```

Für Anfänger geeignete Lernmaterialien mit einem kompakten Grundriss bieten oft eine bessere Gewähr für den Lernerfolg als Examensvorbereitungsmaterialien.

B. Fehler bei der Umsetzung des Wissens in die Fallbearbeitung

„Oftmals fällt es, gerade nach Besuch der Veranstaltungen der ersten Semester, schwer, das Wissen auch in die Fallbearbeitung umzusetzen: Da ich dies [Schreiben von Karteikarten] sehr ausführlich gemacht habe, blieb mir oft nicht mehr viel Zeit, den Stoff vor der Klausur anhand von Fällen zu trainieren, was mich in den Anfängerklausuren viele Punkte gekostet hat. ☹ [...] In der Klausurwerkstatt der Serviceeinheit[171a] habe ich alle zur Verfügung gestellten Klausuren mitgeschrieben. Auch bin ich zu den Besprechungen der jeweiligen Klausuren (FREITAG NACHMITTAG!) erschienen. Darüber hinaus habe ich auch die offiziellen Probeklausuren in den Vorlesungen mitgeschrieben, welche in den propädeutischen Übungen verbessert wurden."

(Bina N.)

171a Anmerkung: Hierbei handelt es sich um ein spezielles Klausuranalyseangebot, sh. hierzu *Zwickel*, JuS 2012 (Heft 10), LX.

„Ich gehe, auch wenn ich die Klausuren nicht mitgeschrieben habe, in die Klausurbesprechungen frei nach dem Motto: „Irgendetwas bleibt immer hängen".

(Josefine R.)

Sogar in Examensklausuren fällt auf, dass viele Studierende enormes Wissen haben. Die (potentielle) Stoffmenge ist schließlich nahezu uferlos.[172] Die juristischen Kompetenzen, die wir in diesem Buch mit Ihnen trainiert haben, sind dagegen oft nur wenig ausgeprägt.[173] Abhilfe von diesem Zustand kann nur selbständiges Üben schaffen.

Konsumieren Sie den Stoff **nicht nur passiv,** sondern machen Sie es wie Bina N., die auch „anstrengende Übungsgelegenheiten" konsequent genutzt hat.

Besondere Wichtigkeit kommt in dieser Lernphase außerdem der Analyse von Klausurfehlern zu.[174] Gehen Sie, wie Josefine R., in die Besprechungen und nutzen Sie zusätzlich noch unseren Analysebogen auf S. 273!

Versuchen Sie, in Ihren Stundenplan einen mindestens 2-stündigen Block pro Woche für das Üben zusätzlich einzuplanen.

Viele Tipps zur Zeitplanung im Jurastudium erhalten Sie bei *Lange,* **Jurastudium erfolgreich, 7. Aufl., München 2012, S. 358 ff.;** *Gramm/Wolff,* **Jura – erfolgreich studieren, 6. Aufl., München 2012, S. 97 ff. und** *Klaner,* **Richtiges Lernen für Jurastudenten und Rechtsreferendare, 4. Aufl., Berlin 2011, S. 40 ff.**

C. Fehler bei der Wissenserhaltung und der Wissensvernetzung

„Mittlerweile konzentriere ich mich darauf, mich nicht zu lange mit dem abstrakten Stoff aufzuhalten, sondern nur die „Basics" zu lernen und die restlichen Spezialprobleme anhand von Fällen aus der propädeutischen Übung/Übung für Fortgeschrittene oder einem Fallbuch zu erarbeiten."

(Bina N.)

„Mir ging es in erster Linie immer darum, bei Fällen die Paragraphen-Ketten und den Ausarbeitungsweg zu analysieren, indem ich mehrere Beispiels- und Übungsfälle im Schnelldurchlauf erarbeitete. Erst danach nahm ich mir komplexere Fälle zur Ausarbeitung, nachdem ich mir einige ausführlich ausformulierte Gutachten durchlas. Daher ist auch die Analyse von Korrekturen besonders wichtig, damit man sehen kann, was von einem wirklich verlangt wird, um es beim nächsten Mal besser zu machen."

(Cansu H.)

---

172 *Schabe,* JZ 2000, 32; *Rüthers,* JuS 2011, 865.
173 Ähnlich *Rüthers,* JuS 2011, 865.
174 *Gramm/Wolff,* Jura – erfolgreich studieren, 6. Aufl., München 2012, S. 173; sh. dazu oben S. 3.

Der größte Feind des Jurastudenten ist, gerade in der Examensvorbereitung, das **Vergessen**. Dabei ist das Vergessen sogar der Regelfall. Das Gehirn löscht einen Großteil der aufgenommenen Informationen.[175] Konzentrierte Wiederholung durch das Herausschreiben der wesentlichen Informationen oder durch Erstellung von Karteikarten ist, nach Training des Stoffes (d.h. in der 3. Phase) essentiell. Ebenso hilft es, für sich selbst Prüfungsfragen (z.B. in Form von FAQ-Listen) oder kleine Sachverhalte zu erstellen, sich also in die Rolle des Prüfers zu versetzen. Nutzen Sie in den Veranstaltungen ausgegebene Materialien wie Vertiefungsfragen, Merksätze, Übersichten und gestalten Sie zusätzlich Ihre eigenen Unterlagen! Auch Prüfungsprotokolle[176] können überaus nützlich sein. Das **punktuelle/kurzfristige Lernen**, das auch im Studium viele Studentinnen und Studenten noch praktizieren,[177] ist wegen enormer Stofffülle im Jurastudium ungeeignet. Verständnis ist dabei das Ziel des Lernens! Der Kampf gegen das Vergessen ist sinnlos! Beständige Wiederholung muss Teil Ihres Lernplans werden und Sie sollten nicht zu spät mit der Vorbereitung anfangen.

Auch äußere Rahmenbedingungen für das Lernen (z.B. geeigneter Arbeitsplatz, keine Störquellen, passende Lernzeit) sind von Bedeutung.[178]

? Erstellen Sie, auf Basis der unter dem Stichwort „Fehler beim Wissenserwerb und beim Lernen" in Teil 6 aufgeführten Quellen und des Studienplanes Ihrer Fakultät[179] einen Wiederholungsplan für das aktuelle Fachsemester. Planen Sie dabei in jeder Woche eine Wiederholung/Übung für jedes Fach ein! Wählen Sie zudem schon jetzt die Methoden aus den vorgestellten Lernbiographien aus, die Ihnen nützlich erscheinen!

! Bei allem juristischen Lernen gilt: „Struktur und Methode sind wichtiger als Detailwissen!"

---

175 *Vester*, Denken, Lernen, Vergessen, 34. Aufl., München 2011, S. 90; *Steffahn*, in: *Wolf/Kudlich/Muckel* (Hrsg.), JA Sonderheft für Erstsemester, München 2011, S. 87 (87 m.w.N.).

176 Eine Sammlung finden Sie z.B. bei *Petersen*, Die mündliche Prüfung im ersten juristischen Staatsexamen, 2. Aufl., Berlin 2012.

177 *Steffahn*, in: *Wolf/Kudlich/Muckel* (Hrsg.), JA Sonderheft für Erstsemester, München 2011, S. 87 (87 ff. m.w.N.).

178 So auch *Klaner*, Richtiges Lernen für Jurastudenten und Rechtsreferendare, 4. Aufl., Berlin 2011, S. 61 ff.: mit Checkliste: *Ter Haar/Lutz/Wiedenfels*, Prädikatsexamen, 3. Aufl., Baden-Baden 2012, S. 137.

179 Ein Muster eines Studienplanes für Anfangssemester finden Sie unter http://www.jura.uni-erlangen.de/studium/rechtswissenschaft/aufbau_organisation_studium.shtml (Stand: 8.11.2013).

Teil 5: Lösungen zu den Übungsfällen und zu den Wiederholungsfragen

LÖSUNG 1 (zu Aufgabe S. 32ff.)

1. R möchte seine Meinung über die ihm verhasste Bundeskanzlerin in einem von ihm verfassten Pamphlet öffentlich äußern. Hat er ein (grundrechtlich geschütztes) Recht dazu?

   Obersatz: R hat ein grundrechtlich geschütztes Recht auf freie Meinungsäußerung, wenn dies vom Grundrecht auf Meinungsfreiheit aus Art. 5 Abs. 1 S. 1 Alt. 1 GG umfasst ist. Dieses beinhaltet das Recht, seine Meinung in Wort, Schrift und Bild frei zu äußern und zu verbreiten [...].

   Untersatz: R möchte seine Meinung über die ihm verhasste Bundeskanzlerin in einem von ihm verfassten Pamphlet öffentlich äußern. Sein Verhalten fällt damit in den Schutzbereich der Meinungsfreiheit.

   Schlusssatz: R hat somit ein grundrechtlich geschütztes Recht auf Meinungsäußerung.

2. A (Verkäufer) und B (Käufer) schließen einen wirksamen Kaufvertrag über den Verkauf eines Fahrrades für 50,00 €. Kann B von A die Übereignung des Fahrrades verlangen?

   Obersatz: B kann gemäß § 433 Abs. 1 S. 1 BGB von A die Übereignung des Fahrrads verlangen, wenn ein wirksamer Kaufvertrag vorliegt.

   Untersatz: Der Verkäufer A und der Käufer B haben einen wirksamen Kaufvertrag über den Verkauf des Fahrrads geschlossen.

   Schlusssatz: Daher kann B von A die Übereignung des Fahrrades verlangen.

3. A ist sturzbetrunken, so dass sie nicht weiß, wo oben und unten ist. Ist ihre Willenserklärung wirksam?

   Obersatz: Die Willenserklärung ist gemäß § 105 II BGB wirksam, wenn A diese nicht im Zustand einer vorübergehenden Störung der Geistestätigkeit abgegeben hat.[180]

   Untersatz: A ist bei Abgabe der Willenserklärung sturzbetrunken. Somit hat sie ihre Willenserklärung im Zustand einer vorübergehenden Störung der Geistestätigkeit abgegeben.

   Schlusssatz: Ihre Willenserklärung ist daher unwirksam.

---

180 § 105 Abs. 2 BGB regelt die „Nichtigkeit" der Willenserklärung. Nichtige Willenserklärungen sind unwirksam. Man könnte den Obersatz deshalb ausführlicher formulieren: „Die Willenserklärung des A ist wirksam, wenn sie nicht gem. § 105 Abs. 2 BGB nichtig ist. Nichtig ist sie, wenn sie im Zustand einer vorübergehenden Störung der Geistestätigkeit abgegeben wurde."

4. A versteht, dass B das Fahrrad für 30 Euro kaufen will. B hatte aber 13 Euro gesagt. Kann A den Kaufvertrag anfechten?

   Obersatz: A kann den Kaufvertrag anfechten, wenn ein Anfechtungsgrund gemäß § 119 BGB vorliegt.[181] Ein Anfechtungsgrund gemäß § 119 Abs. 1 1. Alt. BGB ist dann gegeben, wenn A einem Inhaltsirrtum unterlegen ist.

   Untersatz: Ein Irrtum ist gegeben, wenn das bei Abgabe der Willenserklärung „Vorgestellte" vom „Erklärten" abweicht.[182] A nimmt das Angebot des B an, geht aber davon aus, dieser bezahle 30 €. Somit irrt er über den Inhalt seiner Willenserklärung.

   Schlusssatz: Es liegt ein Anfechtungsgrund vor. A kann den Kaufvertrag anfechten.

5. A und B haben 1990 einen wirksamen Kaufvertrag geschlossen. Kann A sich weigern, B das Fahrrad jetzt (2014) zu übereignen?

   Obersatz: A kann sich gem. § 214 Abs. 1 BGB weigern[183] das Fahrrad an B zu übereignen, wenn der Anspruch des B auf Übereignung des Fahrrads verjährt ist. Regelmäßige Verjährung tritt gemäß §§ 194 I, 195 BGB nach drei Jahren ein.

   Untersatz: Vorliegend ist die dreijährige Verjährungsfrist verstrichen.

   Schlusssatz: Der Anspruch des B auf Übereignung des Fahrrads ist verjährt. Somit kann A sich weigern, dem B das Fahrrad zu übereignen.

6. Der Bund hat von seiner Gesetzgebungskompetenz auf dem Gebiet des bürgerlichen Rechts in vollem Umfang Gebrauch gemacht. Hat das Bundesland L noch die Befugnis zur Gesetzgebung auf diesem Gebiet? (Art. 72 Abs. 1 GG)

   Obersatz: Das Bundesland L hat nach Art. 72 Abs. 1 GG die Befugnis zur Gesetzgebung auf diesem Gebiet, solange und soweit der Bund von seiner Gesetzgebungszuständigkeit nicht durch Gesetz Gebrauch gemacht hat.[184]

---

181 Zu einer wirksamen Anfechtung gehören auch die Erklärung der Anfechtung (§ 143 BGB) und die Einhaltung der Anfechtungsfrist (§ 122 BGB). Der Bearbeitervermerk fragt aber nur nach der Möglichkeit, anzufechten, also danach, ob überhaupt ein Anfechtungsgrund vorliegt.

182 Hier müssen Sie den im Gesetz verwendeten Begriff „Irrtum" definieren, um subsumieren zu können. Die Definition können Sie dabei Ihrem eigenen Sprachverständnis entnehmen – überlegen Sie also: Wie würde ich jemandem, der das Wort nicht kennt, „Irrtum" erklären?

183 Lesen Sie Frage und Gesetzestext immer genau. Jeder wird auf das Stichwort „Verjährung" kommen – aber erst § 214 BGB gibt Ihnen die Antwort, welche Rechtsfolge bei Verjährung eintritt. Sie brauchen diese Norm also für Ihren Obersatz. Wenn Sie nur die Verjährungsfrist aus § 195 BGB finden, wissen Sie nicht, welche Folgen das Gesetz an die Verjährung knüpft. Suchen Sie also immer nach der Norm, die auf der Rechtsfolgeseite die Ihnen gestellte Frage beantwortet. Wie das geht, zeigen wir auf S. 82.

184 Wie Sie sehen, funktioniert die Obersatzbildung im Öffentlichen Recht genauso wie im Zivilrecht. Die meisten Normen im GG lassen sich ebenso in ein Wenn-Dann-Schema bringen wie die Normen des Zivilrechts.

Untersatz: Der Bund hat jedoch in vollem Umfang von seiner Gesetzgebungszuständigkeit Gebrauch gemacht.

Schlusssatz: Folglich hat das Bundesland L keine Befugnis zur Gesetzgebung auf diesem Gebiet.

7. Ein Antrag der Bundeskanzlerin, ihr das Vertrauen auszusprechen, findet nicht die Zustimmung der Mehrheit der Mitglieder des Bundestages. Kann der Bundespräsident den Bundestag auflösen? (Art. 68 GG)

   Obersatz: Der Bundespräsident kann den Bundestag gemäß Art. 68 Abs. 1 GG auflösen, wenn der Antrag der Bundeskanzlerin, ihr das Vertrauen auszusprechen, nicht die Zustimmung der Mehrheit der Mitglieder des Bundestages findet.

   Untersatz: Der Antrag der Bundeskanzlerin hat nicht die Zustimmung der Mehrheit der Mitglieder des Bundestages gefunden.

   Schlusssatz: Folglich kann der Bundespräsident den Bundestag auflösen.

8. Der Bundestag erlässt ein Gesetz, das den in Art. 20 GG niedergelegten Grundsatz der Gewaltenteilung verändert. Ist die Änderung zulässig? (Art. 79 GG)

   Obersatz: Die Änderung ist zulässig, wenn gemäß Art. 79 Abs. 3 GG die in den Artikeln 1 und 20 des GG niedergelegten Grundsätze nicht berührt werden.

   Untersatz: Die Änderung berührt den in Art. 20 Abs. 3 GG niedergelegten Grundsatz der Gewaltenteilung.

   Schlusssatz: Die Änderung ist somit unzulässig.

9. Ein Gesetz ist nicht nach den in Art. 76 GG niedergelegten Grundsätzen zustande gekommen. Kann der Bundespräsident B die Ausfertigung verweigern? (Art. 82 GG)

   Obersatz: B kann gemäß Art. 82 Abs. 1 GG die Ausfertigung des Gesetzes verweigern, wenn das Gesetz nicht nach den Vorschriften dieses Grundgesetzes zustande gekommen ist.

   Untersatz: Art. 76 GG ist eine Vorschrift des Grundgesetzes. Das Gesetz ist nicht nach den in Art. 76 GG niedergelegten Grundsätzen zustande gekommen.

   Schlusssatz: B kann daher die Ausfertigung des Gesetzes verweigern.

10. Die verfassungswidrige Partei P soll verboten werden. Ist das BVerfG hierfür zuständig?

    Obersatz: Das BVerfG ist für das Verbot der Partei P zuständig, wenn das Grundgesetz dem BVerfG die Zuständigkeit zuweist. Eine solche Zuweisung könnte sich aus Art. 93 Abs. 1 Nr. 5 GG i.V.m. 21 Abs. 2, 3 GG i.V.m. §§ 13 Nr. 2, §§ 43ff. BVerfGG ergeben.

Untersatz: Gemäß Art. 93 I Nr. 5 GG i.V.m. 21 Abs. 2, 3 GG i.V.m. §§ 13 Nr. 2, §§ 43 ff. BVerfGG kann das BVerfG die Verfassungswidrigkeit einer Partei feststellen und diese durch Urteilsspruch verbieten. Hier geht es um das Verbot einer verfassungswidrigen Partei.

Schlusssatz: Das BVerfG ist für das Parteiverbotsverfahren zuständig.

11. R legt seine Verfassungsbeschwerde drei Monate nach Zustellung der Entscheidung ein. Ist sie noch fristgemäß eingelegt? (§ 93 BVerfGG)

    Obersatz: Die Verfassungsbeschwerde ist noch fristgemäß eingelegt, wenn die einmonatige Frist gemäß § 93 Abs. 1 S. 1, 2 BVerfGG gewahrt worden ist.

    Untersatz: R legt seine Verfassungsbeschwerde drei Monate nach Zustellung der Entscheidung ein. Die einmonatige Frist wurde nicht gewahrt.

    Schlusssatz: Die Verfassungsbeschwerde des R ist daher nicht fristgemäß eingelegt.

12. L nimmt S seinen Laptop weg, um ihn selbst zu benützen und zu behalten. Hat L den Tatbestand des Diebstahls erfüllt?

    Obersatz: L hat den objektiven und subjektiven Tatbestand des Diebstahls gemäß § 242 Abs. 1 StGB erfüllt, wenn der Laptop eine fremde bewegliche Sache ist und er sie dem S weggenommen hat. Diesbezüglich müsste er Vorsatz gehabt und mit Zueignungsabsicht gehandelt haben.

    Untersatz: Der Laptop ist eine fremde bewegliche Sache.[185] Diese hat er dem S weggenommen.[186] Ebenso hat L Vorsatz bezüglich der Wegnahme des Laptops und handelt auch in Zueignungsabsicht.

    Schlusssatz: L hat den Tatbestand des Diebstahls erfüllt.

13. F wehrt eine mit Sicherheit tödliche Messerattacke der O dadurch ab, dass er ihr das Messer aus der Hand schlägt und sie dabei selbst erheblich verletzt. Ist das Handeln des F gerechtfertigt?

    Obersatz: Das Handeln des F ist dann im Rahmen der Notwehr (§ 32 StGB) gerechtfertigt, wenn F zur Abwehr eines gegenwärtigen und rechtswidrigen Angriffs der O handelt.

    Untersatz: Ein gegenwärtiger Angriff liegt vor, wenn dieser Angriff gerade stattfindet und seinerseits nicht gerechtfertigt ist. Der Angriff der O findet gerade statt und ist somit gegenwärtig. Er ist auch nicht gerechtfertigt und daher rechtswidrig. Darüber hinaus ist die Handlung des F geeignet, die mit Sicherheit tödliche Messerattacke der O abzuwehren und stellt das relativ mildeste Mittel unter den verfügbaren Mitteln dar, welches zum Schutze

---

185 Das ist hier so eindeutig, dass Sie weder definieren müssen, noch sich Gedanken zu den Eigentumsverhältnissen machen müssen.

186 Auch dies steht hier im Sachverhalt, eine Definition von „Wegnahme" ist hier nicht erforderlich.

seines Lebens gleich effektiv ist. Daher ist die Handlung des F erforderlich. Ebenso ist sie geboten. Auch handelt F in Kenntnis der Bedrohung, um sich zu verteidigen.[187]

Schlusssatz: Das Handeln des F ist im Rahmen der Notwehr (§ 32 StGB) gerechtfertigt.

14. Der 12-jährige T hat eine CD im Laden mitgehen lassen. Kann er strafrechtlich belangt werden?

Obersatz: T kann strafrechtlich belangt werden, wenn er gemäß § 19 StGB schuldfähig ist. Dies ist dann der Fall, wenn er bei Begehung der Tat mindestens vierzehn Jahre alt ist.

Untersatz: T ist bei Begehung der Tat zwölf Jahre alt und somit nicht schuldfähig.

Schlusssatz: T kann nicht strafrechtlich belangt werden.

15. K hat B ein Handy ohne Klingeltöne verkauft. Ist das Handy mangelhaft?

Obersatz: Das Handy ist gemäß § 434 Abs. 1 S. 2 Nr. 2 BGB mangelhaft, wenn sich das Handy nicht für die gewöhnliche Verwendung eignet und keine Beschaffenheit aufweist, die bei Sachen der gleichen Art üblich ist.

Untersatz: Das Handy hat keine Klingeltöne, obwohl dies bei Handys standardmäßig der Fall ist. Es eignet sich daher nicht für die gewöhnliche Verwendung als Empfangsgerät für Telefonanrufe. Es liegt somit ein Sachmangel gemäß § 434 Abs. 1 S. 2 Nr. 2 BGB vor.

Schlusssatz: Das von B erworbene Handy ist mangelhaft.

16. W hatte vor drei Monaten bei U einen grün karierten Maßanzug bestellt. U hat nicht geleistet. Kann W vom Vertrag zurücktreten?

Obersatz: W kann gemäß § 323 Abs. 1 BGB vom Vertrag zurücktreten, wenn U eine fällige Leistung nicht oder nicht vertragsgemäß erbracht hat und wenn W dem U erfolglos eine angemessene Frist zur Leistung oder Nacherfüllung bestimmt hat oder eine Fristsetzung ausnahmsweise entbehrlich war (§ 323 Abs. 2 BGB).

Untersatz: U hat den Maßanzug trotz Fälligkeit nicht an W geliefert und damit nicht geleistet. W hat dem U jedoch nicht erfolglos eine angemessene Frist zur Leistung bestimmt. Eine solche Fristsetzung war auch nicht entbehrlich.

Schlusssatz: W kann erst dann zurücktreten, wenn er dem U erfolglos eine angemessene Frist zur Leistung bestimmt hat.

---

187 Wie Sie sehen, erfordert § 32 StGB das Vorliegen einer Reihe von Tatbestandsmerkmalen, die Sie eigentlich alle in eigenen Ober- und Untersätzen abhandeln müssten. Da hier das Vorliegen der Tatbestandsmerkmale so klar ist, ist es zulässig, die Subsumtion knapp zusammenzufassen.

17. Grünspan hat den Grenzstein seiner verhassten Nachbarin Bölle-Nöhlke nachts heimlich 5 cm zu seinen Gunsten verschoben. Kann die Nachbarin von Grünspan verlangen, dass er den Grenzstein wieder zurück rückt? (§ 919 Abs. 1 BGB).

Obersatz: Bölle-Nöhlke kann von Grünspan zumindest Mithilfe bezüglich der Zurücksetzung des Grenzsteins verlangen, wenn sie Eigentümer des betroffenen Grundstücks, Grünspan Eigentümer des Nachbargrundstücks und der Grenzstein verrückt worden ist.

Untersatz: Es ist davon auszugehen, dass Bölle-Nöhlke und Grünspan Eigentümer der jeweiligen Grundstücke sind. Ebenso ist der Grenzstein verrückt worden.

Schlusssatz: Daher kann Bölle-Nöhlke von Grünspan zumindest Mithilfe bezüglich der Zurücksetzung des Grenzsteins verlangen.

18. Die Nachbarin Bölle-Nöhlke vergräbt aus Rache im Garten des Grünspan ihren stinkenden Abfall. Ist der Müll wesentlicher Bestandteil des Grundstücks des Grünspan geworden?

Obersatz: Der Müll ist nach § 94 Abs. 1 S. 1 BGB Bestandteil des Grundstücks des Grünspan geworden, wenn er gemäß § 90 BGB eine Sache ist und fest mit dem Grund und Boden des Grünspan verbunden ist.

Untersatz: Der Müll ist eine Sache; jedoch ist nicht ersichtlich, dass der Müll durch das Vergraben dauerhaft und fest mit dem Grundstück des Grünspan verbunden worden ist.[188]

Schlusssatz: Der Müll ist nicht wesentlicher Bestandteil des Grundstücks des Grünspan geworden.

19. Grünspan hat Bölle-Nöhlke vorsätzlich mit dem Hammer auf den Kopf geschlagen. Hat G den objektiven Tatbestand des § 223 Abs. 1 StGB erfüllt?

Obersatz: Grünspan hat den objektiven Tatbestand des § 223 Abs. 1 StGB (Körperverletzung) erfüllt, wenn er Bölle-Nöhlke körperlich misshandelt oder an der Gesundheit geschädigt hat.

Untersatz: Grünspan hat Bölle-Nöhlke mit dem Hammer auf den Kopf geschlagen und sie somit übel und unangemessen behandelt. Es ist auch davon auszugehen, dass er durch den Schlag bei ihr einen pathologischen Zustand hervorgerufen hat. Folglich hat Grünspan sie körperlich misshandelt und in ihrer Gesundheit geschädigt.

Schlusssatz: Grünspan hat den Tatbestand des § 223 Abs. 1 StGB erfüllt.

---

188 Hier kann man durchaus auch anderer Ansicht sein. Sie können also begründen, dass der Müll dauerhaft vergraben bleiben soll, um Bölle-Nöhlke zu ärgern und durch das Bedecken mit Erde auch fest mit dem Boden verbunden ist. Sie kämen dann zum Ergebnis, dass es sich um einen „wesentlichen Bestandteil" i.S.V. § 94 BGB handelt.

20. Grünspan hat durch den Schlag den Tatbestand des § 823 Abs. 1 BGB erfüllt. Kann Bölle-Nöhlke von Grünspan ihren Schaden (die Kosten von 5,72 € für den zur Heilung notwendigen Ice-Pack) ersetzt verlangen?

     Obersatz: Bölle-Nöhlke kann von Grünspan den Schaden in Höhe von 5,72 € gemäß §§ 249 Abs. 2, 1 BGB ersetzt bekommen, wenn er ihr zum Schadensersatz verpflichtet ist, durch seinen Schlag die körperliche Unversehrtheit der Bölle-Nöhlke verletzt hat und Bölle-Nöhlke durch die Rechtsgutsverletzung ein finanzieller Schaden entstanden ist.

     Untersatz: Grünspan ist aus § 823 Abs. 1 BGB zum Ersatz des Schadens verpflichtet. Es liegt auch eine Verletzung einer Person vor. Ebenso ist Bölle-Nöhlke durch die Verletzung ein Schaden in Höhe von 5,72 € entstanden.

     Schlusssatz: Bölle-Nöhlke kann von Grünspan den Schaden in Höhe von 5,72 € gemäß § 249 Abs. 2 BGB ersetzt bekommen.

21. Vom Schlag – des Hammers – getroffen erinnert sich Bölle-Nöhlke plötzlich wieder, dass Grünspan ihr vor 62 Jahren in der Schule einen Radiergummi gestohlen hatte. Ist der Herausgabeanspruch nunmehr verjährt?

     Obersatz: Der Herausgabeanspruch ist dann gemäß § 197 Abs. 1 Nr. 1 BGB verjährt, wenn zwischen der Entstehung des Anspruchs und dessen Geltendmachung bereits dreißig oder mehr Jahre verstrichen sind.

     Untersatz: Laut Sachverhalt macht Bölle-Nöhlke den Anspruch 62 Jahre nach dessen Entstehung geltend. Es sind also bereits mehr als dreißig Jahre zwischen der Entstehung des Anspruchs und dessen Geltendmachung verstrichen.

     Schlusssatz: Der Herausgabeanspruch ist somit verjährt.

22. Grünspan hat einen Buckel. Er ruft Bölle-Nöhlke über den Zaun, sie könne ihm mal den Buckel runterrutschen. Hat Grünspan ein wirksames Angebot auf Abschluss eines Vertrages abgegeben, der Bölle-Nölke berechtigen würde, ihm den Buckel herunterzurutschen?

     Obersatz: Grünspan hat gemäß § 118 BGB kein wirksames Angebot auf Abschluss eines Vertrages abgegeben, wenn die Willenserklärung nicht ernstlich gemeint war und sie in der Erwartung abgegeben wurde, der Mangel der Ernstlichkeit werde nicht verkannt werden.

     Untersatz: Bei dem Ausspruch des Grünspan handelt es sich um eine stehende Redewendung, um die Verärgerung mit dem Verhalten einer anderen Person zum Ausdruck zu bringen. Der Willenserklärung des Grünspan mangelt es also an Ernstlichkeit. Er kann auch davon ausgehen, dass Bölle-Nöhlke dies als Redewendung versteht und den Mangel der Ernstlichkeit erkennt.

     Schlusssatz: Grünspan hat kein wirksames Angebot auf Abschluss eines Vertrages abgegeben, der Bölle-Nöhlke berechtigen würde, ihm den Buckel herunterzurutschen.

23. Bölle-Nöhlke ist passionierte Imkerin. Ihr Lieblingsbienenschwarm mit Königin Gertrude ist empörender Weise in den extra zu diesem Zweck von Grünspan auf seinem Grundstück aufgestellten leeren Bienenkorb umgezogen. Darf Bölle-Nöhlke den Bienenkorb öffnen, um Gertrude und ihr Volk heimzuführen? (§ 962 S. 2 BGB)

    Obersatz: Bölle-Nöhlke darf den Bienenkorb öffnen, um Gertrude und ihr Volk heimzuführen, wenn der Schwarm in eine fremde unbesetzte Bienenwohnung eingezogen ist und sie Eigentümerin des Schwarms ist.

    Untersatz: Ihr Bienenschwarm ist in den auf dem Grundstück des Grünspan aufgestellten und diesem gehörenden leeren Bienenkorb umgezogen.

    Schlusssatz: Bölle-Nöhlke darf den Bienenkorb öffnen, um Gertrude und ihr Volk heimzuführen.

24. Bei der Bienenheimholaktion ist Bölle-Nöhlke versehentlich auf Grünspans Dackel getreten. Hat sie sich strafbar gemacht?

    Obersatz: In Betracht kommt eine Sachbeschädigung nach § 303 Abs. 1 StGB. Bölle-Nöhlke hat sich einer Sachbeschädigung jedoch wegen § 15 StGB nur strafbar gemacht, wenn sie vorsätzlich gehandelt hat.[189]

    Untersatz: Bölle-Nöhlke tritt versehentlich auf Grünspans Dackel. Daher handelt sie ohne Vorsatz.

    Schlusssatz: Bölle-Nöhlke hat sich nicht einer Sachbeschädigung gemäß § 303 Abs. 1 StGB strafbar gemacht.

LÖSUNG 2 (zu Aufgabe S. 42)

Wer?	Dozent	Studentin S	Anspruchsteller
Was?	17,95 €	Eigentum Buch	Anspruchsziel
Von Wem?	Studentin S	Dozent	Anspruchsgegner
Woraus?	§ 433 Abs. 2 BGB	§ 433 Abs. 1 S. 1 BGB	Anspruchsgrundlage

---

189 Natürlich müsste man an sich auch subsumieren, dass der objektive Tatbestand der Sachbeschädigung erfüllt ist. Da es sich aber hier um den „Klassiker" der nicht strafbaren fahrlässigen Sachbeschädigung handelt, kann man auch gleich zum Problem kommen und damit eine Strafbarkeit ausschließen. Ansonsten müsste man noch kurz subsumieren, dass Tiere keine Sachen sind, aber wegen der normativen Parallelwertung mit § 90a BGB im Strafrecht wie Sachen behandelt werden, weswegen eine Verletzung eines Tiers den objektiven Tatbestand der Sachbeschädigung erfüllt (*Rengier*, Strafrecht Besonderer Teil I, 15. Aufl., München 2013, § 24 Rn. 5).

LÖSUNG 3 (zu Aufgabe S. 47f.)

1. Fraktionsquerelen

OS 1: Die A-Partei kann durchsetzen, dass A ihr Mandat zurückgibt und die 30.000 € zurückzahlt, wenn diesbezüglich zwischen der A-Partei und der A ein wirksamer Vertrag zustande gekommen ist.[190]

OS 2: Ein wirksamer Vertrag ist entstanden, wenn A ein wirksames und auf Vertragsschluss gerichtetes Angebot abgegeben hat.

OS 3: Das Angebot der A ist wirksam, wenn der Inhalt der abgegebenen Willenserklärung keinen Verstoß gegen ein gesetzliches Verbot aus § 134 BGB i.V.m. § 2 EGBGB darstellt.

OS 4: Der Inhalt der Willenserklärung könnte gegen Art. 38 Abs. 1 S. 2 GG verstoßen und damit nach § 134 BGB zur Nichtigkeit der Willenserklärung führen. Dafür müsste es sich bei Art. 38 Abs. 1 S. 2 GG um ein gesetzliches Verbot handeln und die Abrede das „freie Mandat" einschränken, wonach Abgeordnete an Aufträge und Weisungen nicht gebunden und nur ihrem Gewissen unterworfen sind.

US4a: Ein gesetzliches Verbot kann sich aus jeder Rechtsnorm ergeben, die ein bestimmtes Verhalten dem Einzelnen verbietet. Art. 38 Abs. 1 S. 2 GG ist eine Rechtsnorm i.S.d. § 2 EGBGB, der sich nicht auf Vorschriften des bürgerlichen Rechts beschränkt. Die Regelung verbietet jedes Verhalten, das die Ausübung des freien Mandats des Abgeordneten beschränkt. Es handelt sich somit um ein gesetzliches Verbot i.S.d. § 134 BGB.

US4b: Das freie Mandat gestattet es den Abgeordneten, ihre politischen Entscheidungen unabhängig von Fraktion oder Partei zu treffen. Der Bestand des Bundestagsmandats ist unabhängig von einer Partei- oder Fraktionszugehörigkeit.[191] In der Erklärung verpflichtet sich A dazu, im Fall ihres Ausscheidens aus der A-Fraktion auf ihr Bundestagsmandat zu verzichten und die für sie aufgewendeten Wahlkampfkosten i.H.v. 30.000 € an die Partei zurückzahlen.

---

190 Dieser Fall wirkt auf den ersten Blick ungewöhnlich, da er sich ausschließlich mit Problemen des Staatsorganisationsrechts zu befassen scheint. Prüft man den Einstieg allerdings konsequent nach dem Schema „Wer will was von wem woraus?" und „Anspruch entstanden-erloschen-durchsetzbar" zeigt sich schnell, dass es sich um einen Vertragsrechtsfall handelt, der allein für die Frage des gesetzlichen Verbots ausnahmsweise auf eine Norm des öffentlichen Rechts zurückgreift. Dies zeigt auch, dass die Trennung zwischen den Fachsäulen zwar teils sinnvoll sein kann, aber weder in Ausbildung noch (erst recht) im Beruf dazu führen darf, die Rechtsordnung nicht mehr als ein Ganzes mit gegenseitigen Bezügen zu betrachten.
191 Ausführlich *Degenhart*, Staatsrecht I, 28. Aufl., Heidelberg 2012, S. 253 ff.

Hierdurch ist sie nicht mehr frei in ihren politischen Entscheidungen, da sie den Verlust ihres Mandats und eine hohe finanzielle Belastung bei Ausübung des freien Mandats zu befürchten hat. Darin liegt ein Verstoß gegen das freie Mandat aus Art. 38 Abs. 1 S. 2 GG.

SS 4: Verstoß gegen Art. 38 Abs. 1 S. 2 GG.

US 3: Die Willenserklärung verstößt gegen ein gesetzliches Verbot aus § 134 BGB, § 2 EGBGB.

SS 3: Angebot der A ist gem. § 134 BGB unwirksam.

US 2: Wirksames und auf Vertragsschluss gerichtetes Angebot abgegeben seitens der A (–).

SS 2: Wirksamer Vertrag zwischen der A-Partei und A (–).

US 1: Wirksamer Vertrag zwischen der A-Partei und A bezüglich Rückgabe des Mandats und Rückzahlung der 30.000 € (–).[192]

SS 1: Die A-Partei kann nicht durchsetzen, dass A ihr Mandat zurückgibt und die 30.000 € zurückzahlt.

2. E-Mail-Auktion

OS 1: Anton (A) kann von Katrin (K) gemäß § 433 II BGB Bezahlung und Abnahme des Buches verlangen, wenn ein wirksamer Kaufvertrag zustande gekommen ist.

OS 2: Kaufvertrag, wenn zwei übereinstimmende Willenserklärungen, Angebot und Annahme.

OS 3a: Angebot des A durch Aushang, wenn wirksame Willenserklärung, die alle *essentialia negotii* enthält, auf Vertragsschluss gerichtet ist (obj. Tatbestand) und subj. Tatbestand erfüllt ist, so dass der andere nur noch „Ja" zu sagen braucht.

Ist Aushang ein Angebot?

US 3a: (P) Rechtsbindungswille: Stellte der Aushang ein Angebot dar, würde A mit jedem, der es annimmt, einen Vertrag abschließen, obwohl er nur ein einziges Buch veräußern kann. Rechtsbindungswille (–) → bloße invitatio ad offerendum.[193]

---

192 Wie Sie sehen, wurden hier sehr konsequent alle Unter- und Schlusssätze ausgeführt, um die Methodik noch einmal vor Augen zu führen. In einer echten Prüfungsarbeit wäre eine so genaue Aufschlüsselung in der Niederschrift nicht erforderlich (sollte aber in Gedanken durchaus erfolgen).

193 Das Problem finden Sie in der Ausbildungsliteratur als „invitatio ad offerendum" (z.B. *Rüthers/Stadler*, Allgemeiner Teil des BGB, 17. Aufl., München 2011, § 19 Rn. 4 ff.). Das Problem ist, ob dieser bei Abgabe der Erklärung vorhanden ist. Ist es nicht, spricht man in manchen Fällen von einer „invitatio ad offerendum", dies sollte aber nur im Schlusssatz zu finden sein.

SS 3a: Angebot (–)

OS 3b: Angebot der K durch ihre E-Mail am 1.12., wenn diese alle *essentialia negotii* enthält, auf Vertragsschluss gerichtet ist (obj. Tatbestand) und der subj. Tatbestand erfüllt ist, so dass der andere nur noch „Ja" zu sagen braucht.

US 3b: K gibt in ihrer E-Mail an A ihre Preisvorstellung und das Kaufobjekt ab. Sie möchte sich auch binden. Die subjektiven Tatbestandsmerkmale liegen ebenfalls vor.

SS 3b: Angebot der K durch E-Mail vom 1.12. (+)

OS 3c: Annahme des A, wenn Erklärung hinsichtlich des Angebots entsprechend den *essentialia negotii* und wenn sie gemäß §§ 146 Alt. 2, 147 Abs 2, 148 BGB rechtzeitig erfolgt.

US 3c: Annahme: A erklärt K, dass er bereit sei, ihr das Buch für 1,50 € zu überlassen, Annahme hinsichtlich Angebot und der *essentialia negotii* (+)

Aber fraglich, ob Annahme rechtzeitig erfolgt ist. Frist: Keine Fristbestimmung (§ 148 BGB), deshalb § 147 Abs. 2 BGB (Annahme unter Abwesenden):[194] nur bis zu dem Zeitpunkt, in welchem der Antragende den Eingang der Antwort unter regelmäßigen Umständen erwarten darf:

K konnte davon ausgehen, dass A bis zum 15.12. zuwartet. Annahmeerklärung erfolgt aber erst zwei Wochen nach dem 15.12., regelmäßig wäre bei E-Mail-Verkehr aber eine Annahme innerhalb weniger Tage zu erwarten.[195] Damit ist das Angebot nicht rechtzeitig angenommen worden.

SS 3c: Eine Annahme ist damit nicht erfolgt, der nicht rechtzeitig angenommene Antrag der K erlischt (§ 146 BGB).

Sie können das Problem einleiten mit: „Fraglich ist, ob A mit Rechtsbindungswille gehandelt hat, oder ob es sich nur um eine unverbindliche invitatio ad offerendum, also die Aufforderung an Dritte handelt, ein Angebot abzugeben." Generell sollten Sie nicht mit der Nennung des Stichworts aufhören, sondern die hinter dem Stichwort steckende Rechtsfrage erläutern.

194 Eigentlich müsste hier noch einmal ein eigener Syllogismus eingefügt werden, um festzustellen, nach welchem Absatz sich die Frist bestimmt, ob es sich also um eine Annahme unter An- oder unter Abwesenden handelt. Da dies hier aber offensichtlich ist, kann die Subsumtion („Es handelt sich um eine Annahme unter Abwesenden.") ohne Ober- und Schlusssatz erfolgen.

195 Auch hier sollten Sie mit gesundem Menschenverstand argumentieren. Das Gesetz sieht keine feste Frist vor – versetzen Sie sich also in die Situation der K: wie lange würden Sie auf eine Antwort warten, wenn Sie wissen, dass bis zum 15.12. Angebote angenommen werden? Einige Tage sicherlich, nach zwei Wochen würden Sie davon ausgehen, dass jemand anders den Zuschlag erhalten hat. Solche Überlegungen sollten Sie kurz in Ihrer Falllösung ansprechen.

OS 4: § 150 Abs. 1 BGB: Die verspätet abgegebene Annahme gilt jedoch als neues Angebot. Damit ein Kaufvertrag zustande kommt, müsste K dieses Angebot des A angenommen haben.

US/SS 4: K lehnt das Angebot ausdrücklich ab. Eine Annahme entfällt, der Antrag erlischt nach § 146 Alt. 1 BGB.

US 2: Es fehlt an übereinstimmenden Willenserklärungen von A und K.

SS 2: Damit Kaufvertrag (–)

US1: Kaufvertrag (–)

SS 1: Somit Anspruch des A gegen K auf Bezahlung und Abnahme des Buches gemäß § 433 II BGB (–).

3. Stellvertretung

Vorüberlegung: Ein Kaufvertrag könnte entweder zwischen Fritzi (F) und dem Bäcker (B) oder zwischen Tina (T) und B zustande gekommen sein.[196]

A. Kaufvertrag zwischen F und B

OS 1: Zwischen F und dem B könnte ein Kaufvertrag nach § 433 BGB zustande gekommen sein. Kaufvertrag, wenn F ein auf Abschluss eines Kaufvertrags an B gerichtetes Angebot abgegeben und B dieses angenommen hat.

OS 2a: Angebot der F, wenn in eigenem Namen (arg. § 164 Abs. 2 BGB) wirksame Willenserklärung, die alle *essentialia negotii* enthält, auf Vertragsschluss gerichtet ist (obj. Tatbestand) und subj. Tatbestand erfüllt ist, so dass B nur noch „Ja" zu sagen braucht.

US 2a: F lässt gegenüber B verlauten, dass sie im Namen der T zwei Nussschnecken kaufen solle. Damit macht sie deutlich, dass der Vertrag nicht für sie gelten soll, der Vertragspartner vielmehr T sein soll.

SS 2a: Angebot der F im eigenen Namen (–)

US 1: Kein Angebot der F in eigenem Namen, welches B hätte annehmen können

SS 1: Kaufvertrag zwischen F und B (–)

B. Kaufvertrag zwischen T und B mittels F als Stellvertreter

OS 1: Zwischen T und dem B könnte ein Kaufvertrag nach § 433 BGB zustande gekommen sein. Kaufvertrag, wenn T ein auf Abschluss eines Kaufvertrags an B gerichtetes Angebot abgegeben und B dies angenommen hat

US 1a: Eigenes Angebot der T (–), da keine Erklärung gegenüber B.

---

196 Da es sich um zwei verschiedene Verträge handelt, sind diese auch getrennt zu prüfen. Es handelt sich hier um eine etwas ungewöhnliche Fragestellung, ähnlich der „Wie ist die Rechtslage?", bei der alle möglichen Rechtsbeziehungen angesprochen werden müssen.

OS 2a/US 1b: Angebot der T durch F als Stellvertreterin, wenn diese nach § 164 Abs. 1 BGB eine eigene Willenserklärung im Namen der T mit Vertretungsmacht abgegeben hat.

OS 3a: Eigene Willenserklärung der F, wenn sie über Entscheidungsspielraum verfügt (Abgrenzung zum Boten)[197]

US 3a: F soll der T „irgendetwas Süßes" mitbringen. T lässt F damit Entscheidungsspielraum, den F beim Bäcker z.B. in Form von „Nussschnecken" (oder eben etwas anderes) konkretisieren kann. Dies erfolgt auch (s.o.).

SS 3a: Eigene Willenserklärung der F (+)

OS 3b: Willenserklärung wird im Namen der T abgegeben, wenn dies nach außen zumindest konkludent erkennbar ist.

US 3b: F sagt dem B, sie solle die Nussschnecken für Tina kaufen. Erkennbarkeit (+)

SS 3b: Willenserklärung im Namen der T (+)

OS 3c: Vertretungsmacht, wenn diese seitens der T erteilt ist, d.h. wenn T sich vertreten lassen wollte und dies F auch mitgeteilt hat.

US 3c: T beauftragt F mit dem Kauf von süßem Gebäck beim Bäcker für sich selbst. Damit bringt sie zum Ausdruck, dass F sie beim Kauf vertreten soll.

SS 3c: Vertretungsmacht (+)

US 2a: F gibt mit Vertretungsmacht eine eigene Willenserklärung in T's Namen ab

SS 2a: Damit liegt eine wirksame Stellvertretung i.S.v. § 164 BGB vor. Angebot der T an B mittels F als Stellvertreter (+)

OS 2b: Annahme des B, wenn Erklärung hinsichtlich des Angebots und den essentialia negotii entsprechend.

US 2b: Davon ist auszugehen. Die Erklärung (evtl. durch konkludentes Handeln, d.h. durch Aushändigen der Schnecken und Nennung des Kaufpreises) ist T vertreten durch F auch zugegangen.

SS 2b: Annahme des B (+)

US 1: Auf Abschluss eines Kaufvertrags an B gerichtetes Angebot der T mittels F als Stellvertreter (+), Annahme des B (+)

SS 1: Kaufvertrag zwischen T und B (+)

---

197 Wenn Ihnen diese Abgrenzung noch unklar ist, finden Sie hier eine Erklärung: *Rüthers/Stadler*, Allgemeiner Teil des BGB, 17. Aufl., München 2011, § 30 Rn. 2 ff.

4. Die Bergwerkswitwe[198]

I. Anfechtung wegen Irrtums (§§ 142 Abs. 1, 119 BGB)

OS 1: F kann gem. § 142 Abs. 1 BGB den Kauf rückgängig machen, wenn sie einem zur Anfechtung ihrer Willenserklärung berechtigenden Irrtum (§ 119 BGB) unterlegen ist (und die Anfechtung wirksam erklärt, § 143 BGB). Eine angefochtene Willenserklärung ist von Anfang an nichtig (§ 142 Abs. 1 BGB).

OS 2a: Zur Anfechtung berechtigender Irrtum (+), wenn A über „den Inhalt der Erklärung" (Inhaltsirrtum, § 119 Abs. 1 Alt. 1 BGB) irrte oder „eine Erklärung dieses Inhalts überhaupt nicht abgeben wollte" (Erklärungsirrtum, § 119 Abs. 1 Alt. 2 BGB).

US 2a: Ein Irrtum liegt dann vor, wenn das Gewollte und das Gesagte auseinanderfallen. F wollte einen Kaufvertrag über die Trauerkleidung schließen und hat diesen auch geschlossen; ihre Motive für den Abschluss des Kaufvertrages sind für den subjektiven wie objektiven Tatbestand der Willenserklärung unerheblich; daher sowohl Inhaltsirrtum (–) als auch Erklärungsirrtum (–).

SS 2a: Ein Irrtum i.S.v. § 119 Abs. 1 BGB lag nicht vor.

OS 2b: Es könnte jedoch ein Irrtum über eine verkehrswesentliche Eigenschaft gem. § 119 Abs. 2 BGB vorliegen, wenn der Tod des Ehemanns eine verkehrswesentliche Eigenschaft der Trauerkleidung darstellt. Verkehrswesentliche Eigenschaften sind objektive Eigenschaften der Verkaufssache, die allgemein vom Geschäftsverkehr als bedeutend für den Kauf angesehen werden. Subjektive Gründe, aus denen die Sache gekauft wird, zählen nicht dazu. SS 2b: Damit scheidet auch ein Irrtum nach § 119 Abs. 2 BGB aus.

SS 2: Es handelt sich lediglich um einen unbeachtlichen Motivirrtum, der nicht zur Anfechtung berechtigt.[199] Zur Anfechtung berechtigender Irrtum (§ 119 BGB) deshalb (–).

US 1: F unterlag keinem zur Anfechtung des Kaufvertrags berechtigenden Irrtum (§ 119 BGB).

SS 1: F kann den Kauf nicht rückgängig machen.

---

198 Auch hier ist die Frage sehr weit gestellt: „Kann F den Kauf rückgängig machen?". In einer Vorüberlegung sollte man deshalb mögliche Aufhebungsgründe für Verträge/Willenserklärungen durchgehen. Gefragt ist nach einem Gestaltungsrecht, das die F gegenüber dem Kleidungsverkäufer geltend machen kann. Solche, die von vornherein nicht in Frage kommen (z.B. Rücktritt wegen Nicht-/Schlechterfüllung nach § 323 BGB) kann man ganz beiseitelassen oder höchstens in einem abschließenden Satz („Eine Rückgängigmachung nach... kommt nicht in Frage.") erwähnen.

199 *Brox/Walker*, Allgemeiner Teil des BGB, 37. Aufl., München 2013, Rn. 425 ff.

II. Wegfall der Geschäftsgrundlage (§ 313 Abs. 1, 3 S. 1 BGB)

OS 1: F kann vom Kaufvertrag wegen Wegfalls der Geschäftsgrundlage nach § 313 Abs. 1, 3 S. 1 BGB zurücktreten, wenn ein Anpassungsgrund aus § 313 Abs. 1 BGB besteht und eine Anpassung des Vertrags bei Wegfall der Geschäftsgrundlage nicht möglich oder nicht zumutbar ist.

OS 2: Rücktrittsgrund (+), wenn gemäß § 313 Abs. 1 BGB nach Vertragsschluss eine schwerwiegende Änderung der Umstände, die Grundlage des Vertrages geworden sind, aufgetreten ist, der Vertrag bei Kenntnis der Sachlage nicht in dieser Form geschlossen worden wäre und das Festhalten am unveränderten Vertrag unter der Berücksichtigung des Einzelfalls einer der Parteien nicht zugemutet werden kann.

US 2: F unterliegt einem unbeachtlichen Motivirrtum (s.o.). Dieser stellt keine schwerwiegende Veränderung der Geschäftsgrundlage dar, da sonst die Wertung aus den §§ 119 ff. BGB umgangen würde.

SS 2: § 313 Abs. 1 BGB (–); Gesetzlicher Rücktrittsgrund (–)

US 1: Bereits gesetzlicher Rücktrittsgrund besteht nicht.

SS 1: Rücktritt der F vom Kaufvertrag aufgrund des Wegfalls der Geschäftsgrundlage nach § 313 Abs. 1, 3 S. 1 BGB (–)

5. Rockerkönig Ricky

A. Vertragliche Ansprüche

OS 1: Paul (P) kann von Ricky (R) im Rahmen der §§ 280 ff. BGB die Kosten für die Neuanschaffung eines gleichwertigen Dackels verlangen, wenn zwischen ihnen ein Vertrag zustande gekommen ist, R seine Pflichten aus diesem Vertrag schuldhaft verletzt hat und die Pflichtverletzung kausal für den Schaden des P ist.

OS 2: Vertrag, wenn zwei übereinstimmende Willenserklärungen, Angebot und Annahme mit Rechtsbindungswillen abgegeben

US 2: Vorliegend nimmt der P den R „netterweise" in seinem Auto mit nach Nürnberg. Somit Rechtsbindungswille bezüglich eines (Beförderungs-)Vertrages (–), lediglich Gefälligkeit.

SS 2: Zwei übereinstimmende Willenserklärungen, Angebot und Annahme mit Rechtsbindungswillen (–)

US 1: Vertrag (–)

SS 1: Schadensersatzanspruch des P gegen R aus §§ 280 ff. BGB (–)

B. Deliktische Ansprüche

OS 1: Anspruch des P gegen R auf Erstattung der Kosten für die Neuanschaffung eines gleichwertigen Dackels gemäß § 833 S. 1 BGB,[200] wenn durch ein Tier eine Sache beschädigt wurde, R der Halter dieses Tiers ist, dem P bedingt durch diese Rechtsgutsverletzung ein Schaden entstanden ist und R sich nicht gemäß § 833 S. 2 BGB exkulpieren kann.[201]

OS 2a: Sachbeschädigung durch Tier, wenn der Dackel eine Sache ist und durch ein Tier beschädigt wurde.

US 2a: Der Dackel ist keine Sache, wird jedoch gemäß § 90a BGB als solche behandelt. Dackel stirbt durch den Angriff der Ratte → Zerstörung ist Sachbeschädigung

SS 2a: Sachbeschädigung durch Tier (+)

OS 2b: R Halter des Tiers

US 2b: Halter ist Eigentümer oder derjenige, der die tatsächliche Verfügungsgewalt und Verantwortung für das Tier hat. R als Eigentümer (+)

SS 2b: R ist Halter

OS 2c: Schaden bedingt durch die Verletzung eines Rechtsgutes des P, wenn letzterer durch Tötung des Dackels ein unfreiwilliges Vermögensopfer erleidet.

US 2c: Dackel ist Eigentum des P; durch dessen Tötung erleidet er eine unfreiwillige Vermögenseinbuße.

SS 2c: Schaden bedingt durch die Verletzung eines Rechtsgutes des P (+)

OS 2d: Exkulpation (keine Ersatzpflicht) des R gemäß § 833 S. 2 BGB, wenn dessen Ratte ein Nutztier ist und er bei der Beaufsichtigung der Ratte die im Verkehr erforderliche Sorgfalt angewandt hat oder der Schaden auch bei Anwendung dieser Sorgfalt entstanden wäre.

US 2d: Die Ratte ist zahm, R trägt sie in der Jackentasche, die im Verkehr erforderliche Sorgfalt (+/−); jedoch ist die Ratte des R kein Nutztier.

SS 2d: Exkulpation des R (−)

---

200 Diese etwas „exotische" Anspruchsgrundlage finden Sie nur, wenn Sie beim Lernen sich die unter der Überschrift „Unerlaubte Handlungen" aufgeführten Tatbestände angeschaut haben. Lernen Sie also Paragraphen nicht isoliert oder ausschließlich anhand von Schemata, sondern blättern Sie in Ihrem Gesetz um ein Gefühl für das Zusammenspiel der Normen und den Regelungsumfang zu bekommen.

201 Wenn eine Anspruchsgrundlage eine so große Anzahl an Tatbestandsmerkmalen hat, kann man im Obersatz auch einfacher schreiben: „R hat einen Anspruch gegen P auf Ersatz des ihm entstandenen Schadens nach § 833 S. 1 BGB, wenn dessen Voraussetzungen vorliegen. Dazu müsste zunächst ein Tier eine Sache beschädigt haben. → Subsumtion. Weiterhin müsste P der Halter dieses Tiers sein → Subsumtion usw."

US 1: Sachbeschädigung durch Ratte des Halters R (+), Schaden bedingt durch Verletzung eines Rechtsgutes des P (+) Keine Exkulpation des R nach § 833 S. 2 BGB (+)

SS 1: Anspruch des P gegen R auf Erstattung der Kosten für die Neuanschaffung eines gleichwertigen Dackels gemäß §§ 833 S. 1 BGB (+)

6. Die „Nacktwanderfreunde"[202]

Vorüberlegung: Der Verein möchte eine Grundrechtsverletzung vor dem BVerfG geltend machen. Die Zuständigkeit des Bundesverfassungsgerichts für die Verfassungsbeschwerde ergibt sich aus Art. 93 Abs. 1 Nr. 4a GG, §§ 13 Nr. 8a, 90 ff. BVerfGG. Gefragt ist allein nach der Beschwerdeberechtigung.

OS 1: Der Verein „Nacktwanderfreunde e. V." müsste beschwerdeberechtigt sein. Gem. Art. 93 Abs. 1 Nr. 4a GG, § 90 Abs. 1 BVerfGG kann eine Verfassungsbeschwerde grundsätzlich von „Jedermann" erhoben werden. Beschwerdeführer ist vorliegend der Verein „Nacktwanderfreunde e. V.". Dieser ist keine natürliche Person. Fraglich ist deshalb, ob der Verein „Jedermann" i.S.d. § 90 Abs. 1 BVerfGG ist.

US 1/Def: „Jedermann" ist jeder, der Träger von Grundrechten sein kann. Die Grundrechtsfähigkeit juristischer Personen richtet sich nach Art. 19 Abs. 3 GG.

OS 2: Die Grundrechte gelten auch für inländische juristische Personen, soweit sie dem Wesen nach auf diese Anwendbar sind

US 2a/Sub: Der Verein „Nacktwanderfreunde e. V." ist ein deutscher, eingetragener Verein i.S.d. §§ 55 ff. BGB.

SS 2a: Er ist somit eine juristische Person des Privatrechts.

OS 2b: Juristische Personen sind nur grundrechtsfähig, soweit die Grundrechte ihrem Wesen nach auf die juristische Person anwendbar sind.

US 2b/Def.: Dies ist nicht der Fall, wenn das Grundrecht an die natürlichen Qualitäten des Menschen anknüpft. Nach anderer Ansicht muss die Betätigung der juristischen Person „Ausdruck der freien Entfaltung natürlicher Personen"[203] sein.

US 2b/Sub: In Frage steht hier die Versammlungsfreiheit aus Art. 8 GG. Hinter der juristischen Person des Vereins „Nacktwanderfreunde e. V." stehen natürliche Personen, die die Versammlung im Rahmen des „Drei-Städte-

---

202 Es ist hier lediglich nach der Beschwerdebefugnis gefragt, d.h. es ist zu überlegen, welches Verfahren vor dem BVerfG einschlägig ist und welche Voraussetzungen für die Klagebefugnis sich hieraus ergeben.

203 BVerfGE 21, 362 (369).

Laufs" durchführen möchten. Der Grundrechtsschutz entsteht also durch den „Durchgriff" auf die hinter der juristischen Person stehenden natürlichen Personen. Es handelt sich auch nicht um die Ausübung eines Grundrechts, das denklogisch nur natürlichen Personen zustehen kann. Die Vorstellung, dass die juristische Person als Veranstalterin von Versammlungen auftritt, erscheint unproblematisch.

SS 2b: Das Grundrecht aus Art. 8 GG ist dem Wesen nach auf juristische Personen des Privatrechts anwendbar.

SS 2: Der Verein ist Grundrechtsträger des Grundrechts aus Art. 8 GG.

SS 1: Er ist daher beschwerdeberechtigt.

7. Der Giftanschlag

A) Strafbarkeit des C gem. § 212 Abs. 1 StGB

OS 1: C könnte sich durch Erwürgen des B gem. § 212 Abs. 1 StGB wegen Totschlags an B strafbar gemacht haben.

I) Tatbestand

OS 2: C müsste tatbestandsmäßig gehandelt haben, d.h. sowohl den objektiven, als auch den subjektiven Tatbestand des § 212 Abs. 1 StGB erfüllt haben.

1) Objektiver Tatbestand

OS 3: Der objektive Tatbestand ist erfüllt, wenn C kausal und objektiv zurechenbar einen anderen Menschen getötet hat.

US 3a: C hat durch das Würgen den Tod des B, d.h. durch seine Handlung den tatbestandlichen Erfolg herbeigeführt.

SS 3a: Er hat einen anderen Menschen getötet.

US 3b/Def: Nach der conditio-sine-qua-non-Formel ist jede Handlung kausal, die nicht hinweggedacht werden kann, ohne dass der Erfolg in seiner konkreten Gestalt entfiele.[204]

US 3b/Sub: Hätte C den B nicht erwürgt, wäre dieser nicht durch Erwürgen gestorben. Der Tod wäre somit nicht in der konkreten Gestalt des Erwürgens eingetreten, sondern durch das Gift des A. Die Handlung des C war daher überholend kausal für den Tod des B. Dass dessen Tod zu einem späteren Zeitpunkt durch Gift herbeigeführt worden wäre, ist lediglich eine Reserveursache, die nicht hinzugedacht werden darf.

SS 3b: Die Handlung des C war somit kausal für den Todeserfolg.

---

204 BGHSt 1, 332 (333).

US 3c/Def: Der Erfolg kann dem Täter objektiv zugerechnet werden, wenn dieser eine rechtlich relevante Gefahr geschaffen hat, die sich im tatbestandsmäßigen Erfolg realisiert.

US 3c/Sub: C hat durch das Würgen des B ein rechtlich missbilligtes Risiko geschaffen, das sich im Tod des B realisiert hat.

SS 3c: Dieser Erfolg ist dem Täter C auch als „sein Werk" objektiv zuzurechnen.

SS 3: C hat den objektiven Tatbestand des § 212 Abs. 1 StGB erfüllt.

2) Subjektiver Tatbestand

OS 4: Der subjektive Tatbestand liegt vor, wenn C vorsätzlich in Bezug auf den Tod des B gehandelt hat.

US 4/Def: Vorsatz ist der Wille zur Verwirklichung eines Straftatbestandes in Kenntnis aller objektiven Tatumstände.[205]

US 4/Sub: Bei der Würgehandlung ist davon auszugehen, dass C den Tod des B zumindest billigend in Kauf nahm und mit Eventualvorsatz (dolus eventualis) handelte.

SS 4: Der subjektive Tatbestand liegt vor.

3) Zwischenergebnis

SS 2: C hat den objektiven und den subjektiven Tatbestand erfüllt.

II) Rechtswidrigkeit

OS 5: Weiterhin müsste er rechtswidrig gehandelt haben.

US 5/Def: Eine Handlung ist dann rechtswidrig, wenn sie einen Unrechtstatbestand verwirklicht und nicht durch einen Rechtfertigungsgrund gedeckt wird.[206]

US 5/Sub: C hat den Unrechtstatbestand des Totschlags verwirklicht (sh. oben). Rechtfertigungsgründe sind nicht ersichtlich.

SS 5: C handelte somit rechtswidrig.

III) Schuld

OS 6: C müsste auch schuldhaft gehandelt.

US 6: Er hat schuldhaft gehandelt, wenn er schuldfähig i.S.d. §§ 19 ff. StGB ist und keine Entschuldigungsgründe (wie beispielsweise § 33 StGB) in Betracht kommen. Dies ist vorliegend nicht der Fall.

SS 6: C hat § 212 Abs. 1 StGB schuldhaft verwirklicht.

IV) Ergebnis

SS 1: C ist gem. § 212 Abs. 1 StGB wegen Totschlags strafbar.

---

205 BGHSt 19, 295 (298).
206 *Wessels/Beulke/Satzger*, Strafrecht, Allgemeiner Teil, 43. Aufl., Heidelberg 2013, S. 102.

B) Strafbarkeit des A gem. § 212 Abs. 1 StGB

OS 1: Weiterhin könnte sich auch A eines Totschlags schuldig gemacht haben.

I) Tatbestand

OS 2: A hat tatbestandsmäßig gehandelt, wenn er sowohl den objektiven, als auch den subjektiven Tatbestand des § 212 Abs. 1 StGB erfüllt hat.

1) Objektiver Tatbestand

OS 3: Fraglich ist jedoch, ob A kausal und objektiv zurechenbar einen anderen Menschen getötet hat.

US 3a/Def: Kausalität i.S.d. conditio-sine-qua-non-Formel liegt nur dann vor, wenn die Handlung nicht hinweggedacht werden kann, ohne dass der Erfolg in seiner konkreten Gestalt entfiele.[207]

US 3a/Sub: Denkt man die Giftbeibringung (Handlung des A) hinweg, entfiele der Todeserfolg durch Erwürgen nicht. Das überholende spätere Ereignis des Erwürgens unterbricht somit die ursprünglich gesetzte Kausalkette und setzt eine neue Ursachenreihe in Gang.

SS 3: Folglich war die Handlung des A nicht kausal für den konkreten Todeserfolg.

SS 2: A hat schon den objektiven Tatbestand des § 212 Abs. 1 StGB nicht erfüllt.

II) Ergebnis

SS 1: A hat sich nicht gem. § 212 Abs. 1 StGB wegen Totschlags strafbar gemacht.

C) Strafbarkeit des A gem. §§ 212 Abs. 1, 22, 23 Abs. 1 StGB

OS 1: Er könnte jedoch durch die Giftbeibringung wegen versuchten Totschlags gem. §§ 212 Abs. 1, 22, 23 Abs. 1 StGB strafbar sein.

I) Vorprüfung

OS 2: A kann nur wegen versuchten Totschlags bestraft werden, wenn keine Vollendung des § 212 Abs. 1 StGB vorliegt und der versuchte Totschlag mit Strafe bedroht ist. Gem. § 23 Abs. 1 StGB ist der Versuch eines Verbrechens stets strafbar, der Versuch eines Vergehens nur dann, wenn das Gesetz es ausdrücklich bestimmt.

US 2a: A's Handlung war nicht kausal für den Todeserfolg.

SS 2a: Es liegt keine Vollendung (durch A) vor.

US 2b/Def: Nach § 12 Abs. 1 StGB sind Verbrechen rechtswidrige Taten, die im Mindestmaß mit Freiheitsstrafe von einem Jahr oder darüber bedroht sind. Vergehen sind hingegen rechtswidrige Taten, die im Min-

---

207 BGHSt 1, 332 (333).

destmaß mit einer geringeren Freiheitsstrafe oder die mit Geldstrafe bedroht sind (§ 12 Abs. 2 StGB).

US 2b/Sub: Ein Totschläger i.S.d. § 212 Abs. 1 StGB wird nicht unter fünf Jahren bestraft.

SS 2b: Totschlag ist daher ein Verbrechen i.S.d. § 12 Abs. 1 StGB.

SS 2: Eine Strafbarkeit des A wegen versuchten Totschlags ist damit möglich.

II) Tatbestandsmäßigkeit

OS 3: A müsste tatbestandsmäßig gehandelt haben.

1) Tatentschluss

OS 4: Tatentschluss setzt das Vorliegen eines Tatbestandsvorsatzes sowie sonstige subjektive Tatbestandselemente voraus.

US 4a/Def: Vorsatz ist der Wille zur Verwirklichung eines Straftatbestandes in Kenntnis aller objektiven Tatumstände.[208] Der Tatentschluss erfordert eine endgültige Entscheidung des Täters über das „Ob" der Tatbegehung.[209] Eine bloße Tatgeneigtheit reicht nicht aus.

US 4a/Sub: A handelte in Tötungsabsicht (dolus directus 1. Grades), d.h. mit dem Willen einen anderen Menschen zu töten und dadurch den Tötungstatbestand zu verwirklichen.

SS 4a: Vorsatz des A liegt vor.

SS 4b: Sonstige subjektive Tatbestandsmerkmale finden sich nicht in § 212 Abs. 1 StGB.

SS 4: A handelte mit Tatentschluss.

2) Unmittelbares Ansetzen § 22 StGB

OS 5: Eine Straftat versucht, wer nach seiner Vorstellung von der Tat zur Verwirklichung des Tatbestandes unmittelbar ansetzt (§ 22 StGB). A müsste unmittelbar zur Tat angesetzt haben.

US 5/Def: Dies ist der Fall, wenn der Täter nach seiner Vorstellung subjektiv die Schwelle zum „Jetzt geht es los" überschritten hat und das tatbestandlich geschützte Rechtsgut konkret gefährdet erscheint, so dass die Handlung objektiv bei ungehindertem Fortgang ohne weiteren Zwischenakt in die Tatbestandsverwirklichung einmünden soll.[210]

US 5/Sub: A hat dem B das Gift verabreicht, so dass dieser nach seiner Vorstellung von der Tat ohne weiteres Zutun des A durch die tödliche Wirkung des Giftes sterben sollte.

---

208 BGHSt 1, 295 (298).

209 *Wessels/Beulke/Satzger*, Strafrecht, Allgemeiner Teil, 43. Aufl., Heidelberg 2013, S. 229 f.

210 BGH NStZ 1999, 395 (396).

SS 5: Somit hat A im Zeitpunkt der Giftbeibringung unmittelbar zur Tat angesetzt.

3) Zwischenergebnis

SS 3: A hat tatbestandsmäßig gehandelt.

III) Rechtswidrigkeit

OS 6: A müsste rechtswidrig gehandelt haben.

US 6/Def: Dies ist der Fall, wenn er einen Unrechtstatbestand verwirklicht hat und seine Handlung nicht durch einen Rechtfertigungsgrund gedeckt wird.[211]

US 6/Sub: Rechtfertigungsgründe sind nicht ersichtlich.

SS 6: A handelte somit rechtswidrig.

IV) Schuld

OS 7: A müsste schuldhaft gehandelt haben.

US 7/Def: Schuldhaft handelt, wer schuldfähig i.S.d. §§ 19 ff. StGB ist und bei dem keine Entschuldigungsgründe (wie beispielsweise § 33 StGB) in Betracht kommen.

US 7/Sub: Von der Schuldfähigkeit des A ist auszugehen. Entschuldigungsgründe liegen nicht vor.

SS 7: A hat die §§ 212 Abs. 1, 22, 23 Abs. 1 StGB schuldhaft verwirklicht.

V) Kein strafbefreiender Rücktritt vom Versuch gem. § 24 Abs. 1 StGB

OS 8: A könnte strafbefreiend vom versuchten Totschlag zurückgetreten sein. Gem. § 24 Abs. 1 StGB wird wegen Versuchs nicht bestraft, wer freiwillig die weitere Ausführung der Tat aufgibt oder deren Vollendung verhindert.

US 8/Def: Wird die Tat ohne Zutun des Zurücktretenden nicht vollendet, so wird er straflos, wenn er sich freiwillig und ernsthaft bemüht, die Vollendung zu verhindern.

US 8/Sub: A hat durch die Giftbeibringung bereits alles erforderliche getan, dass der Todeserfolg eintreten kann. Ein strafbefreiender Rücktritt käme daher nur in Betracht, wenn er aktiv versucht hätte, die Vollendung der Tat zu verhindern. Dies ist nicht geschehen.

SS 8: Ein strafbefreiender Rücktritt des A i.S.d. § 24 Abs. 1 StGB ist nicht erfolgt.

VI) Ergebnis

SS 1: A hat sich eines versuchten Totschlags i.S.d. §§ 212 Abs. 1, 22, 23 Abs. 1 StGB schuldig gemacht.

---

211 *Wessels/Beulke/Satzger*, Strafrecht, Allgemeiner Teil, 43. Aufl., Heidelberg 2013, S. 102.

LÖSUNG 4 (zu Aufgabe S. 56)

Im Folgenden finden Sie den ausformulierten Lösungsvorschlag in richtiger Reihenfolge. Die unterschiedlichen Schriftarten und Markierungen sollen Ober-, Unter- und Schlusssätze identifizieren. **Zur Verdeutlichung des Schachtelns sind die einzelnen Sätze außerdem eingerückt.**

OS1: P könnte gegen K einen Anspruch auf Zahlung des Kaufpreises gem. § 433 Abs. 2 BGB haben.
(Dieser Anspruch müsste wirksam entstanden sein, (dürfte nicht erloschen sein und muss durchsetzbar sein).[212]

    OS2: Der Anspruch ist entstanden, wenn K und P einen wirksamen Kaufvertrag geschlossen haben und diesem keine rechtshindernden Einreden entgegenstehen.[213]
    OS2a: Ein Kaufvertrag entsteht durch Einigung. Eine Einigung kommt durch Angebot und Annahme zustande.
    US2a: Die Bestellung auf der Homepage ist ein Angebot. Die Auftragsbestätigung ist eine Annahme.[214]
    SS2a: Ein Kaufvertrag wurde geschlossen.
    OS2b: Dem Kaufvertrag dürften weiterhin keine rechtshindernden Einreden entgegenstehen. Der Kaufvertrag wäre gem. § 142 Abs. 1 BGB ex tunc nichtig, wenn K ihn wirksam angefochten hätte.

        OS3: Dazu müsste ein Anfechtungsgrund nach §§ 119 ff. BGB gegeben sein.[215]
        US3: K hat es sich bzgl. des Weins lediglich anders überlegt. Er unterlag einem Motivirrtum.
        SS3: Bei einem Motivirrtum besteht kein Anfechtungsrecht.

---

212 Dieser Teil gehört streng genommen nicht zum Obersatz, da er keine Voraussetzungen aufstellt. Er wird aber in zivilrechtlichen Klausuren gerne dafür verwendet, um dem Korrektor die nachfolgende Prüfungsstruktur vor Augen zu führen.
213 In diesem Obersatz werden zwei Voraussetzungen aufgestellt, die nachfolgenden (OS 2a und OS 2b) getrennt abgearbeitet werden.
214 Da in diesem Fall die Voraussetzungen so klar gegeben sind, reicht eine kurze Subsumtion. Auf die Definition von Willenserklärungen und deren einzelne Bestandteile muss nicht eingegangen werden.
215 Die Prüfung der Anfechtung könnte – wegen der erst nachträglich erfolgenden Anfechtungserklärung – auch als Erlöschensgrund geprüft werden. Dies entspricht auch der herrschenden Meinung, vgl. *Jagmann*, in: Staudinger, BGB, Berlin 1993 ff., § 334, Rn. 7 f.; *Ernst*, in: MüKo BGB, München 2010 ff., § 286, Rn. 29; *Schneiders*, in: *Kindl/Bendtsen* (Hrsg.), Gesamtes Recht der Zwangsvollstreckung, 2. Aufl., Baden-Baden 2013, § 767, Rn. 38.

SS2b: Damit ist der Vertrag nicht nichtig. Weitere Unwirksamkeitsgründe sind nicht ersichtlich.

SS2: Damit ist der Anspruch entstanden.[216]

OS4: Der Anspruch könnte erloschen sein. Der Anspruch ist erloschen, wenn der Vertrag wirksam widerrufen wurde gem. §§ 346, 357, 355 Abs. 2 S. 1 BGB.

OS5: Dazu müsste K zunächst ein Recht zum Widerruf gehabt haben. Nach § 312d BGB hat K ein Widerrufsrecht, wenn K ein Verbraucher war, der Vertrag ein Fernabsatzgeschäft war und keine Ausschlussgründe vorliegen.

US5a/Def.: K ist gem. § 13 BGB ein Verbraucher, wenn er eine natürliche Person ist und das Rechtsgeschäft zu einem Zweck abgeschlossen hat, der weder seiner gewerblichen noch selbständigen beruflichen Tätigkeit zugerechnet werden kann.[217]

US5a/Sub.: K ist eine natürliche Person. Der Kauf diente seinem Hobby und nicht einer beruflichen Tätigkeit.

SS5a: Daher ist K Verbraucher.

OS5b, c/Def.: Gem. § 312b BGB handelt es sich dann um ein Fernabsatzgeschäft, wenn ein Vertrag über die Lieferung von Waren oder über die Erbringung von Dienstleistungen zwischen einem Unternehmer und einem Verbraucher unter ausschließlicher Verwendung von Fernkommunikationsmitteln abgeschlossen wird, es sei denn, dass der Vertragsschluss nicht im Rahmen eines für den Fernabsatz organisierten Vertriebs- oder Dienstleistungssystems erfolgt.

US5b/Sub.: K ist Verbraucher (s.o.).[218]

US5c/Def.: P ist Unternehmer, wenn sie bei Abschluss eines Rechtsgeschäfts in Ausübung ihrer gewerblichen oder selbständigen beruflichen Tätigkeit handelte (§ 14 BGB).

US5c/Sub.: P betreibt einen Internetshop als Gewerbe.

SS5b: Daher war P Unternehmer.

US5d/Def.: Unter Fernkommunikationsmitteln versteht man Kommunikationsmittel, die zur Anbahnung oder zum Abschluss eines Vertrags

---

216 Alle „Schachteln" müssen auch wieder zugemacht werden, d.h. zu jedem aufgestellten Obersatz muss es einen Schlusssatz geben.

217 Hier handelt es sich um den typischen Fall einer Legaldefinition, die Sie am besten durch eine Kommentierung in § 312d BGB wiederfinden und dann in den Untersatz einarbeiten können.

218 Hier dürfen Sie ausnahmsweise nach oben verweisen, da es ja um genau die gleiche Subsumtion geht und das Vorliegen der Verbrauchereigenschaft bereits festgestellt wurde.

zwischen einem Verbraucher und einem Unternehmer ohne gleichzeitige körperliche Anwesenheit der Vertragsparteien eingesetzt werden können, insbesondere Briefe, Kataloge, Telefonanrufe, Telekopien, E-Mails sowie Rundfunk, Tele- und Mediendienste (§ 312b Abs. 2 BGB).

US5d/Sub.: K und P haben den Vertrag ausschließlich per E-Mail geschlossen.

SS5d: Daher ist der Kauf unter ausschließlicher Verwendung von Fernkommunikationsmitteln geschlossen worden.

US/SS5e: Der Vertrag ist auch im Rahmen eines für den Fernabsatz organisierten Vertriebs- oder Dienstleistungssystems erfolgt, da P einen Internetshop betreibt.

SS5: Grundsätzlich liegt ein Fernabsatzvertrag und damit ein Widerrufsrecht vor.

OS6: Das Widerrufsrecht könnte aber ausgeschlossen sein, wenn ein in § 312b Abs. 3 BGB genannter Vertrag vorliegt. Es könnte sich bei dem Kaufvertrag um einen Vertrag im Sinne von § 312b Abs. 3 Nr. 5 BGB handeln, wenn die Bestellung des Weins ein Vertrag über die Lieferung von Lebensmitteln oder Getränken ist, die am Wohnsitz, am Aufenthaltsort oder am Arbeitsplatz eines Verbrauchers von Unternehmern im Rahmen häufiger und regelmäßiger Fahrten geliefert werden.

US6: Bei Wein handelt es sich um Getränke. Die Auslegung ergibt aber, dass Nr. 5 auf Sachverhalte abzielt, bei denen die Regelmäßigkeit und Häufigkeit derart im Vordergrund steht, dass ein Schutz durch die Regelungen des Fernabsatzgeschäftes nicht notwendig ist (daher auch „Pizza-Klausel" bzw. „Bofrost-Klausel"). Hier handelt es sich nicht um einen solchen Fall.

SS6: Daher ist kein Fall der Nr. 5 gegeben. Das Widerrufsrecht ist nicht ausgeschlossen.

Das Widerrufsrecht ist auch nicht wegen § 312d Abs. 3 u. 4 BGB ausgeschlossen.

SS5: Damit stand K ein Widerrufsrecht im Sinne von § 355 Abs. 1 BGB zu.

OS7: Der Widerruf muss auch wirksam erklärt worden sein. Der Widerruf ist in Textform gegenüber dem Unternehmer zu erklären (§ 355 Abs. 1 BGB).

US7/Def.: Eine Willenserklärung erfolgt in Textform gem. § 126b BGB, wenn sie in einer Urkunde oder auf andere zur dauerhaften Wiedergabe in Schriftzeichen geeignete Weise abgegeben, die Person des Erklärenden genannt und der Abschluss der Erklärung durch Nachbildung der Namensunterschrift oder anders erkennbar gemacht werden.

US7/Sub.: Die E-Mail erfüllt diese Voraussetzungen und gibt klar zu erkennen, dass der K an den Vertrag nicht mehr gebunden sein möchte (§ 133 BGB).

SS7: Damit wurde ein Widerruf formgerecht erklärt.

OS8: Der Widerruf müsste fristgerecht erklärt worden sein (§ 355 Abs. 1, 2 BGB). Am 20.11. dürfte also die Frist noch nicht abgelaufen sein. Die Frist ist abgelaufen, wenn sie in Gang gesetzt wurde und am 20.11. bereits verstrichen war.

US8a/Def.: Die Frist beginnt gem. 355 Abs. 3 S. 1 BGB mit dem Zeitpunkt, zu dem dem Verbraucher eine deutlich gestaltete Belehrung über sein Widerrufsrecht, die ihm entsprechend den Erfordernissen des eingesetzten Kommunikationsmittels seine Rechte deutlich macht, in Textform mitgeteilt worden ist.

US8a/Sub.: K hat eine ordnungsgemäße Belehrung am 6.11. erhalten. Damit würde die Frist ab diesem Zeitpunkt laufen. Gem. § 312d Abs. 2 BGB beginnt die Widerrufsfrist aber abweichend von § 355 Abs. 2 S. 1 BGB bei der Lieferung von Waren nicht vor dem Tage ihres Eingangs beim Empfänger. Der Wein ist am 9.11. dem K geliefert worden.

SS8a: Damit begann die Frist gem. § 187 Abs. 1 BGB am 10.11. zu laufen.

US 8b: Die Dauer der Frist beträgt gem. § 355 Abs. 2 S. 1 BGB 14 Tage. Ausnahmen nach § 355 Abs. 2 S. 3 und Abs. 4 BGB liegen nicht vor.

SS8b: Damit liefe die Frist gem. § 188 Abs. 1 BGB am 23.11. ab.

OS9: Zur Fristwahrung genügt laut § 355 Abs. 1 S. 2 2.Hs BGB die rechtzeitige Absendung.

US9: K hat die E-Mail am 20.11. abgesendet.

SS9: Die Frist wurde gewahrt.

SS8: Damit wurde der Widerruf rechtzeitig erklärt.

SS4: Der Widerruf war somit wirksam und fristgerecht. K hat somit den Vertrag widerrufen.

SS4: Der Anspruch ist daher erloschen.

SS1: P hat keinen Anspruch auf Kaufpreiszahlung.

LÖSUNG 5 (zu Aufgabe S. 65)

a) Strafrecht:

1. Prüfung einer Tötung durch Unterlassen

X könnte sich wegen unterlassener Hilfeleistung strafbar gemacht haben, indem sie ihrem Mann nicht **unmittelbar** geholfen hat, **als ihre Hilfe er-**

forderlich[219] war. Es handelt sich **im vorliegenden Fall**[220] um ein echtes Unterlassungsdelikt, da es eine gesetzliche Norm gibt, die das Unterlassen in dem vorliegenden Fall unter Strafe stellt. Es ist also kein unechtes Unterlassungsdelikt, da es nicht nur Spiegelbild eines unter Strafe gestellten Deliktes ist.

I. Tatbestand (...)
(...) am Ende: Dass X hier sogar eine Garantenstellung hat, da sie die Ehefrau des Geschädigten ist, **ist völlig unrelevant,**[221] da dies keine Voraussetzung bei echten Unterlassungsdelikten ist. Der objektive Deliktstatbestand ist somit erfüllt.

2. Prüfung einer Tötung durch Unterlassen
b) Nichtvornahme der zur Erfolgsabwendung gebotenen Handlung
Da U den Krankenwagen nicht sofort gerufen hat, nachdem sie ihren Mann entdeckt hatte, hat sie aus ihrer Sicht keine zur Erfolgsabwendung gebotene Handlung vorgenommen.[222] Ein **Unterlassen** liegt noch nicht beim Verstreichenlassen der ersten, aber auch nicht erst beim Verstreichenlassen der letzten Rettungsmöglichkeit vor.[223] Im vorliegenden Fall ging U davon aus, dass ihr Mann schwer verletzt war und womöglich sterben könnte, so dass ein sofortiges Einschreiten unabdingbar gewesen wäre.[224]

3. Prüfung eines versuchten Diebstahls
II. Tatentschluss
Durch das unverschlossene Gartentor angereizt, entschloss sich die F eines der Räder des O vorübergehend ohne Zueignungsabsicht zu entwenden, um damit eine Spritztour zu machen.[225]

---

219 Das ist kein Obersatz! Außerdem werden unnötige Angaben gemacht („unmittelbar").
220 Überflüssige Formulierung!
221 Völlig Irrelevantes (sprachlicher Fehler!) ist im Gutachten wegzulassen!
222 Urteilsstil! Vermeiden Sie „Da-Sätze".
223 Keine Subsumtion unter die aufgestellte Voraussetzung („zur Erfolgsabwendung gebotene Handlung").
224 Keiner der drei Sätze hat etwas mit den anderen zu tun. Obwohl der Schreiber offensichtlich das Problem erkannt hat und auch die Lösung kennt, ist diese Prüfung unbrauchbar und wird Minuspunkte einbringen!
225 Dies ist keine Subsumtion unter Tatbestandsmerkmale! Der Sachverhalt ist dem Korrektor bekannt!

III. Unmittelbares Ansetzen (...)

4. Frage des tatbestandsausschließenden Einverständnisses bei § 123 StGB

F müsste **gegen den Willen des O in seine Wohnung eingedrungen sein.** Dies könnte dadurch **ausscheiden,** dass O seine Wohnungstür absichtlich offengelassen hat, um den Täter anzulocken.[226] F ist jedoch widerrechtlich in die Wohnung eingedrungen.[227]

5. zur Garantenstellung unter Ehegatten

R müsste gegenüber L eine Garantenstellung gehabt haben. **Dies ist hier unproblematisch,**[228] da zwischen Ehegatten ein besonderes Vertrauensverhältnis besteht, das eine Garantenstellung indiziert. R war also aus enger natürlicher Verbundenheit **(nach neuer Lehre gut vertretbar)**[229] Garant für das Leben des L, und war Beschützergarant.

6. Prüfung einer Tötung durch Unterlassen

Dazu müsste S den T getötet haben. Zwar ist T nicht daran gestorben, dass S ihn aktiv getötet hat, jedoch ist fraglich, ob gerade das Nichts-Tun von Seiten das S gerade dazu geführt hat, dass T verstarb und S den T daher eben durch sein Unterlassen der Abwendung des Erfolgseintritts, also des Todes des T, getötet hat.[230]

7. zur Frage der Garantenstellung

Hier kommt eine Garantenpflicht aus Ingerenz, also pflichtwidrigem, gefahrschaffendem Vorverhalten in Betracht. T gegen die Hauswand zu stoßen, so dass dieser verletzt wurde und bewusstlos zu Boden fiel, ist gefahrschaffend. **Im Falle einer Notwehrsituation wäre es jedoch zu weit gefasst, wenn der Angegriffene gegenüber dem verletzten Angreifer eine Garantenpflicht hätte.**[231] **Der entkommene Angegriffene hat nicht dafür einzustehen, wenn der Angreifer sich in eine solche Lage versetzt. T könnte also ein Notwehrrecht haben, welches seine Garantenpflicht ausschließt. Hier drängt sich**

---

226 Sicher ein guter Gedanke, aber wie hängt dieser Satz mit dem vorherigen zusammen?

227 Dies ist keine Subsumtion, die vermeintliche „Schlussfolgerung" ergibt sich gerade nicht aus dem vorher gesagten.

228 Urteilsstil!

229 Berufung auf Autoritäten ersetzt keine Begründung!

230 Keine unverständlichen Schachtelsätze, die nicht klar werden lassen, wo das Problem liegt. Damit schneiden Sie sich ins eigene Fleisch! Der Korrektor ist nicht erfreut, einen Satz dreimal lesen zu müssen, wenn er es überhaupt versucht!

231 Dieser Satz ist ohne jede Anknüpfung! Es wird keine Frage aufgeworfen.

ein weiteres Problem auf.[232] Wie ist dieser Fall zu beurteilen, wenn S gegenüber T ein Festnahmerecht aus § 127 StPO hat und davon Gebrauch macht. In einem solchen Fall übernimmt er freiwillig eine gewisse Verantwortung gegenüber dem T, da er die Situation, dass der Täter sich gegen die Festnahme wehrt, in Kauf nimmt. Er kann sich in einem solchen Fall nicht einfach aus dem Staub machen.[233]

b) Öffentliches Recht:

8. Klagebefugnis bei Verfassungsbeschwerde
Nach § 90 I ist dies Jedermann. **Dies** umfasst mit Sicherheit auch die B.[234]

9. zur Berufsfreiheit
Das Grundgesetz garantiert in Art. 12 I GG die Freiheit der Berufswahl, damit fallen jedenfalls alle Berufe, die keinem anderen Grundrecht widersprechen, in den Schutzbereich. **Die B wurde durch das Gesetz in der Ausübung ihres Berufes gehindert. Der Schutzbereich ist damit eröffnet.**[235]

10. zur Rechtmäßigkeit eines Gesetzes
Fraglich ist, ob das Gesetz ordnungsgemäß erlassen wurde. Dafür spricht, dass die **bayerische Staatsregierung** das Gesetz für verfassungswidrig hält.[236] Durch die Beratung darüber im Bundesrat, der mehrheitlich keinen Antrag nach Art. 77 GG stellt, ist zumindest eine Zustimmung des Bundesrates nicht mehr nötig.[237]

11. Zulässigkeitsprüfung BVerfG
Zulässig ist eine Verfassungsbeschwerde dann, wenn eine konkrete Person von einer Maßnahme der öffentlichen Gewalt in ihren Rechten beeinträchtigt wird.

---

232 Vermischung von Prüfungsstufen. Es muss immer eine „Schachtel" nach der anderen abgearbeitet werden.
233 Unjuristische Argumentation.
234 Keine Subsumtion; Und woher kommt die Sicherheit?
235 Keine Definition von Beruf. Es wird an keiner Stelle subsumiert, dass es um Berufsausübung geht. Vermischung der Prüfungsstufen (gehindert → Eingriff; eröffnet → Schutzbereich)!
236 Keine Subsumtion unter eine Norm. Im Sachverhalt vorgetragene Meinungen sind nicht das Gesetz. Berufung auf Autoritäten ersetzt keine Begründung!
237 Keine Anknüpfung an das Gesetz, es wird nicht klar, warum es plötzlich auf eine Zustimmung des Bundesrates ankommt. Im Übrigen Urteilsstil.
[Richtig wäre: Für ein ordnungsgemäßes Verfahren nach Art. 77 GG müsste der Bundesrat zugestimmt haben, wenn es sich um ein zustimmungsbedürftiges Gesetz handelt. 1. Handelt es sich um ein solches? 2. Wenn ja, ist eine solche Zustimmung erfolgt?]

Zuerst muss festgestellt werden, wer für eine Verfassungsbeschwerde nach Art. 93 I Nr. 4a GG zuständig ist.[238] **Dazu** muss ein Antrag dem BVerfG schriftlich zugehen.[239] **Somit ist das BVerfG zuständig.**[240] **Dies** kann nur von dem richtigen Beschwerdeführer nach § 90 I BVerfGG getan werden.[241] (...) **Somit würde eine Verfassungsbeschwerde scheitern.**[242]

12. Rechtfertigung Art. 12 GG
Nach der 3-Stufen-Theorie von obj. Zulassung, subj. Zulassung und Ausübung betrifft dies die Ausübung.[243] **Somit lässt sich der Eingriff leichter rechtfertigen.**[244] **Alles in allem** ist der Eingriff gerechtfertigt.[245]

13. Zulässigkeitsprüfung BVerfG
Vorstellbar ist eine konkrete Normenkontrolle.[246] **Zudem** muss B, um diese einzuleiten, vor Gericht ziehen.[247] Dieses entscheidet dann, ob das Gesetz auf Verfassungskonformität geprüft werden muss.[248] **Auf fast alles hat B im Gegensatz zur Verfassungsbeschwerde kaum Einfluss.**[249]

c) Zivilrecht:

14. Zum Vertragsschluss
Ein Vertrag ist geschlossen, wenn A und B sich geeinigt haben. **Eine Einigung erfordert ein Angebot und eine Annahme.**[250] A hat B am 20.3. ein Angebot unterbreitet, das B sofort angenommen hat, **weil er die Ware dringend für sein Geschäft benötigte.**[251] Daher ist ein Kaufvertrag am 20.3. geschlossen worden § 147 BGB.[252]

---

238 „Zuerst" ist kein guter Stil; wer ist „wer" und „für was"?
239 Das steht nirgends in der Norm, v.a. ist das keine Vorrausetzung für die Zuständigkeit.
240 Wieso?
241 Was ist mit „dies" gemeint?
242 Diese Schlussfolgerung ergibt sich nicht aus der vorher angedeuteten Subsumtion.
243 Theoretische Abhandlungen ohne Bezug zum Sachverhalt vermeiden!
244 Kein Zusammenhang zwischen „Theorie" und Schlussfolgerung dargestellt, insbesondere auch keine Subsumtion.
245 „Schlussfolgerung" ohne Subsumtion.
246 Wortwahl!
247 Was war die erste Voraussetzung?
248 Keine theoretischen Abhandlungen – wo ist der Zusammenhang von Norm und Sachverhalt?
249 Die letzte Feststellung „hängt in der Luft".
250 Keine Subsumtion, sondern bloße Wiederholung der Definition!
251 Unnötiger „Sachverhalt" wird referiert, d. h ohne Bezug zur aufgeworfenen Frage.
252 Die zitierte Norm hat 1. nichts im Ergebnissatz zu suchen und stützt 2. nicht die Aussage.

15. Beginn einer Anspruchsklausur
Da[253] K nun mehrmals bei V nachgefragt hat wann denn die Lieferung der Möbel zu erwarten sei, **kann**[254] man diese sich über ein Monat hinziehende Prozedur als angemessene Frist werten und seine Erklärung des Rücktritts **bei nicht Erbringung** der Leistung bis 15.4. als **rechtskräftig und angemessen** beurteilen.[255] **Da die Lieferung bis 15.4. nicht erfolgt ist, war sein Rücktritt vom Vertrag rechtskräftig.**[256]

16. Beginn einer Anspruchsklausur
Im konkreten Fall hat A dem L erklärt, dass er sich in akuten Geldnöten befand. L hat auch bemerkt, dass A sich im Schmuck schlecht auskennt und nannte einen niedrigeren Preis.[257]

LÖSUNG 6 (zu Aufgabe S. 68ff.)

A. Anspruch des V gegen K auf Abnahme und Zahlung der 4 Kisten Wein
V könnte gegen K einen Anspruch auf Abnahme und Zahlung der 4 Kisten Wein gem. § 433 Abs. 2 BGB haben, wenn ein Kaufvertrag über vier Kisten Wein geschlossen wurde.
  I. Anspruch entstanden
  Ein Kaufvertrag wird geschlossen durch Einigung, d.h. die Annahme eines Angebots auf Abschluss eines Kaufvertrages.
    1. Angebot durch Übergabe des Probeweins und des Bestellzettels
    Zunächst müsste ein Angebot vorliegen. Ein Angebot ist eine Willenserklärung gerichtet auf Abschluss eines Vertrages, die bereits alle vertragsnotwendigen Bestandteile enthält (essentialia negotii) und somit mit „ja" angenommen werden kann, gegenüber dem anderen abgegeben worden und diesem zugegangen ist.
    Die Übergabe der Probeflasche und des Bestellformulars könnten bereits ein Angebot des V an K auf Abschluss eines Kaufvertrages über die vier Kisten Wein sein. Dazu müsste diese Handlung eine Willenserklärung sein. Eine Willenserklärung ist die Kundgabe ei-

---

253 Obersatz fehlt völlig! Dadurch hat der Korrektor keine Ahnung, was geprüft wird.
254 Bearbeiter entscheidet sich nicht!
255 Vorsicht bei der Verwendung juristischer Fachbegriffe!
256 Wiederholungen vermeiden!
257 Dies ist keine Subsumtion unter Tatbestandsmerkmale! Der Sachverhalt ist dem Korrektor bekannt!

nes rechtlich erheblichen Willens, die auf einen rechtlichen Erfolg abzielt. Zwar hat V dem K den Kauf des Weines angeboten. Jedoch wollte V sich noch nicht rechtlich binden, da er gar nicht absehen konnte, ob er den Wein auch zu einem späteren Zeitpunkt vorrätig haben würde. Er wollte vielmehr den K auffordern selbst ein Angebot zum Kauf des Weins abzugeben, d.h. es handelte sich mangels Rechtsbindungswillen lediglich um eine invitatio ad offerendum. Daher war die Übergabe des Probeweins und des Bestellzettels kein Angebot.

2. Angebot durch Fax des K

Ein Angebot könnte jedoch durch das Fax des K erfolgt sein.

a.) Vorliegen einer Willenserklärung

Das Fax ist eine Willenserklärung.[258]

b.) Vorliegen der *essentialia negotii*

Diese müsste sämtliche Vertragsbestandteile enthalten. Das Schreiben enthält keine genaue Angabe des Weines, der Menge oder des Preises. Der Inhalt einer Willenserklärung wird jedoch nach dem objektiven Empfängerhorizont ausgelegt (§§ 133, 157 BGB), d.h. danach, wie ein verständiger Dritter bei Kenntnis der äußeren Umstände die Willenserklärung verstanden hätte. Hier hatte der Verkäufer eine bestimmte Flasche Wein angeboten und einen Preis genannt. Aus dem Bestellformular ging auch hervor, wie viele Flaschen Wein eine Kiste enthält. In einer solchen Situation darf ein Verkäufer eine Bestellung, wie die des K, dahingehend verstehen, dass er den genannten Wein und Preis meint. Auch bzgl. der Menge darf ein Verkäufer annehmen, dass der Käufer die Mengenangabe aus dem Formular zur Kenntnis genommen hat und sich auch auf diese bezieht, wenn er Kisten von diesem Wein bestellt. Nach Auslegung der Willenserklärung nach dem objektiven Empfängerhorizont enthält das Fax des

---

[258] Hier kann man sich kurz fassen und im Urteilsstil schreiben. Zum einen wurde die Definition der Willenserklärung bereits gezeigt. Zum anderen – und dies ist noch viel wichtiger – würde eine Subsumption unter die Merkmale einer Willenserklärung sehr befremdlich wirken, da alle Merkmale offensichtlich gegeben sind. Zu erkennen, wann etwas kurz dargestellt wird und wann lang gehört zum Handwerkszeug des Klausurschreibens; genau dies ist gemeint, wenn immer wieder betont wird, dass richtige Schwerpunkte gesetzt werden müssen. An dieser Stelle einen Schwerpunkt zu setzen und die Merkmale im Einzelnen durchzuprüfen würde in jedem Fall als schlecht, da unnötig breit, bewertet werden – völlig egal, ob die Prüfung richtig oder falsch gemacht wird.

K also sämtliche notwendigen Angaben zum Abschluss eines Kaufvertrages.

c.) Abgabe und Zugang

Das Fax wurde von K auch an V abgesandt und ist diesem auch zugegangen. Damit liegt ein Angebot seitens des K vor.

3. Annahme des V

Dieses Angebot müsste V angenommen haben. Die Annahme ist eine empfangsbedürftige Willenserklärung, d.h. sie muss gegenüber dem Anbietenden erklärt werden und diesem zugehen.

a.) Verladen der Kisten

Eine Annahme könnte in dem Verladen der Kisten in den Lieferwagen zu sehen sein. Fraglich ist, ob ein bloßes Handeln eine Willenserklärung sein kann. Eine Willenserklärung ist eine Äußerung eines rechtsgeschäftlichen Handlungswillens. Eine Äußerung bedeutet, dass der Wille auf irgendeine Art und Weise in der Realität manifestiert wird. Dies geschieht üblicherweise verbal. Möglich ist aber auch jede andere Form der Äußerung. Ein Wille kann also auch durch ein Handeln erklärt werden, das den rechtsgeschäftlichen Willen zum Ausdruck bringt (schlüssiges Handeln, konkludentes Handeln). V hatte den Willen, den Vertrag rechtswirksam anzunehmen. Dieser Wille hat sich dadurch manifestiert, dass er die Kisten in seinen Lieferwagen geladen hat. Ein objektiver Betrachter der Handlung bzw. potenzieller objektiver Empfänger dieser Handlung würde darin eine Willensäußerung mit dem Inhalt erblicken, dass der V das Vertragsangebot des K annehmen möchte. Diese Erklärung ist somit abgegeben.

b.) Zugang

Die Annahme müsste jedoch dem K auch zugegangen sein. Da K den Vorgang nicht beobachtet hat, ist ihm die Erklärung nicht zugegangen.

c.) Entbehrlichkeit des Zugangs nach § 151 BGB[259]

Möglicherweise musste die Erklärung dem K nicht zugehen, um eine wirksame Annahme darzustellen. Gem. § 151 BGB kommt

---

[259] Hier müssen Sie die Norm genau lesen – nicht die Annahmeerklärung, sondern nur ihr Zugang ist entbehrlich. Sollten Sie hier einen Fehler gemacht haben, gehen Sie den entsprechenden Abschnitt in der Klausuranalyse (S. 70) und die dort genannte Literatur noch einmal genau durch!

ein Vertrag auch durch die Annahme des Antrags zustande, ohne dass die Annahme dem Antragenden gegenüber erklärt zu werden braucht, wenn eine solche Erklärung nach der Verkehrssitte nicht zu erwarten ist oder der Antragende auf sie verzichtet hat. Bei Bestellung von Waren ist es zumindest bei Waren von relativ geringem Wert nicht üblich, dass die Bestellung extra bestätigt wird. In der Regel wird die Bestellung durch Lieferung angenommen. In vorliegendem Fall war somit ein Zugang der Annahmeerklärung nicht notwendig. Es liegt eine wirksame Annahme vor.

d.) Zwischenergebnis

Der Anspruch ist entstanden.

II. Anspruch erloschen

Der Vertrag ist jedoch teilweise nichtig gem. §§ 142 Abs. 1, 139 BGB, wenn er wirksam teilweise angefochten wurde.[260] Dazu müsste K einen Anfechtungsgrund gehabt haben und diese Anfechtung gegenüber V fristgerecht erklärt haben. (§§ 119, 143 Abs. 1 BGB)

1. Anfechtungsgrund Inhaltsirrtum

Ein Anfechtungsgrund könnte sich aus § 119 Abs. 1 1. Alt. BGB ergeben, wenn K bei der Abgabe der Erklärung über deren Inhalt irrte. Ein Irrtum über den Inhalt einer Erklärung liegt bei einem Irrtum über die rechtliche Bedeutung der Erklärung vor. K ging davon aus, eine Kiste enthalte sechs Flaschen. Tatsächlich beinhaltete seine Erklärung aber einen Antrag auf Abschluss eines Kaufvertrages über 24 Flaschen, da er einen Vertrag über den Wein „Dornhäuser Vogelspinne" abschließen wollte, der in Kisten mit 24 Flaschen verkauft wird. Daher liegt ein Inhaltsirrtum vor.

2. Kausalität zwischen Irrtum und Willenserklärung

Dieser Irrtum ist auch kausal, da K bei verständiger Würdigung der Sachlage das Fax nicht so geschrieben und abgeschickt hätte.

---

260 Dass hier nur eine Teilanfechtung vorliegt bzw. vorliegen kann, ist das Ergebnis der ausführlichen Gliederung, die Sie erstellt haben. Sollten Sie diesen Punkt in der Lösung übersehen haben, wird das Gutachten deshalb nicht unbrauchbar, es fehlt Ihnen nur ein Aspekt, der eine höhere Punktzahl ermöglich hätte, wenn Sie ihn erkannt hätten. Eine Lösungsskizze ist – wie Sie sehen – sehr wichtig, da Sie nur so bei der Formulierung des Obersatzes schon wissen, dass es letztlich auf eine Teilanfechtung hinauslaufen wird.

3. Anfechtungsfrist, § 122 BGB

K hat die Anfechtung unverzüglich, d.h. ohne schuldhaftes Zögern nach Kenntnis von seinem Irrtum,[261] und damit fristgerecht gegenüber V erklärt.

4. Anfechtungserklärung und Teilanfechtung

K hat dem V gegenüber erklärt, dass er nicht am Vertrag festhalten wolle, da er so viele Flaschen Wein nicht brauche. Er hat damit nach Auslegung nach dem objektiven Empfängerhorizont die Anfechtung erklärt (§ 143 BGB). Fraglich ist, was es bedeutet, dass die Auslegung der Anfechtungserklärung ergibt, dass K sich über die Anzahl der Flaschen in einer Kiste geirrt hatte. Er wollte insgesamt 24 Flaschen bestellen. Damit hat er den Kaufvertrag nur insoweit angefochten, als er über die 24 Flaschen hinausgeht. Da eine Kiste 24 Flaschen enthält, hat K nur bzgl. der übrigen 3 Kisten angefochten. Es handelt sich also lediglich um eine Teilanfechtung (in Höhe der gewollten 24 Flaschen liegt auch überhaupt kein Anfechtungsgrund vor.)

5. Zwischenergebnis

Damit ist der Kaufvertrag bzgl. 3 der 4 Kisten von Anfang an nichtig. Der Anspruch ist erloschen.

B. Ergebnis

V hat keinen Anspruch auf Abnahme von vier Kisten Wein und Zahlung des entsprechenden Kaufpreises, sondern nur auf Abnahme und Zahlung einer Kiste.

C. Anspruch auf Ersatz des Vertrauensschadens gemäß § 122 Abs. 1 BGB

Fraglich ist, ob V gegen K einen Anspruch auf Ersatz des Vertrauensschadens i.S.d. § 122 Abs. 1 BGB hat. Im Fall eines anfechtbaren Rechtsgeschäfts kann der Anfechtungsgegners Ersatz des sog. negativen Interesses verlangen. Ein anfechtbares Rechtsgeschäft liegt vor (s.o.). Fraglich ist jedoch, worin der Schaden des V liegt. Nach § 122 Abs. 1 BGB ist V so zu stellen, wie er stehen würde, wenn er nie etwas von dem angefochtenen Geschäft gehört hätte. In diesem Falle hätte V den Wein zum doppelten Preis an den Weinliebhaber verkaufen können. Sein Schaden beläuft sich danach scheinbar auf den über den regulären Kaufpreis hinausgehenden Gewinn. Allerdings ist zu berücksichtigen, dass § 122 Abs. 1 BGB den Umfang des Anspruchs auf das sog. positive Interesse begrenzt, also den Vorteil, den der Verkäufer aus dem angefochtenen Rechtsgeschäft gezogen hätte. Im Falle

---

261 § 122 BGB enthält eine Legaldefinition von „unverzüglich", die Sie entsprechend hier, aber auch an anderen Stellen einsetzen können.

ordnungsgemäßer Erfüllung durch K hätte V den Wein nur für 10 € pro Flasche verkauft. Damit kann er den darüber hinausgehenden entgangenen Gewinn nicht ersetzt verlangen.

Ein Schaden wegen der durch die Anfechtung nicht an K verkauften Flaschen besteht ebenfalls nicht. V ist weiterhin Eigentümer der unverkauften Kisten Wein. Es ist davon auszugehen, dass V den Wein weiterverkaufen kann und dass die einzelnen Flaschen weiterhin 10 € wert sind. Ein Schaden in seinem Vermögen ist damit nicht eingetreten.

Somit besteht kein Anspruch auf Schadensersatz.[262]

LÖSUNG 7 (zu Aufgabe S. 87)

1. **Nr. 1**: § 985 BGB: Anspruchsgrundlage, § 433 I BGB: Anspruchsgrundlage, § 90 BGB: Definition, § 104 BGB: Definition, § 142 I BGB: Wirknorm, § 119 I BGB: Gestaltungsrecht, § 11 I Nr. 1 StGB: Definition, § 23 StGB: Wirknorm, § 19 StGB: Definition/Wirknorm, § 303 StGB: Tatbestand, Art. 5 I 1 GG: subjektiv-öffentliches Recht im Verhältnis Bürger-Staat, Art. 72 I GG: subjektiv-öffentliches Recht im innerstaatlichen Verhältnis.

2. **Nr. 2**: Anspruchsgrundlage für Pflicht zur Übereignung, Nr. 4: Gestaltungsrecht (Anfechtung), Nr. 5: Gestaltungsrecht/Wirknorm (Weigerung/Einwendung), Nr. 13: Rechtfertigungsgrund (quasi Wirknorm), Nr. 14: Wirknorm und Definition für Deliktsfähigkeit, Nr. 15: Definition von Sachmangel, Nr. 16: Gestaltungsrecht (Rücktritt), Nr. 17: Anspruchsgrundlage für (Mithilfe bei) Zurückrücken, Nr. 18: Definition von „wesentlicher Bestandteil", Nr. 19: Tatbestand (Anspruchsgrundlage für Strafanspruch des Staates bei Körperverletzung).

LÖSUNG 8 (zu Aufgabe S. 94)

Anspruch entstanden	§ 138 BGB [Sittenwidriges Rechtsgeschäft; Wucher]
Anspruch erloschen	§ 346 BGB [Wirkungen des Rücktritts]
Anspruch durchsetzbar	§ 214 BGB [Wirkung der Verjährung]

---

262 Zu dieser Frage ist nahezu jedes Ergebnis vertretbar!

LÖSUNG 9 (zu Aufgabe S. 96)

1) In diesem Teil des Falles geht es um die Frage, ob ein Vertrag mit einem Minderjährigen abgeschlossen wurde, d.h. ob die Willenserklärung eines beschränkt geschäftsfähigen Minderjährigen wirksam ist. Es geht deshalb um die Frage der Anspruchsentstehung.

2) In diesem Fall geht es um die Erfüllung eines Vertrages (§ 362 BGB). § 362 BGB steht im Abschnitt 4 („Erlöschen der Schuldverhältnisse") des BGB. Es geht um die Frage des Erlöschens eines Anspruchs.

3) B möchte in dem kleinen Fall evtl. seine Leistung verweigern. Es geht um das Leistungsverweigerungsrecht des § 320 BGB und damit um eine Einrede. Gefragt ist somit nach der Durchsetzbarkeit des Anspruchs.

LÖSUNG 10 (zu Aufgabe S. 96)

Die Obersätze nach dem Schema „Wer will was von wem woraus?":
1. A will von B Ersatz der Behandlungskosten.
2. B will von A Herausgabe der Tasche.

Gefragt ist also nach zwei unterschiedlichen Ansprüchen: Einem Anspruch des A gegen B auf Ersatz der Behandlungskosten (1.) und einen Anspruch des B gegen A auf Herausgabe der Tasche.

Zu 1.)
– **Vertragliche Ansprüche:** In Betracht kommt ein Anspruch des B gegen A auf Ersatz der Behandlungskosten nach §§ 280 Abs. 1, 241 Abs. 2 BGB. Ein solcher Anspruch ist entstanden, wenn ein Schuldverhältnis zwischen A und B besteht. B wollte A nur den Gefallen der Mitnahme in seinem Wagen tun. Ein Rechtsbindungswille ist nicht ersichtlich. Ein Schuldverhältnis liegt nicht vor. Ein Anspruch ist nicht entstanden. Vertragliche Ansprüche scheiden aus.

– **Vertragsähnliche Ansprüche:** In Betracht kommt ein Anspruch des B gegen A auf Ersatz der Behandlungskosten wegen Verletzung der Pflichten aus einem vertragsähnlichen Schuldverhältnis nach §§ 280 Abs. 1, 241 Abs. 2, 311 Abs. 2 BGB. Auch ein solches Schuldverhältnis ist, mangels Rechtsbindungswillen, nicht ersichtlich.

– **Dingliche Ansprüche** sind nicht ersichtlich.

– B ist zudem nicht ungerechtfertigt bereichert (**bereicherungsrechtliche Ansprüche**).

– Denkbar sind aber **deliktische Ansprüche**. In Betracht kommt ein Anspruch aus § 823 Abs. 1 BGB. Zunächst müsste ein absolutes Recht oder Rechtsgut des A im Sinne des § 823 Abs. 1 BGB kausal durch eine Handlung des B verletzt worden sein. Durch Unfall des B erlitt A eine Schulterverletzung. Somit ist das Rechtsgut Gesundheit des A verletzt. Dadurch, dass A aufgrund des Unfalls in Begleitung notärztlicher Hilfe ins Krankenhaus gebracht werden und behandelt werden musste, ist die Verletzungshandlung des B auch kausal für die Rechtsgutsverletzung des A gewesen. Voraussetzung ist weiter, dass die Rechtsgutsverletzung rechtswidrig erfolgt sein muss. Vorliegend indiziert die Tatbestandsmäßigkeit die Rechtswidrigkeit (Lehre vom Erfolgsunrecht). Fraglich ist zudem, ob B ein Verschulden trifft. Dieses bestimmt sich nach § 276 BGB. B könnte fahrlässig gehandelt haben, § 276 Abs. 2 BGB. Fahrlässig handelt, wer die im Verkehr erforderliche Sorgfalt außer Acht lässt. B beschleunigt und kommt daraufhin von der Fahrbahn ab. Es ist anzunehmen, dass B zumindest leichte Fahrlässigkeit vorzuwerfen war (§ 276 Abs. 2 BGB). A müsste zudem ein Schaden entstanden sein, der kausal auf der Rechtsgutsverletzung beruht. Die Schulterverletzung des A beruht kausal auf dem Unfall des B. Damit liegt ein Schaden des A vor, der gem. § 249 Abs. 2 S. 1 BGB in Geld zu ersetzen ist.

Ein Anspruch des A gegen B aus § 823 Abs. 1 BGB besteht.

! Hinweis: Die Prüfung der Ansprüche aus aus §§ 7 Abs. 1, 18 Abs. 1 StVG wurde hier bewusst außer Betracht gelassen!

Zu 2.)
– **Vertragliche Ansprüche:** Ein Schuldverhältnis liegt nicht vor (s.o.).
– **Vertragsähnliche Ansprüche:** Ein Schuldverhältnis liegt nicht vor (s.o.).
– **Dingliche Ansprüche:** A könnte gegen B einen Anspruch auf Herausgabe seines Eigentums haben (§ 985 BGB). Dies ist der Fall, wenn A Eigentümer und B Besitzer ohne Recht zum Besitz ist. Zunächst war A Eigentümer der Tasche. Durch das Liegenlassen der Tasche im Auto der Tasche, hat A jedoch nicht sein Eigentum an der Tasche verloren, sondern nur die tatsächliche Sachherrschaft vorübergehend aufgegeben, § 856 Abs. 2 BGB. B ist Besitzer der Tasche ohne ein Recht zum Besitz, § 986 Abs. 1 BGB. A kann die Tasche von B aus § 985 BGB herausverlangen.

! Sie sehen an der Lösung, wie die einzelnen Schritte des Schemas „Prüfung bei Anspruchskonkurrenz" und „Prüfung von Ansprüchen" ineinander greifen.

LÖSUNG 11 (zu Aufgabe S. 98)

I.   Formelle Verfassungsmäßigkeit
   1.   Zuständigkeit
      Art. 74 Abs. 1 Nr. 13 GG, Art. 72 Abs. 2 GG
   2.   Verfahren
      Art. 77 Abs. 2a GG; es handelt sich um ein Zustimmungsgesetz; das Gesetz wurde vom Bundespräsidenten ausgefertigt
   3.   Form
II. Materielle Verfassungsmäßigkeit/Rechtmäßigkeit
   Art. 5 Abs. 3 GG

LÖSUNG 12 (zu Aufgabe S. 99)

1. Hufpflegerin – Art. 12 Abs. 1 GG

1.   Schutzbereich
   → selbständige Hufpflegerin → Beruf?
   → Hufpflege kein eigenständiger Beruf, Teil des Berufs „Tierpfleger" → Ausschluss auf Schutzbereichs-Ebene?

2.   Eingriff
   Verbot durch RVO des Bundesministeriums

3.   Rechtfertigung
   a) Gesetzesvorbehalt/Schrankenregelung
      RVO → ausreichende gesetzliche Grundlage für Eingriff?
   b) Schranken-Schranken/Verhältnismäßigkeit
      [keine Angaben im SV].

2. „Mutti" – Art. 5 Abs. 1 S. 1 GG

1.   Schutzbereich
   Behauptung „Die Kanzlerin sei dem Deutschland seina Mudda" → Meinung? Ausschluss rein diffamierender Aussagen?

2.   Eingriff
   Gerichtlicher Strafbefehl → Akt öffentlicher Gewalt

3.   Rechtfertigung
   Prüfungsmaßstab: Aussage des S richtig durch Gericht gewertet?
   a) Gesetzesvorbehalt/Schrankenregelung
      § 193 StGB: Verbot der Beleidigung als gesetzliche Grundlage

b) Schranken-Schranken/Verhältnismäßigkeit
→ Ehrverletzung (Persönlichkeitsrecht)
→ Würde des Amtes der Bundeskanzlerin als Schutzgut
→ Politische Meinungsäußerung, Inhalt der Aussage in Bezug auf „Mudda"-Sprüche

LÖSUNG 13 (zu Aufgabe S. 109)

a) Kommissionsgeschäft
 – Welches Gesetz? → Privatrecht → BGB oder HGB: Handelsgeschäft, deswegen eher HGB (notfalls Blick in Stichwortverzeichnis, dort vermutlich Verweis auf § 383 HGB)
 – Inhaltsverzeichnis HGB: besonderes Handelsgeschäft → 4. Buch → 3. Abschnitt: Kommissionsgeschäft → §§ 383 ff. HGB
b) Strafbarkeit für Straftat im vorsätzlich herbeigeführten Vollrausch
 – Welches Gesetz? → Strafrecht → StGB
 – Worum geht es? Strafausschluss bei Volltrunkenheit → Entfallen der Schuld?
 – → Inhaltsverzeichnis: Allgemeiner Teil (da Frage, die die Strafbarkeit bei jeder Straftat betrifft) → 2. Abschnitt: Die Tat → 1. Titel: Grundlagen der Strafbarkeit → §§ 20, 21 StGB
 – Beantworten diese meine Frage? Nur zum Teil, da keine Aussage darüber, was passiert, wenn man sich schuldhaft in diesen Zustand bringt. → andere Normen beantworten Frage auch nicht.
 – → Entweder Problem und seine Behandlung gelernt: *actio libera in causa* oder Überlegungen anhand der gefundenen Vorschriften, wie konkreter Fall, z.B. durch Analogieschluss zu behandeln ist.
c) Auslieferung deutscher Staatsangehöriger
 – Welches Gesetz? → Beziehung Bürger-Staat → öffentlich-rechtlich → GG
 – Inhaltsverzeichnis: Systematik: Grundrecht oder grundrechtsähnlich → 1. Abschnitt → Art. 16 GG: Staatsangehörigkeit → Abs. 2 S. 1: keine Auslieferung deutscher Staatsbürger
d) Abdruck einer Entschuldigung für Beleidigung
 – Welches Gesetz? → Ansprüche von einem Privaten gegenüber einem anderen Privaten → BGB
 – Worum geht es? Entschuldigung/Wiedergutmachung/Rückgängigmachung einer Beleidigung → Wo finden sich Beseitigungsansprüche? → Systematisch eher im Besonderen Schuldrecht oder Sachenrecht

- Inhaltsverzeichnis: Überfliegen der Überschriften: Buch 2, Titel 8 (da kein Vertrag, bleibt eigentlich nur unerlaubte Handlung) → § 823 BGB: Rechtsfolge? Passt nicht, da kein Schadensersatz verlangt → Weitersuchen: Buch 3, Titel 4: es geht um Eigentum, aber § 1004 BGB ist der einzige Paragraph, der einen Beseitigungs-/Unterlassungsanspruch normiert
- Passt nicht von TB-Merkmalen, aber möglicherweise Analogie möglich/Argumentation mit dem Rechtsgedanken der §§ 823, 1004 (und 906) BGB.

e) „unverzüglich"
- Hier hilft tatsächlich ein Blick ins Stichwortverzeichnis, der einen zu § 121 BGB führt
- Noch besser ist es natürlich, wenn man sich beim Lernen bereits überall, wo von unverzüglich die Rede ist, die Legaldefinition des § 121 BGB kommentiert (oder gemerkt) hat.

f) Wirkungen der Verjährung
- Vermutlich stehen die Regelungen zur Wirkung der Verjährung „in der Nähe". Da in demselben Paragraphen keine Rechtsfolge des Eintritts der Verjährung zu finden ist, empfiehlt sich ein Weiterblättern (oder evtl. ein Zurückblättern ins Inhaltsverzeichnis, wo die einzelnen Normen mit Überschrift aufgeführt sind).
- Bei einem Blick ins Inhaltsverzeichnis findet sich „Titel 3 – Rechtsfolgen der Verjährung" und damit recht zügig § 214 BGB. Weiterblättern hätte zu demselben Ergebnis geführt.
- Selbstverständlich ist es sinnvoll, bei § 195 BGB durch Kommentierung auf § 214 BGB zu verweisen, um erneutes Suchen zu vermeiden.

g) Schriftliches Einlegen der Verfassungsbeschwerde
- Welches Gesetz? Formalia der Verfassungsbeschwerde → BVerfGG
- Inhaltsverzeichnis: allgemeine Vorschriften oder Verfassungsbeschwerde? → § 23 BVerfGG: „Einleitung des Verfahrens und Formanforderungen → § 23 Abs. 1 S. 2 BVerfGG: „schriftlich"

h) Wahlrechtsgrundsätze
- Welches Gesetz? → Wahlen = öff. Recht und Verfassungsrecht → GG
- Inhaltsverzeichnis: Bundestag? Wahlen sind Teil der Bildung des Bundestages → Abschnitt III → Art. 38 GG

i) Ersatz vergeblicher Aufwendungen
- Welches Gesetz? → Vertragsrecht → BGB
- Wo findet sich der Schadenersatz für Nichterfüllung → entweder weiß man dies bereits und findet deshalb § 281 BGB (und in dessen unmittelbarer Nähe § 284 BGB) oder man sucht über das Inhaltsverzeichnis:

2. Buch: Schuldrecht, Abschnitt 1, Titel 1: Inhalt von Schuldverhältnissen, Verpflichtung zur Leistung → relativ in der Nähe von § 281 (Schadensersatz statt der Leistung) findet sich dann ebenfalls § 284 BGB. Auch hier kann eine Kommentierung bei § 281 BGB als Denkstütze hilfreich sein, damit man den entscheidenden Anspruch nicht vergisst.

LÖSUNG 14 (zu Aufgabe S. 116)

1)	Wie ist die Rechtslage?	i)	verschiedene Anspruchsgrundlagen ansprechen und prüfen
2)	Hat die Klage Aussicht auf Erfolg?	l)	Zulässigkeit und Begründetheit
3)	Wie hat sich X strafbar gemacht?/Die Strafbarkeit des Y und des Z sind zu untersuchen.	i)	verschiedene Tatbestände prüfen
4)	Kann Y von Z das Fahrrad herausverlangen?	j)	alle denkbaren Herausgabeansprüche
5)	L möchte wissen, ob er von M seinen Schaden von 3.000 € ersetzt verlangen kann.	h)	alle denkbaren Schadensersatzansprüche
6)	E fragt, ob er noch Eigentümer des Fremdwörterbuches ist.	a)	alle Gründe darstellen, weswegen E sein Eigentum verloren haben könnte.
7)	Muss R das Fahrrad herausgeben?	b)	alle denkbaren Herausgabeansprüche
8)	Kann die L-Fraktion gegen das Gesetz zur Regelung des Postwesens vorgehen?	f)	Zulässigkeit und Begründetheit
9)	Der Abgeordnete S fragt sich, ob das Vorgehen des Bundespräsidenten rechtmäßig war.	m)	keine Zulässigkeit, nur Rechtmäßigkeitsprüfung
10)	Der Abgeordnete P verlangt, dass er an der Ausschusssitzung teilnehmen kann. Zu Recht?	k)	keine Zulässigkeit, nur Rechtmäßigkeitsprüfung
11)	In einem Gutachten, das auf alle aufgeworfenen Rechtsfragen eingeht, sind folgende Fragen zu beantworten: Nr. 1 (...), Nr. 2 (...) ...	c)	umfassende Prüfung der nummerierten Fragen in der vorgegebenen Reihenfolge.
12)	War das Handeln des S gerechtfertigt?	e)	ausschließlich auf Rechtfertigungsgründe eingehen
13)	Kann P den Vertragsschluss rückgängig machen?	d)	Alle Gründe prüfen, nach denen P den Vertrag rückgängig machen kann. Kein Einstieg über eine Anspruchsgrundlage!

| 14) | Ist F Eigentümer geworden? | g) | Chronologische Prüfung aller Eigentumserwerbs- und verlustgründe |
| 15) | E fragt sich, ob das Handeln der Verwaltung gegen seine Grundrechte verstößt. Zu Recht? | j) | Prüfung aller in Frage kommenden Grundrechte. |

LÖSUNG 15 (zu Aufgabe S. 119)

a) X legt Verfassungsbeschwerde per Email ein. Ist dies nach § 23 BVerfGG möglich?

1. Wortlaut: § 23 Abs. 1 S. 1 BVerfGG: „schriftlich". Was bedeutet schriftlich? „in geschriebener Form" → Bedeutung passt auch auf eine E-Mail, da diese am Computer geschrieben wird.

2. Historisch: Keine Aussage des Gesetzgebers, da E-Mails damals noch nicht existierten → planwidrige Regelungslücke → weitere Auslegung erforderlich, evtl. auch richterliche Rechtsfortbildung

3. Systematik: aus umliegenden Normen und Norm selbst nichts zu entnehmen

4. Sinn und Zweck: Wozu dient Schriftlichkeitserfordernis? Beweisfunktion: Aussage (Klage) wurde so getroffen; Echtheitsfunktion: Schriftstück stammt von der Person, die sich als Urheber ausgibt (durch Unterschrift o.ä.); Warnfunktion: Schriftform macht Bedeutung einer rechtlichen Handlung deutlich und soll den Kläger noch einmal dazu anhalten, zu überlegen, bevor er die Klage einreicht. Können diese Funktionen durch eine E-Mail in gleicher Weise erfüllt werden? Beweis: schwieriger, da Veränderungen (vor Ausdruck) möglich und nicht nachvollziehbar; Echtheit: wenn – wie üblich – nicht mit elektronischer Signatur versehen, keine Echtheitsgarantie; Warnung: nicht denselben Stellenwert, Email ist schnell abgeschickt → E-Mail kann Funktionen eines Schriftstücks nicht in gleicher Weise erfüllen.

Ergebnis: Keine Einlegung von Verfassungsbeschwerde durch E-Mail.

b) Welche Argumente lassen sich aus Art. 6 Abs. 1 GG, der in dieser Form seit 1949 im Grundgesetz zu finden ist, für die Fragen ableiten, ob aa) auch alleinerziehende, unverheiratete Elternteile mit ihren leiblichen Kindern, Pflegeeltern mit ihren betreuten Kindern, Großeltern oder Lebenspartnerinnen mit ihren Adoptivkindern als Familie unter dem besonderen Schutz des Staates stehen und bb) auch unverheiratete oder unverpartnerte Paare oder Gruppierungen in

„Patchwork-Familien" (z.B. leiblicher Vater + Stiefmutter, leibliche Mutter + Stiefvater) für die in ihrem Haushalt lebenden (leiblichen, adoptierten und/oder rechtlich fremden) Kinder Eltern i.S.d. Art. 6 Abs. 2 S. 1 GG sein können?

aa) Bedeutung von „Familie" in Art. 6 Abs. 1 GG

1. Wortlaut: Familie bedeutet das Zusammenleben und gegenseitige Sorgen von Erwachsenen und (nicht zwangsläufig eigenen oder leiblichen) Kindern. Dies kann auch alle oben genannte Formen des Zusammenlebens umfassen.

2. Historisch: 1949 eher klassisches bürgerliches Familienideal (Vater-Mutter-Kind(er)), aber auch zu diesem Zeitpunkt vorgefundene Familienform davon abweichend: alleinerziehende, Aufziehen von Waisen durch Pflege-/Adoptiveltern, Aufwachsen von Kindern bei Großeltern oder anderen Verwandten. Einzig unverheiratete Paare und gleichgeschlechtliche Lebenspartnerinnen ungewöhnlich bzw. rechtlich nicht anerkannt.

3. Systematik: Art. 6 Abs. 1 GG: Zusammenhang mit dem Begriff der Ehe? Allerdings einfaches „und", zwei Begriffe, setzt nicht zwangsläufig Ehe voraus (da z.B. Alleinerziehende auch darunter gefasst werden sollten). Ehe keine Voraussetzung für Familie. In Abs. 2 nur noch die Rede von Eltern, nicht von Eheleuten.

4. Sinn und Zweck: Schutz von Lebensformen als „Keimzelle" des Staates; „Lebens- und Erziehungsgemeinschaft".[263] Entscheidendes Merkmal ist die Sorge für Kinder und deren Erziehung (vgl. auch Art. 6 Abs. 2 GG) nicht durch den Staat sondern in privaten Gemeinschaften. Hierdurch recht weiter Familienbegriff: überall, wo Kinder dauerhaft (also idealerweise bis zu ihrer Volljährigkeit) von Erwachsenen aufgezogen werden sollen und werden. Darunter fallen auch die übrigen genannten Formen.

bb) Begriff von „Eltern" i.S.d. Art. 6 Abs. 2 S. 1 GG

1. Wortlaut: Eltern sind nach dem natürlichen Sprachverständnis jedenfalls Mann und Frau, die biologisch mit dem Kind unmittelbar durch Zeugung und Geburt verwandt sind. Allerdings werden auch im weiteren Sinne soziale Eltern darunter gefasst, solange das einfache Recht ihnen eine besondere Stellung als „Eltern" zuweist: Hierzu gehören möglicherweise Pflegeeltern, Adoptiveltern, Zieheltern, Stiefväter und -mütter. Fraglich ist, ob der Wortlaut das unterschiedliche Geschlecht der beiden Elternteile und die Beschränkung auf zwei Eltern

---

263 Vgl. auch *Badura*, in: *Maunz/Dürig/Herzog*, 69. EL 2013 Art. 6, Rn. 60 ff.

(Vater und Mutter) impliziert. Das wäre für unseren Fall jedenfalls in den Patchworkkonstellationen und bei gleichgeschlechtlichen Partnern und ihren teils eigenen, teils angenommenen Kindern problematisch.

2. Historisch: 1949 noch keine reproduktive Medizin und keine Anerkennung gleichgeschlechtlicher Partnerschaften. Historischer Verfassungsgeber wollte das Paar (Vater-Mutter) berechtigen und verpflichten, das für die Erziehung des Kindes in der Familie zuständig war. D.h. in der Regel die beiden Personen, die durch das einfache Recht zu Vater und Mutter gemacht wurden. Zwei Mütter oder zwei Väter waren dabei nicht vorgesehen.

3. Systematik: Zusammenhang mit Abs. 1? Ehe: sicherlich nicht, Ehe ist keine Voraussetzung für rechtliche Elternschaft (für biologische natürlich erst recht nicht). Familie schon, i.d.R. sind diejenigen, die die Familie mit den Kindern bilden auch die Eltern.

4. Sinn und Zweck: Sicherstellung der Erziehung der Kinder innerhalb der Familie durch die Eltern und gleichzeitig unter möglichst geringer Einmischung durch den Staat. Art. 6 Abs. 2 GG begründet gleichzeitig ein Recht und eine Pflicht der Eltern, das Kind zu erziehen und sein Wohl zu gewährleisten. Es geht vornehmlich um Zuweisung von Schutz vor staatlichen Eingriffen in die Erziehungsarbeit der Eltern, sowie den Schutz des Kindeswohls, d.h. die Eltern müssen sich klar bestimmen lassen und sollten auch keine zu große Anzahl sein. Ebenso muss das Kind durch den Staat vor der Nichterfüllung der Elternpflicht geschützt werden. Hieraus ergibt sich, dass zwar die Anzahl der Eltern beschränkt ist, sich aus dem Sinn und Zweck jedoch nicht auf Geschlecht und/oder verwandtschaftliche Beziehungen zwischen Eltern und Kindern schließen lässt. Allerdings sollte in irgendeiner Weise Gewähr für die Erfüllung der Funktion des Art. 6 Abs. 2 GG, also der sozialen Erziehungsfunktion oder Elternschaft bestehen. Danach müssen wohl bei Patchworkkonstellationen Abstriche gemacht werden (es können sich nicht alle vier gleichermaßen auf ihr Elternrecht berufen), bei zwei rechtlichen Müttern oder zwei rechtlichen Vätern aus Sinn und Zweck der Norm dagegen nicht.[264]

---

[264] Sehr instruktiv hierzu BVerfG, 1 BvL 1/11, Urt. v. vom 19.2.2013, abgedruckt in: NJW 2013, 847.

LÖSUNG 16 (zu Aufgabe S. 123)

1. Welche Art von Argument wird hier jeweils verwendet?

a) argumentum e contrario: Wenn der Bundespräsident am zweiten Wahlgang nicht beteiligt ist, muss er im ersten Wahlgang Entscheidungsfreiheit haben, sonst macht sein Vorschlagsrecht keinen Sinn.

b) argumentum a maiore ad minus: Wenn mehr umfasst ist, muss zwangsläufig auch weniger umfasst sein.

c) argumentum a minore ad maius: Wenn bereits eine geringere Stimmenzahl ausreicht, reicht natürlich auch eine größere Anzahl.

d) Analogieschluss: Ziel der Vorschrift ist es, schwere Gegenstände aus der Hutablage aus Sicherheitsgründen fernzuhalten. Schwere Reisetaschen sind – außer vom Aussehen und vom Material – mehr oder weniger identisch mit Koffern, insbesondere was die Gefahren beim Herunterfallen oder der Überlastung der Hutablage betrifft. Sie müssen deshalb auch genauso behandelt werden.

2. Liegt hier jeweils ein gültiger Schluss vor?

a) Zirkelschluss, allerdings ein recht versteckter, der dann nicht mehr zirkulär ist, wenn man ordentlich begründet, warum Rechtsfortbildung nach Sinn und Zweck und Wortlaut Teil der „Auslegung" ist. Die Notwendigkeit für die Rechtsangleichung ist dagegen ein Scheinargument, da sie gar nicht begründet. Man kann deshalb auch von einer „quaternio terminorum", der Einführung eines vierten Begriffs in das Argument, sprechen, die die Begründung der Ausgangsprämisse vorspiegelt.[265]

b) Widerspruch in sich selbst bzw. Verwenden einer falschen Ausgangsprämisse (§ 151 S. 1 BGB erklärt nur den Zugang für entbehrlich. Dies wird auch im zweiten Satz des Schlusses argumentiert und subsumiert, im ersten Teil wird dagegen von einer falschen Prämisse ausgegangen).

c) Einführung eines neuen Arguments, das die Ausgangsprämisse weder stützt noch widerlegt. Das Ausgangsargument wird dagegen nicht zu Ende geführt. („Stammtischargumentation" bzw. „ignoratio elenchi")[266]

d) Unzulässiger Schluss vom „Sein" auf das „Sollen"/naturalistischer Fehlschluss: allein, weil es bisher nie so war, kann nicht angenommen werden, dass es so nicht sein darf.[267]

---

265 Hierzu *Muthorst*, Grundlagen der Rechtswissenschaft, München 2011, S. 140.

266 Hierzu *Muthorst*, Grundlagen der Rechtswissenschaft, München 2011, S. 140 f.

267 Genau umgekehrt ist es in dem berühmten Gedicht von Joachim Ringelnatz, Die unmögliche Tatsache, Stuttgarter Ausgabe, Bd. 3, S. 119 f.: „ (...) Eingehüllt in feuchte Tücher,

LÖSUNG 17 (zu Aufgabe S. 129)

Umformulierung: Eisenbahn ist (...) ein Unternehmen, das auf wiederholte Fortbewegung von Personen oder Sachen über nicht ganz unbedeutende Raumstrecken auf metallener Grundlage gerichtet ist. Um Eisenbahn im haftungsrechtlichen Sinn handelt es sich nur, wenn durch

- die Konsistenz, Konstruktion und Glätte der metallenen Grundlage der Transport großer Gewichtsmassen beziehungsweise die Erzielung einer verhältnismäßig bedeutenden Schnelligkeit der Transportbewegung ermöglicht werden sollen und,
- dadurch sowie durch die mitwirkenden Naturkräfte (Dampf, Elektrizität, tierische oder menschliche Muskeltätigkeit, Schwere der Transportgefäße),

bei dem Betriebe des Unternehmens die Möglichkeit besteht, dass eine nur bezweckter Weise nützliche oder auch Menschenleben vernichtende und menschliche Gesundheit verletzende Wirkung erzeugt wird.

An dem (freilich unverbindlichen) und sicher perfektionierungsbedürftigen Formulierungsvorschlag sehen Sie, dass eine bloße Umstellung des Satzbaus und v.a. die Streichung überflüssiger Ausschmückungen die Lesbarkeit deutlich verbessert. **!**

LÖSUNG 18 (zu Aufgabe S. 131)

Umformulierung: Listvoll könnte Goldfinger vertreten haben. Es geht vorliegend nicht um höchstpersönliche Geschäfte, sondern lediglich um einen Kaufvertrag. Die Stellvertretung ist daher zulässig. Listvoll entscheidet selbst, dass er die Brosche für 2.000 € kaufen will. Er hat eine eigene Willenserklärung abgegeben.

---

prüft er die Gesetzesbücher
und ist alsobald im Klaren:
Wagen durften dort nicht fahren!
Und er kommt zu dem Ergebnis:
Nur ein Traum war das Erlebnis.
Weil, so schließt er messerscharf,
nicht sein kann, was nicht sein darf."

LÖSUNG 19 (zu Aufgabe S. 131)

Es ist zu eruieren (→ **prüfen**), ob Listvoll den Goldfinger vertreten hat. ~~Praktisch ist eine~~ Eine Vertretung **ist** immer zulässig, wenn es sich nicht um höchstpersönliche Rechtsgeschäfte handelt. Im vorliegenden Fall handelt es sich lediglich um einen Kaufvertrag. ~~Laut Sachverhalt~~ Listvoll entscheidet ~~quasi~~ selbst.

LÖSUNG 20 (zu Aufgabe S. 131)

A könnte gegen B einen Schadenersatzanspruch im Sinne des § 280 Abs. 1 BGB haben. ~~A und B müssten eine Vereinbarung getroffen haben.~~ Zwischen A und B müsste ein **Schuldverhältnis** bestehen.[268] A hat bei B einen Teppich gekauft. ~~Eine Vereinbarung~~ **Schuldverhältnis** liegt vor. Zudem müsste ~~ein Verstoß des~~ A eine Pflicht aus dem Schuldverhältnis verletzt haben (**Pflichtverletzung**) ~~gegen eine Verkehrssicherungspflicht gegeben sein.~~ A hat die Linoleumrolle, die B auf den Fuß gefallen ist, nicht ordnungsgemäß gesichert.

LÖSUNG 21 (zu Aufgabe S. 132)

Schlüssig	konkludent
Notwendige Bedingung. Bedingung, die nicht hinweggedacht werden kann, ohne dass der Erfolg in seiner konkreten Gestalt entfiele.	conditio sine qua non
Ursächlichkeit	Kausalität
Verträge müssen eingehalten werden	Pacta sunt servanda
Im Widerspruch zum Gesetz	Contra legem

! Prägen Sie sich die obenstehenden Definitionen ein. Sie werden diese lateinischen Fachbegriffe immer wieder in Ihren Klausuren verwenden müssen!

---

268 Verwenden Sie die Terminologie des Gesetzes! Im Gesetz steht „Schuldverhältnis" und nicht „Vereinbarung".

LÖSUNG 22 (zu Aufgabe S. 132)

Das Gericht ist **zuständig**, die Klage ist daher **zulässig**.	Zulässig, zuständig
Die Berufung ist nicht **rechtswirksam**,[269] das Urteil ist somit **rechtskräftig**.[270]	rechtskräftig, rechtswirksam
A hat sich eines Diebstahls **schuldig gemacht**. Er ist wegen Diebstahls **strafbar**.	Sich einer Tat schuldig machen/wegen einer Tat strafbar sein

LÖSUNG 23 (zu Aufgabe S. 136)

1. Fragen

a) Zuordnung der Anspruchsgrundlagen und Normen

S will Zahlung der Krüge.	§ 433 II BGB
W will Nachbesserung der fehlerhaften Krüge.	§ 439 I BGB
W will für die fehlerhaften Krüge nicht zahlen.	§ 440 BGB
W will die zerstörten Krüge *nicht* zahlen. (Die Norm ist schwieriger zu finden. Denken Sie an die Normarten. Suchen Sie nach einer Anspruchsgrundlage?)	§ 433 II (Pflicht zur Zahlung) → § 326 BGB
W will keine Ersatzlieferung der zerstörten Krüge und diese auch *nicht* zahlen.	§§ 346, 323 I BGB
Wenn W nicht vom Vertrag loskommt, dann will W wenigstens Neulieferung der zerstörten Krüge.	§ 433 I 1 BGB
W will Schadensersatz wegen der falschen Eichung.	§§ 280 I, 437 BGB (§ 823 I BGB)
Wenn W Schadensersatz zusteht, will er kein Geld an S zahlen und S seinen Anspruch entgegenhalten.	§ 387 BGB (bzgl. § 280 I BGB)
W will nicht zahlen, wenn er keine neuen Krüge bekommt.	§ 320 BGB (bzgl. § 439 I BGB)

---

[269] Rechtswirksam ist ein allgemeiner Rechtsbegriff (immer, wenn es um die Wirksamkeit geht).

[270] Rechtskraft ist ein Spezialbegriff des Prozessrechts. Nur gerichtliche Entscheidungen können rechtskräftig werden.

b) Zuordnung in eine Grobgliederung

I. Anspruch entstanden?
- [Vertragsschluss] (+)
- Durch Vertreter § 164 BGB
- Unter Abwesenden
- Abweichende Annahme/neues Angebot
- Annahme durch Schweigen

II. Anspruch erloschen?
- § 326 Abs. 1 BGB erloschen wegen Unmöglichkeit der Gegenleistung § 275 BGB
- Gattungsschuld (+) → aber Konkretisierung (+) → daher Unmöglichkeit (+)
- Aber: Gefahrübergang, § 446 BGB bei Versendungskauf (+)
- § 346 Abs. 1 BGB erloschen wegen Rücktritt?
- Rücktrittsrecht wegen Mangel? § 323 BGB
- § 442 Abs. 3 BGB Minderung?
- § 387 BGB Aufrechnung mit Schadensersatzanspruch
- § 280 BGB wegen Mangel?
- Schaden neben der Leistung
- Verschulden?

III. Anspruch durchsetzbar?
- § 320 BGB Einrede nicht erfüllter Vertrag?
- Gegenanspruch Nachbesserung § 439 Abs. 1 BGB
- Mangel (+)
- Ausschluss durch AGB?

2. Lösungsvorschlag

A. Anspruch des S gegen W auf Zahlung der 1000 Krüge aus § 433 Abs. 2 BGB.

    I.   Anspruch entstanden

        1. Vertrag

           S und W müssten einen wirksamen Vertrag geschlossen haben.

           a) Angebot

               Auf der Internetseite des S lediglich eine Aufforderung zu einem Angebot (invitatio ad offerendum).

               Bei dem Gespräch am Stammtisch hat W zwar dem S den Abschuss eines Vertrages angetragen. S hat das Angebot jedoch nicht sofort (§ 147 Abs. 1 S. 1 BGB) angenommen, weil er eigentlich keine Produktionskapazität mehr hat.[271]

Der Anruf des A bei P könnte ein erneutes Angebot des W an S sein. W müsste eine Willenserklärung gegenüber S abgegeben haben.

A könnte als Vertreter des S ein Angebot abgegeben haben (§ 164 Abs. 1 S. 1 BGB). A hat eine eigene Willenserklärung abgegeben, da W dem A einen erheblichen Spielraum bei der Beschaffung eingeräumt hatte. Weiter handelte A auch offenkundig als Vertreter des W und war von W bevollmächtig (§§ 166 Abs. 2, 167 BGB). Damit liegt ein Angebot des W vor.

b) Annahme

Dieses hat S nicht bereits am Telefon durch seinen Mitarbeiter M als seinem Vertreter angenommen. M wies nämlich darauf hin, dass er erst die Produktionskapazitäten klären müsse.

aa) Frist

Die Annahme könnte jedoch in dem Fax des S liegen. Fraglich ist, ob die Annahme fristgerecht erfolgte. Zwar kann ein telefonisches Angebot nur sofort angenommen werden (§ 147 Abs. 1 S. 2 BGB). Gem. § 148 BGB kann der Antragende für die Annahme des Antrags eine Frist bestimmen und das Angebot erlischt erst nach Ablauf der Frist. Hier hat M dem A erklärt, er müsse die Annahme erst mit S absprechen. Damit hat sich A einverstanden erklärt. Damit hat A konkludent eine Annahmefrist gem. § 148 BGB gewährt. Das Fax zwei Tage nach dem Anruf war fristgerecht.

bb) Übereinstimmende Annahme

Fraglich ist, ob S aufgrund der Erweiterung der Bestellung um die Geltung der AGB des S das Angebot in unveränderter Form angenommen hat und damit eine wirksame Einigung vorliegt.

Das Angebot des W hatte die Geltung der AGB des W nicht zum Inhalt. Die Einbeziehung der AGB hat somit den angebotenen Vertragsinhalt geändert. Gem. § 150 Abs. 2 BGB gilt

---

[271] Evtl. genauer: S hat W gebeten im neuen Jahr noch mal nachzufragen. Der W hat nach objektivem Empfängerhorizont keine verbindliche Zusage abgegeben. Es liegt auch keine bedingte Zusage, unter der auflösenden Bedingung, dass im Fall fehlender Kapazitäten der Vertrag nicht zustande kommen soll, vor oder ein vertraglich vereinbartes Rücktrittsrecht, da die Initiative bei W liegt.

die Annahme unter Erweiterungen, Einschränkungen oder sonstigen Änderungen als Ablehnung verbunden mit einem neuen Antrag. Damit liegt keine Annahme des Angebotes des W vor, sondern ein erneutes Angebot des S.

c) Annahme des neuen Angebots des S

W müsste dieses neue Angebot angenommen haben.

aa) Ausdrückliche Annahme

Grundsätzlich ist eine Annahme eine Willenserklärung. Der objektive Tatbestand einer Willenserklärung setzt eine Erklärungshandlung in ausdrücklicher oder konkludenter Form voraus. Schweigen oder Nichtstun ist grundsätzlich keine Willenserklärung, weil es keinen Erklärungswert hat. Schweigen kann nur dann einen Erklärungswert haben, wenn die Beteiligten dem Schweigen durch Vereinbarung einen bestimmten Erklärungswert beigemessen haben. Dies ist hier nicht der Fall.

bb) Kaufmännisches Bestätigungsschreiben

Möglicherweise hat W das neue Angebot des S jedoch durch Schweigen auf die Übersendung der Auftragsbestätigung nach den Grundsätzen des kaufmännischen Bestätigungsschreibens angenommen.

Sowohl für W als auch S ist die Bestellung Teil ihres Gewerbes bzw. ihres Berufes. Sie nehmen beide in kaufmännischer Weise am Geschäftsverkehr teil. Das Fax bestätigt eine unmittelbar vorangegangene Vereinbarung als sog. Konstitutives Bestätigungsschreiben. Es bezog sich auf die zwei Tage zuvor geführte Bestellung des A, die hinreichend konkret war. W hat das Schreiben abgeheftet und keinen Widerspruch gegen die im Bestätigungsschreiben ausgeführten Regelungen erhoben. Zweifel daran, dass S nicht vernünftigerweise mit dem Einverständnis des W rechnen konnte, bestehen nicht. Daher ist ein wirksamer Vertrag über 1000 Krüge geschlossen worden.

2. Qualifikation des Vertrages[272]

Fraglich ist, ob es sich um einen Kaufvertrag oder Werkvertrag handelt. Gem. § 631 Abs. 1 BGB handelt es sich um einen Werkver-

---

272 Dies ist kein wesentlicher Aspekt. Wenn der Aspekt nicht gesehen wird, dann ist dies nicht entscheidend. Diese Frage kann jedoch auftauchen, da die Krüge durch S erst hergestellt werden.

trag, wenn der Unternehmer zur Herstellung eines Werkes verpflichtet ist. Der Werkvertrag unterscheidet sich vom Kaufvertrag dadurch, dass die Erreichung eines bestimmten Werkerfolges geschuldet ist, während beim Kaufvertrag die Übereignung und Übergabe einer Sache im Vordergrund steht. Hier geht es sowohl um die Herstellung einer Sache als auch die Übereignung. Gem. § 651 S.1 BGB finden die Vorschriften über den Kauf auf einen Vertrag Anwendung, der die Lieferung herzustellender oder zu erzeugender beweglicher Sachen zum Gegenstand hat. Die Krüge sind bewegliche Sachen. Damit richtet sich der von S und W geschlossene Vertrag nach Kaufrecht §§ 433 ff. BGB.

II. Der Anspruch könnte erloschen sein.

    1. § 326 Abs. 1 BGB

      Hinsichtlich der zweiten Charge Krüge könnte der Anspruch gem. § 326 Abs. 1 BGB erloschen sein.

      a) Unmögliche Gegenleistung, § 275 Abs. 1 BGB

          Gem. § 326 BGB erlischt ein Anspruch, wenn der synallagmatische Gegenanspruch gem. § 275 Abs. 1 BGB wegen Unmöglichkeit erlischt. Möglicherweise ist durch die Zerstörung der Krüge der Anspruch auf Lieferung der Restkrüge unmöglich geworden.

          Unmöglichkeit gem. § 275 Abs. 1 BGB liegt vor, wenn eine Leistung für den Schuldner oder für jedermann unmöglich ist. Die Krüge sind zerstört und können nicht mehr mangelfrei i.S.v. § 433 Abs. 1 S. 2 BGB übereignet und übergeben werden. Fraglich ist aber, ob dadurch die geschuldete Leistung unmöglich geworden ist. Dies richtet sich danach, was die Leistung war.

        aa) Gattungsschuld

            Ursprünglich war die Herstellung und Lieferung von 1000 Krügen geschuldet. Hierbei handelt es sich gem. § 243 Abs. 1 BGB um eine Gattungsschuld. Die Produktionsschwierigkeiten führen jedenfalls nicht zur Unmöglichkeit, da dies zum einen die eigenen Produktionskapazitäten des S betrifft, und zum anderen die Produktion durch Überstunden möglich wäre.

        bb) Konkretisierung

            Gem. § 243 Abs. 2 BGB könnte die Leistung jedoch durch Konkretisierung auf die Lieferung der hergestellten und zerstörten Charge beschränkt sein, wenn S das zur Leistung der Krüge seinerseits Erforderliche getan hat. Das zur

Leistung Erforderliche bestimmt sich nach der vertraglich vereinbarten Leistungshandlung. Hier hat S zwar die Krüge hergestellt und an W geschickt, jedoch noch nicht geliefert. Die erforderliche Leistungshandlung bestimmt sich danach, welche Art der Schuld vereinbart wurde. (Hol-, Bring- oder Schickschuld)

Gem. 269 Abs. 1 BGB gilt, dass, wenn ein Ort für die Leistung nicht bestimmt ist, die Leistung an dem Orte zu erfolgen hat, an welchem der Schuldner seinen Wohnsitz hat. Hier jedoch haben S und W vereinbart, dass die Krüge geliefert werden. Fraglich ist jedoch, ob daraus eine Bringschuld folgt, d.h. dass W und S eine vertragliche Lieferpflicht vereinbart haben, oder ob es sich um ein Entgegenkommen des S handelt, die Krüge zu versenden. Bereits § 269 Abs. 3 BGB zeigt, dass es besonderer Umstände bedarf, um eine Bringschuld anzunehmen.

Weiter könnte auch den AGB entnommen werden, dass S die Lieferung nicht als Teil seiner Vertragspflichten ansieht. Dazu müssten die AGB Vertragsinhalt geworden und die andere Vertragspartei mit ihrer Geltung einverstanden sein.

Hier hat S auf seine AGB hingewiesen und diese mit übersandt. W hat sich durch seine Annahme des Angebotes mit der Geltung einverstanden erklärt. Die AGB sind Vertragsinhalt geworden. Bedenken gegen die Wirksamkeit der Regelung der AGB bestehen nicht. S und W haben daher eine Schickschuld vereinbart. Die Leistungshandlung des S bestand somit darin, die Krüge in den Versand zu geben.

Durch Übergabe an den Spediteur hat S das seinerseits Erforderliche getan und die Leistung ist gem. § 243 Abs. 2 BGB auf die hergestellten und versandten Krüge beschränkt. Diese ist mit der Zerstörung der Krüge gem. § 275 Abs. 1 BGB unmöglich geworden.

cc) Ausnahme: zu vertretende Unmöglichkeit § 326 Abs. 2 BGB
   Gem. § 326 Abs. 2 BGB wird der Schuldner nicht von seiner Leistungspflicht frei, wenn er die Unmöglichkeit zu vertreten hat. Dies ist nicht der Fall.

dd) Gefahrübergang
   Möglichweise ist W jedoch deswegen nicht von seiner Leistungspflicht freigeworden, weil die Leistungsgefahr, d.h.

die Gefahr des Untergangs der Krüge, schon auf W übergegangen war.

(1) § 446 BGB

Gem. § 446 BGB geht die Gefahr beim Kauf durch Übergabe der Sache über. Die Übergabe hat hier jedoch
noch nicht stattgefunden.

(2) § 447 BGB

Gem. § 447 Abs. 1 BGB geht die Gefahr bei Versendungskauf über, sobald der Verkäufer die Sache dem
Spediteur ausgeliefert hat.

§ 447 Abs. 1 BGB dürfte nicht ausgeschlossen sein. Gem.
§ 474 Abs. 1 BGB ist § 447 BGB beim Verbrauchsgüter-
kauf ausgeschlossen. Hier jedoch handeln S und W als
Unternehmer gem. § 14 BGB. § 447 BGB ist nicht ausgeschlossen.

Bei dem Versand der Krüge handelt es sich um einen
Versendungskauf, da S die Krüge auf Verlangen des W
(sh. o.) an einen anderen Ort als den Erfüllungsort, d.h.
den Ort der Leistungshandlung, versenden sollte.

S hat die Krüge auch der Transportperson übergeben.

Weiter gilt im Rahmen des § 447 Abs. 1 BGB, dass es
sich bei der Gefahr um die typische Transportgefahr
handelt, d.h. es geht das Risiko lediglich bei der
Verwirklichung typischer Transportgefahren auf den
Empfänger über. Hier handelt es sich um einen Auto-
unfall. Dies ist eine typische Transportgefahr.

Schließlich geht nur die Gefahr für den zufälligen Untergang der Sache über, d.h. der S darf den Unfall nicht
verschuldet haben. Hier besteht kein Verschulden des
S.

Die Gefahr ist gem. § 447 Abs. 1 BGB auf den S übergegangen.

b) Ergebnis:

S ist nicht gem. § 326 Abs. 2 BGB von seiner Zahlungspflicht
freigeworden. Der Anspruch auf Zahlung des Kaufpreises
für die zerstörten Krüge ist nicht gem. § 326 Abs. 2 BGB erloschen.

2. Rücktritt

Der Anspruch bzgl. der falsch geeichten Krüge könnte gem. §§ 346
Abs. 1, 323 Abs. 1, 437 Nr. 2, 434 Abs. 1 BGB durch Rücktritt des S er-

loschen sein. Dafür müssten eine Rücktrittserklärung und ein Rücktrittsrecht vorliegen.

a) Rücktrittserklärung

Eine Rücktrittserklärung (§ 349 BGB) kann in der Weigerung der Zahlung gesehen werden.

b) Rücktrittsrecht

Voraussetzung für einen Rücktritt wäre ein Rücktrittsrecht. Ein Rücktrittsrecht könnte sich aus § 323 Abs. 1, 437 Nr. 2, 434 Abs. 1, 433 BGB ergeben.

aa) Vertrag

Es besteht ein wirksamer Vertrag.

bb) Mangel

Die Krüge müssten mangelhaft gem. § 434 Abs. 1 BGB sein. Die Krüge sind falsch geeicht. Dies macht sie für die gewöhnliche Verwendung unbrauchbar § 434 Abs. 1 Nr. 2 BGB. Die Krüge sind daher mangelhaft.

cc) Erfolglose Fristsetzung

Gem. § 323 Abs. 1 BGB müsste W erfolglos eine Nacherfüllungsfrist gesetzt haben. W hat keine Frist gesetzt. Es sind keine Umstände ersichtlich, die eine Fristsetzung entbehrlich machen. Damit ist kein Rücktrittsrecht gegeben.

3. Aufrechnung mit Schadensersatzanspruch

Der Zahlungsanspruch des S könnte gem. § 387 BGB erloschen sein, wenn W gegenüber S einen Schadensersatzanspruch hat, die Voraussetzungen des § 387 BGB erfüllt sind und W die Aufrechnung erklärt hat.

a) Gegenseitigkeit der Forderungen

W müsste eine Forderung gegen S haben. In Betracht kommt eine Forderung aus Schadensersatz gem. § 280 Abs. 1 BGB wegen der Lieferung der falsch geeichten Krüge.

Die Lieferung der falsch geeichten Krüge stellt eine Pflichtverletzung dar (vgl. § 433 Abs. 1 S. 2 BGB). Aufgrund der falschen Eichung hat W jeweils mehr Bier verkauft und dieses dem Käufer nicht berechnet. In den (Einkaufs-)Kosten für das zu viel ausgeschenkte Bier ist der Schaden des W zu sehen (§§ 249 ff. BGB).

Sofern der Schaden als Schadensersatz statt der Leistung zu qualifizieren ist, wäre ein Anspruch nur unter den zusätzlichen Voraussetzungen der §§ 281 Abs. 1 S. 1, 280 Abs. 3 BGB gegeben.

Der Schadensersatz statt der Leistung umfasst den Ersatz für all diejenigen Schäden, deren Entstehung durch eine (gedachte) Erfüllung im Zeitpunkt des Ersatzverlangens noch verhindert worden wäre. Hier hätte eine Nacherfüllung nach Bemerken der falschen Eichung den Schaden bzgl. des zu viel ausgeschenkten Bieres nicht mehr verhindern können. Daher liegt kein Schadensersatz statt der Leistung vor.

Es gibt keine Anhaltspunkte dafür, dass W nach § 280 Abs. 1 S. 2 BGB die falsche Eichung bei der Herstellung der Krüge nicht zu vertreten hat.

Damit hat W eine Forderung gegen S. Die Höhe des Schadens beträgt gemäß §§ 249, 251 Abs. 1 BGB 1000 €.

b) Gleichartigkeit

Die Forderung ist gleichartig, da beide Forderungen Geldforderungen sind. Die Forderung des W ist fällig, erzwingbar und durchsetzbar.

c) Aufrechnungserklärung, § 388 BGB

Eine Aufrechnungserklärung kann in der Weigerung der Zahlung gesehen werden, §§ 133, 157 BGB.

4. Minderung

Der Anspruch ist auch nicht gem. § 441 Abs. 3 BGB wegen Minderung erloschen, da die Voraussetzungen des Rücktritts nicht vorliegen (§ 441 Abs. 1 BGB).

III. Der Anspruch könnte nicht durchsetzbar sein.

1. Einrede des nichterfüllten Vertrags, § 320 BGB

Möglicherweise kann W dem Zahlungsverlangen des S die Einrede des nichterfüllten Vertrages gem. § 320 BGB entgegenhalten.

a) Gegenanspruch, § 439 Abs. 1 BGB

Voraussetzung ist, dass W einen synallagmatischen Gegenanspruch gegen S aus dem Vertrag mit S hat. Als solcher kommt ein Anspruch auf Nacherfüllung gem. §§ 437 Abs. 1, 439 Abs. 1, 433 BGB in Betracht.

S und W haben einen Vertrag geschlossen. (s.o.)

Die Krüge sind mangelhaft (s.o.)

Die Nacherfüllung ist nicht ausgeschlossen, da eine Neulieferung möglich ist (§ 439 Abs. 3 BGB).

b) Keine Verjährung

Der Anspruch könnte jedoch verjährt sein. Gem. § 438 Abs. 1 Nr. 2 BGB beträgt die Verjährungsfrist 2 Jahre und beginnt gem. § 438 Abs. 2 BGB mit der Ablieferung der Sache.

c) Verkürzung durch AGB

Hier jedoch könnte die Verjährungsfrist durch die AGB verkürzt worden sein. Dazu müsste die Regelung wirksam in den Vertrag einbezogen worden sein.

Die AGB sind wirksam einbezogen (s.o.)

Möglicherweise ist die Regelung in den AGB jedoch unwirksam. Gem. § 309 S. 1 Nr. 8b) ff) BGB sind Regelungen in AGB unwirksam, durch die bei Verträgen über die Lieferung neu hergestellter Sachen und über Werkleistungen die Verjährung von Ansprüchen gegen den Verwender wegen eines Mangels eine weniger als ein Jahr betragende Verjährungsfrist ab dem gesetzlichen Verjährungsbeginn erreicht wird. § 309 BGB ist jedoch gem. § 310 Abs. 1 BGB nicht anwendbar, da W Unternehmer ist (s.o.).

Möglicherweise verstößt die Regelung jedoch gegen § 307 Abs. 2 Nr. 1 BGB, wenn die Regelung W unangemessen benachteiligt, weil sie von wesentlichen Grundgedanken mit der gesetzlichen Regelung nicht vereinbar ist. § 307 BGB findet auch zwischen Unternehmern Anwendung. Im Rahmen des § 307 Abs. 2 Nr. 1 BGB finden indirekt §§ 309 S. 1 Nr. 8b) ff), 438 Abs. 1 BGB Anwendung (§ 310 Abs. 1 S. 2 BGB), weil die in § 309 BGB aufgezählten Aspekte wesentliche Grundgedanken der gesetzlichen Regelungen widerspiegeln.

Die Regelung in den AGB des S verkürzt die Verjährung auf ein halbes Jahr statt 2 Jahren. Dies ist eine unangemessene Benachteiligung. Die Regelung ist daher gem. §§ 307 Abs. 2 Nr. 1, 310 Abs. 1 S. 2, 309 S. 1 Nr. 8b) ff) BGB unwirksam.

d) Zwischenergebnis

Der Anspruch ist nicht verjährt, weil die zweijährige Verjährungsfrist nicht abgelaufen ist. W hat damit einen Anspruch auf Nacherfüllung.

2. Ergebnis:

W kann die Einrede des nichterfüllten Vertrages erheben.

B. Ergebnis:

Damit besteht ein Anspruch des S. S kann Zahlung von 500 Krügen verlangen (soweit der Anspruch nicht durch Aufrechnung erloschen ist). Die Zahlung der übrigen 500 Krüge steht unter der Zug-um-Zug Einrede der Nacherfüllung.

LÖSUNG 24 (zu Aufgabe S. 145)

Obersatz: Die Klage der X-Fraktion hat Aussicht auf Erfolg, wenn sie zulässig und begründet ist.

A. Zulässigkeit:

    I. Das Bundesverfassungsgericht ist enumerativ für das Organstreitverfahren nach Art. 93 Abs. 1 Nr. 1 GG i.V.m. §§ 13 Nr. 5, 63 ff. BVerfGG **zuständig**.

    II. **Antragsberechtigung**: Art. 93 Abs. 1 Nr. 1 GG i.V.m. § 63 BVerfGG:

        (P) X-**Fraktion** als Antragsberechtigter nach § 63 BVerfGG?

        Nicht aufgelistet, aber könnte ein mit eigenen Rechten ausgestatteter Teil des Bundestags sein. Eigene Rechte ergeben sich aus § 10 GO BT.

        Damit besteht eine Antragsberechtigung der Fraktion.

    III. **Antragsgegner**: § 63 BVerfGG: Bundespräsident.

    IV. **Antragsgegenstand**: § 63 Abs. 1 BVerfGG:

        Maßnahme oder Unterlassen: Unterlassen der Ausfertigung nach Art. 82 Abs. 1 GG.

    V. **Antragsbefugnis:** § 63 Abs. 1 BVerfGG:

        Mögliche Verletzung in eigenen Rechten aus dem Grundgesetz? Art. 76 GG: Gesetzgebungsrecht des Bundestages als Legislative. Kein Recht der Fraktion, aber des Bundestages. Fraktion ist Teil des Bundestages und kann sein Recht in (gesetzlicher) Prozessstandschaft geltend machen, vgl. § 64 Abs. 1 BVerfGG,[273]

    VI. **Form und Frist:** § 64 Abs. 3 BVerfGG:

        Innerhalb von 6 Monaten nach Bekanntwerden der Maßnahme. Einhaltung der Form des § 23 Abs. 1 BVerfGG.

B   Begründetheit

    I. Welches Recht der Fraktion aus dem GG ist betroffen? Art. 76 GG: Organteile können Recht des ganzen Organs geltend machen.

    II. Liegt eine Rechtsverletzung vor? Das ist dann der Fall, wenn der Bundespräsident die Ausfertigung nicht verweigern hätte dürfen und der Bundestag hierdurch in seinem Gesetzgebungsrecht verletzt ist. Maßstab hierfür ist Art. 82 Abs. 1 GG.

        (P) In welchem Umfang steht dem Bundespräsidenten ein Prüfungsrecht vor der Ausfertigung zu?[274]

---

[273] Die Frage der Prozessstandschaft ist ein weiteres kleines Problem der Zulässigkeitsprüfung. Hier gibt es keinen Meinungsstreit, es fällt jedoch positiv ins Gewicht, wenn kurz erläutert wird (mit Nennung der einschlägigen Norm), warum die Fraktion die Rechte des BT geltend machen kann.

[274] Hierzu vertiefend *Degenhart*, Staatsrecht I, 28. Aufl., Heidelberg 2012, Rn. 712 ff. – es handelt sich hierbei um ein Standardproblem aus der Anfängervorlesung, das Ihnen bekannt sein sollte.

Vier Möglichkeiten:
1. gar keine Prüfungsrecht, Ausfertigung ist bloße Formsache (M_A).
2. lediglich ein formelles Prüfungsrecht, d.h. die Überprüfung des ordnungsgemäßen Zustandekommens (M_B).
3. volles, materielles und formelles Prüfungsrecht, d.h. auch Überprüfung der inhaltlichen Übereinstimmung des Gesetzes mit dem GG (M_C).
4. volles formelles, auf Evidenzprüfung beschränktes materielles Prüfungsrecht (M_D).

Gegen die erste Ansicht (M_A) sprechen historische Gründe, aber auch der Wortlaut „zustande gekommene Gesetze" (vgl. Art. 76 GG) und die Tatsache, dass sonst das Erfordernis der Ausfertigung entbehrlich wäre. Der Bundespräsident hat also zumindest ein formelles Prüfungsrecht. (M_B)

[An dieser Stelle kann jetzt entweder der Streit zu Ende entschieden werden (Var.1), oder zunächst festgestellt werden, ob bereits ein Verstoß gegen formelle Voraussetzungen vorliegt, da dann die Weigerung jedenfalls rechtmäßig und die Klage unbegründet wäre (Var.2). Es gibt keinen richtigen Weg; welchen man wählt, hängt von der Klausurtaktik ab. Erscheint die Streitentscheidung mit Argumenten als Hauptteil der Klausur, würde man sich diese aber abschneiden, weil beide Meinungen im konkreten Fall zum gleichen Ergebnis führen, sollte man sich vorher für eine Meinung entscheiden, die Argumente bringen und dann subsumieren (Var. 1). Geht es eher darum, das Problem aufzuwerfen, ist es aber deutlich, dass die Meinungen zu unterschiedlichen Ergebnissen führen, dann sollten die jeweiligen Meinungen zuerst subsumiert werden, damit deutlich wird, dass das Problem in den unterschiedlichen Ergebnissen liegt und man damit argumentieren kann (Var. 2).]

In jedem Fall kommt es auf die Verfassungsmäßigkeit des auszufertigenden Gesetzes an:

a) Formelle Verfassungsmäßigkeit des Grundgesetzänderungsgesetzes:

    aa) **Zuständigkeit**: Art. 70, 71 GG: laut Bearbeitervermerk gegeben.

    bb) **Verfahren**: Art. 76 ff. GG

        (P) Wurde das Gesetz mit der erforderlichen Mehrheit in Bundestag und Bundesrat angenommen? Welche Mehrheit? Grundgesetzänderndes Gesetz: Art. 79 Abs. 2 GG: 2/3-Mehrheit

(1) Bundestag:

400 zu 200 Stimmen genügen an sich

(P) Was ist mit der Stimme von B? Ist seine Stimme trotz Geisteskrankheit gültig?

- GG sagt dazu nichts; § 104 BGB äußert sich zwar zur Geisteskrankheit, ist jedoch eine Norm aus dem Privatrecht die für die Abgabe privater Willenserklärungen wirkt. Er kann jedoch weder unmittelbar noch mittelbar Regelungen zu Abstimmungen im Bundestag treffen, da es sich dabei gerade nicht um eine Willenserklärung handelt.

- § 15 GO BT: Ausschluss aus Bundestag nur nach entsprechendem Verfahren.

- §§ 15, 13 BWahlG: Wählbarkeit nicht mehr gegeben, wenn Betreuer bestellt

  Ergebnis: Hier hat niemand etwas von der Geisteskrankheit gewusst, solange ein Abgeordneter nicht ausgeschlossen ist, ist er Mitglied des Bundestags und kann eine gültige Stimme abgeben. Ansonsten wäre die Sicherheit bei Abstimmungen nicht gegeben.[275]

(2) Bundesrat:

50 zu 22 Stimmen

(P 1) Hätte das Land L seine fünf Stimmen geschlossen abgeben müssen?[276]

- Art. 51 Abs. 3 S. 2 GG: Wortlaut: „einheitlich"

- Was heißt das? Kann der Ministerpräsident als „Stimmführer" für die anderen stimmen?

(P 2) Wie wirkt sich das auf das Ergebnis aus?

M_1: ganze Abstimmung unwirksam? Argument: Mitgliedermehrheit erforderlich.

M_2: Stimmen des Landes werden insgesamt nicht mitgezählt, da fehlerhaft abgegeben → Ergebnis: 49:18 → weiterhin 2/3-Mehrheit.

---

275 Dieses Problem ist Ihnen mit Sicherheit unbekannt – es geht hier einzig um eine vertretbare Subsumtion und Argumentation mit den vorgegebenen Rechtsgrundlagen. Jetzt wird auch klar, wozu diese Normen angegeben wurden.

276 BVerfGE 106, 310 (330 ff.); *Maurer/Manssen*, Staatsrecht, 7. Aufl., München 2010, S. 491, Rn. 8.

M_3: Stimme des „Stimmführers" zählt für alle → erst recht 2/3-Mehrheit.

[Hier müssen Sie sich mit Argumenten (!) entscheiden, ob sie M_1 oder M_2/M_3 folgen, da dies Auswirkungen auf das Ergebnis hat. Dies muss kurz dargestellt werden.

Je nachdem wie Sie sich entscheiden:

1. Möglichkeit (es wird M_1 gefolgt):

dann formell verfassungswidrig, da Verfahrensfehler (keine Zustimmung des Bundesrates)

daraus folgt: Bundespräsident hatte nach jeder der Ansichten (M_B-M_D) hinsichtlich seines Prüfungsrechts ein Weigerungsrecht, da das Gesetz schon nicht formell ordnungsgemäß zustande gekommen ist. [*Wenn dies Ihr Ergebnis der Feingliederung ist, sollten Sie für die Niederschrift die Variante 1 der Streitdarstellung wählen, die bereits vor der Subsumtion die Argumente der verschiedenen Ansichten diskutiert, da Sie sich sonst hier einen Schwerpunkt der Klausur abschneiden.*]

Ergebnis: Organstreitverfahren ist unbegründet, da die Weigerung nicht verfassungswidrig war.

Hilfsgutachten [in diesem Fall unbedingt erforderlich, da sonst offensichtlich ein großer Teil des Sachverhalts nicht verwertet wird]:

b) Materielle Verfassungsmäßigkeit des Gesetzes

Das Gesetz ist materiell verfassungswidrig, wenn es inhaltlich gegen Normen der Verfassung verstößt. Verfassungsändernde Gesetze sind bereits dann verfassungswidrig, wenn sie gegen die in Art. 79 Abs. 3 GG normierte Ewigkeitsklausel verstoßen, also die in Art. 1 und Art. 20 GG niedergelegten Grundsätze berühren.

§ 1 des Grundgesetzänderungsgesetzes:

Art. 20 Abs. 2 S. 2 GG: Hier erscheint ein Verstoß gegen den Gewaltenteilungsgrundsatz möglich.

Präsident des Bundesrates und Bundespräsident sind Teile der Exekutive, der Präsident des Bundesverfassungsgerichts ist Teil der Legislative. Es kommt zu einer unzulässigen Gewaltenvermischung. Damit ist § 1 des Änderungsgesetzes verfassungswidrig.

c) Zwischenergebnis

Damit wäre das Gesetz auch materiell verfassungswidrig. Ob diesbezüglich ein Prüfungsrecht des Bundespräsidenten bestanden hätte, muss im Hilfsgutachten nicht mehr thematisiert werden, ebenso wenig wie die Auswirkung auf die Begründetheit.

2. Möglichkeit (es wird M$_2$ oder M$_3$ gefolgt):

Formell verfassungsmäßig, da sich fehlerhafte Abstimmung nicht auswirkt.

Wenn Sie zu diesem Ergebnis kommen, müssen Sie wie folgt weiterprüfen:

BPräs hat nach Ansicht M$_B$ kein Weigerungsrecht, da das Gesetz formell verfassungsmäßig ist, nach anderer Ansicht hat er auch ein materielles Prüfungsrecht (M$_C$), zumindest Evidenzkontrolle (M$_D$). [*Wenn dies Ihr Ergebnis der Feingliederung ist, dann ist es am elegantesten, den Streit erst an dieser Stelle, eingeleitet mit „aus diesem Grund kommt es hier auf die Entscheidung des oben dargestellten Streits an" – entsprechend Variante 2 – zu entscheiden.*]

Wird ein materielles Prüfungsrecht abgelehnt (M$_B$), so ist die Klage bereits an dieser Stelle begründet, da die Weigerung verfassungswidrig war (das Gesetz ist ja ordnungsgemäß zustande gekommen). Die Prüfung der materiellen Verfassungsmäßigkeit erfolgt dann wiederum im **Hilfsgutachten** (s.o.).

Wird ein materielles Prüfungsrecht angenommen (M$_C$, M$_D$), muss im **Hauptgutachten** weitergeprüft werden, ob ein (evidenter) Verstoß gegen das GG vorliegt. Da dies der Fall ist (s.o.), wäre auch in diesem Fall die Klage unbegründet, da die Weigerung verfassungsmäßig war.

Man sieht an diesem Fall recht deutlich, dass eine Klausur in der Regel viele Weichenstellungen enthält, an denen man sich so oder so entscheiden kann und dadurch den weiteren Verlauf und Aufbau der Klausur beeinflusst. Man sieht gleichzeitig, dass es keine falsche und keine richtige Lösung gibt. Alle oben dargestellten Möglichkeiten haben das Potential zu 18 Punkten, solange die Probleme richtig gewichtet und mit vertretbaren Argumenten dargestellt sind und keine entscheidenden Teile des Sachverhalts weggelassen wurden.

LÖSUNG 25 (zu Aufgabe S. 152)

Frage 1:[277]
Gefragt ist nach der Verfassungsmäßigkeit des geänderten BWG:

Schema: Formelle und Materielle Verfassungsmäßigkeit (Es ist nicht nach der Begründetheit einer Klage vor dem BVerfG gefragt – es sollte deshalb auch nicht die „Begründetheit" geprüft werden!)

I. Formelle Verfassungsmäßigkeit

[Schema: Zuständigkeit – Verfahren – Form]
1. Zuständigkeit
    Des Bundes für Änderung des BWG?
    → aus GG, normalerweise Art. 73 ff. GG: (–), keine einschlägige Regelung für Wahlrecht
    → **Art. 38 Abs. 3 GG**: spezifische (ausschließliche) Kompetenzzuweisung für Wahlrecht
    [Hilfsweise Argumentation, falls man Art. 38 Abs. 3 GG nicht findet: es geht um Wahlrecht des Bundes, dafür muss schon sachlogisch der Bund ausschließlich zuständig sein, da es um sein eigenes Organisationsrecht geht.]
    → Zuständigkeit (+)
2. Verfahren
    → Ordnungsgemäßes Gesetzgebungsverfahren nach Art. 76 ff. GG
    [**Wichtig:** nicht unnötiges Wissen über den Gesetzgebungsvorgang abladen, sondern nur dazu etwas schreiben, wozu im Sachverhalt etwas steht; z.B. wird hier nicht erwähnt, wer den Gesetzesvorschlag eingebracht hat, man kann also davon ausgehen, dass alles in Ordnung war.]
    a) Abstimmung im Bundestag
        [Gliederung: Es handelt sich um 2 Fragen: a) Erreichen der erforderlichen Mehrheit und b) Beschlussfähigkeit trotz geringer Zahl von Anwesenden. Diese zwei Fragen sollten nicht vermischt werden!]

---

277 Hinweis: Bei Frage 1 ist insbesondere positiv zu werten, wenn a) erkannt wird, dass nur nach der Verfassungsmäßigkeit (nicht Begründetheit!) gefragt war und b) ein sinnvoller Aufbau für Art. 38 Abs. 1 GG gewählt wird (ähnlich eines grundrechtlichen Aufbaus, jedenfalls Rechtfertigung/Herstellung praktischer Konkordanz mit kollidierenden Verfassungsgütern sollte angesprochen werden).

aa) Erforderliche Mehrheit

Art. 42 Abs. 2 S. 1 GG: BWG ist ein einfaches Gesetz (keine Verfassungsänderung!), keine besondere Mehrheit von Art. 38 Abs. 3 GG verlangt → einfache Mehrheit der abgegebenen Stimmen genügt, d.h. bei 70 Stimmen min. 36 (+)

bb) Beschlussfähigkeit des BT
- (P) Wie viele Abgeordnete müssen mindestens anwesend sein (Beschlussfähigkeit)? Keine Regelung im GG → **§ 45 Abs. 1 GO BT:** mehr als die Hälfte der Mitglieder, hier nicht erreicht
- **Folge Verfassungswidrigkeit?:**[278] GO BT ist nur interne Regelung → nicht automatisch Verfassungsverstoß, auch nicht, wenn Feststellung der Beschlussunfähigkeit nach § 45 Abs. 2 GO BT unterblieben ist
- Gleichzeitig Verstoß gegen Art. 42 GG? Wohl nur, wenn Festsetzung willkürlich, oder Abgeordnete von der Teilnahme abgehalten wurden.

Ergebnis: Fehlende Beschlussfähigkeit wirkt sich nicht auf Wirksamkeit der Abstimmung aus.

b) „Zustimmung" des Bundesrats

[Ein etwas „verstecktes" Problem, das bei vollständiger Sachverhaltsauswertung und Kenntnis der Voraussetzungen für ein ordnungsgemäßes Gesetzgebungsverfahren auffindbar ist.]

(1) Einspruchs- oder Zustimmungsgesetz? Keine Regelung in Art. 38 Abs. 3 GG, deswegen Einspruchsgesetz

(2) (P) Schadet „Zustimmung" des BR?

Nein, da nur ein „Mehr", Zustimmung bedeutet jedenfalls „kein Einspruch", falsche Bezeichnung schadet nicht.

3. (Form)

Hier können kurze Ausführungen zu Art. 82 GG gemacht werden, Anhaltspunkte für Fehler liegen jedoch nicht vor.

Ergebnis: Formell verfassungsmäßig.

---

278 Hierbei handelt es sich um eine ganz wichtige Überlegung im öffentlichen Recht: was ist die Folge eines Fehlers, also eines Verstoßes gegen das (Verfassungs-)Recht? Führt dieser zur Nichtigkeit oder zur Aufhebbarkeit der Maßnahme oder ist der Verstoß unbeachtlich, d.h. er zeitigt keinerlei Rechtsfolge. Diese Überlegung müssen Sie in den meisten Fällen anstellen, wenn Sie einen Rechtsverstoß festgestellt haben!

II. Materielle Verfassungsmäßigkeit

! Vorüberlegung: welche ist die (materielle) Norm des GG (Verfassungsmäßigkeit!!!), an der ich das Gesetz messen muss? → es geht um Wahlrecht, problematisch könnten also die Wahlrechtsgrundsätze aus **Art. 38 Abs. 1 S. 1 GG** sein. In Betracht kommt die Wahlrechtsgleichheit. Im Übrigen könnte **Art. 21 Abs. 1 GG** eine Rolle spielen, da es ja um die Chancen von Parteien bei der BT-Wahl geht.
→ ergibt sich aus Art. 38 Abs. 1 S. 1 GG ein Schema? Ja: Beeinträchtigung, d.h. Ungleichbehandlung – zwingende Gründe des geltenden Wahlrechtssystems – Rechtfertigung
→ Im Übrigen zwischen den einzelnen zu überprüfenden Regelungen (3%-Klausel und Grundmandatsklausel) trennen, da die Rechtfertigung durchaus unterschiedlich verlaufen könnte.

1. Verfassungsmäßigkeit der 3%-Hürde
    → Verstoß gegen Art. 38 Abs. 1 S. 1 GG?
    a) Ungleichbehandlung
        Art. 38 Abs. 1 S. 1 GG: „gleich": Zählwert- und Erfolgswertgleichheit
        Zählwert: unproblematisch
        Erfolgswert: (–) da die Stimmen, die für Parteien abgegeben werden, die nicht die 3%-Hürde überschreiten, sich nicht auf das Wahlergebnis auswirken
    b) Zwingend im Wahlrechtssystem angelegt?
        (–), da gegriffene Größe mit dem Ziel, Zersplitterung des Parlaments zu vermeiden, nicht zwingend in einem System der personalisierten Verhältniswahl angelegt
    c) Rechtfertigung/Herstellung praktischer Konkordanz
        Rechtfertigungsgrund: Einschränkung zum Schutz anderer Verfassungsgüter, hier Funktionsfähigkeit des BT
        (1) Legitimes Ziel (+)
        (2) Geeignetheit? fraglich, ob 3%-Klausel hierfür geeignet:
             Zersplitterung durch Verhältniswahl möglich, aber: (P) Ist Hürde nicht zu gering, um Ziel zu erreichen?
             Gesetzgeber in einem Rahmen frei, welche Hürde (Gestaltungsfreiheit), aber 3% sind relativ niedrig → trotzdem viele kleine Parteien in BT, Bildung regierungsfähiger Mehrheiten wird erschwert, willkürliche Beschränkung → nicht mehr verfassungsmäßig [*beide Ansichten vertretbar*]
        (3) (P) Erforderlichkeit trotz Stabilität [muss eigentlich nur geprüft werden, wenn man die Geeignetheit noch bejaht, sollte aber auf jeden Fall angesprochen werden, da hier noch ein paar weitere Argumente zählen.]

2. Verfassungsmäßigkeit der Grundmandatsklausel
→ Verstoß gegen Art. 38 Abs. 1 S. 1 i.V.m. Art. 21 Abs. 1 GG:
a) Ungleichbehandlung
   – Wahlrechtsgleichheit: Erfolgswertgleichheit? (–), da Zweitstimmen für Parteien, die weniger als drei Direktmandate erlangen, nicht gezählt werden.
   – Gleichbehandlung der Parteien: gleiche Chancen für alle Wahlbewerber: trotz besserer Ergebnisse bei den Zweitstimmen kommt die PDM im Gegensatz zur DKP bei der Sitzverteilung nicht zum Zug.
b) Rechtfertigung
   (1) Legitimes Ziel: Schutz des Integrationscharakters von Wahlen (insbesondere durch Berücksichtigung kleiner, regionaler Parteien mit starkem persönlichem Rückhalt in der Bevölkerung).
   (2) Hierzu auch geeignet, problematisch freilich, weil Begrenzungen der 3%-Klausel wieder abgeschwächt werden und nicht zwangsläufig Abgeordnete mit regionalem Bezug einrücken.

   Argumente:
   Gleichstellung mit größeren Parteien
   Erhöhte Repräsentationswürdigkeit von Parteien, die mehr Direktmandate erringen
   Stärkung der Integrationsfunktion
   Weiter Gestaltungsspielraum des Gesetzgebers

Ergebnis: Materiell teilweise verfassungsmäßig, deswegen Gesetz jedenfalls hinsichtlich der 3%-Klausel verfassungswidrig.

Frage 2:[279]

Gefragt ist nach der richtigen Klageart – vorgeschlagen wird die Wahlprüfung, man soll diese von Alternativen abgrenzen und darstellen, ob es tatsächlich die einzig zulässige Klagemöglichkeit wäre.

---

[279] Frage 2 ist größtenteils mit Gesetzeslektüre und Kenntnissen zum Organstreit und zur abstrakten Normenkontrolle zu lösen. Negativ ist zu bewerten, wenn mehr als das Gefragte ausgeführt wird oder keine weiteren Verfahren neben der Wahlprüfung (von der natürlich nur die Gesetzeslektüre verlangt werden kann) angesprochen werden.

Alternativen: Was will die PDM? Überprüfung der Verfassungsmäßigkeit eines Gesetzes

→ Organstreitverfahren, abstrakte Normenkontrolle, Verfassungsbeschwerde

1. Möglichkeit einer Wahlprüfbeschwerde

   Ziel der Wahlprüfung nach Art. 93 Abs. 1 Nr. 5 i.V.m. Art. 41 GG: Entscheidung über Gültigkeit der Wahlen zum Bundestag (vgl. § 1 WahlprüfG)

   → Entscheidung zunächst durch BT, gegen dessen Beschluss kann Wahlprüfbeschwerde beim BVerfG eingelegt werden

   → es müsste zunächst Entscheidung von BT angeregt werden.

   (P) Auch **Überprüfung des BWG** auf Verfassungsmäßigkeit? BVerfG kann alle Aspekte der Verfassungsmäßigkeit der Wahl überprüfen.

   (P) **Partei richtige Antragstellerin**? Weder Wahlberechtigte noch in ihrer Eigenschaft Gruppe von Wahlberechtigten, könnte aber durch die (wahlberechtigten) Parteimitglieder (allerdings nicht im Namen der Partei) handeln.

2. Möglichkeit einer abstrakten Normenkontrolle

   Abstrakte Normenkontrolle: (–), da Partei (als private Vereinigung) kein Antragsberechtigter i.S.v. Art. 93 Abs. 1 Nr. 2 GG

3. Möglichkeit eines Organstreits, Art. 93 Abs. 1 Nr. 1 GG

   (1) Antragsgegenstand: auch Erlass eines Gesetzes

   (2) Partei als Antragsberechtigte: anderer Beteiligter, der im GG mit eigenen Rechten ausgestattet ist? (+), vgl. Art. 21 GG, muss nicht Organteil sein (abweichende Formulierung von § 63 BVerfGG!!!)

4. Möglichkeit einer Verfassungsbeschwerde durch die Partei, Art. 93 Abs. 1 Nr. 4a GG:

   (1) Beschwerdegegenstand: Gesetz = Akt öffentlicher Gewalt

   (2) Beschwerdeberechtigung. Jedermann, also auch Partei als juristische Person

   (3) Beschwerdebefugnis: Mögliche Grundrechtsverletzung?

   – Art. 21 GG (–), kein grundrechtsgleiches Recht

   – Art. 38 Abs. 1 S. 1 GG: grundrechtsgleiches Recht, aber Partei als solche nicht Trägerin der Rechte aus Art. 38 bzw. Art. 38 Abs. 1 S. 1 GG nicht dem Wesen nach auf sie anwendbar (Art. 19 Abs. 3 GG) (str.)

   (4) Jedenfalls subsidiär zum Organstreit, soweit es um die Rüge der Rechte aus Art. 38 GG geht.

Ergebnis: Organstreit ebenfalls (bzw. wegen der zweifelhaften Antragsberechtigung im Wahlprüfungsverfahren einzig) mögliche Klageart. Die Anwaltskanzlei hat also Unrecht.

LÖSUNG 26 (zu Aufgabe S. 160)

1. Frage 1

I. Art. 4 Abs. 1 GG[280]

Schutzbereich?

Religion in Abgrenzung zu Meinungsfreiheit: Forum externum und Forum internum.

Bekenntnisfreiheit ist lex specialis zur allgemeinen Meinungsfreiheit, d.h. wenn der Schutzbereich der Religionsfreiheit eröffnet ist, dann nur Prüfung von Art. 4 Abs. 1 GG.

Protest zwar religiös motiviert, Unterlassen beeinträchtigt aber nicht Glaubensfreiheit, da religiös motivierter Protest nicht von Glauben gefordert oder zur Glaubensausübung erforderlich. Es geht auch nicht um Missionierung/Werbung für den eigenen Glauben oder Kundgabe des religiös-identitätsstiftenden eigenen Bekenntnisses. Allein Kundgabe religiös gefärbter Meinungen ist noch nicht Ausübung von Religionsfreiheit. (a.A. bei guter Begründung vertretbar)[281]

> Formulierung im Gutachtenstil:
> K könnte in seiner Glaubensfreiheit aus Art. 4 Abs. 1, Abs. 2 GG verletzt sein. Dazu müsste der Schutzbereich eröffnet sein. Die Glaubensfreiheit schützt sowohl das forum internum, also überhaupt einen Glauben zu haben, also auch das forum externum, also die Möglichkeit, diesen Glauben zu äußern und auszuüben. K möchte seine religiös motivierte Meinung über Abtreibungen kundtun, es könnte also das forum externum betroffen sein. Fraglich ist allerdings, ob allein das Äußern religiös motivierter Meinungen bereits unter die Glaubensfreiheit fällt, oder ob nicht eher der Schutzbereich der Meinungsfreiheit aus Art. 5 Abs. 1 S. 1 Alt. 1 GG berührt ist.
> Grundsätzlich ist die Äußerung eines Glaubens, also die Bekenntnisfreiheit spezieller unter Art. 4 Abs. 1, 2 GG geschützt, so dass die Meinungsfreiheit ausscheiden würde. Hier ist der Protest zwar religiös motiviert, es geht jedoch nicht um die Äußerung von Glaubensinhalten oder seines eigenen, identitätsstiftenden Bekenntnisses. Der Protest ist nicht Glaubensinhalt und wird von der katholischen Religion nicht gefordert.

---

280 Der Fall ist BVerfG, Beschl. v. 8.6.2010, 1 BvR 1745/06 = NJW 2011, 47–49 nachgebildet.

281 Wird innerhalb von Art. 4 GG weitergeprüft, dann muss in der Rechtfertigung der Aufbau für eine schrankenlos gewährleistetes Grundrecht gewählt werden und die Glaubensfreiheit des K durch möglicherweise kollidierendes Verfassungsrecht, also die Grundrechte des F, eingeschränkt werden. Es muss also eine Abwägung zwischen diesen Grundrechten erfolgen und man sich ebenso wie bei Art. 5 Abs. 1 GG die Frage stellen, ob das Gericht die Grundrechte verhältnismäßig zum Ausgleich gebracht hat. Wichtig ist jedenfalls, dass Sie die Abgrenzung zu Art. 5 in irgendeiner Weise thematisieren und sich mit Argumenten für die eine oder andere Lösung entscheiden.

Es geht weder um Missionierung noch um Werbung für den katholischen Glauben. Allein die Äußerung religiös gefärbter Meinungen stellt noch keine Ausübung der Religionsfreiheit dar, durch das Verbot wird K nicht an der Ausübung seines Glaubens gehindert. Damit ist in diesem Fall der speziellere Schutzbereich von Art. 4 Abs. 1 GG nicht eröffnet.

II. Art. 5 Abs. 1 GG

1. Schutzbereich:

Def. Meinung:

Meinung = jede Äußerung, die durch Elemente der subjektiven Stellungnahme und des Dafürhaltens im Rahmen einer geistigen Auseinandersetzung geprägt ist, wenn die Richtigkeit oder Unrichtigkeit einer Behauptung Sache der persönlichen Überzeugung bleibt.

(P) Tatsachenbehauptungen als Meinung?

– Äußerungen im Flugblatt: Werturteil, unproblematisch

– Hinweis auf Abtreibung: (P) Tatsachenbehauptung: wirklich existierende, dem (Wahrheits-) Beweis zugängliche Umstände:
auch diese sind grundsätzlich erfasst, da und wenn sie üblicherweise dafür verwendet werden, ein Werturteil zu unterstreichen, zu belegen, zur Meinungsbildung Dritter beizutragen oder auch die bloße Entscheidung, bestimmte Tatsachen zu äußern, mit einer Wertung verbunden ist. Ausgenommen sind erwiesen und bewusst unwahre Tatsachen (kein Schutz der bewussten Lüge). Die Behauptung, dass Abtreibungen durchgeführt werden, steht im Zusammenhang mit Meinungskundgabe und ist keine bewusste Lüge.[282]

Daraus folgt: Schutzbereich eröffnet.

Formulierung im Gutachtenstil:
Es könnte der Schutzbereich der Meinungsfreiheit nach Art. 5 Abs. 1 S. 1 Alt. 1 GG eröffnet sein. Die Meinungsfreiheit schützt jede Äußerung, die durch Elemente der subjektiven Stellungnahme und des Dafürhaltens im Rahmen einer geistigen Auseinandersetzung geprägt ist, wenn die Richtigkeit oder Unrichtigkeit einer Behauptung Sache der persönlichen Überzeugung bleibt.
Indem K Abtreibungen als Mord darstellt und dabei seine religiöse wie politische Überzeugung darstellt, äußert er ein Werturteil und damit eine Meinung. Fraglich ist, ob die Hinweise darauf, dass F Abtreibungen durchführe, ebenfalls von der Meinungsfreiheit umfasst sind. Hierbei handelt es sich um eine Tatsachenbehauptung, also existierende, dem Wahrheitsbeweis zugängliche Aussagen. Auch solche werden von der Meinungsfreiheit umfasst, wenn sie dafür verwendet wer-

---

282 Diese Begriffsbestimmung sollte Ihnen bekannt sein. Näheres dazu *Pieroth/Schlink*, Grundrechte, 28. Aufl., Heidelberg 2012, Rn. 596 ff.; *Michael/Morlok*, Grundrechte, 3. Aufl., Baden-Baden 2012, Rn. 210.

den, ein Werturteil zu unterstreichen oder zur Meinungsbildung beizutragen und es sich nicht um bewusst unwahre Tatsachenbehauptungen (bewusste Lüge) handelt. K's Aussage, dass F Abtreibungen durchführe, steht im direkten Zusammenhang mit der Bewertung, dass er Abtreibungen ablehnt. Es handelt sich nicht um eine bewusste Lüge. Damit ist der Schutzbereich der Meinungsfreiheit eröffnet.

2. Eingriff:
   Weiterhin müsste ein Eingriff in die Meinungsfreiheit vorliegen. Eingriff ist jedes staatliche Handeln, das die Grundrechtsausübung unmöglich macht oder erschwert. Hier handelt es sich zwar um einen Rechtsstreit zwischen Privaten, die als solche nicht grundrechtsgebunden sind. Jedoch wird dem K die Meinungsäußerung durch das (zivilgerichtliche) Urteil des LG München untersagt. Die Beeinträchtigung der Grundrechtsausübung erfolgt damit durch staatliches Handeln. Ein Eingriff liegt somit vor.

3. Rechtfertigung
   a) Einschränkungsmöglichkeit: Art. 5 Abs. 2 GG: „allgemeine Gesetze" = qualifizierter Gesetzesvorbehalt
   b) Gesetzliche Grundlage: §§ 823, 1004 BGB
   c) Verfassungsmäßigkeit der *Gesetzesgrundlage*:
      aa) Formelle Verfassungsmäßigkeit (+)
      bb) Materielle Verfassungsmäßigkeit (+)
         aaa) **„Allgemeines Gesetz"**: alle Gesetze, die nicht eine Meinung als solche verbieten und die sich nicht gegen die Äußerung einer Meinung als solche richten, die vielmehr dem Schutz eines schlechthin, ohne Rücksicht auf eine bestimmte Meinung, zu schützendes Rechtsguts dienen, das gegenüber der Betätigung der Meinungsfreiheit den Vorrang hat: (+), da es in §§ 823, 1004 BGB vornehmlich um den Schutz der persönliche Ehre geht.
         bbb) Verhältnismäßigkeit (Wechselwirkungslehre): das einschränkende Gesetz muss unter der besonderen Berücksichtigung und im Licht der Meinungsfreiheit betrachtet werden. Möglichkeit eines zivilrechtlichen Unterlassungsanspruchs bei ehrverletzenden Äußerungen verfolgt einen legitimen Zweck, ist geeignet, erforderlich und angemessen.

d) Verfassungsmäßigkeit der *Einzelfallmaßnahme:*[283]

Nur Prüfung der spezifischen Verletzung von Verfassungsrecht, d.h. ob das Gericht bei der Anwendung der §§ 823, 1004 BGB und der Auslegung des unbestimmten Rechtsbegriffs der „widerrechtlichen Verletzung" die Bedeutung der Meinungsfreiheit des K verkannt hat. Insbesondere, war die Maßnahme verhältnismäßig?[284]

Es handelt sich hier um einen Rechtsstreit zwischen Privaten. Das durch Art. 1 Abs. 3, 20 Abs. 3 GG an die Grundrechte gebundene Gericht ist verpflichtet, auch bei einem Rechtsstreit zwischen Privaten den Grundrechte beider Parteien ausreichend Rechnung zu tragen. Die Grundrechte entfalten insoweit ihre Wirkung als verfassungsrechtliche Wertentscheidungen durch das Medium der Vorschriften, die das jeweilige Rechtsgebiet unmittelbar beherrschen. Dieser grundrechtliche Schutz obliegt den Fachgerichten bei der Auslegung, Anwendung und Konkretisierung des Rechts. Die durch die Fachgerichte vorgenommene Beurteilung und Abwägung der Grundrechtspositionen der Privaten kann das BVerfG nur hinsichtlich von Auslegungsfehlern vornehmen, die erkennen lassen, dass die Abwägung auf einer grundsätzlich unrichtigen Auffassung von der Bedeutung eines Grundrechts, insbesondere vom Umfang seines Schutzbereichs beruht, und die auch in ihrer materiellen Bedeutung für den Rechtsfall von einigem Gewicht sind.[285]

Das Gericht müsste also durch seine Bewertung der Rechtswidrigkeit der Rechtsgutsverletzung durch K im Rahmen der Prüfung des § 823 BGB die Bedeutung des Art. 5 Abs. 1 GG grundlegend verkannt haben.

---

283 Hier liegt der Schwerpunkt der Klausur. Wichtig ist trotzdem, dass Sie zeigen, dass Sie den Unterschied zwischen Gesetzes- und Anwendungsebene kennen.

284 Anmerkung: Es handelt sich hier um einen Fall zur sog. „mittelbaren Drittwirkung von Grundrechten". Auch wenn es rechtlich um einen Eingriff durch staatliches Verhalten, nämlich das Urteil, geht, muss zum Ausdruck gebracht werden, dass das Zivilgericht bei der Anwendung der Normen des BGB in einem Rechtsstreit zwischen Privaten deren widerstreitende Grundrechtspositionen verhältnismäßig zum Ausgleich bringen muss. Ob dies erfolgt ist, darf das BVerfG überprüfen. Aufbautechnisch ist es schwierig, diese Aussagen im Standardprüfungsaufbau unterzubringen. Es gibt entweder die Möglichkeit, die Herleitung des besonderen Prüfungsmaßstabes und die Erläuterung der Drittwirkung der eigentlichen Prüfung voranzustellen oder aber bis zur Rechtfertigungsebene „normal" zu prüfen, und dort dann die entsprechende Herleitung unterzubringen. Diese Variante wird hier gewählt. Vgl. hierzu auch *Pieroth/Schlink*, Grundrechte, 28. Aufl., Heidelberg 2012, Rn. 189 ff.

285 So die Zusammenfassung der bisherigen Rechtsprechung von BVerfGE 103, 89 (100).

Dies bedeutet keine erneute Subsumtion der Voraussetzungen des § 823 Abs. 1 BGB durch das BVerfG, dieses beurteilt lediglich die Frage, ob sich aus einer verfassungskonformen Abwägung zwischen Art. 5 Abs. 1 GG (eventuell verstärkt durch Art. 4 Abs. 1, 2 GG) des K und dem Allgemeinen Persönlichkeitsrecht aus Art. 2 Abs. 1 GG i.V.m. Art. 1 Abs. 1 GG und Art. 12 GG des F ergeben hätte müssen, dass die Meinungsfreiheit des K überwiegt. Fraglich ist demnach, ob nach verfassungsrechtlichen Maßstäben das Gericht dem K seine Meinungsäußerung wegen eines rechtswidrigen Eingriffs in die von § 823 BGB geschützten Rechtsgüter des F untersagen durfte. Das Gericht musste also praktische Konkordanz zwischen der Meinungsfreiheit des K und der ebenfalls grundrechtlich geschützten Berufsfreiheit und dem allgemeinen Persönlichkeitsrechts des Frauenarztes herstellen.

Dabei ist insbesondere an die besondere Bedeutung der Meinungsfreiheit im demokratischen Staatsaufbau zu denken und die mögliche Einschränkung der Meinungsfreiheit im besonderen Licht der Meinungsfreiheit zu betrachten (Wechselwirkungstheorie).

Daraus folgt insbesondere: Verhältnismäßigkeitsprüfung

a) Legitimer Zweck

Untersagung dient dem Schutz von grundrechtlich geschützten Interessen des F (+)

b) Geeignetheit (+)

c) Erforderlichkeit

Milderes, gleich effektives Mittel nicht ersichtlich.

d) Angemessenheit

Herstellung praktischer Konkordanz zwischen den oben genannten Grundrechtspositionen unter besonderer Berücksichtigung der Meinungsfreiheit.

Für K hätte das Gericht folgendes berücksichtigen müssen:

- wahre Tatsachenbehauptung bezüglich des Durchführens von Abtreibungen

- betreffen F weder in seiner Intim-, noch in seiner Privatsphäre, sind also nicht im Kernbereich des APR anzusiedeln

- Beeinträchtigungen außerhalb des Kernbereichs durch wahre Tatsachenbehauptungen sind grundsätzlich hinzunehmen

  → das Gericht hätte eine schwerwiegende Persönlichkeitsbeeinträchtigung des F feststellen müssen, was nicht geschehen ist.

- Das Gericht hat nicht hinreichend gewürdigt, dass es um ein Thema von großem öffentlichen Interesse ging → K hat erhöhtes Äußerungsinteresse.
- verstärkt durch Glaubensfreiheit

Für F hätte das Gericht folgendes einstellen können:
- drohender Verlust sozialer Achtung: allerdings gering, da ihm nur aus Sicht des K moralisch verwerfliches Tun vorgehalten wurde, aber keine rechtlich relevante Straftat behauptet wurde.
- Auswirkungen auf das Arzt-Patienten-Verhältnis, v.a. „Spießrutenlauf" für Patientinnen und damit mögliche Beeinträchtigung der Berufsausübung
- Art. 5 Abs. 1 GG schützt nicht das „Aufdrängen" von Meinungen (da andererseits auch die negative Meinungsfreiheit geschützt ist)

4. Ergebnis

Es sprechen mehr und bessere Gründe für den Schutz der Meinungsfreiheit, so dass jedenfalls ein umfassendes Verbot der Meinungsäußerung durch das Gericht unverhältnismäßig war. (a.A. Ansicht mit guter Begründung natürlich vertretbar)[286]

2. Frage 2

Voraussetzungen für Verfassungsbeschwerde:

1) Im eigenen Namen

a) **Beschwerdeberechtigung: „Jedermann"**

Jur. Personen nach Art. 19 Abs. 3 GG: inländische juristische Person: Kirchengemeinde als Körperschaft (Art. 141 GG i.V.m. Art. 137 Abs. 5 WRV) (+)

(P) öffentlich-rechtlich: grdsl. (−), wegen des Abwehrrechtscharakters der Grundrechte und weil jur. Personen des öffentlichen Rechts Teil des Staates sind (Konfusionsargument), anders, wenn sie in einer typischen Situation der Grundrechtsgefährdung sind und den Bürgern bei der Verwirklichung ihrer Grundrechte helfen. Die Kirchengemeinde also jedenfalls als Träger von Art. 4 Abs. 1 GG.

---

286 Wichtig ist hier nicht, ob Sie zu diesem Ergebnis kommen, sondern ob Sie a) die Problematik der mittelbaren Drittwirkung erkennen, sinnvoll in den Prüfungsaufbau einbauen und die Abwägung der Interessen von K und F richtig verorten und b) sich mit einigen der oben genannten Argumente auseinandersetzen und begründen, warum der Meinungsfreiheit des K vom LG (nicht) ausreichend Rechnung getragen wurde.

Art. 4 Abs. 1 GG auch dem Wesen nach auf die Kirchengemeinde anwendbar.

b) **Beschwerdegegenstand**: Akt öffentlicher Gewalt: Urteil des LG

c) **Beschwerdebefugnis**: Gemeinde müsste möglicherweise selbst, unmittelbar und gegenwärtig in einem (ihr zustehenden Grundrecht) verletzt sein.

(P) nur Berufung auf Art. 4 GG möglich, nicht aber Art. 5 GG → eine solche Verletzung scheidet jedoch nicht grundsätzlich aus, da es jedenfalls um die Äußerung einer religiös motivierten Meinung geht. (a.A. vertretbar mit der Begründung, dass Kirchen nur aus historischen Gründen Körperschaften des öffentliche Rechts sind, aber eigentlich mit dem Staat nichts zu tun haben, so dass sie sich auf alle Grundrechte berufen können)

(P) Selbstbetroffenheit?

Kirchengemeinde war nicht Partei des Rechtsstreits, generell genügt auch eine faktische Selbstbetroffenheit. Die Gemeinde müsste hier also darlegen, dass sie selbst durch die Unterlassungsverfügung gegen K (also dadurch, dass ihr Gemeindemitglied K sich jetzt nicht mehr gegen Abtreibungen äußern darf) möglicherweise in ihrer eigenen Religionsfreiheit betroffen ist. Die Gemeinde und andere Gemeindemitglieder dürfen aber weiterhin Äußerungen treffen, K hat nicht als Vertreter der Gemeinde die Äußerungen getroffen, Religionsausübung der Gemeinde ist damit nicht betroffen. Auch keine faktische Selbstbetroffenheit (a.A. vertretbar, dann müsste noch kurz die (noch nicht erfolgte) Rechtswegerschöpfung und die Frist angesprochen werden)

2) Im Namen des K

Geltendmachung fremder Rechte in der Verfassungsbeschwerde nur durch (zulässige) Prozessstandschaft. Eine solche liegt hier nicht vor. Ansprechen kann man die Frage entweder bei der Antragsbefugnis/Prozessfähigkeit oder bei der Antragsbefugnis/Selbstbetroffenheit.[287]

---

287 Hier sind im ersten oder zweiten Semester natürlich keine vertieften Kenntnisse zu erwarten. Auch der Begriff der Prozessstandschaft muss nicht bekannt sein. Sie sollten aber erkennen, dass es um die Geltendmachung fremder Rechte im Namen eines anderen geht und dies innerhalb der Verfassungsbeschwerde grundsätzlich nicht vorgesehen ist. Alle Überlegungen in diese Richtung würden positiv bewertet werden.

LÖSUNG 27 (zu Aufgabe S. 168)

Tatkomplex 1: „Der Seitenspiegel"

A. Strafbarkeit des A

    I. Strafbarkeit des A gem. § 303 Abs. 1 StGB

    A könnte sich der Sachbeschädigung nach § 303 Abs. 1 StGB strafbar gemacht haben, indem er den Spiegel an Bs Auto abbrach.

       1. Tatbestand

       Hierzu müsste zunächst der Tatbestand des § 303 Abs. 1 StGB erfüllt sein.

          a. Objektiver Tatbestand

          Der objektive Tatbestand müsste erfüllt sein. Hierfür müsste A eine fremde Sache beschädigt oder zerstört haben. Bs Auto ist eine fremde Sache. Beschädigen ist das körperliche Einwirken auf eine Sache sodass diese dauerhaft oder vorrübergehend in ihrer stofflichen Unversehrtheit oder in ihrer bestimmungsgemäßen Funktion beeinträchtigt ist. Vorliegend bricht A den Spiegel des Autos ab. Damit ist in die stoffliche Unversehrtheit des Wagens eingegriffen. Zudem entspricht das Auto nicht mehr den Sicherheitsanforderungen für den Betrieb auf öffentlichen Verkehrswegen. Damit ist auch der bestimmungsgemäße Gebrauch dauerhaft beeinträchtigt. Eine Beschädigung liegt vor. Diese war auch kausal und dem A objektiv zurechenbar.

          b. Subjektiver Tatbestand

          Weiter müsste der subjektive Tatbestand erfüllt sein. A müsste vorsätzlich gehandelt haben. Vorsätzlich handelt, wer bei Tatbegehung mit Wissen und Wollen der Tatbestandsverwirklichung handelt. A hat den Spiegel nicht aus Versehen beschädigt, sondern war sich der Beschädigung bewusst und wollte diese auch so. Damit handelte er vorsätzlich. Somit hat A auch den subjektiven Tatbestand erfüllt.

       2. Zwischenergebnis

       Der Tatbestand ist erfüllt.

       3. Rechtswidrigkeit und Schuld

       A handelte rechtswidrig und schuldhaft.

    II. Ergebnis

    A hat sich somit der Sachbeschädigung nach § 303 Abs. 1 StGB strafbar gemacht. Ein Antrag nach § 303c StGB wurde gestellt.

B. Strafbarkeit des P

Fraglich ist, ob der P sich strafbar gemacht hat.

I. Strafbarkeit des P nach §§ 223 Abs. 1, 224 Abs. 1 Nr. 3 StGB

P könnte sich der gefährlichen Körperverletzung nach §§ 223 Abs. 1, 224 Abs. 1 Nr. 3 StGB strafbar gemacht haben, indem er den A von hinten ansprang und auf den Boden warf.

1. Tatbestand

Zunächst müsste der Tatbestand erfüllt sein.

a) Objektiver Tatbestand

aa) § 223 Abs. 1 StGB

Der objektive Tatbestand müsste erfüllt sein. Gem. § 223 Abs. 1 StGB müsste P einen anderen Menschen körperlich misshandelt oder in der Gesundheit geschädigt haben. Eine körperliche Misshandlung ist jede üble, unangemessene Behandlung, die zu einer nicht unerheblichen Beeinträchtigung des körperlichen Wohlbefindens oder der körperlichen Unversehrtheit führt. Eine Gesundheitsschädigung ist das Hervorrufen oder Steigern eines krankhaften Zustandes. P wirft A heftig zu Boden, wodurch dieser sich auch Schürfwunden zuzieht. Daher ist A in seinem körperlichen Wohlbefinden und seiner körperlichen Unversehrtheit nicht unerheblich beeinträchtigt. Eine körperliche Misshandlung liegt also vor, ob auch eine Gesundheitsschädigung gegeben ist, kann daher dahinstehen. P hat also den objektiven Tatbestand des § 223 Abs. 1 StGB erfüllt.

bb) § 224 Abs. 1 Nr. 3 StGB

Fraglich ist zudem, ob auch der Tatbestand der Qualifikation des § 224 Abs. 1 Nr. 3 StGB erfüllt ist. Hierfür müsste P die Körperverletzung mittels eines hinterlistigen Überfalls herbeigeführt haben. Ein hinterlistiger Überfall liegt vor, wenn der Täter planmäßig in einer auf Verdeckung der wahren Absicht berechneten Weise vorgeht, um dadurch dem Gegner die Abwehr des nicht erwarteten Angriffs zu erschweren und die Vorbereitung auf seine Verteidigung nach Möglichkeit auszuschließen. Der bloße Angriff auf das Opfer von hinten stellt zwar einen Überfall dar. Allerdings ist dieser noch nicht hinterlistig. Hierfür reicht das Ausnutzen nur des Überraschungsmoments nicht aus, vielmehr muss der Täter seine wahren Absichten verschleiern und so das Opfer in Sicherheit wiegen, um dann zuzuschlagen. Das ist hier nicht der Fall. P nutzt lediglich die Überraschung des A aus und wirft diesen zu Boden. Ein hinterlistiger Überfall i.S.d. § 224 Abs. 1 Nr. 3 StGB liegt daher nicht vor.

b) Subjektiver Tatbestand
Um den subjektiven Tatbestand zu erfüllen, müsste P vorsätzlich gehandelt haben. Das ist hier der Fall.

c) Zwischenergebnis
Der Tatbestand ist daher erfüllt.

2. Rechtswidrigkeit
Fraglich ist, ob P auch rechtswidrig gehandelt hat.

a) Nothilfe § 32 StGB
P könnte allerdings aus Nothilfe gem. § 32 Abs. 2 Alt. 2 StGB gehandelt haben und somit gem. § 32 Abs. 1 StGB gerechtfertigt sein, indem er das Abbrechen des Spiegels durch A beobachtete, diesen anschließend verfolgte und zu Boden warf.
Hierfür müsste eine Nothilfelage nach § 32 StGB vorliegen. Erforderlich ist danach ein gegenwärtiger, rechtswidriger Angriff auf ein notwehrfähiges Rechtsgut. Notwehrfähiges Rechtsgut ist jedes Individualrechtsgut und somit auch das Eigentum des B an dem Porsche. Indem A eine Sachbeschädigung an dem Auto begangen hat (s.o.), liegt ein rechtswidriger Angriff vor. Dieser Angriff müsste auch gegenwärtig sein. Gegenwärtig ist ein Angriff, wenn er unmittelbar bevorsteht, gerade abläuft oder noch andauert. A hatte den Spiegel bereits abgebrochen und sich von dem Auto schon über 100 Meter entfernt. Es bestanden keinerlei Anzeichen mehr, dass A weitere Beschädigungen vornehmen wollte und eine noch andauernde Gefahr für das Eigentum des B bestand. Damit ist der Angriff abgeschlossen und somit nicht mehr gegenwärtig.
Es liegt keine Nothilfelage vor.
Nothilfe durch P kommt daher mangels gegenwärtigen Angriffs nicht in Betracht.

b) Notstand § 34 StGB
Ebenfalls scheidet eine Rechtfertigung gem. § 34 StGB aus. Insbesondere liegt keine Dauergefahr für Rechtsgüter des B vor.
§ 127 StPO ist laut Bearbeitervermerk nicht zu prüfen. Daher handelte P rechtswidrig.

3. Schuld

P handelte schuldhaft.

II. Ergebnis

P hat sich daher gem. § 223 Abs. 1 StGB der Körperverletzung strafbar gemacht.

Tatkomplex 2: Die Windschutzscheibe

A. Strafbarkeit des P

Fraglich ist, wie sich der P strafbar gemacht hat.

I. Strafbarkeit des P gem. § 303 Abs. 1 StGB

P könnte sich gem. § 303 Abs. 1 StGB der Sachbeschädigung strafbar gemacht haben, indem er einen Pflasterstein in die Windschutzscheibe von Bs Porsche geworfen hat.

1. Tatbestand

Hierfür müsste der Tatbestand erfüllt sein.

a) Objektiver Tatbestand

Zunächst muss der objektive Tatbestand erfüllt sein. Das Werfen des Steines in die Windschutzscheibe, wodurch diese zerstört wurde, stellt eine Sachbeschädigung nach § 303 Abs. 1 StGB (s.o.) dar.

b) Subjektiver Tatbestand

P müsste, um den subjektiven Tatbestand zu erfüllen, vorsätzlich gehandelt haben. Damit ist Handeln unter Wissen und Wollen der Tatbestandsverwirklichung gemeint. Vorliegend wollte der P den Stein in die Scheibe werfen und war sich dessen auch bewusst. Dass er dazu gezwungen war, um sein eigenes Leben zu retten, ist für die Beurteilung des Vorsatzes unbeachtlich. Der subjektive Tatbestand ist daher erfüllt.

c) Zwischenergebnis Tatbestand

Der Tatbestand ist erfüllt.

2. Rechtswidrigkeit

Fraglich ist, ob der P auch rechtswidrig handelte.

a) Notwehr gemäß § 32 StGB

P könnte aus Notwehr gemäß § 32 StGB gehandelt haben. Gemäß § 32 Abs. 2 StGB ist Notwehr die Verteidigung, die erforderlich ist, um einen gegenwärtigen, rechtswidrigen Angriff gegen sich oder einen anderen abzuwenden. P warf den Stein nur in die Windschutzscheibe von Bs Porsche, um sein eigenes Leben zu retten. Allerdings muss die Notwehrhandlung immer gegen den rechtswidrigen Angriff gerichtet sein. Vorliegend richtet sich die Handlung des P aber nicht gegen A, von dem der Angriff auf Ps Leben ausging, sondern gegen das Eigentum des B. Somit liegt keine Notwehrhandlung und damit keine Notwehr gem. § 32 StGB vor.

b) Notstand, § 34 StGB

Allerdings könnte P gerechtfertigt sein, wenn er im Notstand gem. § 34 StGB gehandelt hat.

aa) Notstandslage

Hierfür müsste zunächst eine Notstandslage gegeben sein. Notstandslage ist eine gegenwärtige, nicht anders abwendbare Gefahr für ein notstandsfähiges Rechtsgut. A bedrohte P mit einer Pistole und drohte, ihn zu erschießen. Damit lag jedenfalls eine gegenwärtige Gefahr für Ps Leben, ein notstandsfähiges Rechtsgut, vor. Eine Notstandslage ist somit gegeben.

bb) Notstandshandlung

Ps Handlung müsste taugliche Notstandshandlung i.S.d. § 34 StGB sein. Das ist der Fall, wenn die Handlung zur Abwehr der Gefahr geeignet, erforderlich und angemessen war. Vorliegend wollte A, dass P die Scheibe einwirft. Damit war Ps Handlung geeignet, um die Gefahr des Erschießens von ihm abzuwenden. Sie war auch erforderlich, denn ein milderes Mittel zur Abwehr der Gefahr ist nicht ersichtlich. Fraglich ist allerdings, ob die Handlung auch angemessen war. P befand sich vorliegend im Nötigungsnotstand. Dessen Behandlung ist strittig.

Nach einer Ansicht soll derjenige, der sich auf die Seite des nötigenden Täters stellt, und Rechtsgüter und Interessen Dritter gefährdet oder verletzt, keinen Schutz gem. § 34 StGB bekommen. Ob er hierbei freiwillig oder gezwungenermaßen handelt, ist nicht erheblich. Anderenfalls hätte das Opfer der im Nötigungsnotstand begangenen Tathandlung mangels rechtswidrigem Angriff (§ 32 StGB, s.o.) niemals die Möglichkeit, sich gegen die Handlung gem. § 32 StGB zu wehren.

Die Gegenansicht lässt dem Nötigungsopfer § 34 StGB zur Hilfe kommen. Es könne nicht angehen, dass derjenige, der durch menschliches Verhalten zu einer Notstandshandlung gezwungen werde, nicht von § 34 StGB geschützt werde, während in der Regel die Ergreifung einer Notstandshandlung zur Gefahrenabwehr im Ermessen des Handelnden steht.

Die vermittelnde Ansicht verneint eine Rechtfertigung nach § 34 StGB zumindest dann, wenn das durch die Nötigung gefährdete Rechtsgut das durch die Handlung des Genötigten gefährdete Rechtsgut nicht wesentlich überwiegt. Anderenfalls könne das Opfer der Handlung nicht selbst auf § 32 StGB zurückgreifen, um sich eines Angriffs zu erwehren. Andererseits müsse der im Nötigungsnotstand Handelnde geschützt werden. Fraglich ist also, wie eine Interessenabwägung ausfällt, insbesondere, ob das Leben des P das Eigentum des B an dem Auto wesentlich überwiegt. Ein solches wesentliches Überwiegen soll überhaupt nur dann vorliegen, wenn die durch die Nötigung erpresste Handlung ein Bagatelldelikt ist.

Grundsätzlich ist das menschliche Leben das höchste und am meisten schützenswerte Rechtsgut (Art. 2 Abs. 2 GG). Insofern überwiegt es im Rahmen sämtlicher Abwägungen. Daher würde es auch hier Bs Interesse an seinem Eigentum überwiegen. Allerdings soll durch die Nötigungshandlung nicht nur ein Bagatelldelikt erpresst werden, sondern erheblich in das Eigentum des B eingegriffen werden. Es ist nicht einzusehen, warum der B hier kein Recht hat, sich seinerseits in Notwehr gegen den Angriff auf sein Eigentum zu wehren. Schließlich hat er keine Ursache für die Bedrohung des P gesetzt. Daher sollte er auch den üblichen Schutz durch die Rechtsordnung erhalten. Im Ergebnis ist es daher sinnvoller, kein erhebliches Überwiegen anzunehmen, da anderenfalls der B mangels rechtswidriger Tat des P keinerlei Verteidigungsmöglichkeiten gem. § 32 StGB in Bezug auf sein Auto hätte (a.A. vertretbar). Somit liegt nach der vermittelnden Ansicht noch kein erhebliches Überwiegen des durch die Nötigung gefährdeten Interesses vor. Daher kommt P kein Schutz nach § 34 StGB zu. Er soll aber nach § 35 StGB entschuldigt sein.

cc) Ergebnis Notstand

Eine Rechtfertigung des P gem. § 34 StGB ist daher abzulehnen (a.A. vertretbar). P handelte somit rechtswidrig.

3. Schuld

P müsste auch schuldhaft gehandelt haben. Entsprechend der vermittelnden Ansicht bei dem Streit um den Nötigungsnotstand soll der Genötigte, wenn ihm der Schutz über § 34 StGB versagt wird (s.o.), zumindest nach § 35 StGB entschuldigt sein. Somit handelte P nicht schuldhaft.

II. Ergebnis

P hat sich daher nicht gem. § 303 Abs. 1 StGB strafbar gemacht.

B. Strafbarkeit des A

Fraglich ist, wie A sich hier strafbar gemacht hat.

I. Strafbarkeit des A gem. §§ 303 Abs. 1, 25 Abs. 1 Var. 2 StGB

A könnte sich der Sachbeschädigung an Bs Porsche in mittelbarer Täterschaft strafbar gemacht haben, indem er P dazu zwang, den Stein in die Windschutzscheibe zu werfen.

1. Tatbestand

Hierfür müsste zunächst der Tatbestand der §§ 303 Abs. 1, 25 Abs. 1 Var. 2 StGB erfüllt sein.

a) Objektiver Tatbestand

Bei der Sachbeschädigung handelt es sich nicht um ein eigenhändiges Delikt oder ein Sonderdelikt, sodass mittelbare Täterschaft grundsätzlich möglich ist.

A hat vorliegend nicht selbst gehandelt, vielmehr hat P die Tathandlung ausgeführt (s.o.). Fraglich ist, ob dem A die Tathandlung des P nach § 25 Abs. 1 Var. 2 StGB zugerechnet werden kann. Dafür ist erforderlich, dass A die Tatbestandsverwirklichung aufgrund seiner tatbeherrschenden Stellung und der damit verbundenen Steuerung des P verursacht hat. A müsste als Hintermann einen Defekt des Vordermanns P planvoll lenkend ausgenutzt haben und so das Geschehen in den Händen gehalten haben. Vorliegend handelte P schuldlos (s.o.). Es lag somit ein deliktisches Minus auf der Ebene der Schuld vor. A hielt dem P eine Pistole in den Rücken und drohte ihm damit, ihn zu erschießen, sollte er den Stein nicht in die Frontscheibe werfen. Dem P blieb in dieser Situation keine andere Möglichkeit als dem Befehl des A Folge zu leisten, um sein Leben zu retten. Somit hielt A das Tatgeschehen planvoll lenkend in den Händen, er hatte Tatherrschaft in Form der Nötigungsherrschaft (mittelbare Täterschaft kraft überlegenen Willens).

b) subjektiver Tatbestand

A müsste vorsätzlich sowohl bezüglich der Verwirklichung der Sachbeschädigung als auch bezüglich der Beherrschung des P als Tatnächstem gehandelt haben. A wollte, dass die Scheibe von Bs Porsche zerstört wird und er wollte durch die Drohung mit der Waffe den P insoweit beherrschen als dass dieser „für ihn" die Scheibe kaputt schlägt, damit er sich nicht selbst die Finger schmutzig machen müsse. Somit handelte A vorsätzlich.

2. Rechtswidrigkeit, Schuld

Rechtfertigungs- sowie Schuldausschließungsgründe sind nicht ersichtlich. A handelte rechtswidrig und schuldhaft.

II. Ergebnis

A hat sich der Sachbeschädigung in mittelbarer Täterschaft strafbar gemacht, §§ 303 Abs. 1, 25 Abs. 1 Var. 2 StGB.

C. Strafbarkeit des B

I. Strafbarkeit des B gem. § 212 Abs. 1 StGB

B könnte sich des Totschlags nach § 212 Abs. 1 StGB schuldig gemacht haben, indem er mit dem Gewehr das Feuer auf P und A eröffnete und P dabei mit einem tödlichen Schuss traf.

1. Tatbestand

Dazu müsste B zunächst den Tatbestand des § 212 Abs. 1 StGB erfüllt haben.

a) Objektiver Tatbestand

Dazu müsste B einen anderen Menschen getötet haben. B hat P tödlich getroffen.

b) subjektiver Tatbestand

B müsste diesbezüglich vorsätzlich gehandelt haben. B eröffnete das Feuer auf A und P, um sie dazu zu bringen, sich von seinem Auto zu entfernen. Auch wenn er das Feuer nicht mit der Absicht eröffnete, um A und/oder P zu töten, so nahm er dabei zumindest billigend in Kauf, dass einer von beiden oder auch beide tödlich getroffen werden. Insoweit war sein Vorsatz auf P bereits hinreichend konkretisiert. B handelte demnach mit dolus eventualis. Für das Vorliegen von lediglich bewusster Fahrlässigkeit („wird schon gut gehen") liegen keine Anhaltspunkte vor.

c) Zwischenergebnis

Der Tatbestand des § 212 Abs. 1 StGB ist erfüllt.

2. Rechtswidrigkeit

B müsste zudem rechtswidrig gehandelt haben. Fraglich ist, ob vorliegend Rechtfertigungsgründe in Betracht kommen.

a) Notwehr § 32 StGB

B könnte in Notwehr gem. § 32 StGB gehandelt haben und dadurch gerechtfertigt sein.

aa) Notwehrlage

Es müsste ein gegenwärtiger rechtswidriger Angriff gegenüber B stattgefunden haben. Angriff ist jedes menschliche Verhalten, das ein rechtlich geschütztes Individualinteresse bedroht oder verletzt. Somit sind alle Individualrechtsgüter notwehrfähig. Vorliegend wurde der Porsche des B beschädigt, somit fand eine Verletzung des Eigentumsrechts des B an seinem Porsche statt. Ein Angriff lag vor. Dieser müsste gegenwärtig und rechtswidrig gewesen sein. P war gerade dabei, einen zweiten Stein, diesmal auf die Heckscheibe zu werfen. Der Angriff dauerte zu dem Zeitpunkt, als B das Feuer eröffnete somit noch an. Da P seinerseits bezüglich der Sachbeschädigung nur entschuldigt, aber nicht gerechtfertigt ist (s.o.), war der Angriff darüber hinaus auch rechtswidrig („keine Notwehr gegen Notwehr").

Eine Notwehrlage war somit gegeben.

bb) Notwehrhandlung

Die Notwehrhandlung müsste sich gegen den Angreifer richten und zudem erforderlich sein. B eröffnete das Feuer auf A und P, von denen der Angriff ausging. Somit war die Verteidigung gegen Rechtsgüter des/der Angreifer gerichtet. Erforderlich ist die Notwehrhandlung, wenn sie geeignet ist und das mildeste von anderen gleich effektiven Mitteln darstellt. Der Schusswaffengebrauch war geeignet, den Angriff sofort zu beenden. Fraglich ist, ob er auch das mildeste Mittel darstellt. Vorliegend hatte B den A und den P zuerst mündlich aufgefordert, aufzuhören. B musste einen weiteren Steinwurf auf sein Auto befürchten, so dass für ein Einschreiten auf der Straße aus seiner Sicht keine Zeit blieb. Daher hatte B keine andere Möglichkeit sich zu wehren als vom Fenster aus zu versuchen, den Angriff zu beenden. Somit war der Gebrauch einer Schusswaffe von seinem Fenster aus grundsätzlich das mildeste und effektivste Mittel. Allerdings ist beim Gebrauch von Waffen eine Einschränkung dahingehend vorzunehmen, dass der Gebrauch aufgrund der gefährlichen Wirkung und der zu erwartenden erheblichen Verletzungen zunächst anzudrohen ist. Ist die Androhung erfolglos, so ist grundsätzlich zunächst ein Warnschuss abzugeben bevor auf den Angreifer geschossen werden darf. Sollte es letztlich zum Gebrauch der Schusswaffe kommen, so ist die mildeste Schussrichtung zu wählen, d.h. es darf nicht auf den Oberkörper geschossen werden, soweit ein Schuss auf die Beine gleich effektiv wäre. B hat zwar zunächst A und P aufgefordert aufzuhören, jedoch hat er nichts von der Waffe erwähnt. Als nächstes hat er sofort auf A und P geschossen. B hatte bei den Schüssen Tötungsvorsatz (s.o.) und die Schüsse auch gezielt auf „die Ganoven" abgefeuert. Er hatte dabei den Schusswaffengebrauch weder angedroht noch einen Warnschuss abgegeben, noch die mildeste Schussrichtung gewählt. B hat also im Rahmen seiner Notwehrhandlung nicht das mildeste Mittel gewählt. Damit ist im Ergebnis die Erforderlichkeit der von B ausgeübten Notwehr zu verneinen.

cc) Zwischenergebnis

B ist durch Notwehr gem. § 32 Abs. 1 StGB gerechtfertigt.

b) Zwischenergebnis

Weitere Rechtfertigungsgründe sind nicht ersichtlich. B handelte somit rechtswidrig.

3. Schuld

B handelte zudem schuldhaft. Es liegt kein Fall eines Notwehrexzesses zugunsten des B vor, § 33 StGB.

II. Ergebnis

B hat sich des Totschlags an P gem. § 212 Abs. 1 StGB schuldig gemacht.

Teil 6: Wichtige Hilfsmittel und Literaturhinweise

A. Checkliste „Ermittlung der zu trainierenden Kompetenzen"

Mit dieser Checkliste können Sie ermitteln, in welchen Bereichen Sie besonders intensiv mit diesem Buch trainieren sollten.

Folgende Checkliste soll Ihnen helfen, häufig auftretende Fehler im Jurastudium, bzw. Fehler in der Arbeitstechnik zu vermeiden.

Teil 1: Fehler in der Studienorganisation

☐ Sind Sie schon zu Beginn des Studiums über die Studieninhalte informiert und mit dem Notensystem des juristischen Studiums vertraut, um falsche Erwartungen zu vermeiden (S. 10)?

☐ Haben Sie bei der Wahl des Studienortes Faktoren berücksichtigt, die Ihnen persönlich wichtig sind, wie beispielsweise Interessengebiete, Besonderheiten der Hochschule, etc. (S. 17)?

☐ Haben Sie während der Anfangssemester alle von der Fakultät vorgeschlagenen Veranstaltungen besucht und sich erst dann für gewinnbringende Veranstaltungen entschieden (nicht gleich zu Beginn) [S. 17]?

☐ Haben Sie sich bei der Studienplanung am vorgegebenen Studienplan orientiert (Veranstaltungen können aufeinander aufbauen) [S. 19]?

☐ Haben Sie sich Ihre Studien- und Berufsziele vor Augen geführt? Über die Planung von Auslandsaufenthalten und Praktika nachgedacht (S. 21)?

☐ Nützen Sie Übungsmöglichkeiten und schreiben Sie möglichst viele Klausuren, um Unsicherheiten bei der Arbeitstechnik zu vermeiden (S. 22)?

☐ Nehmen Sie an angebotenen Klausurbesprechungen teil und analysieren Sie Klausuren mit dem Bogen auf S. 273?

Teil 2: Fehler in der juristischen Arbeitstechnik

☐ Wissen Sie schon genau, was der Gutachtenstil ist (S. 25)?

☐ Kennen Sie die Schritte eines Syllogismus (S. 27)?

☐ Wissen Sie, wozu die Frage „Wer will was von wem woraus?" dient (S. 91)?

☐ Haben Sie sich einige Musterformulierungen zu Syllogismen eingeprägt (S. 50)? Dies hilft Ihnen beim Verfassen der Klausur.

☐ Haben Sie die zehn häufigsten Fehler beim Gutachten verinnerlicht (S. 63)?

☐ Haben Sie sich wichtige Klausurschemata in den Bereichen des Öffentlichen Rechts, des Zivilrechts und des Strafrechts (S. 90 ff.) eingeprägt, um systematische Fehler bei der Strukturierung Ihres Gutachtens zu vermeiden?

☐ Haben Sie einen groben Fahrplan für die Klausur im Kopf (S. 275 und S. 103)?

☐ Wissen Sie, was Sie im Notfall in der Klausur machen (S. 109)?

☐ Kennen Sie den Gliederungsstil einer Klausur (S. 113)?

☐ Wissen Sie, wie in der Klausur ein Meinungsstreit aufzubauen ist (S. 118 ff.)?

☐ Haben Sie sich schon einmal mit dem Thema „Recht und Sprache" befasst (S. 129 ff.)?

☐ Kennen Sie die wichtigsten lateinischen und deutschen juristischen Fachbegriffe (S. 132)?

☐ Wissen Sie, was eine Analogie ist und haben Sie sich schon einmal mit der „Vertretbarkeit" juristischer Argumentation befasst (S. 118 ff.)?

Teil 3: Fehler beim Wissenserwerb und beim Lernen

☐ Versuchen Sie herauszufinden, welcher Lerntyp Sie sind (auditiv, visuell, motorisch, kommunikativ) [S. 178]!

☐ Wissen Sie schon, welche geeigneten Lernmaterialien Sie selbst erstellen sollten (S. 182)?

Teil 4: Fehlende Übung

☐ Sind Sie schon einmal alle Bearbeitenschritte einer Klausur schrittweise durchgegangen (S. 134 ff.)?

B. Checkliste „Fehleranalyse in der Klausur"

Diese Checkliste ermöglicht Ihnen, Ihre Klausur auf typische Fehler zu analysieren und die Fehler (bei eventuell fehlender Korrekturbemerkung) einzuordnen.

Klausurfehler

☐ A. Beherrschung des Gutachtenstils und der Klausurtechnik

☐ I. Falscher Einstieg in die Falllösung:

☐ 1. Zusammenfassung des Sachverhalts bzw. abstrakte Überlegungen dem Gutachten vorangestellt

☐ 2. Ausführungen zum Aufbau

☐ 3. Keine Aufteilung in Gliederungspunkte/unübersichtliche Arbeit

☐ II. Bearbeitervermerk nicht beachtet:

☐ 1. Die Fragestellung nicht beachtet (geprüft, was nicht gefragt war)

☐ 2. Vorgaben des Sachverhalts nicht beachtet (z.B. formelle Rechtmäßigkeit eines Gesetzes geprüft, obwohl das Gesetzgebungsverfahren laut Bearbeitervermerk ordnungsgemäß durchgeführt wurde)

☐ III. Gutachtenstil:

☐ 1. Ergebnis der Lösung vorangestellt oder Ergebnis am Ende wieder in Frage gestellt

☐ 2. Fehlerhafte Syllogismen (Obersatz, Untersatz oder Schlusssatz fehlt oder ist falsch formuliert)

☐ 3. Obersätze fehlen oder sind falsch, z.B. die geprüfte Norm nicht (exakt) zitiert

☐ 4. Ausarbeitung von (nicht gefragten) Alternativlösungen

☐ B. Systematische Fehler – (Un)strukturierte Zusammenstellung der Teile eines Gutachtens

☐ I. Grundlegende Aufbaufehler (z.B. Aufteilung in die Tatkomplexe fehlt)

☐ II. Sachverhalt gequetscht (erweitert, verbogen, vereinfacht)

☐ III. Sachverhalt falsch wiedererkannt (einen „ähnlichen", bekannten Fall gelöst)

☐ IV. Sachverhalt unvollständig verwertet

☐ C. Gewichtungsfehler und Zeitprobleme – Konzentration auf das Wesentliche

☐ I. Unwichtiges dort zu ausführlich geprüft, wo Urteilstil angebracht wäre (z.B. Sacheigenschaft einer Vase oder Rechts- und Prozessfähigkeit einer natürlichen Person)

☐ II. Starre Schemafixierung

☐ III. Abwegige Lösungswege

☐ IV. Falsche Zeiteinteilung (Teile nicht bearbeitet)

☐ D. Sprachliche Fehler – Sprachlich saubere Gutachten anfertigen

☐ I. Falscher Sprachstil

☐ II. Übertriebene Verwendung von Abkürzungen

☐ III. Wörtliche Wiedergabe des Gesetzestextes oder des Sachverhaltes (auch in Anführungsstrichen. Zulässig nur, wenn es gerade auf den bestimmten Wortlaut ankommt).

☐ IV. Anrede oder bestimmter Artikel vor der Benennung der Person („Herr A...", „der A...", es sei denn es ist erforderlich, die gleichnamigen Personen voneinander abzugrenzen)

☐ V. Rechtschreibfehler

☐ VI. Falsche Verwendung von Fachbegriffen

☐ VII. Schlechte Lesbarkeit

☐ E. Inhaltliche Fehler – Fehler bei Rechtsanwendung

☐ I. Gesetzestext unvollständig gelesen/subsumiert

☐ II. Speziellere Norm nicht gesehen

☐ III. Gesetzestext falsch ausgelegt

☐ IV. Einschlägige Gesetzesvorschriften werden nicht oder falsch zitiert

☐ V. Lösung nicht am konkreten Fall, sondern abstrakt

☐ VI. Darstellung irrelevanter Theoriestreite/fehlender Fallbezug bei Darstellung der Einzelmeinungen

- ☐ VII. Zusammenhangloses, d.h. nicht-fallbezogenes Reproduzieren von Wissen
- ☐ VIII. Politische oder opportunistische (von dem gewünschten Ergebnis her) Erwägungen
- ☐ IX. Argumentieren mit der h.M. oder Rspr., ohne eigene Argumentation herauszuarbeiten/Lösung von Meinungsstreit allein durch Verweis auf h.M. etc.
- ☐ X. Denkfehler, falsche Analogien, fehlerhafte Schlüsse

C. Checkliste „Klausurfahrplan zum Abhaken"

Diese Checkliste können Sie kopieren und beim Klausurenschreiben nach und nach abhaken.

- ☐ 1. Bearbeitervermerk gelesen?
- ☐ 2. Sachverhalt gelesen?
- ☐ a. Einzelne Punkte und wichtige Angaben angestrichen?
- ☐ b. Über das Gelesene nachgedacht?
- ☐ c. Gedanken oder Probleme als Stichworte notiert?
- ☐ d. Skizze und/oder Zeittafeln entworfen?
- ☐ 3. Anspruchsgrundlagen/Einstiegsnormen gesucht und Grobgliederung angefertigt?
- ☐ a. Einstiegsnormen geordnet?
- ☐ b. Grobgliederung erstellt?
- ☐ 4. Feingliederung angefertigt?
- ☐ a. Problem definiert?
- ☐ b. Problem durchdacht?
- ☐ c. Entscheidung bzgl. des Problems getroffen?
- ☐ d. ggf. Hilfsgutachten erforderlich?
- ☐ 5. Plausibilitätskontrolle durchgeführt?
- ☐ 6. Sachverhalt „abgeklopft"?
- ☐ 7. Schwerpunkte richtig gesetzt?
- ☐ 8. Niederschrift
- ☐ a. Gliederung und Überschriften enthalten?
- ☐ b. Klare Obersätze?
- ☐ c. Gutachtenstil eingehalten?
- ☐ d. Schwerpunkte auch hinsichtlich des Umfangs des Texts richtig gesetzt?

D. Wichtige Hilfsmittel und Literatur

Anders als übliche Literaturverzeichnisse haben wir hier einige wichtige Hilfsmittel nach den Überschriften dieses Buches zusammengestellt. So können Sie
gezielt bestimmte Themen vertiefen.

I. Generelle Hilfsmittel zum Buch

Die Internetseite zum Buch (mit **Lehrvideos**) finden Sie unter

http://kompetenztraining-jura.martin-zwickel.de

II. Zu Teil 1: Fehler in der Studienorganisation

1. Literatur

Deppner, Thorsten/Lehnert, Matthias/Rusche, Philip/Wapler, Friederike, Examen ohne Repeti-
    tor, Leitfaden für eine selbstbestimmte und erfolgreiche Examensvorbereitung, 3. Aufl.,
    Baden-Baden 2011
Gramm, Christof/Wolff, Heinrich Amadeus, Jura – erfolgreich studieren, 6. Aufl., München 2012
Grosch, Olaf, Studienführer Jura, 6. Aufl., Eibelstadt 2010
Klaner, Andreas, Richtiges Lernen für Jurastudenten und Rechtsreferendare, 4. Aufl., Berlin
    2011
Lange, Barbara, Jurastudium erfolgreich, (mit Examensvorbereitung), 7. Aufl., München 2012
Niedostadek, André/Lorenz, Jörg-Christian, Karrierewege für Juristen, Frankfurt 2006
Spreng, Norman M./Dietrich, Stefan, Studien- und Karriere-Ratgeber für Juristen, Berlin 2006
Ter Haar, Philipp/Lutz, Carsten/Wiedenfels, Matthias, Prädikatsexamen, 3. Aufl., Baden-Baden
    2012
Zwickel, Martin, Klausuren schreiben lernt man nicht in der Theorie, JA 2008, VIII.
Zwickel, Martin, Effektive Examensvorbereitung ab dem 1. Semester: Strategien zur Optimie-
    rung, JuS 2012 (Heft 10), LX.

2. Weitere Hilfsmittel

Kühne, Aline, Erfolg im Ersten Staatsexamen: 4 goldene Regeln vom obersten Prüfer,
    http://www.lto.de/persistent/a_id/6598/(Stand: 13.11.2013).

III. Zu Teil 2: Fehler in der juristischen Arbeitstechnik

1. Literatur
a) Fehler bei der Rechtsanwendung

Braun, Johann, Einführung in die Rechtswissenschaft, Tübingen 2011

Bringewat, Jörn, Klausuren schreiben leicht gemacht, 17. Aufl., Berlin 2010

Bringewat, Peter, Methodik der juristischen Fallbearbeitung, 2. Aufl., Stuttgart 2013

Czerny, Olivia/Freiling, Tino, Meine erste Zivilrechtsklausur: Die vier Phasen der Klausurerstellung, JuS 2012, 879

Kühl, Kristian/Reichold, Hermann/Ronellenfitsch, Michael, Einführung in die Rechtswissenschaft, München 2011

Lagodny, Otto, Gesetzestexte suchen, verstehen und in der Klausur anwenden, 2. Aufl., Berlin [u.a.] 2012

Muthorst, Olaf, Grundlagen der Rechtswissenschaft, Methode – Begriff – System, München 2011

Schwacke, Peter, Juristische Methodik, Mit Technik der Fallbearbeitung, 5. Aufl., Stuttgart 2011

b) Fehler bei der Verwendung der juristischen Fachsprache

Hattenhauer, Christian, Ausgewählte lateinische Rechtsregeln und Fachausdrücke, in: *Wolf, Christian/Kudlich, Hans/Muckel, Stefan* (Hrsg.), JA Sonderheft für Erstsemester, München 2011, S. 76

Mix, Christine, Schreiben im Jurastudium, Klausur – Hausarbeit – Themenarbeit, Paderborn 2011

Möllers, Thomas M. J., Juristische Arbeitstechnik und wissenschaftliches Arbeiten, 6. Aufl., München 2012

Putzke, Holm, Juristische Arbeiten erfolgreich schreiben, Klausuren, Hausarbeiten, Seminare, Bachelor- und Masterarbeiten, 4. Aufl., München 2012

Schimmel, Roland, Juristische Klausuren und Hausarbeiten richtig formulieren, 10. Aufl., München 2012

Valerius, Brian, Einführung in den Gutachtenstil, 3. Aufl., Berlin 2009

Wieduwilt, Hendrik, Die Sprache des Gutachtens, JuS 2010, 291

2. Weitere Hilfsmittel

Jura anhand von Fallspielen lernen: http://casim.hhu.de/

Tele-Jura (Jura im Film): http://www.telejura.de/

Podcast „Wie schreibe ich eine Klausur"?,
    http://lorenz.userweb.mwn.de/podcast_klausur.htm

IV. Zu Teil 3: Fehlende Übung

1. Literatur (Übungsbücher)

Beulke, Werner, Klausurenkurs im Strafrecht I, 6. Aufl., München 2013
Braun, Johann, Der Zivilrechtsfall, 5. Aufl., München 2012
Degenhart, Christoph, Klausurenkurs im Staatsrecht, 2. Aufl., Heidelberg 2012
Schwerdtfeger, Gunther, Öffentliches Recht in der Fallbearbeitung, 14. Aufl., München 2012

2. Weitere Hilfsmittel (Übungsmöglichkeiten)

VHB-Online-Kurs zur Gutachten- und Klausurtechnik: http://kurse.vhb.org/
Saarheimer Fälle zum Staats- und Verwaltungsrecht: http://www.saarheim.de/

V. Zu Teil 4: Fehler beim Wissenserwerb

Grüning, Christian, Garantiert erfolgreich lernen, Wie Sie Ihre Lese- und Lernfähigkeit steigern, 2. Aufl., Nördlingen 2006
Klaner, Andreas, Richtiges Lernen für Jurastudenten und Rechtsreferendare, 4. Aufl., Berlin 2011
Lange, Barbara, Jurastudium erfolgreich, (mit Examensvorbereitung), 7. Aufl., München 2012
Petersen, Jens, Die mündliche Prüfung im ersten juristischen Staatsexamen, Zivilrechtliche Prüfungsgespräche, 2. Aufl., Berlin 2012
Steffahn, Volker, Lerntipps für das Jurastudium, in: *Wolf, Christian/Kudlich, Hans/Muckel, Stefan* (Hrsg.), JA Sonderheft für Erstsemester, München 2011, S. 87

Stichwortverzeichnis

www.ingramcontent.com/pod-product-compliance
Lightning Source LLC
Chambersburg PA
CBHW052110230326

41599CB00055B/5461